图解货车结构与维修

TUJIE HUOCHE
JIEGOU YU WEIXIU

董宏国　张国彬　主编

化学工业出版社

·北京·

本书采用图解形式，按照"由浅入深、由易到难、层层引入"的编排模式，按照整车、发动机、底盘、电气顺序，全面阐述了货车各主要系统（发动机、传动系统、行驶系统、转向系统、制动系统、电气系统、电控系统）及总成的结构与维修，列举了东风、斯太尔、奔驰、陕汽等典型货车车型的结构及维修实例，突出针对性和实用性。全书在结构方面以典型结构为主，并尽可能扩大其涵盖面，突出介绍了当代先进货车，尤其是电子控制方面的专业知识；在维修方面将汽车各部分总成的拆卸装配、检测调整、故障判排、保养维修等知识融为一体，使其最大程度地贴近维修岗位的技能要求。

本书适合于汽车维修工、汽车修理电工和汽车驾驶员阅读，也可供有关工程技术人员及大专院校师生参考。

图书在版编目（CIP）数据

图解货车结构与维修/董宏国，张国彬主编．—北京：
化学工业出版社，2013.9（2025.5重印）
ISBN 978-7-122-17831-2

Ⅰ.①图… Ⅱ.①董…②张… Ⅲ.①载重汽车-构造-图解
②载重汽车-车辆修理-图解 Ⅳ.①U469.2-64

中国版本图书馆CIP数据核字（2013）第146300号

责任编辑：张兴辉　　　　　　　　　　文字编辑：张绪瑞
责任校对：吴　静　　　　　　　　　　装帧设计：王晓宇

出版发行：化学工业出版社（北京市东城区青年湖南街13号　邮政编码100011）
印　　装：北京科印技术咨询服务有限公司数码印刷分部
787mm×1092mm　1/16　印张23¾　字数588千字　2025年5月北京第1版第12次印刷

购书咨询：010-64518888　　　　　　　售后服务：010-64518899
网　　址：http://www.cip.com.cn
凡购买本书，如有缺损质量问题，本社销售中心负责调换。

定　　价：88.00元　　　　　　　　　　　　　　　　　　　版权所有　违者必究

前 言

随着汽车工业和物流业的迅速发展，我国货车的产销量和保有量逐年增加，货车正朝着高速、高效、安全、节能、环保方向发展。货车的结构、维修理念、维修内容、维修方法发生了根本性的变化。鉴于货车当前发展情况，为满足维修工作需求，特编写此书。

本书共分为8章，按照整车、发动机、底盘、电气顺序编写。全书以货车为主线，全面阐述了货车各主要系统及总成的结构与维修。在结构方面以典型结构为主，并尽可能扩大其涵盖面，突出介绍了当代先进货车，尤其是电子控制方面的专业知识。在维修方面将汽车各部分总成的拆卸装配、检测调整、故障判排、保养维修等知识融为一体，使其最大程度地贴近职业岗位要求。

在编写过程中，坚持"以市场需求为导向，以提高实践能力为目的"的原则，采用图解形式，按照"由浅入深、由易到难、层层引入"的编排模式，突出针对性和实用性。另外，本书还具有内容先进、体系完整、通俗易懂、图文并茂等特点。

本书由董宏国、张国彬主编，汪志远、王超、邵汉强、袁一副主编，孙开元、廖苓平主审。参加编写的人员还有上官平、刘金华、徐军强、谢峰、程军伟、何永恒、李程、封会娟、孟千惠、杜艾永、王建龙、刘佳鹏、王付明、沙卫晓、王建龙、孙涛、江川、陈思胜、吴旭东等。在编写过程中，编者参考了国内外大量的相关资料，在此对有关作者表示衷心感谢！

由于编者水平及资料有限，收集的资料还不够全面、准确，不足之处在所难免，恳请读者批评指正。

编者

目　录

第1章　汽车基础知识 ……………… 1
　1.1　汽车主要技术参数 …………… 1
　　1.1.1　汽车基本参数 …………… 1
　　1.1.2　汽车主要性能指标 ……… 2
　1.2　汽车的识别与维护 …………… 3
　　1.2.1　车型的识别 ……………… 3
　　1.2.2　汽车的维护 ……………… 5
第2章　发动机的结构与维修 ……… 6
　2.1　发动机的总体结构及识别 …… 6
　　2.1.1　发动机的基本结构 ……… 6
　　2.1.2　货车发动机的分类 ……… 6
　　2.1.3　发动机型号编制规则 …… 8
　　2.1.4　国外发动机型号识别 …… 8
　　2.1.5　国内生产商产品型号编制规则 … 10
　2.2　曲柄连杆机构的结构与维修 … 11
　　2.2.1　气缸体的分类 …………… 11
　　2.2.2　气缸盖、气缸垫的结构与分类 … 12
　　2.2.3　气缸套的分类 …………… 13
　　2.2.4　活塞的结构 ……………… 14
　　2.2.5　活塞环的结构与分类 …… 16
　　2.2.6　连杆的结构 ……………… 17
　　2.2.7　曲轴的结构与分类 ……… 18
　　2.2.8　曲轴扭转减振器的结构与分类 … 19
　　2.2.9　缸体曲轴箱组的维修 …… 20
　　2.2.10　活塞连杆组的维修 …… 22
　　2.2.11　曲轴飞轮组的维修 …… 25
　2.3　配气机构的结构与维修 ……… 27
　　2.3.1　气门的结构与分类 ……… 27
　　2.3.2　气门座的分类 …………… 27
　　2.3.3　气门弹簧的结构 ………… 28
　　2.3.4　挺杆的结构 ……………… 29
　　2.3.5　液力挺杆的结构 ………… 29
　　2.3.6　气门组的维修 …………… 30
　　2.3.7　液力挺杆的维修 ………… 32
　　2.3.8　气门脚间隙的检查与调整 … 33
　2.4　供给系统的结构与维修 ……… 34
　　2.4.1　柱塞式喷油泵的结构与分类 … 34
　　2.4.2　分配式喷油泵结构与分类 … 36
　　2.4.3　喷油器的结构与分类 …… 41
　　2.4.4　电磁喷油器的结构 ……… 41
　　2.4.5　输油泵的结构与分类 …… 42
　　2.4.6　空气滤清器的结构与分类 … 43
　　2.4.7　启动预热系统的结构与分类 … 45
　　2.4.8　废气涡轮增压器的结构与分类 … 46
　　2.4.9　废气再循环系统的结构与分类 … 48
　　2.4.10　选择性催化还原技术 … 49
　　2.4.11　微粒过滤器 …………… 49
　　2.4.12　喷油泵的维修 ………… 50
　　2.4.13　喷油泵供油正时的检查与调整 … 51
　　2.4.14　喷油器试验 …………… 53
　　2.4.15　废气涡轮增压器的检修与使用注意事项 … 54
　　2.4.16　柴油的牌号及选用 …… 55
　2.5　润滑系结构与维修 …………… 56
　　2.5.1　机油泵的结构与分类 …… 56
　　2.5.2　机油滤清器结构与分类 … 57
　　2.5.3　离心式机油细滤器的结构 … 58
　　2.5.4　机油散热器功用及分类 … 59
　　2.5.5　润滑系的维修 …………… 60
　　2.5.6　润滑油的分类及选用 …… 61
　2.6　冷却系的结构与维修 ………… 62
　　2.6.1　水泵的结构与分类 ……… 62
　　2.6.2　散热器的结构与分类 …… 63
　　2.6.3　风扇及风扇离合器的结构与分类 … 63
　　2.6.4　节温器的结构与分类 …… 65
　　2.6.5　冷却系的维修 …………… 66
　　2.6.6　冷却液的分类及选用 …… 68
　2.7　发动机常见故障诊断与排除 … 69
　　2.7.1　发动机启动困难故障诊断与排除 … 69
　　2.7.2　发动机功率不足故障诊断与排除 … 70
　　2.7.3　排气管排黑烟故障诊断与排除 … 70
　　2.7.4　排气管排白烟故障诊断与排除 … 71
　　2.7.5　排气管排蓝烟故障诊断与排除 … 71
　　2.7.6　发动机怠速不稳故障诊断与排除 … 72
　　2.7.7　发动机"飞车"故障诊断与排除 … 72
　　2.7.8　机油压力过低故障诊断与排除 … 73
　　2.7.9　机油消耗异常故障诊断与排除 … 73
　　2.7.10　机油油面增高故障诊断与排除 … 74
　　2.7.11　发动机过热故障诊断与排除 … 75
　　2.7.12　发动机突然过热故障诊断与排除 … 75
第3章　传动系统结构与维修 ……… 77
　3.1　传动系统的功用与组成 ……… 77

3.1.1　传动系统的功用 …………… 77
　　3.1.2　传动系统的组成 …………… 77
3.2　离合器的结构与维修 ……………… 78
　　3.2.1　离合器的功用、分类 ……… 78
　　3.2.2　离合器的工作情况 ………… 78
　　3.2.3　离合器主动部分的结构 …… 79
　　3.2.4　离合器从动盘的类型及结构 … 80
　　3.2.5　离合器压紧装置的类型及结构 … 81
　　3.2.6　离合器分离装置的结构 …… 82
　　3.2.7　弹簧助力式操纵机构的结构 … 83
　　3.2.8　气压助力机械操纵机构的结构 … 84
　　3.2.9　气压助力液压操纵机构的结构 … 85
　　3.2.10　离合器主、从动部分的维修 … 87
　　3.2.11　离合器压紧装置的维修 …… 89
　　3.2.12　离合器主缸及助力器的维修 … 89
　　3.2.13　离合器的装配与调整 ……… 90
　　3.2.14　离合器打滑故障的诊断与排除 … 92
　　3.2.15　离合器分离不彻底故障的诊断与
　　　　　　排除 ………………………… 92
　　3.2.16　离合器发抖故障的诊断与排除 … 93
3.3　变速器的结构与维修 ……………… 94
　　3.3.1　变速器的功用及类型 ……… 94
　　3.3.2　变速器变速、变向结构 …… 94
　　3.3.3　普通齿轮式变速器的结构 … 95
　　3.3.4　插入式组合变速器的结构 … 96
　　3.3.5　分段式组合变速器的结构 … 96
　　3.3.6　锁环式同步器的结构 ……… 96
　　3.3.7　锁销式同步器的结构 ……… 98
　　3.3.8　普通齿轮式变速器操纵机构的
　　　　　　结构 ………………………… 98
　　3.3.9　组合式变速器操纵机构的结构 … 101
　　3.3.10　变速器锁止装置 …………… 102
　　3.3.11　变速器轴与齿轮的维修 …… 104
　　3.3.12　同步器的维修 ……………… 104
　　3.3.13　轴承的维修 ………………… 105
　　3.3.14　内操纵机构的维修 ………… 106
　　3.3.15　杆式外操纵机构的维修 …… 107
　　3.3.16　软轴式外操纵机构的维修 … 107
　　3.3.17　变速器跳挡故障的诊断与排除 … 108
　　3.2.18　变速器换挡困难故障的诊断与
　　　　　　排除 ………………………… 109
3.4　万向传动装置的结构与维修 ……… 110
　　3.4.1　万向传动装置的功用 ……… 110
　　3.4.2　万向装置的结构 …………… 110
　　3.4.3　万向传动装置的维修 ……… 111
　　3.4.4　传动轴异响故障的诊断与排除 … 113
　　3.4.5　传动轴摆振故障的诊断与排除 … 113

3.5　驱动桥的结构与维修 ……………… 113
　　3.5.1　驱动桥的功用及组成 ……… 113
　　3.5.2　单级主减速器的结构 ……… 114
　　3.5.3　双级主减速器的结构 ……… 114
　　3.5.4　双速主减速器的结构 ……… 116
　　3.5.5　贯通式主减速器 …………… 116
　　3.5.6　轮边减速器的结构 ………… 118
　　3.5.7　行星锥齿轮式差速器的结构 … 118
　　3.5.8　驱动桥分解及零件的维修 … 120
　　3.5.9　驱动桥的装配与调整 ……… 122
　　3.5.10　贯通桥的装配与调整 ……… 124
　　3.5.11　驱动桥异响故障的诊断与排除 … 125
　　3.5.12　驱动桥局部过热故障的诊断与
　　　　　　排除 ………………………… 126

第4章　行驶系统结构与维修 …………… 127
4.1　车架的结构与维修 ………………… 127
　　4.1.1　车架的结构 ………………… 127
　　4.1.2　车架的维修 ………………… 127
4.2　悬架的结构与维修 ………………… 128
　　4.2.1　非独立悬架的结构 ………… 129
　　4.2.2　平衡悬架的结构 …………… 131
　　4.2.3　悬架的维修 ………………… 132
4.3　车桥的结构与维修 ………………… 134
　　4.3.1　转向桥的结构 ……………… 134
　　4.3.2　转向轮定位参数 …………… 135
　　4.3.3　驱动桥及支持桥的结构 …… 137
　　4.3.4　车桥的维修 ………………… 137
4.4　车轮的结构与维修 ………………… 138
　　4.4.1　车轮结构及定心与紧固方式 … 139
　　4.4.2　轮胎结构、标记方法及种类 … 139
　　4.4.3　车轮的维修 ………………… 142
4.5　行驶系统故障的诊断与排除 ……… 145
　　4.5.1　前轮摆振故障的诊断与排除 … 145
　　4.5.2　汽车行驶跑偏故障的诊断与排除 … 145

第5章　转向系统结构与维修 …………… 147
5.1　转向系统的结构 …………………… 147
　　5.1.1　转向系统的类型 …………… 147
　　5.1.2　单轴转向系统的结构特点 … 147
　　5.1.3　多轴转向系统的结构特点 … 148
5.2　转向操纵机构的结构与维修 ……… 149
　　5.2.1　转向操纵机构的结构 ……… 149
　　5.2.2　转向操纵机构的维修 ……… 150
5.3　转向器的结构与维修 ……………… 151
　　5.3.1　循环球式转向器的结构 …… 151
　　5.3.2　蜗杆曲柄指销式转向器的结构 … 151
　　5.3.3　循环球式转向器的维修 …… 152
5.4　转向传动机构的结构与维修 ……… 153

5.4.1 转向传动机构的结构 ………… 153
5.4.2 转向传动机构的维修 ………… 154
5.5 液压助力系统的结构与维修 ……… 155
5.5.1 转阀式动力转向器的结构及工作情况 ……………………………… 155
5.5.2 滑阀式动力转向器的结构及工作情况 ……………………………… 158
5.5.3 转向油泵的结构 ……………… 160
5.5.4 储油罐的结构 ………………… 160
5.5.5 动力转向器的维修 …………… 161
5.5.6 转向油泵的维修 ……………… 162
5.5.7 液压助力系统的检查与排气 … 163
5.5.8 液压助力系统的试验 ………… 163
5.6 转向系统故障的诊断与排除 ……… 165
5.6.1 转向盘自由行程过大故障的诊断与排除 ……………………………… 165
5.6.2 转向沉重故障的诊断与排除 … 166

第6章 制动系统结构与维修 ……… 169
6.1 制动系统的组成、类型及工作情况 … 169
6.1.1 制动系统的组成 ……………… 169
6.1.2 制动系统的类型 ……………… 169
6.1.3 气压制动系统的结构 ………… 170
6.1.4 气压制动系统的工作情况 …… 170
6.2 制动器的结构与维修 ……………… 171
6.2.1 制动器的结构 ………………… 171
6.2.2 制动器的维修 ………………… 172
6.2.3 制动间隙调整装置的结构及调整方法 ……………………………… 174
6.3 供能装置的结构与维修 …………… 176
6.3.1 空气压缩机的结构 …………… 176
6.3.2 干燥器的类型与结构 ………… 176
6.3.3 调压阀的结构 ………………… 178
6.3.4 四回路保护阀的结构 ………… 178
6.3.5 空气压缩机的维修 …………… 179
6.3.6 干燥器的维修 ………………… 179
6.4 控制装置的结构与维修 …………… 179
6.4.1 串列双腔制动阀的结构 ……… 180
6.4.2 并列双腔制动阀的结构 ……… 181
6.4.3 继动阀的结构 ………………… 182
6.4.4 感载比例阀的结构及工作情况 … 183
6.4.5 挂车制动控制阀的结构 ……… 183
6.4.6 手控阀的结构 ………………… 184
6.4.7 快放阀的结构 ………………… 185
6.4.8 串列双腔制动阀的维修 ……… 185
6.4.9 挂车制动控制阀的维修 ……… 186
6.4.10 手控阀的维修 ……………… 187
6.5 制动气室的结构与维修 …………… 188

6.5.1 膜片制动气室的结构 ………… 188
6.5.2 膜片-活塞组合制动气室的结构 … 188
6.5.3 膜片-膜片组合制动气室的结构 … 189
6.5.4 膜片-活塞组合制动气室的维修 … 190
6.6 辅助制动系统的结构与维修 ……… 191
6.6.1 电控气操纵排气制动系统的组成 ……………………………… 191
6.6.2 气控气操纵排气制动系统的组成 ……………………………… 191
6.6.3 电控气操纵排气制动系统的维修 ……………………………… 192
6.7 制动系统故障的诊断与排除 ……… 193
6.7.1 制动不灵故障诊断与排除 …… 193
6.7.2 制动拖滞故障的诊断与排除 … 194
6.7.3 制动跑偏故障的诊断与排除 … 194

第7章 电气系统的结构与检修 …… 196
7.1 电气系统的组成与检修原则 ……… 196
7.1.1 电气系统的组成 ……………… 196
7.1.2 电气系统故障检修的基本原则 … 196
7.1.3 电气系统常用检修方法 ……… 198
7.2 电源系统的组成与检修 …………… 200
7.2.1 货车电源系统组成与特点 …… 200
7.2.2 蓄电池的结构 ………………… 200
7.2.3 交流发电机的分类 …………… 201
7.2.4 交流发电机的结构 …………… 202
7.2.5 各种类型交流发电机的特点 … 206
7.2.6 交流发电机的调节器 ………… 208
7.2.7 交流发电机的检修 …………… 209
7.2.8 电压调节器的检测 …………… 211
7.2.9 充电指示灯不亮故障诊断与排除 ……………………………… 212
7.2.10 电源系统不充电故障诊断与排除 ……………………………… 212
7.2.11 充电指示灯时亮时灭故障诊断与排除 ……………………………… 213
7.2.12 蓄电池充电不足故障诊断与排除 ……………………………… 213
7.3 启动系统的组成与检修 …………… 214
7.3.1 启动系统的组成与电路分析 … 214
7.3.2 启动机的类型 ………………… 216
7.3.3 启动机的结构 ………………… 217
7.3.4 直流电动机结构与原理 ……… 217
7.3.5 传动装置 ……………………… 219
7.3.6 同轴移动式启动机 …………… 221
7.3.7 同轴移动式启动机的结构特点 … 221
7.3.8 同轴移动式启动机的工作情况 … 224
7.3.9 减速启动机 …………………… 226

7.3.10 启动机的检修 …………………… 228
7.3.11 接通启动开关启动机不转故障
       排除 ………………………………… 230
7.4 照明与信号系统的组成与检修 ………… 231
  7.4.1 照明系统的组成 …………………… 231
  7.4.2 汽车信号系统的组成 ……………… 232
  7.4.3 照明与信号系统电路分析 ………… 233
  7.4.4 "所有照明灯均不亮"故障诊断与
       排除 ………………………………… 234
  7.4.5 "小灯不亮"故障诊断与排除 …… 234
  7.4.6 "前照灯不亮"故障诊断与排除 … 235
  7.4.7 "转向信号灯不亮"故障诊断与
       排除 ………………………………… 236
  7.4.8 "电喇叭不响"故障诊断与排除 … 237
7.5 仪表与报警系统的组成与检修 ………… 238
  7.5.1 货车仪表的组成与特点 …………… 238
  7.5.2 电控仪表系统的特点 ……………… 239
  7.5.3 报警或指示装置的图形符号 ……… 240
  7.5.4 仪表和报警装置电路分析 ………… 242
  7.5.5 "所有仪表均无指示"故障诊断与
       排除 ………………………………… 242
  7.5.6 "水温表始终指示在C刻度下不动"
       故障诊断与排除 …………………… 243
  7.5.7 "油压表始终指示在0刻度以下不
       动"故障诊断与排除 ……………… 244
  7.5.8 "发动机转速表无指示"故障诊断与
       排除 ………………………………… 245
7.6 辅助电器系统的组成与检修 …………… 246
  7.6.1 电源总开关 ………………………… 246
  7.6.2 火焰式进气预热系统 ……………… 248
  7.6.3 PTC陶瓷式进气预热系统 ……… 249
  7.6.4 分缸电热塞式进气预热系统 ……… 250
  7.6.5 电动刮水器的组成及结构 ………… 251
  7.6.6 电动刮水器的电路分析 …………… 251
  7.6.7 电动车窗的组成及结构 …………… 254
7.7 空调系统的组成与检修 ………………… 255
  7.7.1 供暖系统 …………………………… 255
  7.7.2 制冷系统 …………………………… 255
  7.7.3 过热开关 …………………………… 256
  7.7.4 压力开关 …………………………… 257
  7.7.5 空调系统的电路 …………………… 258
  7.7.6 大中型货车空调系统主要部件的布
       置形式 ……………………………… 258
  7.7.7 汽车空调不供暖或暖气不足故障诊
       断与排除 …………………………… 261
  7.7.8 汽车空调的调节控制功能失效故障
       诊断与排除 ………………………… 261
7.8 全车线路 ………………………………… 261
  7.8.1 汽车电路的组成 …………………… 261
  7.8.2 汽车电路图的识读过程 …………… 262
  7.8.3 汽车电路原理图的识读方法 ……… 263
  7.8.4 汽车线路常见故障 ………………… 266
  7.8.5 基本测量技术 ……………………… 266
  7.8.6 汽车电路基本检修方法 …………… 266
  7.8.7 各种开关的检测 …………………… 267
  7.8.8 汽车用导线的选择 ………………… 269
  7.8.9 线束的安装与维修 ………………… 269
  7.8.10 熔断器及继电器盒 ………………… 269
  7.8.11 继电器的连接与检测 ……………… 271
  7.8.12 易熔线的更换 ……………………… 271

第8章 汽车电子控制系统的结构与
       检修 …………………………… 273

8.1 汽车电子控制系统的组成与分类 ……… 273
  8.1.1 传感器的组成 ……………………… 273
  8.1.2 传感器的分类 ……………………… 273
  8.1.3 传感器的信号 ……………………… 274
  8.1.4 电控单元的功能 …………………… 275
  8.1.5 电控单元的基本构成 ……………… 276
  8.1.6 执行器的功用与分类 ……………… 277
  8.1.7 汽车电子控制系统的分类 ………… 277
8.2 汽车电子控制系统故障诊断检修方法 … 277
  8.2.1 故障检测诊断的一般程序 ………… 277
  8.2.2 故障诊断检修的基本方法 ………… 278
  8.2.3 自诊断系统的组成 ………………… 280
  8.2.4 自诊断系统的工作情况 …………… 280
  8.2.5 自诊断测试内容 …………………… 281
  8.2.6 自诊断测试工具 …………………… 282
  8.2.7 传感器检测程序 …………………… 283
  8.2.8 电控单元ECU的故障类型 ……… 283
  8.2.9 电控单元ECU的故障原因 ……… 284
  8.2.10 电控单元ECU的故障检测程序 … 284
  8.2.11 电控单元ECU的修理 …………… 285
  8.2.12 电控单元ECU的检测方法 ……… 286
  8.2.13 执行器检测程序 …………………… 288
8.3 高压共轨燃油喷射系统的组成和故障
    诊断 ……………………………………… 289
  8.3.1 电控共轨式燃油喷射系统的发展
       历程 ………………………………… 289
  8.3.2 电控高压共轨燃油喷射系统的
       组成 ………………………………… 289
  8.3.3 电控高压共轨燃油喷射系统的工作
       原理 ………………………………… 291
  8.3.4 电控高压共轨燃油喷射系统的控制
       功能 ………………………………… 291

8.3.5 电磁喷油器 …………………… 293
8.3.6 电控高压共轨燃油喷射系统的
实例 …………………………… 295
8.3.7 故障自诊断系统 ……………… 299
8.3.8 故障显示 ……………………… 299
8.3.9 故障代码的读取 ……………… 299
8.3.10 故障代码的清除 …………… 301
8.4 高压共轨燃油喷射系统主要电气部件的
检修 ……………………………………… 301
8.4.1 加速踏板位置传感器的检修 … 301
8.4.2 进气歧管压力/温度传感器的
检修 …………………………… 303
8.4.3 燃油压力传感器的检修 ……… 305
8.4.4 燃油温度传感器的检修 ……… 307
8.4.5 曲轴位置传感器的检修 ……… 308
8.4.6 凸轮轴位置传感器的检修 …… 311
8.4.7 冷却液温度传感器的检修 …… 312
8.4.8 机油压力/温度传感器的检修 … 314
8.4.9 大气压力传感器的检修 ……… 316
8.4.10 车速传感器的检修 ………… 316
8.4.11 燃油压力控制阀的检修 …… 318
8.4.12 电磁喷油器的检修 ………… 320
8.4.13 燃油加热器的检修 ………… 323

8.4.14 进气加热器的检修 ………… 325
8.5 防抱死制动系统 ABS 的组成与检修 … 326
8.5.1 防抱死制动系统 ABS 的组成 … 326
8.5.2 防抱死制动系统（ABS）的特点 … 327
8.5.3 防抱死制动系统（ABS）的类型 … 327
8.5.4 气压 ABS 与液压 ABS 的区别 … 329
8.5.5 液压 ABS 的工作过程 ………… 330
8.5.6 气压 ABS 的组成 ……………… 333
8.5.7 气压 ABS 制动压力调节器的结构 … 334
8.5.8 气压 ABS 制动压力调节器的工作
过程 …………………………… 335
8.5.9 ABS 检修注意事项 …………… 337
8.5.10 ABS 工作情况判断 ………… 338
8.5.11 气压 ABS 故障诊断方法 …… 338
8.5.12 诊断仪测试方法 …………… 338
8.5.13 闪码诊断方法 ……………… 339
8.5.14 ABS 故障的基本检查 ……… 340
8.5.15 轮速传感器故障的检查与安装 … 341
8.5.16 ABS ECU 的检查 …………… 342
8.5.17 气压 ABS 压力调节器的检查 … 342
附录 ……………………………………… 343
参考文献 ………………………………… 369

第1章 汽车基础知识

1.1 汽车主要技术参数

1.1.1 汽车基本参数

(1) 汽车主要尺寸参数

汽车基本参数包括主要尺寸参数与质量参数等，主要尺寸参数如图 1-1 所示。

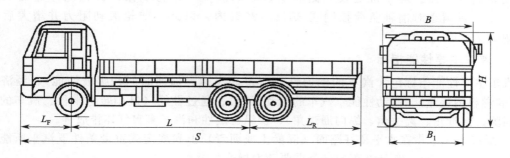

图 1-1 汽车主要尺寸参数

S—总长；B—总宽；H—总高；L—轴距；B_1—前轮距；L_F—前悬；L_R—后悬

① 外廓尺寸。汽车的外廓尺寸指总长 S、总宽 B 和总高 H。各国对公路运输车辆的外廓尺寸都有法规限制，以便使其适应该国的公路、桥梁、涵洞和铁路运输的有关标准。我国对公路载货车辆的限制尺寸是：总高不大于 4m，总宽（不包括后视镜）不大于 2.5m，左、右后视镜等突出部分的侧向尺寸总共不大于 250mm，载货车总长不大于 12m。

② 轴距。轴距指车轴之间的距离。对双轴汽车，轴距就是前、后轴之间的距离；对三轴汽车，轴距是指前轴和中轴之间的距离与前轴和后轴之间的距离的平均值 L。汽车轴距短，汽车总长就短，质量就小，最小转弯半径和纵向通过半径也小，机动灵活。但轴距过短会导致车厢长度不足或后悬过长，汽车行驶时纵向振动过大，汽车加速、制动或上坡时轴荷转移过大而导致其制动性和操纵稳定性变差，以及万向节传动的夹角过大等问题。

③ 前、后轮轮距。图 1-1 显示的是汽车的前轮距 B_1。汽车轮距对总宽、总质量、横向稳定性和机动性都有较大影响。轮距愈大，则悬架的角度愈大，汽车的横向稳定性愈好。但是，轮距过大会使汽车的总宽和总质量过大。

④ 汽车的前悬和后悬。汽车的前悬 L_F 是指汽车前端至前轮中心的悬置部分。前悬处要布置发动机、钢板弹簧前支架、车身前部、保险杠和转向器等，要有足够的纵向布置空间。但前悬不宜过长，以免使汽车的接近角过小而影响通过性。汽车的后悬 L_R 是指汽车后端至汽车后轮中心的悬置部分，其长度主要与货厢长度、轴距及轴荷分配有关。后悬也不宜过长，以免使汽车的离去角过小而引起上、下坡时刮地，同时转弯也不灵活。

(2) 汽车的质量参数

汽车的质量参数主要包含汽车的装载质量、整备质量、总质量、整备质量利用系数和轴荷分配等。

① 装载质量。载货车（简称货车）以其在良好的硬路面上行驶时所装载货物质量的最大限额（t）计。超载将导致车辆早期损坏，制动距离变长，甚至造成交通事故。

② 整备质量。指汽车在加满燃料、润滑油、工作液（如制动液）及发动机冷却液并装备（随车工具及备胎等）齐全但未载人、载货时的总质量。整备质量越小的汽车，燃油消耗越少，经济性越好。

③ 总质量。指已整备完好、装备齐全并按规定载满客、货时的汽车质量，即整备质量与满载客、货质量之和。

④ 整备质量利用系数。指载货车的装载质量与其整备质量之比，即单位汽车整备质量所承受的汽车装载质量。此系数愈大表明该车型的材料利用率及设计与工艺水平愈高。

⑤ 轴荷分配。指汽车空载和满载时的整车质量分配到各个车轴上的百分比。它是汽车的重要质量参数，将影响汽车的牵引性、通过性、制动性、操纵性和稳定性等主要性能以及轮胎的寿命。对于常在较差路面上行驶的载货车，为了保证其在泥泞路面上的通过能力，常将满载时前轴负荷控制在 26%～27% 内，以减小前轮滚动阻力并增大后驱动轮的附着力。

1.1.2 汽车主要性能指标

汽车主要性能指标包含汽车的动力性能（最高车速、加速时间、爬坡性能）、经济性能（汽车的燃料消耗量）、制动性能（汽车的制动距离）、通过性能（最小转弯半径、汽车的最小离地间隙、接近角、离去角、纵向通过角）、操纵稳定性和汽车有害气体排放等。

① 最高车速 指在水平良好路面（混凝土或沥青）上和规定载重量条件下汽车所能达到的最高车速（km/h），它是汽车的一个重要动力指标。

② 加速时间 指汽车加速到一定车速所需要的时间，常用原地起步加速时间与超车加速时间表示，它也是汽车动力性能的重要指标。

③ 爬坡性能 指汽车满载在良好路面等速行驶的最大爬坡度，一般要求在 30%（即 16.7°）左右。

④ 燃料消耗量 通常以百公里油耗衡量，即汽车在良好的水平硬路面上以一定载荷（货车满载）及最高挡等速行驶时的百公里燃料消耗量，单位为 L/100km，它是汽车的燃料经济性常用的评价指标。

⑤ 制动距离 指在良好的试验跑道上，在规定的车速下紧急制动（对于载货车，要求紧急制动时踏板力不大于 700N）时，由踩制动踏板起到完全停车时汽车行驶的距离。我国通常以 30km/h 和 50km/h 车速下的最小制动距离来评价汽车的制动效能。

⑥ 最小转弯半径 当转向盘转到极限位置、汽车以最低稳定车速转向行驶时，外侧转向轮的中心平面在支承平面上滚过的轨迹圆半径，它表征了汽车能够通过狭窄、弯曲地面的能力。最小转弯半径越小，汽车的机动性越好。

⑦ 最小离地间隙 指汽车满载、静止时，平直地面与汽车中间区域最低点之间的距离 h（如图 1-2 所示）。它反映了汽车无碰撞地通过地面凸起的能力。

⑧ 接近角 指汽车满载、静止时，前端突出点向前轮所引切线与地面间的夹角 γ_1（如图 1-2 所示），γ_1 越大，越不易发生汽车前端触及地面的情况，通过性越好。

⑨ 离去角 指汽车满载、静止时，后端突出点向后轮所引切线与地面间的夹角 γ_2（如图 1-2 所示），γ_2 越大，越不易发生汽车后端触及地面的情况，通过性越好。

⑩ 纵向通过角 汽车满载、静止时，垂直于汽车纵向中心平面，分别与前、后车轮轮胎相切和相交，并与车辆底盘刚性部件（除车轮）接触的两个平面形成的最小锐角 β（如图 1-2 所示）。它决定了车辆所能通过的最陡坡道，β 越大，汽车通过性越好。

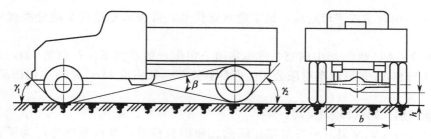

图 1-2 汽车通过性指标

h—最小离地间隙；b—两侧轮胎内缘间距；γ_1—接近角；γ_2—离去角；β—纵向通过角

1.2 汽车的识别与维护

1.2.1 车型的识别

（1）载货车的分级、分类

汽车分为：载货车、越野车、自卸车、牵引车、专用车、客车、轿车、挂车，本书内容为载货车的结构与维修。载货车主要用于运输货物，有的可牵引挂车。

① 载货车的分级　载货车按总质量不同分为四级，如表 1-1 所示。

表 1-1　载货车的分级

载货车分类	微型	轻型	中型	重型
总质量/t	$T\leqslant 1.8$	$1.8<T\leqslant 6.0$	$6.0<T\leqslant 14.0$	$T>14.0$

注：T 表示总质量，t 表示质量单位吨。

② 载货车的分类　载货车按驾驶室与发动机的相对位置不同分为三大类。

a. 长头载货车：其特点是驾驶室布置在发动机之后。
b. 短头载货车：其特点是发动机的一部分伸入驾驶室的下方。
c. 平头载货车：其特点是驾驶室布置于发动机上方。

（2）产品型号

汽车产品型号应能表明其厂牌、类型和主要特征参数等，根据国标 GB/T 9417—1988《汽车产品型号编制规则》，产品型号由字母和阿拉伯数字组成，包括首部、中部和尾部三部分。首部和中部为国家规定代号，尾部为企业自定代号。

① 首部——由 2 个或 3 个字母组成，是识别企业的代号。如：CA 代表"一汽"，EQ 代表"二汽"（DFL 代表"东风汽车有限公司"），SX 代表"陕汽"等。

② 中部——由四位数字或字母组成，分为首位、中间两位和末位三部分，各位的含义如表 1-2 所示。

表 1-2　国产汽车编号中部四位数字或字母的含义

首位数字表示汽车类型		中间两位数字表示汽车的主要特征参数	末位数字或字母
载货车	1	表示汽车的总质量(单位:t)	企业自定的产品序号
越野车	2		
自卸车	3		
牵引车	4		
专用车	5		
客车	6	表示汽车的总长度(单位:0.1m)	
轿车	7	表示发动机的工作容积(单位:0.1L)	
挂车	9	表示汽车的总质量(单位:t)	

注：当汽车总质量大于 100t 时，允许用 3 位数字；当客车总长度大于 10m 时，单位为 m。

③ 尾部——由数字或字母组成，是企业自定代号，可表示专用汽车的分类或变型车与基本型的区别。

例如：解放 CA1122 表示中国第一汽车集团公司生产的载货车，总质量 12t，是第 3 代产品。东风 DFL1311A3 东风汽车有限公司生产的载货车，总质量 31t，是第 2 代产品，A3 是企业自定义号。

(3) 车辆识别代码（即 VIN 码）

车辆识别代码（VIN 码）一般刻印在纵梁比较醒目位置，是汽车制造厂为了识别每一辆汽车而规定的一组字码，如同人的身份证。它由 17 位一组英文字母和数字组成，故又称 17 位码。车辆识别代码（VIN 码）由三部分组成，各部分的含义如下。

① 第一部分：第 1~3 位，是世界各汽车制造厂家识别代码号（英文缩写 WMI），由 3 个英文字母组成。由国际标准化组织按地理区域分配给各国，各国再分配给本国的制造厂，所有的 WMI 代号由美国汽车工程师协会（SAE）保存并核对。中国由天津汽研中心标准所代理并经备案。其组成含义如下。

第一个字码：地理区域代码，如 1~5 代表北美，S~Z 代表欧洲，6、7 代表大洋洲，A~H 代表非洲，J~R 代表亚洲，8、9 和 0 代表南美洲等。

第二个字码：标明一个特定地区内的一个国家的字码，由美国汽车工程师协会（SAE）分配。

第三个字码：由国家机构指定一个字码来标明某个特定的制造厂。我国实行的车辆识别代号中的 WMI，第 1 位是"L"，表示中国，第 2、3 位表示制造厂。若制造厂的年产量少于 500 辆，其 WMI 代码的第三个字码为 9。由 WMI 可识别汽车源产地。

② 第二部分：第 4~9 位，是车辆说明部分（英文缩写 VDS），表示车辆的类型和配置。VDS 一般包含以下信息：车系、动力系统的发动机型号、变速器形式、车身形式、气囊、安全带等约束系统配置，第 9 位为校验位，为 0~9 或 X。

③ 第三部分：第 10~17 位，是车辆指示部分（英文缩写 VIS），是制造厂为了区别每辆车而指定的一组字符。VIS 一般包含以下信息：车型年代（第 10 位，数字或字母，但数字不能为 0 而字母不能为 I、O、Q、Z）、装配厂（第 11 位，字母或数字）、生产顺序号（最后 6 位，一般为数字）。

如果制造厂生产的某种类型的车辆产量大于 500 辆，VIS 的第 3~8 位表示生产顺序号；如果制造厂的产量小于 500 辆，则此部分的第 3、4、5 位与 WMI 中的第 3 个字码一起来表示一个车辆制造厂。

如某一辆东风 EQ1118GA 载货车的识别代码为"LGHGBG1H953015283"，各部分的具体含义见表 1-3。

表 1-3 汽车识别代码的含义

VIN 码	位置	代码	含 义
WMI	1~3	LGH	东风汽车公司制造
VDS	4	G	平头单排座驾驶室
	5	B	直列 6 缸柴油发动机
	6	G	最大总质量 10t
	7	1	驱动形式 4×2
	8	H	轴距代码
	9	9	检验位，为数字 0~9 或字母"X"
VIS	10	5	制造年份，2005 年
	11	3	装配单位代码
	12~17	015283	车辆生产顺序号，即生产的第 15283 辆

1.2.2 汽车的维护

根据维护作业开展的时机不同，汽车维护一般分为：常规性维护、走合期维护和季节性维护。维护作业以清洁、检查、紧固、调整、润滑和补给为主，维护范围随着行驶里程的增加逐步扩大，内容逐步加深。

(1) 维护保养间隔里程

汽车的常规性维护分为日常维护、一级维护、二级维护三种级别，各级维护的参考间隔里程或时间间隔，一般以汽车生产厂家规定为准。

(2) 各级维护保养的主要作业范围

日常维护：是驾驶员必须完成的日常性工作，其作业中心内容是清洁、补给和安全检视。

一级维护：由专业维修人员作业，其作业中心内容除日常维护作业外，以清洁、润滑、紧固为主，并检查有关制动、操纵等安全部件。

二级维护：由专业维修人员作业，其作业中心内容除一级维护作业以外，以检查、调整为主，并拆检轮胎，进行轮胎换位等。

走合期维护：新车和修复车在走合期开始、走合中及走合满后，应进行规定的走合期维护。该维护由维修厂家负责执行，其作业内容以检查、紧固和润滑等工作为主。

季节性维护：凡每年最低气温低于 0℃ 的地区，入冬之前需要进行季节性维护，其作业内容为更换符合季节要求的润滑油、冷却液，并调整燃油供给系统和充电系统，检查冷却系统和取暖或空调系统的工作情况。进入夏季前也应对汽车进行季节性维护。

第 2 章　发动机的结构与维修

2.1　发动机的总体结构及识别

2.1.1　发动机的基本结构

货车发动机主要由曲柄连杆机构、配气机构、供给系统、润滑系统、冷却系统和启动系统等组成。

(1) 曲柄连杆机构

曲柄连杆机构是发动机进行能量转换和传递动力的机构，其作用是将活塞的直线往复运动转变为曲轴旋转运动，并对外输出动力。曲柄连杆机构主要由缸体曲轴箱组、活塞连杆组及曲轴飞轮组等机件组成。

(2) 配气机构

配气机构是发动机的换气机构，其作用是按照发动机的工作循环和供油要求，适时地开启和关闭各缸进、排气门，保证新鲜气体及时充入气缸，并将燃烧产生的废气及时排出气缸。配气机构主要由气门组和气门传动组等机件组成。

(3) 供给系

供给系的功用是完成燃料的储存、滤清和输送工作，并根据发动机的工况，定时、定量地提供新鲜的空气和燃油，以保证发动机连续正常的工作。供给系主要由喷油泵，喷油器，输油泵，汽油泵（汽油发动机），燃油滤清器，油箱，空气滤清器，进、排气歧管和消声器等机件组成。

(4) 润滑系

润滑系的功用是将机油不断地输送到发动机各运动机件摩擦表面，减轻零件的摩擦，减少机件的磨损。除此之外，润滑系还有清洗、冷却、密封和防止化学腐蚀等作用。润滑系主要由机油泵、机油滤清器、机油散热器等机件组成。

(5) 冷却系

冷却系的功用是用来吸收和散发发动机受热零件的多余热量，以维持发动机的正常工作温度。冷却系分水冷和风冷两种。主要由水泵、散热器、发动机缸体、风扇和气缸中的水套等机件组成。

(6) 启动系

启动系的功用是在正常使用条件下，通过启动机将蓄电池储存的电能转变为机械能，带动发动机以足够高的转速运转，以便顺利启动发动机。启动系主要由启动机、启动继电器等装置组成。

2.1.2　货车发动机的分类

货车发动机常采用活塞式内燃机，可按多种方式对其进行分类。

(1) 按气缸排列方式分类

直列式发动机：气缸呈一列布置的发动机，如图 2-1(a) 所示。

V 形发动机：气缸呈两列布置，且两列气缸之间的夹角为 V 形的发动机。当两列气缸之间的夹角为 180°时，V 形发动机就变成了水平对置式发动机，如图 2-1(b) 所示。

第 2 章 发动机的结构与维修

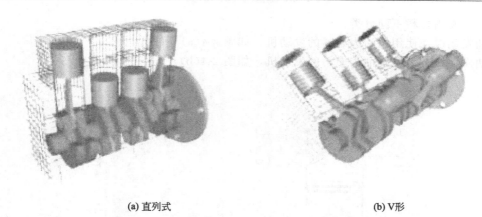

(a) 直列式　　　　　　　　　　　　(b) V形

图 2-1　直列式发动机和 V 形发动机

(2) 按进气方式不同分类

自然吸气式发动机：进入气缸的空气或可燃混合气未经压气机压缩的发动机，如图 2-2(a) 所示。

增压式发动机：进入气缸的空气或可燃混合气经过压气机压缩的发动机，如图 2-2(b) 所示。

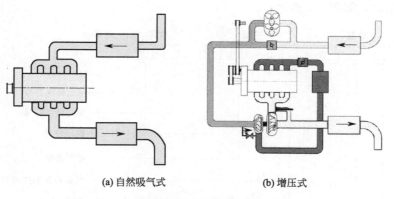

(a) 自然吸气式　　　　　　　　　　(b) 增压式

图 2-2　自然吸气式和增压式发动机

(3) 按冷却方式不同分类

水冷式发动机：以水或冷却液为冷却介质的发动机，如图 2-3(a) 所示。

风冷式发动机：以空气为冷却介质的发动机，如图 2-3(b) 所示。

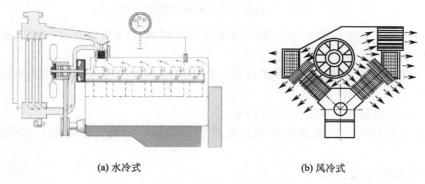

(a) 水冷式　　　　　　　　　　　　(b) 风冷式

图 2-3　水冷式和风冷式发动机

(4) 按使用燃料不同分类

汽油发动机：使用汽油为燃料的发动机，如图 2-4(a) 所示。

柴油发动机：使用柴油为燃料的发动机，如图 2-4(b) 所示。

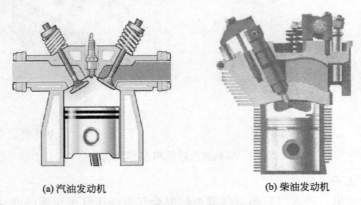

图 2-4　汽油发动机和柴油发动机

2.1.3　发动机型号编制规则

根据国家标准 GB/T 725—1991《内燃机产品和型号编制规则》的规定，发动机编号主要内容由四部分组成，如图 2-5 所示。

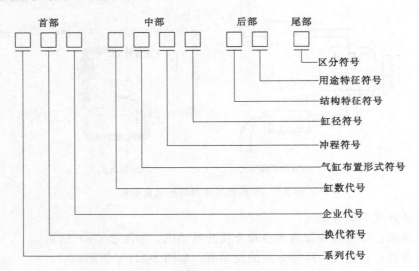

图 2-5　内燃机产品和型号编制规则

① 首部为地方、企业代号，由制造厂根据需要选用相应的字母表示，经行业标准化归口单位核准、备案。

② 中部为缸数代号、气缸布置形式符号、冲程符号和缸径符号（缸径符号是以气缸直径毫米数取整数）。

③ 后部为结构特征符号和用途特征符号。

④ 尾部为区分符号，主要是同系列产品改进后需要区分时，由制造厂选用适当的符号表示。

2.1.4　国外发动机型号识别

(1) 美国卡特彼勒公司 D398-TA 型发动机型号含义

第 2 章 发动机的结构与维修

① D—表示为燃料类型，D 代表柴油发动机。
② 3—表示发动机系列号，为 300 型。
③ 98—表示发动机系列号编号，79 代表发动机为 8 缸，98 代表发动机为 12 缸。
④ TA—表示发动机的充气方式，TA 代表为废气涡轮增压型式，NA 代表为自然吸气型式。

（2）德国 MAN 公司 D2066LF01 型发动机型号含义
① D—表示燃油类型，D 代表柴油发动机。
② 20—表示发动机缸径，20 代表缸径为 100＋20＝120mm。
③ 6—表示活塞行程，6 代表缸径为 6×10＋100，约为 155mm。
④ 6—表示气缸数，6 代表发动机为 6 缸。
⑤ L—表示增压发动机，带中冷器。
⑥ F—表示发动机位置，F 代表发动机前置、垂直放置；OH 代表发动机后置、垂直放置；UH 代表发动机后置、水平放置。
⑦ 01—表示发动机特性值、零部件技术参数和调整组合特性值。

（3）瑞典沃尔沃（VOLVO）汽车公司 B5254T2 型发动机型号含义
沃尔沃（VOLVO）汽车公司生产的发动机一般用字母和数字组成的 7 位数表示。
① B—表示为燃料类型，B 代表汽油发动机。
② 5—表示发动机气缸数，5 代表发动机为 5 缸。
③ 25—表示发动机排量，25 代表 2500CC（1CC＝1mL）的排量。
④ 4—表示气缸的气门个数，4 代表 4 个气门。
⑤ T—表示发动机的类型，T 代表为废气涡轮增压型式。
⑥ 2—表示同类发动机的代，2 代表为第 2 代。

（4）法国雷诺 MIDR06.23.56.A4I 型发动机型号含义
① M—表示发动机。
② I—表示直接喷射。
③ D—表示发动机排列型式，D 代表直列式。
④ R—表示增压中冷。
⑤ 06—表示气缸个数，06 代表发动机为 6 缸。
⑥ 23—表示气缸直径，23 代表缸径为 100＋23＝123mm。
⑦ 56—表示气缸行程，56 代表气缸行程为 100＋56＝156mm。
⑧ A—表示发动机功率代号：A（300～400PS）；B（400PS 以上）；C（500PS 以上），1PS＝735.49875W。
⑨ 4—表示排放控制指标，4 代表欧Ⅱ排放标准。
⑩ I—表示电子控制提前；ITC 代表喷射正时控制系统。

（5）日本三菱 4G64S4M 型发动机型号含义
① 4—表示气缸个数，4 代表发动机为 4 缸。
② G—表示燃油类型，G 代表汽油发动机，D 代表柴油发动机。
③ 6—表示产品序列号。
④ 4—表示设计序号。
⑤ S—表示顶置单凸轮轴，D 代表顶置双凸轮轴。
⑥ 4—表示气门个数，4 代表每缸 4 气门。
⑦ M—表示多点燃油喷射。

2.1.5 国内生产商产品型号编制规则

(1) 生产商产品型号编制规则

为了满足企业发展的需要，实现汽车发动机排放水平与国际接轨，大部分发动机生产商为了区别不同排放级别的发动机，参照国际标准编制了适合本公司的编制规则。从而慢慢取代了根据国家标准（GB/T 725—1991）的规定进行命名的方式。

生产商产品型号编制由阿拉伯数字和大写英文字母表示。主要由企业代号、缸数代号、系列代号、功率代号、排放代号和重大结构改进代号组成，生产商的产品型号编制规则如图2-6所示。

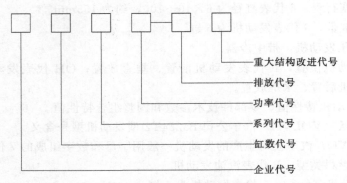

图 2-6 企业产品型号编制规则

企业代号：由制造厂根据需要选用相应的字母表示。

缸数代号：用阿拉伯数字表示，如4缸就用4表示，6缸就用6表示。

系列代号：系列代号由大写英文字母表示，以缸径和行程为系列，同一缸径和行程为一系列。

功率代号：用马力（PS）表示。

排放代号：用阿拉伯数字表示，欧Ⅰ用1表示，欧Ⅱ用2表示。

重大结构改进代号：用阿拉伯数字表示，从0开始顺序编号。

(2) 生产商的型号编制规则与国家标准对比示例

① 玉柴发动机型号示例

按国家标准规定编制的型号为 YC6105ZLQ 型发动机：表示为玉林发动机厂生产的6缸、气缸直径105mm、增压、中冷、汽车用发动机。

按发动机企业编制的型号为 YC6J190-20 型发动机：表示为玉林发动机厂生产的6缸、气缸直径105mm、活塞行程125mm、功率为190PS型发动机，汽车用发动机，该发动机为符合国2排放标准第一种机型。

② 东风康明斯发动机型号示例

按国家标准规定编制的型号为 EQ6BT5.9 型发动机：表示为东风汽车公司生产的6缸、B系列（气缸直径102mm）、增压发动机，排量为5.9L。

按发动机企业编制的型号为 EQB160-20 型发动机：表示为东风汽车公司生产的B系列（气缸直径102mm）、功率为160PS，符合国2排放标准的、基本型发动机。

③ 一汽锡柴发动机型号示例

按国家标准规定编制的型号为 CA4110/125Z 型发动机：表示为中国一汽无锡生产的气缸直径为110mm，行程125mm，带传动转向油泵4缸增压发动机。

按发动机企业编制的型号为 CA4DF2-14 型发动机：表示为中国一汽无锡生产的4缸、柴油、F系列（气缸直径为110mm）、经过3次改进的、功率为140PS发动机。

2.2 曲柄连杆机构的结构与维修

曲柄连杆机构的功用是把燃气作用在活塞顶上的力转变为曲轴的转矩,向工作机械输出机械能。

主要组成零部件有:气缸体、气缸盖、气缸盖衬垫、油底壳、活塞、连杆、活塞销、活塞环、曲轴、飞轮等零件。

2.2.1 气缸体的分类

(1) 气缸体功用

气缸体是发动机各系统主要零件的装配机体,曲轴箱有前后壁和中间隔板,箱体上制有主轴承孔及凸轮轴轴承座孔,为保证轴承的润滑,在缸体的侧壁及前后壁和中间隔板上分布有润滑油道。

(2) 气缸体分类

根据发动机的冷却方式,气缸体可分为水冷式和风冷式两种。

水冷式发动机气缸体通常把气缸体和曲轴箱铸造在一起,气缸的外面有冷却水道,其结构如图 2-7(a) 所示。

风冷式发动机气缸体和曲轴箱常采用分开式,气缸的外面铸造有散热片,其结构如图 2-7(b) 所示。

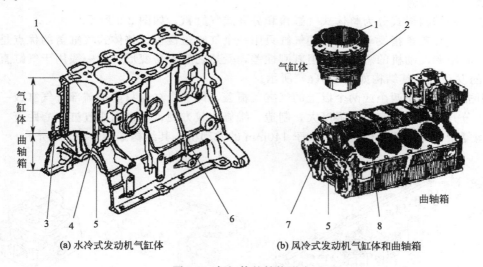

(a) 水冷式发动机气缸体　　(b) 风冷式发动机气缸体和曲轴箱

图 2-7　气缸体的结构形式

1—气缸体;2—散热片;3—润滑油道;4—水套;5—主轴承座孔;
6—加强筋;7—凸轮轴轴承座孔;8—气缸体安装孔

目前货车多采用水冷式发动机。水冷发动机的气缸体的结构形式一般有三种,如图 2-8 所示。

① 一般式气缸体:发动机曲轴轴线与上曲轴箱下表面在同一平面的为一般式气缸体,其结构如图 2-8(a) 所示。

② 龙门式气缸体:发动机曲轴轴线高于上曲轴箱下表面的为龙门式气缸体,其结构如图 2-8(b) 所示。

③ 隧道式气缸体:发动机主轴承座孔整体铸造在曲轴箱上,主轴承座孔不分开,曲轴一般采用滚柱轴承支承分段安装在曲轴箱内的气缸体,其结构如图 2-8(c) 所示。

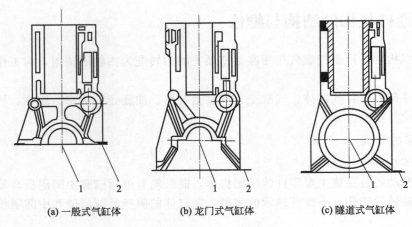

图 2-8 气缸体三种形式
1—曲轴箱下表面；2—主轴承座孔中心

2.2.2 气缸盖、气缸垫的结构与分类

（1）气缸盖

气缸盖的功用是密封气缸上部，并与活塞顶部和气缸一起形成燃烧室。同时气缸盖也为其他部件提供安装位置。

气缸盖的结构形式分为整体式气缸盖和分开式气缸盖，如图 2-9 所示。

整体式气缸盖是指发动机所有的气缸只用一个气缸盖覆盖。整体式气缸盖的优点是可以缩小气缸中心距和发动机的总长度，但其刚性差，受热之后容易变形，故一般用于气缸直径小于 105mm 的发动机，其结构如图 2-9(a) 所示。

分开式缸盖采用两个或两个以上的气缸盖覆盖，即一个缸盖只能覆盖部分气缸或一个气缸的缸盖。分开式缸盖具有缸盖强度大，制造、维修比较方便；但对缩小气缸中心距有一定的限制，结构复杂，一般用于气缸缸径大于 140mm 的发动机，其结构如图 2-9(b) 所示。

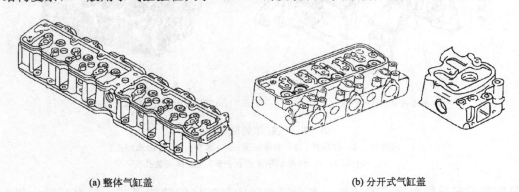

图 2-9 气缸盖

（2）气缸垫

气缸垫的功用是密封气缸盖底面与气缸体顶面之间的密合面，保证燃烧室不漏气。

目前使用比较多的气缸垫是金属-石棉气缸垫，该种气缸垫是在石棉之间夹有金属丝或金属屑，外覆钢皮，水孔和燃烧室孔周围用镶边增强。气缸垫的压紧厚度为 1.2~2mm，具有较好的弹性和耐热性。

金属-石棉气缸垫的另一种结构是在石棉中间用编织好的钢丝网或扎孔钢板作为骨架，两面用石棉混合橡胶粘接剂压成，如图 2-10(a) 所示。

加强型无石棉气缸垫在气缸密封孔部位采用五层薄钢板组成，没有石棉夹层，在油孔和水孔的周围均包有钢制护圈，用以提高密封性，如图 2-10(b) 所示。

另一种无石棉气缸垫采用实心的金属片作为气缸垫，它是由单块的冷轧低碳钢板制成，在气缸孔、油孔和水孔等需要密封位置的周围冲压出一定高度的凸纹，利用凸纹的弹性形变来实现密封，如图 2-10(c) 所示。

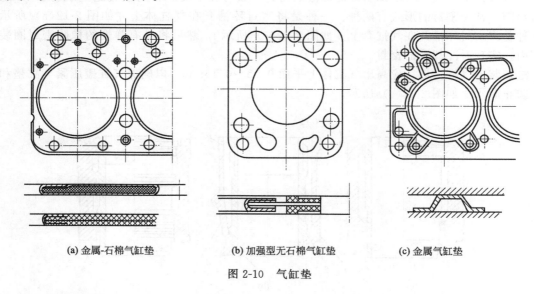

(a) 金属-石棉气缸垫　　　(b) 加强型无石棉气缸垫　　　(c) 金属气缸垫

图 2-10　气缸垫

2.2.3　气缸套的分类

气缸套的主要功用是引导活塞作往复的直线运动。一般由耐磨、耐高温、耐腐蚀的高级合金铸铁材料制成。

气缸套一般分干式和湿式两种。

（1）干式缸套

缸套外圆表面不直接与冷却液接触的缸套叫干式缸套。它是一个耐磨性能良好的薄壁套筒，壁厚一般为 1~3mm，与气缸体一般采用过盈或过渡配合，并利用缸体上的凸肩进行轴向定位，只是有的定位位置在气缸体的上端［如图 2-11(a) 所示］，而有的在下端［如图 2-11(b) 所示］。

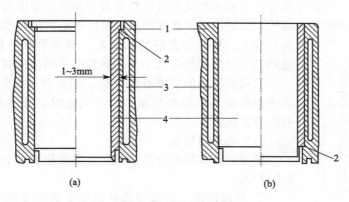

图 2-11　干式气缸套
1—气缸体；2—缸套支撑；3—冷却水道；4—气缸套

(2) 湿式缸套

缸套外圆表面与冷却液直接接触的缸套叫湿式缸套。为保证有足够的刚度和强度，缸套壁厚一般为 5～9mm，分别由上支承定位带和下密封带进行径向定位，缸套外圆表面上、下加工有两个定位环，用以径向定位；同时，缸套上部凸缘的下平面与缸体的凹肩配合，起轴向定位作用。

为了保证缸套装入气缸体后对冷却液的密封，通常在下支承带与座孔之间装有 1～3 道橡胶密封圈。常见密封的形式有两种：一种是将密封环槽开在气缸体上 [如图 2-12(a) 所示]，另一种是将密封环槽开在气缸套上 [如图 2-12(c) 所示]，然后将具有弹性的橡胶密封圈装入环槽内，实现对冷却液的密封。

缸套装入气缸体后，应高出气缸体上平面 0.05～0.15mm，以确保气缸盖压紧气缸垫和缸套，防止漏水，如图 2-12(a) 所示。

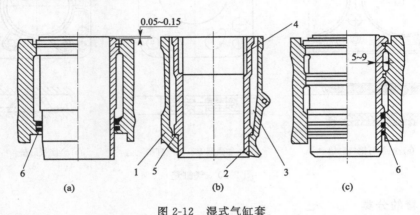

图 2-12 湿式气缸套

1—气缸体；2—气缸套；3—冷却水道；4—上置半截缸套；5—铜密封圈；6—橡胶密封圈

2.2.4 活塞的结构

(1) 活塞的功用与技术要求

活塞的主要功用是承受燃烧气体压力，并将燃烧气体压力通过活塞销传给连杆以推动曲轴旋转。此外活塞顶部与气缸盖、气缸壁共同组成燃烧室。

因为活塞顶部直接与高温燃气接触，其顶部最高温度通常可达 600～700K；在做功行程时，活塞顶部承受着燃气带有冲击性的高压压力，活塞在气缸中作高速运动，产生很大的惯性力。所以从活塞的工作条件来看，活塞在承受的气体作用力和高速运动的惯性力时，活塞会受到交变的拉伸、压缩或弯曲载荷，同时由于活塞各部分的温度极不均匀，活塞内部将产生一定的热应力，从而引起活塞的变形、磨损等各种损坏。所以要求活塞质量小、热膨胀系数小、导热性好和耐磨性高。

发动机使用的活塞有镁合金、铝合金及铸铁或耐热钢等材料，由于铝合金活塞具有质量小、导热性好、价格便宜的优点，目前被广泛采用。

(2) 活塞的结构

活塞的基本结构分为顶部、头部和裙部3个部分，其结构如图 2-13 所示。

① 活塞顶部　活塞顶部是燃烧室的组成部分，直接承受气体压力；顶部材料较厚，背面多数有加强筋。根据不同的目的和要求，活塞顶部制成各种不同的形状，如图 2-14 所示。

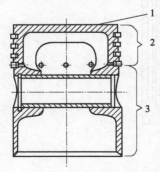

图 2-13 活塞结构

1—顶部；2—头部；3—裙部

平顶活塞多被汽油机采用，其结构如图 2-14(a) 所示。

凹顶活塞通常被柴油机采用，其顶部形状有球形、浅皿形等，具体形状根据柴油机燃烧要求不同而发生变化，其结构如图 2-14(b) 所示。

凸顶活塞通常被二冲程汽油机采用，其结构如图 2-14(c) 所示。

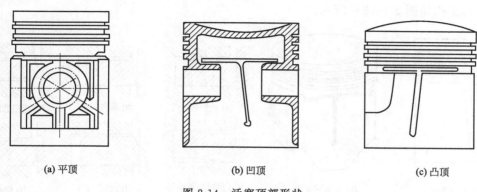

(a) 平顶　　　　　　　　(b) 凹顶　　　　　　　　(c) 凸顶

图 2-14　活塞顶部形状

② 活塞头部　活塞头部指活塞最下面一道环槽以上的部分，活塞头部主要作用是开环槽，用以安装活塞环，实现气缸的密封，并且还承受气体压力和吸收顶部大部分热量，随时将力和热量传给其他部件。

活塞环槽分为气环槽和油环槽。一般设置 3～4 道环槽，上面的 2～3 道用以安装气环，最下面一道用来安装油环。环槽的形状与活塞环断面形状相对应。油环槽底面钻有径向小孔，从气缸壁上刮下来的多余机油，从这些小孔流回油底壳。

③ 活塞裙部　活塞裙部是指油环槽下端面至活塞底面的部分，起活塞运动导向和承受侧压力的作用。

为保证活塞在正常工作温度下与气缸壁保持良好的配合间隙，活塞裙部有以下特点。

a. 活塞裙部呈上小下大的锥形。为弥补活塞裙上部温度高于下部温度而产生变形不一致，裙部制成上小下大的锥形，锥度一般为 0.02～0.06mm。

b. 活塞裙部呈椭圆形。因活塞销座孔四周较厚，受热后膨胀量较其他部位大，同时，由于受侧压力的作用，会使活塞销孔轴线方向变长，故把销座孔轴线方向的直径制得略小，与销座孔轴线垂直的方向直径制得略大，呈椭圆形，一般椭圆度为 0.20～0.40mm，这样使活塞裙部受热、受力变形后趋于正圆，以保证与气缸的正常配合。

c. 活塞销座孔的附近铸入防胀钢片。有的活塞为了限制活塞裙部的膨胀量，在活塞销座孔部位铸入膨胀系数低的铁镍合金防胀钢片，如图 2-15 所示。

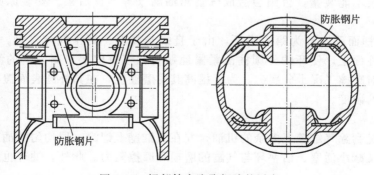

图 2-15　裙部铸有防胀钢片的活塞

d. 为了减小做功时活塞对气缸壁的侧压力，减轻活塞在换向时对气缸壁的敲击，活塞销座孔中心偏离活塞中心 1.5mm 左右（面对发动机向左侧偏）。安装时应特别注意活塞上的方向标记。

为了减小活塞的质量，许多高速发动机在普通活塞的基础上去掉部分活塞裙部，变为拖板式活塞，其结构如图 2-16(b) 所示。

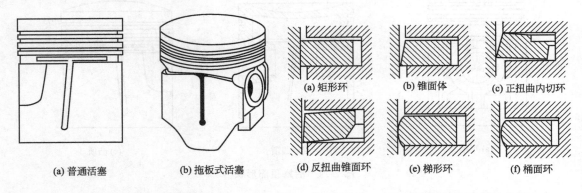

图 2-16　活塞裙部结构　　　　　　图 2-17　气环的断面形状

2.2.5　活塞环的结构与分类

（1）活塞环的分类

活塞环按功能分为气环和油环。气环的作用是防止活塞与气缸壁之间漏气，并将活塞传来的热量传给气缸壁；油环的作用是刮去气缸壁上过多的机油，防止大量机油进入燃烧室。

（2）气环

气环用优质灰铸铁制成，并开有切口。在自由状态时它的外径大于气缸直径，装入气缸后，活塞环受到压缩，靠弹力与气缸壁贴紧，发动机工作时气环背面的气体压力使气环与缸壁贴得更紧，密封气缸防止漏气。

常见的气环的断面形状，如图 2-17 所示。

① 扭曲环　扭曲环是将矩形断面的内圆或外圆切去一角，装入气缸时活塞环就会产生微小的扭转变形，从而增加了与气缸的密封性和刮油作用。扭曲环的断面形状如图 2-17(c) 和图 2-17(d) 所示，其断面上、下不对称，装入气缸后，断面的上部和下部具有不同的弹力和变形，因而在环槽中发生明显的断面倾斜（扭曲），使环的边缘与环槽的上、下端面接触，环在环槽中不易上、下窜动，提高了密封性能，并减少了环与环槽之间的冲击和磨损；当活塞下行时，扭曲的气环可以帮助油环刮去缸壁上多余的润滑油。

扭曲环的安装不能装错，否则会造成气缸窜油漏气等不良后果。安装原则：内圆切槽朝上，外圆切槽朝下。

② 桶面环　桶面环一般为第一道环，由于直接与高温、高压气体接触，工作条件恶劣，气体作用在内圆柱面上，使环的外圆柱面紧紧地贴合在气缸壁上，高温下的润滑条件又比较差，因此环的相对摩擦工况十分恶劣，为了提高其耐磨性能，在其外圆表面镀有硬铬，使表面光亮而具有较高的硬度。

（3）油环

油环的作用是刮除气缸壁上多余的机油，并在气缸壁上铺涂一层均匀的油膜，既防止机油窜入气缸燃烧，又减小活塞、活塞环与气缸的磨损和摩擦阻力。此外，油环也起到辅助密封气缸的作用。

油环根据其结构形式又可以分为普通油环、弹簧胀圈式油环和组合油环等。

普通油环的结构如图 2-18(a) 所示。一般用合金铸铁制造。其外圆面的中间切有一道凹槽，在凹槽底部加工出很多回油孔；从气缸壁刮下的多余机油，经油孔流回油底壳。

弹簧胀圈式油环的结构如图 2-18(b) 所示。它是在普通油环环槽内加上螺旋弹簧或板簧。其优点是对气缸的适应性好。

常见的组合油环的结构如图 2-18(c) 所示。由两个刮油钢片和一个弹性衬环组成。弹性衬环夹装在两个刮油钢片之间。由于刮油钢片很薄和各钢片相对独立，因而刮油作用强，对气缸的适应性好。

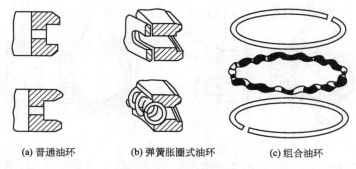

(a) 普通油环　　(b) 弹簧胀圈式油环　　(c) 组合油环

图 2-18　油环的断面形状

（4）活塞环安装间隙

为保证活塞环正常工作时不会刮伤气缸壁或被卡住，活塞环周围必须留有一定的间隙，这些间隙如图 2-19 所示。

① 端隙：活塞环装入气缸内，两端头开口间隙。

② 侧隙：活塞环与活塞环槽上下方向之间的间隙。

③ 背隙：活塞环与活塞环槽底部的间隙。

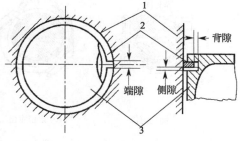

图 2-19　活塞环安装间隙
1—气缸；2—活塞环；3—活塞

2.2.6　连杆的结构

（1）连杆的结构与功用

连杆的功用是连接活塞与曲轴，将活塞承受的力传给曲轴，使曲轴转动，输出动力。

连杆通常用优质中碳钢或合金钢模锻制成，由连杆小头、杆身和连杆大头组成，如图 2-20 所示。

连杆小头与杆身制成一体，圆柱形连杆小头的孔内压装衬套，用来安装活塞销，小头的上端钻有集油孔或切槽，机油由此进入润滑活塞销。连杆杆身由小头至大头逐渐增大，截面呈"工"字形，以减轻重量。连杆大头做成可分的两半，大头上半部与杆身制成一体，大头下半部称连杆轴承盖，上有加强筋并用两个螺栓固定。

为了减轻连杆大头和曲轴连杆轴颈的磨损，在连杆大头内装有滑动轴承，它由钢片底板上浇以轴承合金制成，为防止轴承移动，在轴承一端制有凸榫嵌在连杆大头的凹槽内。

（2）连杆盖与连杆的定位

① 平切口的定位方法。是利用连杆螺栓上的精加工圆柱凸台或螺栓上无螺纹的螺柱部分，与连杆盖上精加工的螺孔来保证的，如图 2-21(a) 所示。

② 斜切口连杆的定位方法。

a. 止口定位：优点是工艺简单；缺点是定位不太可靠，只能单向定位，对连杆盖止口向外变形或连杆大头止口向内变形均无法防止，如图 2-21(b) 所示。

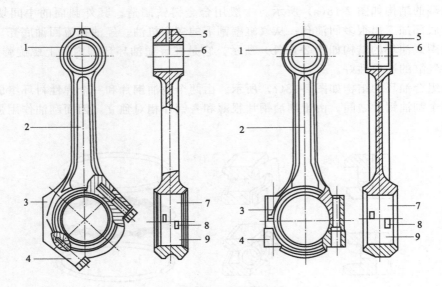

图 2-20 连杆构造

1—连杆小头；2—连杆杆身；3—连杆大头；4—连杆盖；5—集油孔；6—连杆衬套；
7—连杆上轴瓦；8—轴瓦定位槽；9—连杆下轴瓦

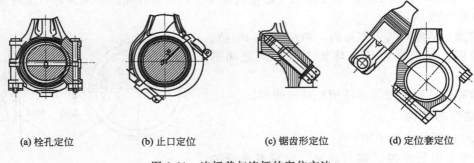

(a) 栓孔定位　　(b) 止口定位　　(c) 锯齿形定位　　(d) 定位套定位

图 2-21 连杆盖与连杆的定位方法

b. 锯齿形定位：这种定位方法可靠，大头尺寸紧凑，但齿的节距公差要求较严，如图 2-21(c) 所示。

c. 定位套定位：这种定位方法的定位元件（套筒）以一定过盈压在连杆上，而连杆盖的相应定位孔有一定的间隙。装拆连杆时，定位套筒连在连杆上，比较方便。但对定位套筒和孔的加工要求高，连杆大头横向尺寸较大，如图 2-21(d) 所示。

2.2.7 曲轴的结构与分类

(1) 曲轴的结构及功用

曲轴的功用是将活塞往复直线运动力矩变为旋转转矩，用以驱动汽车的传动系统及发动机其他机构和辅助装置。

曲轴主要由曲轴前端、主轴颈、连杆轴颈、平衡重、曲轴后端凸缘等组成，其结构如图 2-22 所示。

(2) 曲轴的分类

① 按曲轴各个组成部分连接方式不同，曲轴可分为整体式和组合式两类。

整体式曲轴：曲轴各个组成部分锻制或铸造成一个整体的曲轴，如图 2-22 所示。

图 2-22　整体式曲轴

1—曲轴前端；2—主轴颈；3—连杆轴颈；4—平衡重；5—曲柄；6—油道；7—曲轴后端凸缘

组合式曲轴：由曲轴各个组成部分组合装配而成的曲轴为组合式曲轴，如图 2-23 所示。

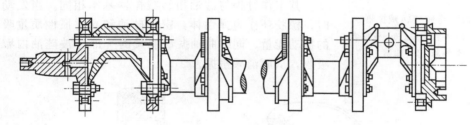

图 2-23　组合式曲轴

② 按曲轴主轴颈数的多少，曲轴可分为全支承曲轴和非全支承曲轴。

全支承曲轴：每个连杆轴颈两边各有一个主轴颈的曲轴，即主轴颈总比连杆轴颈多一个的曲轴为全支承曲轴，如图 2-24(a) 所示。

非全支承曲轴：主轴颈数等于或少于连杆轴颈的曲轴为非全支承曲轴，如图 2-24(b) 所示。

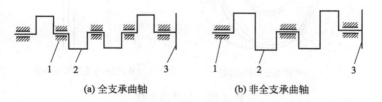

(a) 全支承曲轴　　　　(b) 非全支承曲轴

图 2-24　曲轴支承形式

1—主轴颈；2—连杆轴颈；3—曲轴后端凸缘

2.2.8　曲轴扭转减振器的结构与分类

(1) 曲轴扭转减振器的功用与分类

扭转减振器的功用是将通过减振器的内摩擦和阻尼作用，消耗曲轴扭转振动的能量，限制曲轴的振幅增大，保证柴油机的安全运转。

扭转减振器主要有橡胶扭转减振器、硅油扭转减振器和硅油-橡胶扭转减振器三种。

(2) 橡胶扭转减振器

橡胶扭转减振器主要由壳体、惯性质量（带轮）以及硫化橡胶组成，其结构如图 2-25 所示。

发动机工作时，减振器壳体与曲轴一起振动，扭转振动惯性质量块被硅油的黏性摩擦力所带动，扭转振动惯性质量与减振器壳体间产生相对运动，使橡胶层变形，部分振动能量被橡胶的内摩擦阻尼吸收,从而达到减小扭振的目的。

(3) 硅油扭转减振器

硅油扭转减振器主要由壳体、惯性质量、衬套、侧盖等组成,其结构如图 2-26(a) 所示。

其工作过程与橡胶扭转减振器基本相同,只不过用硅油代替了橡胶。当发动机工作时,减振器壳体与曲轴一起转动,其中曲轴的振动能量大部分被硅油的内摩擦阻尼所吸收,从而达到减小扭振的目的。

(4) 硅油-橡胶扭转减振器

硅油-橡胶扭转减振器主要由壳体、惯性质量、橡胶环等组成,其结构如图 2-26(b) 所示。

其工作过程与硅油扭转减振器基本相同。当发动机工作时,橡胶环作为弹性体,密封硅油和支撑惯性质量吸收曲轴的振动能量,同时曲轴振动能量的一部分被硅油内摩擦阻尼吸收,从而消减扭振。

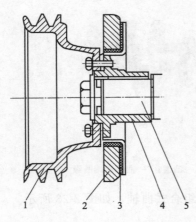

图 2-25 橡胶扭转减振器
1—带轮;2—惯性质量;3—橡胶垫;
4—带轮毂;5—曲轴

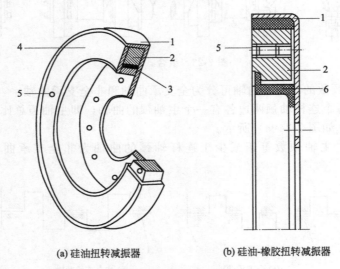

(a) 硅油扭转减振器　　(b) 硅油-橡胶扭转减振器

图 2-26 扭转减振器
1—减振器壳体;2—惯性质量;3—衬套;4—侧盖;5—注油螺塞;6—橡胶环

2.2.9 缸体曲轴箱组的维修

(1) 气缸体、气缸盖及气缸垫的维修

① 气缸体、气缸盖变形的检查　气缸体上平面及气缸盖下平面的平面度既可以采用平板接触法来检查,也可用平尺和厚薄规来测量,检查方法如图 2-27 所示,将平尺放置于清洁的气缸体平面上,用厚薄规测量平尺与缸体之间的间隙,检查的位置如图 2-28 所示;测得的气缸体的平面度公差应符合表 2-1 的要求。

表 2-1　气缸体与气缸盖平面度公差　　　　　　　　　　　　　　mm

测量范围	发动机气缸数	铸铁缸盖	铝合金缸盖	气缸体上平面
任 50×50		0.025	0.05	0.05
整个平面	四缸	0.10	0.15	0.15
	六缸	0.15	0.25	0.25

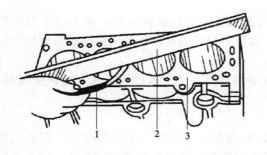
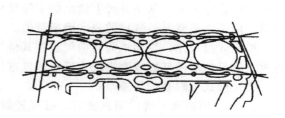

图 2-27 气缸体变形的检验
1—厚薄规；2—平尺；3—气缸体

图 2-28 气缸体变形的检验位置

② 气缸体和气缸盖变形的修理　气缸体和气缸盖若平面度超过使用极限，应予以修整。修整的一般方法是：螺栓孔附近的凸起可用油石或锉刀修平，其余位置可采取铣、磨的加工方法修复。

气缸体和气缸盖的平面采用铣、磨修理加工过程中，要始终以主轴承孔和气缸孔中心线为加工定位基准。每个缸体顶面最多允许加工修理两次，每次修磨的尺寸限度应小于 0.25mm，最多允许修复总量不超过 0.50mm。在缸体后端右上角做上记号，第一次修复记号为"X"，第二次修复记号为"XX"。

③ 气缸垫的使用要求　气缸垫的使用应按照厂家的规定执行，如果厂家没有明确的规定，气缸垫的基本使用原则是只使用一次，但是该气缸垫如果全部由金属片组成的，则允许使用两次。

(2) 气缸磨损量的测量

① 气缸的磨损量　气缸磨损最大部位的直径与未磨损部位的直径差叫气缸的最大磨损量。通过对气缸最大磨损量的测量，再参考发动机的修理标准，就可以判断出发动机是否需要进行气缸套镶配或更换。

② 气缸磨损量的测量　发动机气缸磨损后，通常使用量缸表进行测量。量缸表就是在百分表的下面装一套联动装置，以便测量气缸孔径尺寸。

测量气缸的方法如下：

a. 将百分表插入量缸表表杆上端的孔内，当表杆与传动杆接触，表针有少量摆动即可，并使百分表面与活动测杆在同一方向，用锁紧螺母把百分表锁紧。

b. 根据所测气缸的标准直径，选择长度合适的接杆旋上固定螺母，把接杆旋入量缸表下端的接杆座内，固定螺母暂不旋紧。

c. 将量缸表的测杆插入气缸的上部，旋出接杆，当表针转动 1~1.5 圈时为合适，拧紧接杆上的固定螺母。

d. 根据气缸的磨损特点，在活塞环行程内找到气缸磨损的最大处，旋转表盘，使"0"位对正指针。测量时，应前后方向摆动量缸表，这是因为只有量缸表的测杆与气缸轴线保持垂直时测量才能准确，当前后摆动量缸表，表针均指示到某一最小数值时，即表示测杆已垂直于气缸轴线，如图 2-29 所示。

e. 将量缸表上移至缸肩处，此时表针所指的位置与"0"位之间相差的数值（即表针摆差），即为气缸的最大磨损量；

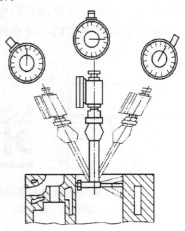

图 2-29 气缸的测量

其差值的一半，就是气缸的圆柱度误差值。

f. 取出量缸表，用千分尺测量量缸表在气缸内最大直径处的测杆长度，即测出了气缸磨损后实际直径尺寸。从千分尺上读出的实际尺寸，也可与记载的发动机各气缸原始修理尺寸相对照，两者之差就是该气缸的最大磨损量值。

根据磨损规律，发动机前后两气缸较其他气缸磨损严重一些。因此测量气缸磨损情况时，可重点测量前后两气缸或磨损较为严重的气缸。

(3) 湿式气缸套的更换

① 取出旧缸套。拆除旧缸套时，可轻轻敲击缸套底部，用手或专用拉器取出。刮去气缸体内承孔处的金属锈渍、污垢及其他杂物，并用砂布砂磨气缸体与气缸套的结合处，使其露出金属光泽，防止因挤压使气缸套变形；特别是密封圈接触的气缸体孔壁必须光滑，防止因凸凹不平而漏水。

② 选配新气缸套。湿式气缸套支承肩与气缸体承孔结合端面的粗糙度一般均不得超过 1.60μm，并且不得有斑点、沟槽；气缸体上下承孔的圆柱度公差为 0.015mm，承孔与气缸套的配合间隙为 0.05～0.15mm。

③ 新缸套的压入。先将气缸体和气缸套内的异物清理干净，然后将新密封圈套在气缸套下部的槽里，注意密封圈不得扭曲，并在缸套下段配合面上涂抹肥皂水，最后将缸套按顺序号推入对应的缸体孔内，使台肩与缸体止口上平面紧密贴合。

发动机的气缸套在装入后应根据厂家修理规定，保证缸套高出缸体平面的高度及相邻各缸高出值符合要求。

④ 密封性试验。湿式气缸套因压入时用力不大，气缸套内径未受影响，通常不需要光磨加工；如经过测量，气缸的圆度或圆柱度误差增大时，应拉出缸套，检查和修整承孔的锈蚀部位；缸套压入后，应进行水压试验，以不渗漏为合适。

(4) 干式气缸套的更换

现在有的发动机采用成品的干式气缸套，在使用过程中如发现气缸套损坏，只要更换气缸套部件即可；更换时和湿式气缸套更换的步骤一致，只是在新缸套压入时应在缸壁与缸套之间抹上钼粉，不需要进行密封性试验。

2.2.10 活塞连杆组的维修

(1) 活塞环端隙、侧隙及背隙的检查

① 端隙的检查　端隙即活塞环装到气缸内后，在开口处呈现的间隙。活塞环留有端隙，是为了防止活塞环受热膨胀后在气缸内卡死。

检查活塞环端隙时，将活塞环平正地放入气缸内，用活塞顶部把它推平，然后用厚薄规测量开口处的间隙，如图 2-30 所示。

② 侧隙的检查　侧隙即活塞环在环槽内上下方向的间隙。侧隙过大将影响活塞环的密封作用；过小有可能卡死在环槽内。检验时将活塞环放入环槽内，用厚薄规测量活塞环侧隙，检查方法如图 2-31所示。

③ 背隙的检查　活塞环安装在活塞上，放入气缸以后，活塞环因弹性而伸展紧贴气缸壁，此时活塞环内侧面与环槽底之间的间隙，称为活塞环的背隙。此间隙难以直接测量，为了测量方便，通常

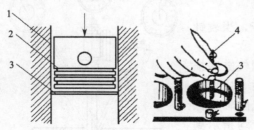

图 2-30　测量活塞环端隙
1—气缸；2—活塞；3—活塞环；4—厚薄规

背隙以槽深和环厚之差来表示。气环一般应低于岸边 0～0.35mm。

如背隙小，可车深活塞环槽，以防止活塞在气缸内卡死。

活塞侧隙、背隙的经验检查方法是：将活塞环插入环槽内，如低于槽岸，能转动自如，无松旷感觉为适宜。

④ 活塞环的漏光检查　活塞环必须与气缸壁处处贴合，才能有效地起到密封作用。为此，在选配活塞环时，应进行漏光检验。检验时，将活塞环平放于气缸内，用一个盖板盖住环的内圆，在气缸下部放置灯光，以便观察活塞环与气缸壁的密合情况，如图 2-32 所示。

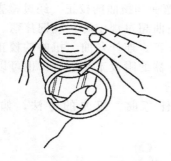

图 2-31　检查活塞环的侧隙

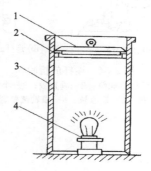

图 2-32　活塞环漏光度的检验
1—盖板；2—活塞环；3—气缸；4—灯光

活塞环漏光检验的技术要求如下。

a. 活塞环上漏光弧长所对应的圆心角，每处不得大于 25°；同一根环上漏光弧长所对应角度的总和不得大于 45°。

b. 在靠近开口处两侧各 30°范围内，不允许有漏光（开口附近易磨损漏气）。

在选配活塞环时，一定要进行漏光度的检验。因为活塞环漏光的多少，直接影响着发动机初驶期的技术性能。试验证明，使用漏光度超过允许限度的活塞环，在汽车初驶的 300～500km 范围内，漏气、窜油严重，发动机动力明显降低。

⑤ 活塞环的锉削　活塞环端隙大于规定时，应重新选配新的活塞环；小于规定时，应对环口的一端加以锉削，锉削后，应注意环口要平整，锉后应去掉环外口的毛刺，以防锋利的环口拉伤气缸，如图 2-33 所示。

（2）连杆弯曲和扭曲的维修

连杆在工作中，由于摆动和受力较大，会发生杆身的弯曲、扭曲等现象。连杆弯曲、扭曲后，不仅降低了它本身的强度，还会使活塞、活塞销及气缸产生不正常的损伤，缩短了发动机的使用寿命。

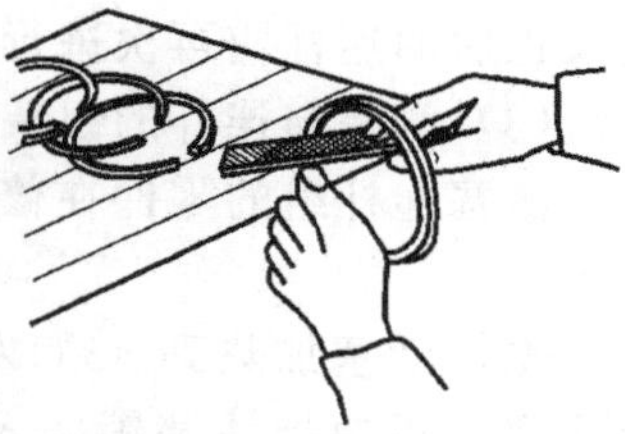

① 连杆弯曲、扭曲的检验　连杆大、小端承孔的轴心线应在同一平面内，其平行度误差（弯曲）应不大于 100∶0.03；在与此平面垂直的方向，轴心线的平行度误差（扭曲）应不大于 100∶0.06。连杆大小端中心距误差，一般为±0.05mm。

图 2-33　锉修活塞环

检验连杆有无弯曲、扭曲存在，一般都在连杆检验器上进行。

a. 连杆弯曲的检验　先将连杆大头的轴承盖装好（不装轴承），按规定力矩把螺栓拧紧，装上已修配好的活塞销。然后把连杆大头装在检验器的横轴上，拧动横轴上的调整螺栓，使定心块向外扩张，把连杆固定在检验器上。再将小角铁下移，使其下平面靠在活塞销上，拧紧小

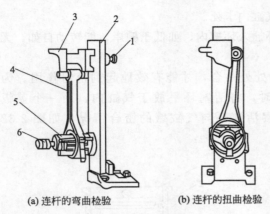

图 2-34 连杆的检验
1—小角铁固定螺钉；2—垂直板；3—小角铁；
4—连杆；5—定心块；6—横轴调整螺栓

角铁的固定螺栓，用厚薄规测出小角铁下平面与活塞销间的缝隙，即可算出平行度误差，同时也能看出连杆弯曲的方向，检验方法如图 2-34(a) 所示。

b. 连杆扭曲的检验　用厚薄规测出小角铁侧平面与活塞销间缝隙的大小，即可确定连杆的扭曲是否符合要求，并判断出扭曲的方向，检验方法如图 2-34(b) 所示。

② 连杆弯曲和扭曲的校正　经过检查，如连杆的弯曲或扭曲超过规定时，应记住弯、扭的方向，并予以校正。连杆弯曲、扭曲的校正，一般都是利用检验器的附设工具进行，也可以用其他方法进行校正。

校正连杆弯曲、扭曲的方法，如图 2-35 所示。

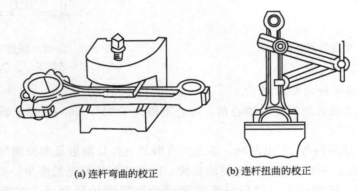

图 2-35 连杆弯曲、扭曲的校正

在常温下校正连杆，将会发生弹性变形和后效作用，即卸去负荷后，连杆有恢复原状的趋势；因此在校正弯、扭变形较大的连杆时，校正后，最好进行稳定处理。方法是：将校正后的连杆，用喷灯稍许加热，在校正弯、扭变形较小的连杆时，使校正负荷保持一定时间即可；经过校正后的连杆应再次进行检验，直到把弯、扭校正到符合技术要求为止。

(3) 活塞与连杆的组装

活塞连杆组的零件在修配好之后，装入气缸之前，应进行总成的组装。具体组装的步骤如下。

先把活塞加热到 85℃ 左右，同时在已修配好的活塞销和连杆衬套内涂些机油，然后取出活塞，迅速把活塞销插入清洁的销座孔内，并稍微露出。随后把连杆小头伸入两个活塞销座孔之间，对正活塞销，将活塞销迅速地轻轻敲入连杆衬套直至活塞另一座孔。组装后应检查活塞销的浮动情况，即把活塞连杆组放入水中加热到 75～85℃。迅速取出，一只手按住活塞，另一只手握住并扭转连杆大头，推拉连杆使活塞销转动，此时，若活塞销能在座孔内转动，说明配合符合要求；若温度超过 85℃ 时，活塞销在座孔内仍不能转动，为配合过紧，应修刮；若温度低于 75℃ 时，活塞销在座孔内还能转动，说明配合过松，应更换活塞销重新修配。

组装时应注意活塞和连杆的安装方向。如 EQ6BT 型发动机当活塞的指前记号"FRONT"向前时，连杆盖应在前视发动机的右边，如图 2-36 所示。

（4）活塞环的组装

活塞环的组装应注意以下几点。

① 活塞环安装时，应先装油环后装气环。第一道环口在非主承压面中间。三道环的开口方向应互相错开 120°。

② 装组合油环时，先把衬环装入油环槽内，依次装入两个刮片环于衬环的两侧，开口错开 180°。且衬簧的开口端固定在离油环体开口端 180°处。

③ 注意活塞环开口避开活塞销座孔 30°范围内。

④ 有的活塞环顶面上有"TOP"标记，装配时应将该表面朝上。

⑤ 对于没有安装方向记号的活塞环，应看其切口方向，内圆切槽的，装配时切槽向上，外圆切槽的，装配时切槽向下，如图 2-37 所示。

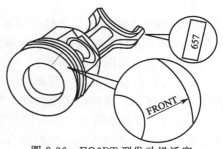

图 2-36　EQ6BT 型发动机活塞与连杆的装配方向

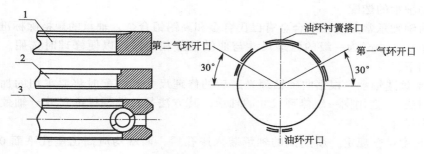

图 2-37　活塞环的安装方向及端口开口方向
1,2—气环；3—油环

2.2.11　曲轴飞轮组的维修

（1）曲轴的维修

① 曲轴弯曲的检验　将曲轴两端的主轴颈用 V 形铁支撑在平台上，把百分表的触针垂直地抵在中间的主轴颈上。转动曲轴，先记下百分表的最小读数，再转动曲轴 180°，记下百分表的最大读数。百分表最大读数与最小读数之差应符合上述的规定，差值的一半即为该曲轴轴心线的弯曲度，其检验方法如图 2-38 所示。

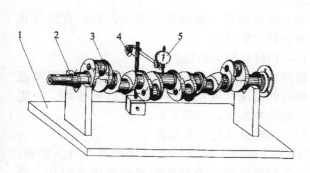

图 2-38　曲轴弯曲的检验
1—平台；2—V 形铁；3—曲轴；4—百分表架；5—百分表

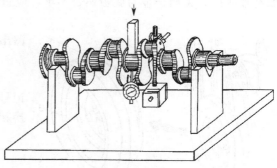

图 2-39　曲轴弯曲的校正

被检验曲轴的主轴颈的个数如是双数时，应测中间两道主轴颈，取其最大值作为该曲轴的径向圆跳动误差。

② 曲轴弯曲的校正 当径向圆跳动误差大于0.15mm时,应进行校正。曲轴弯曲的校正,通常在压床上进行。将曲轴置于压床上,用V形铁支撑两端主轴颈,在曲轴弯曲的相反方向对主轴颈加压,如图2-39所示。

校正时弯曲度的大小,与曲轴的材料和弯曲变形的大小有关,必须根据曲轴的实际情况确定校正量。例如,锻制中碳钢曲轴,当弯曲度在0.10mm左右时,校正弯曲度为3~4mm,在1~2min内即可基本校正。而对同样弯曲度的球墨铸铁曲轴,压校时为原弯曲度的10~15倍即可基本校正。必须指出,当曲轴弯曲变形较大时,校正必须反复多次进行,直到符合要求为止,以防止因校正弯曲度过大而使曲轴折断,特别是球墨铸铁曲轴更易折断。冷压校正过的曲轴,可能因弹性后效作用重新弯曲。为了防止这种弹性后效作用,可以采用自然时效或人工时效处理。自然时效,即将冷压后的曲轴搁置10~15天,再重新检查校正;人工时效处理,即将冷压后的曲轴加热至300~500℃,保温0.5~1h,可消除冷压时产生的内应力,这种方法较好。

(2) 曲轴轴承的选配

发动机曲轴轴承常用的轴承合金有巴氏合金和高锡铝合金,轴承的规格除标准尺寸外,还有按内径缩小0.25mm为一级的修理尺寸与曲轴轴颈相对应,以便修理时选用。轴承的选配方法及要求如下。

① 根据轴颈选轴承 根据曲轴轴颈光磨后的修理尺寸和修配时将要采用的加工方法(如选配法、刮削法),选用同一级修理尺寸的轴承。其方法是:轴颈标准尺寸一轴颈现有尺寸=选配轴承缩小尺寸。

② 轴承长度符合规定 新选配的轴承装入座孔后,两端均应高出座孔平面0.05mm,以保证轴承与座孔紧密贴合。检查轴承长度的经验做法是:将轴承在座孔内装好,扣合轴承盖,在轴承盖与座结合的平面一边,插入厚度为0.05mm的铜皮,把另一边的螺栓按规定扭力拧紧,当把夹有铜皮的一边螺栓拧紧到14.7N·m时,铜皮抽不出说明轴承长度合适;若铜皮能抽出,说明轴承过长,应在无突榫的一端将轴承适当锉低;如果有铜皮的一边螺栓未拧到扭力数,铜皮就抽不出,说明轴承短,应重新选配。

③ 背面光滑突榫好 轴承背面必须光滑,定位突榫应完好无损,如过低可用尖铳铳出理想的突榫,若突榫损坏,应重新选配轴承。

④ 弹性合适无哑声 在自由状态下,把新轴承放入轴承座孔后,轴承的弯度要小于座孔的弯度,以利于轴承装入座孔后轴承能借自身的弹力与座贴合紧,有利散热。敲击轴承查听,如有沙哑声,说明合金与底板贴合不牢,应重新选配。

除上述要求外,轴承合金表面,不应有裂纹和漏出底板的砂眼存在。

(3) 扭转减振器的检修

扭转减振器在使用过程中,如果出现了漏油或记号错开的情况,说明扭转减振器已经损坏,应更换新的扭转减振器,如图2-40所示。

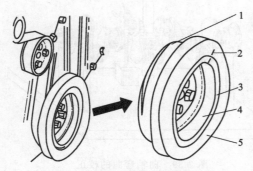

图2-40 橡胶摩擦式扭转减振器
1—带轮;2—刻线;3—橡胶圈;
4—轮毂;5—惯性环

(4) 飞轮及飞轮壳的检修

① 飞轮齿圈的检修 齿圈牙齿若为单面磨损,可将齿圈翻面使用;个别牙齿损坏可继续使用;齿圈两面均磨损超过齿长的25%,牙齿连续损坏四个以上时,应更换新齿圈。更换齿圈时,对齿圈加热到350~400℃时,齿圈便会自行脱落,装复也只需

对齿圈加热即可。齿圈与飞轮的配合应有 0.25～0.97mm 的过盈。

② 飞轮工作面的检修 飞轮与离合器接触的工作面，如有严重烧蚀、龟裂或磨损、沟槽深度超过 0.50mm 时应光磨，否则会引起离合器发抖、打滑和加速摩擦片磨损。光磨后飞轮工作面的总厚度，不得小于标准厚度 1.20mm。工作面允许有一至两道环形沟痕存在。

③ 飞轮偏摇度的检查与调整 曲轴与飞轮结合后，安装在气缸体上，用百分表抵于飞轮指定的半径处，转动曲轴一周，飞轮平面对曲轴轴心线的端面圆跳动应符合规定，超过时应在曲轴凸缘与飞轮间加垫调整，不允许用机械加工的方法修复，以免破坏原来的动平衡。飞轮进行静平衡检查时，允许其不平衡量一般为 100g·cm。

④ 飞轮壳的检修 飞轮壳不得有裂纹；安装变速器和启动机的螺钉孔丝扣损坏不得超过 2 圈；飞轮壳与缸体配合的定位销钉，如有松动、变形应更换。

飞轮壳与气缸体结合后，飞轮壳安装变速器的平面应与曲轴轴心线垂直。端面圆跳动不超过 0.20mm；超过时可在飞轮壳与气缸体结合面处加垫调整。

2.3 配气机构的结构与维修

配气机构的功用是保证新鲜空气及时充入气缸并将气缸内的废气及时排出，它主要由进气门、排气门、气门摇臂、正时齿轮、凸轮轴等组成。

2.3.1 气门的结构与分类

（1）气门的结构

气门的功用是开启和关闭进、排气道。

气门由气门头和气门杆两部分组成，如图 2-41 所示。气门直接与高温工作气体接触，要求有足够的强度和耐磨性，且不易烧蚀。目前进气门材料一般采用铬钢、硅铬钼耐热合金结构钢；排气门则采用硅铬钢、硅锰钢等耐热合金结构钢。为了增加进气量，提高发动机的动力，进气门的头部直径一般比排气门大些。

图 2-41 气门
1—气门头部；2—气门杆；3—气门脚

（2）气门分类

气门按头部的形状可分为平顶、凸顶和凹顶等，如图 2-42 所示。

① 平顶气门：平顶气门结构简单，制造方便，吸热面积小，质量也小，进、排气门都可以采用，其形状如图 2-42(a) 所示。

② 凹顶气门：与杆部的过渡部分具有一定的流线型，可以减少进气阻力，故适用于进气门；但其顶部受热面积大，气门头部的热负荷高，加工较复杂，其形状如图 2-42(b) 所示。

③ 凸顶气门：凸顶气门强度高，排气阻力小，废气的清除效果好，适用于排气门；但顶部受面积大，质量和惯性力大，加工较复杂，其形状如图 2-42(c) 所示。

④ 充钠气门：由于排气门头部的热负荷高，而且散热条件很差，因此一些热负荷严重的柴油机，气门采用充钠气门，即气门做成空心，空腔的一半充以熔点为 97.8℃ 的金属钠，在气门工作温度下钠处于液态，当气门往复运动时钠剧烈晃动；将气门头部的热量迅速传给杆部，再经气门导管传给冷却介质，其结构如图 2-42(d) 所示。

2.3.2 气门座的分类

（1）气门座的功用

气缸盖或气缸体的进、排气道与气门锥面相结合的部位称为气门座，气门座的功用是与气

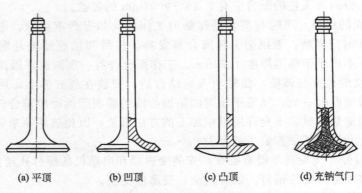

图 2-42 气门头顶的形状

门配合，保证对气体的密封。

(2) 气门座的分类

气门座按其结构形式可分为直接镗削式和镶嵌式。

① 直接镗削式：有的发动机直接在气缸盖上或气缸体上镗出气门座，如图 2-43(a) 所示。直接镗出的气门座具有散热效果好，使用过程中不存在脱落造成事故的可能性。但存在不耐磨损、不便修理更换等缺点。

② 镶嵌式：由于气门座在高温下工作，连续承受冲击负荷，磨损腐蚀严重，特别是排气门容易烧蚀，所以有的发动机采用较好的材料（合金铸铁、耐热钢材等）单独制作进、排气门座圈，镶在气缸盖或气缸体上，如图 2-43(b) 所示。镶嵌的气门座具有耐高温、耐磨损和耐冲击和使用寿命长等优点，但有导热性差、加工精度要求高、使用过程中可能脱落造成事故等缺点。

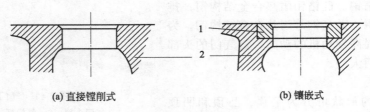

图 2-43 气门座
1—气门座圈；2—气缸盖（体）

2.3.3 气门弹簧的结构

(1) 气门弹簧的功用

气门弹簧的作用是使气门自动回位，保证气门与气门座的密封，并尽量减少气门落座时的冲击力。

气门弹簧是在频繁的交变负荷下工作的，要求它应具有足够的刚度和强度，并具有较高的抗疲劳强度，因此气门弹簧一般采用优质冷拔弹簧钢丝并经过热处理卷制成圆柱形状。

(2) 气门弹簧避免共振的措施

发动机工作时，如果气门的开闭与弹簧的自身振动频率相同，将使气门的振动加剧，产生共振。共振时不仅会破坏气门的正常开闭，而且会加速气门弹簧的损坏。避免共振产生的措施如下。

① 采用钢丝直径较粗的弹簧，使弹簧的固有频率提高，避开气门弹簧的强迫振动频率，如图 2-44(a) 所示。

② 采用变螺距的圆柱弹簧，如图2-44(b)所示。

③ 采用两个刚度不同的弹簧一起工作，互相干扰达到避免共振的目的，同时为避免折断弹簧卡入完好的弹簧，两根弹簧的螺旋方向相反，如图2-44(c)所示。

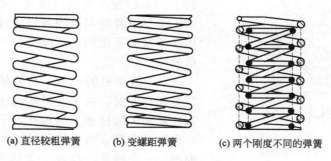

图 2-44　气门弹簧

2.3.4　挺杆的结构

（1）挺杆的功用

挺杆的作用是将凸轮轴上凸轮传递的推力传给推杆或气门杆，用以打开气门；同时承受凸轮轴旋转时所产生的侧向力。挺杆常用碳钢、合金钢、合金铸铁等材料制成。

（2）挺杆的结构

挺杆按结构形式分为普通挺杆和液力挺杆两类，液力挺杆的介绍见下小节；普通挺杆又可分为菌式、筒式和滚轮式几种结构形式，如图2-45所示。

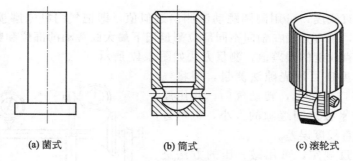

图 2-45　普通挺杆结构形式

① 菌式挺杆底部工作面制成平面，但允许拱高0.005mm，保证挺杆在工作中既上下运动又旋转运动；减小挺杆的磨损；内腔有球形窝座与推杆球头配合，如图2-45(a)所示。

② 筒式挺杆底部工作面为平面，其中心相对凸轮轴偏移，保证挺杆在工作中均匀磨损；挺杆底部钻有径向通孔，便于筒内收集的机油对挺杆底面及曲轴的凸轮加以润滑，如图2-45(b)所示。

③ 滚轮式挺杆下端装有滚轮，挺杆运动时可以减少磨损，但结构较复杂，质量较大，多用于大缸径柴油机的配气机构上，如图2-45(c)所示。

2.3.5　液力挺杆的结构

为了避免发动机工作时热膨胀将造成气门关闭不严的问题，通常采用预留气门脚间隙的方法解决，同时由于有气门脚间隙，发动机工作时配气机构将由于撞击而发出噪声，为了解决这一矛盾，有些发动机采用了液力挺杆。

液力挺杆的结构如图2-46所示。凸轮轴在挺杆的上端，在挺杆体中装有活塞，活塞内装有柱塞，柱塞下端有钢球，钢球被补偿弹簧封住油道，气门杆顶在挺杆体下端。

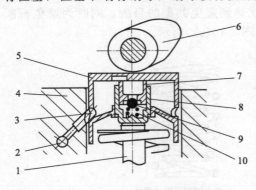

图 2-46 液力挺杆的结构
1—气门杆；2—油道；3—进油孔；4—气缸盖；
5—挺杆体；6—凸轮轴；7—柱塞；8—活塞；
9—球阀；10—补偿弹簧

发动机工作时，带一定压力的润滑油经主油道、缸盖内油道及液力挺杆上的进油孔进入挺杆内柱塞的上、下腔室；当气门关闭（凸轮轴在基圆位置）时，具有压力的润滑油推动挺杆体向上运动，挺杆内的活塞向下运动，消除挺杆与凸轮轴和气门之间的间隙。

随着发动机的旋转，凸轮轴凸轮压向挺杆，气门逐渐打开时，由于润滑油的压力和补偿弹簧的作用，球阀关闭柱塞上的油孔，于是柱塞下部形成一个密闭的空腔，由于液体的不可压缩性，整个挺杆便如同一个刚体一样向下运动并推开气门，保证了气门的升程。此时，挺杆上的进油孔离开缸盖上的进油油道，挺杆体停止进油。

当气门开始关闭时，挺杆上行，柱塞所受压力逐渐减小，由于补偿弹簧的作用，柱塞推动挺杆体向上运动，同时柱塞下部的空腔压力降低，从主油道进来的润滑油推开球阀，油液便流入柱塞下腔。

2.3.6 气门组的维修

(1) 气门的检修

气门头部锥面对杆部圆柱面的斜向圆跳动公差应不大于 0.03mm；气门杆的直线度公差应不大于 0.02mm。

检验气门杆的直线度，可用测圆跳动法测出近似值，即把气门杆未磨损的部位支承在 V 形架上，转动气门，用百分表在轴向不同部位测量记下最大圆跳动的部位和数值，用最大跳动量的一半作为气门直线度的误差值，测量方法如图 2-47 所示。

气门杆的直线度还可用光隙法测量，即将气门杆放在平板或刀口平尺上，转动气门，并用厚薄规测量气门杆与平板之间缝隙的大小，也可近似地确定气门杆的直线度误差。

如直线误差超过规定，可用敲、压的方法进行校正。

气门杆的磨损用千分尺在磨损最大部位和杆未磨损处作对比测量，若磨损量超过 0.05mm，或用手摸有明显的阶梯形感觉时，应更换气门。

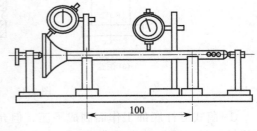

图 2-47 气门的检验

(2) 气门座的铰削

气门座的铰削，通常使用的工具是气门座铰刀。气门座铰刀是由导杆和多只直径不同、角度不同的铰刀组成。

铰削时，铰刀是以插入气门导管内导杆定中心，来保证铰出的气门座与气门导管的同轴度的。因此，一定要在气门导管镶配后，再进行气门座的铰削。其铰削步骤如下。

① 选择铰刀 根据要铰削的气门座的角度和气门头的直径，选择直径和角度与之相适应的铰刀。把铰刀装紧在刀杆的锥面部位。

② 砂磨冷硬层 气门座因长期与高温气体接触，表面会出现硬化层，造成铰削时铰刀打滑，因此应先用粗砂布垫在铰刀下对气门座进行砂磨，清除气门座上的硬化层，然后再进行

铰削。

③ 初铰　把装好铰刀的导杆插入气门导管内，两手握铰柄，按顺时针方向转动铰刀进行铰削。铰削时两手用力要一致，要保持铰刀正直，转动要平稳，直到把工作面上的凹陷、斑点、烧蚀等缺陷铰掉为止。

④ 试配与修整接触面　初铰后，应用新的气门或已光磨好的气门进行试配，要求接触位置在气门斜面的中间部位，允许±1mm，宽度为 1.5～2mm 为最好，如图 2-48 所示。接触带过窄，不利于气门散热，尤其是排气门接触带过宽，还不利于挤碎夹在接触面间的碳粒，影响密封。

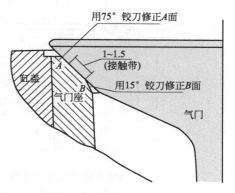

用气门试配后，如接触位置偏上，应用 75°铰刀铰削气门座上口，使接触面下移；如接触部位偏下，可用 15°铰刀铰削气门座下口，使接触面上移；如接触面的宽度超过 2mm，可视接触部位的具体情况，用 15°或 75°铰刀进行修正。

当接触面距气门斜面上边缘有 1mm 左右时，应停止铰削。

⑤ 精铰　用 45°(30°) 的细刃铰刀或在铰刀下垫细砂布再次修铰（磨）气门座工作面，以降低接触表面的粗糙度。

图 2-48　气门与座圈之间接触带宽度的修正

气门座铰削中，有时会出现接触的宽度已合适，但接触的部位不在气门斜面的中部，而是在中上部。这时如果用 75°铰刀铰削上口，接触面将变窄，为了加宽接触面用 45°(30°) 铰刀铰过后，气门座的口径将扩大，必然导致气门的接触部位更向上移，影响气门头部的强度。因此，当接触面上沿距气门斜面的上沿有 1mm 以上时，允许使用。

（3）气门与气门座的研磨

当气门的光磨和气门座的磨削精度都较高，能保证配合的密封要求时，气门与气门座的配合就不一定再进行研磨。若经修理后，气门与气门座配合的密封达不到应有的要求，或在定时保养时发现气门、气门座有轻微的烧蚀或斑点，可采用研磨的方法，使气门与气门座的工作面获得良好的配合。

研磨气门可用研磨机或手工的方法进行。研磨前，应清洗气门、气门座及气门导管，然后在气门工作面上涂一层薄薄的粗气门研磨砂（研磨砂不宜过多，以免流入导管内加速气门杆与气门导管的磨损），同时在气门杆上涂些润滑油，将气门杆插入导管内，捻转皮碗，使气门在气门座上磨合。不论是用研磨机或手工研磨，在研磨时，气门在气门座上要作往复的旋转运动，并经常改变气门与座的相对位置，使工作面上各点都能相互研磨。手工研磨时，不应过分用力，也不要把气门上下拍打，因拍打会使气门工作面出现凹形痕。当在气门工作面上与气门座工作面研磨出一条较整齐而无斑痕、麻点的接触环带时，可将粗研磨砂洗去，换用细砂继续研磨。研磨到气门工作面上出现一条整齐的灰色无光的环带时，洗去细砂，涂上机油，继续研磨几分钟即可。

气门与气门座密封性常用的检验方法，通常有以下两种。

一是用软铅笔在气门工作面上约每隔 8mm 左右画一条线，插入相配的气门导管内，用力下压，捻转气门少许，若所画线条均被切断为合乎要求，如图 2-49 所示。

二是将气门在相配的气门座上轻拍数次，查看气门、气门座的工作面，如有明显而完整的光环，可认为已达到密封要求；还可以通过观察是否漏光、是否漏汽油等方法确定气门是否密封。当密封不合要求时，可根据具体情况，采用铰削气门座、光磨气门或继续研磨等措施解决。

(4) 气门弹簧的检查

① 自由长度的经验检查　采用新旧对比的方法检验，即取一只标准弹力的弹簧与被检的弹簧一起放在平板上，看其自由长度是否一样。

② 弹力的经验检查　在两只弹簧间垫一块铁板，一起夹在虎钳上，压缩后若二者长度一致或相差不多，即为弹力合格，如图 2-50 所示。

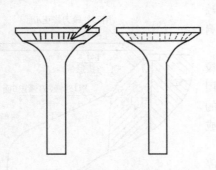

图 2-49　画线法检查气门密封性

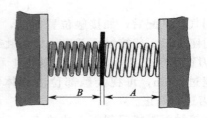

图 2-50　气门弹簧弹力的检查

③ 垂直度的检查　将被检查的气门弹簧的一端放在角规的底面，垂直地贴在角规的另一边，看各道弹簧圈的外侧与角规的贴靠程度。各道弹簧圈的外侧，应在同一平面上，其误差不得超过 1mm。如图 2-51(a) 所示；气门弹簧的外侧与角规垂直板不贴合的角度，其误差不得超过 2°，如图 2-51(b) 所示。

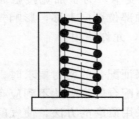　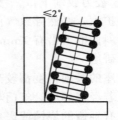

(a) 各道弹簧圈与角尺的贴合检查　　(b) 弹簧轴线对支承面的垂直度检查

图 2-51　气门弹簧垂直度的检查

2.3.7　液力挺杆的维修

(1) 液力挺杆的检修

① 液力挺杆工作情况的检查　启动发动机并升温至正常工作温度，然后将发动机转速提高到 2500r/min 运转约 2min 后仔细查听，如发动机工作温度正常后，液压挺杆处一直有异响，则应熄火停机进行以下检查。

a. 检查机油的数量和质量。若机油量不足应补充，若机油过脏、黏度不符合要求时应更换；

b. 检查气门处在关闭状态时液力挺杆的自由行程。具体检查方法如下：用木棒压下挺杆，用厚薄规测量气门打开之前挺杆的自由行程，此值应不大于 0.1mm，否则，应更换液力挺杆。检查方法如图 2-52 所示。

② 液力挺杆的检查

a. 液力挺杆的端面如有轻微的凹坑、磨痕、麻点等，可将其在磨床上磨平。若磨损严重，则应更换新的液压挺杆。

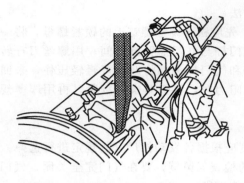

图 2-52　液力挺杆自由行程的检查

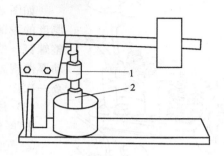

图 2-53　液力挺杆的密封性检查
1—试验台；2—液力挺杆

b. 挺杆体圆柱工作面如磨损严重或出现沟槽时，应更换新挺杆。

c. 挺杆体与导孔配合间隙其极限值应不超过 0.1mm，同时挺杆体在其导孔内应能滑动自如，无卡滞现象，否则应更换新的液压挺杆。

③ 液压挺杆柱塞与柱塞套密封性的检查　先将清洗后的液压挺杆浸泡在洗油或柴油中，用力压缩柱塞若干次，以排出腔体内的空气，然后将排净空气后的挺杆放置在试验台上，在手柄上施加 196N 的力，先使柱塞套下降 2mm，然后再测它下降 1mm 所需的时间，此值应为 7~10s。若小于 7s，说明柱塞与柱塞套配合间隙过大；若大于 10s，说明柱塞在柱塞套内有卡滞现象；密封性试验不符合标准时应更换新的液压挺杆。检查方法如图 2-53 所示。

(2) 液力挺杆使用保养注意事项

① 挺杆不可互换，应按原位装回。

② 挺杆装复前应排尽空气，否则会引起液压挺杆异响。

③ 发动机在使用中，应加注规定牌号的优质润滑油，并及时清洁或更换机油滤清器滤芯，保持润滑系正常的油压，以使液压挺杆正常工作和减少磨损，延长其使用寿命。

2.3.8　气门脚间隙的检查与调整

气门脚间隙过大，会使气门的升程减小，引起充气不足，排气不畅，而且会带来不正常的敲击声。气门脚间隙过小，会使气门关闭不严，造成漏气，易烧蚀气门与气门座的工作面。为保证发动机正常工作，在日常的使用与保养过程中，应经常对气门脚间隙进行检查与调整。气门脚间隙的调整方法有逐缸调整法和两次调整法，目前大多采用两次调整法调整气门脚间隙。下面以六缸发动机为例，介绍两次调整法的调整方法。

(1) 两次调整法的原理

根据发动机的工作循环、点火顺序以及气门的实际开闭角度，多缸发动机通过摇转曲轴两周，就可以调整完所有的气门脚间隙。六缸发动机在一缸处于压缩上止点时，除可调整本缸的两只气门脚间隙外，其余的气门脚间隙有的也可调整，见表 2-2。

表 2-2　一缸压缩上止点时六缸发动机可调气门

气缸号		1	5	3	6	2	4
工作状态		压缩(180°)	压缩(60°)	进气(120°)	排气(120°)	排气(60°)	做功(120°)
可调气门	进气门	√				√	√
	排气门	√	√	√			
调整规律		全部	排气门		不调		进气门

调整完上述气门以后，再转动曲轴一周，使发动机六缸处于压缩上止点时，可调整完毕所有剩余的气门。

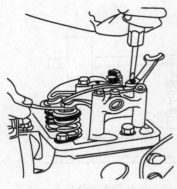

图 2-54 调整气门脚间隙

（2）具体调整方法

如图 2-54 所示，先应松开调整螺钉上的锁紧螺母，将一定厚度的厚薄规插入气门杆与气门摇臂脚之间，用螺丝刀拧转调整螺钉，使气门摇臂和气门杆头部将厚薄规轻轻压住，来回拉动厚薄规，感到稍有阻力时，将锁紧螺母拧紧，再用厚薄规复查一次。

（3）注意事项

① 厚薄规的厚度应根据各发动机厂家的规定进行选择。

② 气门脚间隙的检查与调整，要在气门完全关闭、气门挺杆落至最低位置时才能进行。

③ 调整完毕后应再次复查全部气门脚间隙。

2.4 供给系统的结构与维修

供给系统的功用是适时地向发动机提供燃料和空气，并将燃烧产生的废气排出，保证发动机连续工作。

主要由空气滤清器、进气管、输油泵、喷油泵、喷油器、废气涡轮增压器、排气管、消声器等组成。

2.4.1 柱塞式喷油泵的结构与分类

（1）柱塞式喷油泵的分类

柱塞式喷油泵按其结构特点又分为分列式和合成式喷油泵。

① 分列式喷油泵总成特点是不带凸轮轴，由发动机凸轮轴驱动，一般用于单缸或双缸柴油机上，少数也有三缸。

② 合成式喷油泵带有凸轮轴，柱塞呈直列，柱塞数目与发动机气缸数相同。根据柴油机单缸功率范围对供油量的要求不同，以柱塞行程、分泵中心距和结构形式为基础，再采用不同尺寸的柱塞直径，可以组成不同系列尺寸的喷油泵，以满足各种柴油机的需要。国产主要的直列柱塞式喷油泵可分为以下尺寸系列，如表 2-3 所示。

表 2-3 国产主要的直列柱塞式喷油泵

主要参数 \ 系列型号	A	B	P	Z
凸轮升程/mm	8	10	10	12
分泵中心距/mm	32	40	35	45
柱塞直径范围/mm	5~9.5	8~10	8~13	10~13
最大供油量范围/(mm³/循环)	60~150	130~225	130~475	300~600
分泵数	2~12	2~12	4~8	2~8
最大使用转速/(r/min)	1400	1000	1500	900
适用柴油机缸径范围/mm	105~135	135~150	120~160	150~180

（2）柱塞式喷油泵的结构

直列柱塞式喷油泵由于性能良好、工作可靠，被大多数柴油机所采用。下面主要以 P 型喷油泵为例介绍喷油泵的结构。

柱塞式喷油泵由泵油机构、供油量调节机构、驱动机构和喷油泵体等部分组成。P 型喷油泵结构如图 2-55 所示。

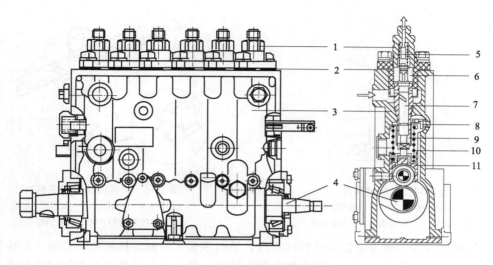

图 2-55 P 型喷油泵结构
1—出油阀紧座；2—调节垫片；3—喷油泵体；4—凸轮轴；5—减容体；6—出油阀偶件；
7—柱塞偶件；8—齿条拉杆；9—油量控制套筒；10—柱塞弹簧；11—弹簧座

① 泵油机构　泵油机构由柱塞偶件、柱塞弹簧、柱塞弹簧上下座和出油阀偶件、出油阀弹簧及出油阀紧座等零件组成。

a. 柱塞偶件　柱塞偶件由柱塞和柱塞套组成。柱塞偶件是喷油泵中最精密的偶件之一，一般用优质合金钢制造，经过精细加工和配对研磨，其配合间隙在 0.0015～0.0025 mm 范围内。柱塞头部加工有螺旋槽和直槽，柱塞的下部加工有凸榫；柱塞套上有进油孔、回油油道等，进油孔及回油油道与喷油泵内的低压油腔相通，柱塞套安装在喷油泵体的座孔中。柱塞偶件结构如图 2-56 所示。

b. 柱塞弹簧　柱塞弹簧的上端通过柱塞弹簧上座支承在喷油泵体上，下端则通过柱塞弹簧下座支承于柱塞尾端。借助柱塞弹簧的预紧力使柱塞始终压紧在挺柱上，使挺柱的滚轮始终与喷油泵凸轮保持接触。

c. 出油阀偶件　出油阀偶件由出油阀与出油阀座组成，是喷油泵中的另一个精密偶件。出油阀偶件安装在柱塞偶件的上方，出油阀座的下端面与柱塞套的上端面接触，两个接触面通过出油阀紧座的拧紧来保持密封。出油阀上部的密封锥面与出油阀座的接触表面及减压环带与座孔的配合经过研磨。减压环带下面为导向部分，导向部分的横截面为十字形。出油阀偶件的结构如图 2-57 所示。

② 油量调节机构　油量调节机构的功用是根据柴油机负荷的变化，通过转动柱塞来改变柱塞的有效行程，从而改变供油量。

P 型喷油泵的油量调节机构包括调节拉杆、控制套筒及嵌入调节拉杆凹槽中的钢球等组成。柱塞凸榫嵌入控制套筒的豁口中，移动调节拉杆，通过钢球带动控制套筒使柱塞转动，通过改变柱塞的有效行程来改变供油量。钢球式油量调节机构的结构如图 2-58 所示。

③ 驱动机构　驱动机构由喷油泵凸轮轴和挺柱等组成。

凸轮轴的前、后端通过滚动轴承支承在喷油泵体上，各凸轮间的夹角与配套柴油机的气缸数有关，并与气缸工作顺序相适应。

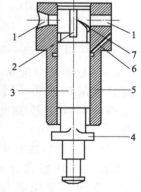

图 2-56　柱塞偶件结构
1—进油孔；2—直槽；
3—柱塞；4—凸榫；
5—柱塞套；6—回油
油道；7—螺旋槽

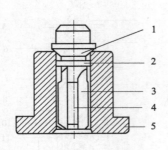

图 2-57 出油阀偶件
1—密封锥面；2—减压环带；
3—出油阀；4—导向面；5—出油阀座

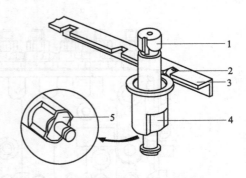

图 2-58 钢球式油量调节机构
1—柱塞；2—钢球；3—调节拉杆；
4—控制套筒；5—柱塞凸榫

挺柱体部件安装在喷油泵体上的挺柱孔内，导向销插入喷油泵体的定位长槽中，使挺柱在挺柱孔中只能作上下往复运动；滚轮在滚轮销上转动，将凸轮与挺柱之间的滑动摩擦变为滚动摩擦。挺柱的结构如图 2-59 所示。

图 2-59 挺柱体部件
1—挺柱体；2—导向销；
3—滚轮销；4—滚轮

④ 喷油泵体　泵体是喷油泵的基础零件，泵油机构、供油量调节机构和驱动机构等都安装在喷油泵体上，P 型喷油泵采用不开侧窗口的箱形封闭式喷油泵体，大大提高了喷油泵体的刚度，以适应柴油机不断向大功率、高转速方向发展的需要。

2.4.2 分配式喷油泵结构与分类

（1）分配式喷油泵的分类

分配式喷油泵从结构上可分为转子式分配泵和单柱塞分配泵。

① 转子式分配泵　转子式分配泵的主要特点是由固定的内凸轮及旋转的径向对置柱塞进行泵油，以及单一的分配转子与分配套筒把高压燃油定时、定量地分配给柴油机各缸，油量控制通过改变进油节流来控制每循环供油量。主要代表有英国 CAV 公司生产的 DPA 型、DPS 型，法国西格玛公司的 PRS 型。

② 单柱塞式分配泵　单柱塞分配泵的特点是单个柱塞在平面凸轮的作用下，既作往复运动又作旋转运动，因此单个柱塞既有泵油作用，又有分配泵供油作用，油量控制通过改变供油时间来控制每循环供油量。主要代表有德国 Bosch 公司的 VE 型单柱塞式分配泵。

（2）VE 型单柱塞式分配泵结构

VE 型单柱塞式分配泵由于外形小，重量轻，噪声低，被大多数小型、高速柴油机所采用。下面主要以德国 Bosch 公司的 VE 型单柱塞式分配泵为例介绍分配式喷油泵的结构。

VE 型单柱塞式分配泵主要由泵体和泵盖、驱动机构、第二级滑片式输油泵、高压泵头、供油提前角调节装置、调速器等部分组成。其结构如图 2-60 所示。

① 泵体和泵盖　泵体和泵盖是分配泵的基础零件，分配泵的所有零件都是安装在它们的内部和外部。泵体和泵盖的结构如图 2-61 所示。

② 驱动机构　分配泵的驱动机构由驱动轴、传动齿轮、联轴器、滚轮及滚轮架、平面凸轮盘等组成，并将柴油机传来的驱动转矩传递给高压泵、调速器、二级滑片式输油泵等。驱动机构的结构如图 2-62 所示。

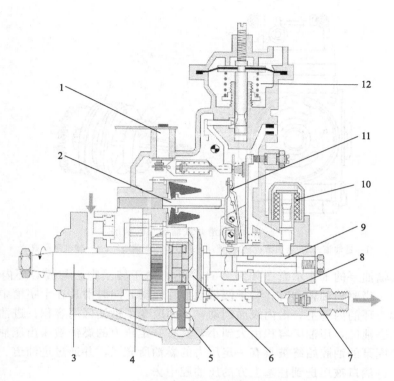

图 2-60　VE 型单柱塞式分配泵

1—油门操纵装置；2—调速器；3—凸轮轴；4—二级输油泵；5—供油自动提前装置；6—滚轮架及平面凸轮；
7—出油阀偶件；8—泵头；9—柱塞偶件；10—断油电磁阀；11—调速器杠杆机构；12—增压补偿装置

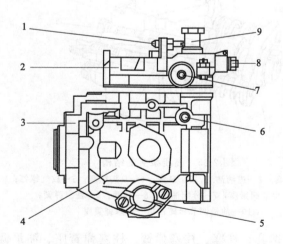

图 2-61　泵体和泵盖的结构

1—油量调节螺钉；2—泵盖；3—法兰盘；4—泵体；5—提前器盖；
6—调速器杠杆机构支点安装孔；7—机械停油装置安装孔；
8—全负荷油量调节螺钉；9—回油接头

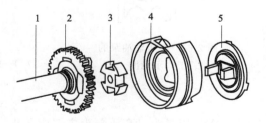

图 2-62　驱动机构的结构

1—驱动轴；2—传动齿轮；3—联轴器；
4—滚轮及滚轮架；5—平面凸轮盘

③ 二级滑片式输油泵　分配泵壳体内安装了一个二级滑片式输油泵，它主要由转子、滑片、偏心环等组成。二级滑片式输油泵的作用是使燃油产生足够的压力，输送足够量的燃油，保证喷油泵燃油的供应和散热。二级滑片式输油泵的结构如图 2-63 所示。

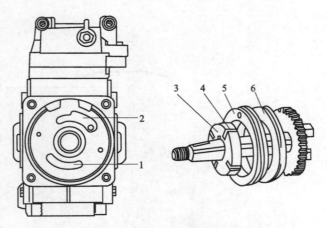

图 2-63 二级滑片式输油泵的结构
1—进油槽；2—压油槽；3—转子；4—滑片；5—偏心环；6—输油泵端盖

二级滑片式输油泵的工作示意图如图 2-64 所示。由于转子中心与偏心环内孔中心有一个偏心距离，因此，当驱动轴转动时，转子便带动滑片转动，同时滑片在十字槽中滑动，滑片外端始终紧贴在偏心环的内壁上，沿内表面刮动，从而改变了进油区的容积；进油区容积由小到大，燃油被吸入进油区，压油区容积由大到小，具有一定压力的燃油被压出压油区，完成泵油过程。所以，分配泵的油腔始终被具有一定压力的燃油所充满，并通过进油道、电磁式停油阀（当阀开起时）、进油口被压送到柱塞上方的压油腔中去。

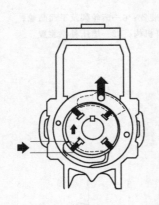

图 2-64 二级输油泵的工作示意图

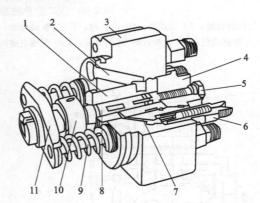

图 2-65 高压泵头的结构
1—柱塞套；2—进油油道；3—泵头；4—泵头螺钉；5—放气螺钉；
6—出油阀紧座；7—分配油道；8—柱塞；9—柱塞弹簧；
10—油量调节套筒；11—柱塞弹簧座

④ 高压泵头 高压泵头主要由泵头、柱塞套、柱塞、柱塞弹簧、柱塞弹簧座、油量调节套筒等零件组成。高压泵的结构如图 2-65 所示。

a. 泵头 泵头插入泵体的镗孔内，用四个紧固螺栓固定。泵头与泵体之间，用一个 O 形密封圈封闭，防止漏油。

高压泵头上部有一个进油道，进油道上装有电磁式停油阀，进油道与柱塞套上的进油孔相通。具有一定输油压力的燃油从分配泵油腔经滤网、进油通道、电磁式停油阀进入柱塞套的进油孔。泵头螺塞中间有一个放气螺钉，拧松放气螺钉可排除分配泵高压油路中的空气。

泵头的中心孔内压装柱塞套，柱塞套上出油孔的数目与泵头上的分配油道的数目相等。泵

第 2 章 发动机的结构与维修

头内加工有分配油道,分配油道的数目与柴油机气缸的数目相等,并与柱塞套的出油孔相通。分配油道的另一端则通过出油阀、出油阀紧座、高压油管与喷油器相通。

b. 柱塞与柱塞套　柱塞与柱塞套是一对精密偶件,采用优质合金材料经过精密加工和选配、研磨而成,配对后不得互换。

柱塞装在柱塞套的中心孔内,柱塞的中心加工有中心油道,其右端与泵头的进油腔相通,而左端通过泄油孔与泵腔相通。柱塞上还加工有燃油分配孔、压力平衡槽和进油槽,进油槽的数目与气缸数相同。有些柱塞右端还加工有一条环槽将所有进油槽连通,称为预行程槽。柱塞的结构如图 2-66 所示。

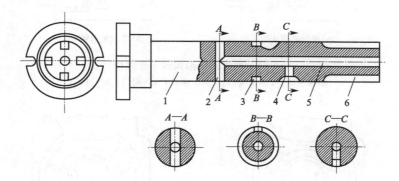

图 2-66　分配柱塞
1—柱塞；2—泄油孔；3—压力平衡槽；4—燃油分配孔；5—中心油道；6—进油槽

柱塞套压装在高压泵头的中心孔内。柱塞套上有一个与高压泵头上的进油通道相通的进油孔及与气缸个数相等的出油孔;在柱塞套的中部有一个压力平衡槽,此槽与分配油道相通,起平衡分配油道内压力的作用。柱塞套的前端用螺塞、密封圈和放气螺钉等封闭。

c. 电磁式停油阀　电磁式停油阀的功用是打开或切断进入柱塞的燃油通路。

电磁式停油阀由阀体、电磁线圈、弹簧等零件组成。电磁式停油阀是否工作由汽车的点火控制,其控制电路如图 2-67 所示。

柴油机停车时,点火开关 OFF 闭合,电路被切断,电磁式停油阀阀门在回位弹簧作用下关闭进油口,从而切断油路,柴油机停车,如图 2-68(a) 所示。

启动时,将点火开关 ST 闭合,电磁线圈电路被接通,较大的电流使线圈内的阀门压缩弹簧,并被吸到上方,从而打开了燃油通路,燃油从泵腔进入柱塞的前端。如图 2-68(b) 所示。

柴油机启动后,点火开关自动回到 ON 位置,此时,由于电路中串入了电阻,使通过电磁线圈的电流减小,但能使阀门保持在线圈内。

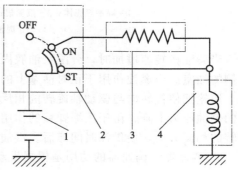

图 2-67　电磁式停油阀控制电路
1—蓄电池；2—点火开关；3—电阻；4—电磁线圈

⑤ 供油提前角自动调节装置　VE泵供油提前角自动调节装置采用液压式喷油提前器,装在壳体下部的垂直通孔内,其功用是随柴油机转速的变化自动调节供油提前角。

供油提前角自动调节装置由压缩弹簧、正时活塞、滑轮、调整销、盖板等零件组成,调整销和滑轮将正时活塞与滚轮架连接起来,正时活塞被压缩弹簧压向供油迟滞方向。供油提前角自动调节装置结构如图 2-69(a) 所示。

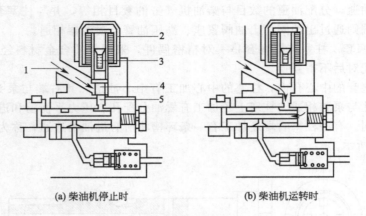

(a) 柴油机停止时　　　　(b) 柴油机运转时

图 2-68　电磁式停油阀的工作过程
1—燃油通路；2—线圈；3—回位弹簧；4—阀门；5—进油口

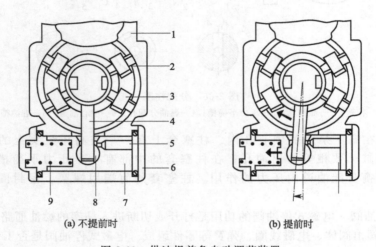

(a) 不提前时　　　　(b) 提前时

图 2-69　供油提前角自动调节装置
1—喷油泵壳体；2—滚轮架；3—滚轮；4—调整销；5—油道；6—盖板；
7—正时活塞；8—滑轮；9—弹簧

当柴油机转速增加时，分配泵油腔内的燃油压力上升，燃油由油腔通过油道进入正时活塞一侧的油室。当燃油作用于正时活塞上的压力超过压缩弹簧的弹力时，正时活塞被推向左侧移动，滚轮架便被转向与驱动轴旋转的相反方向，使供油时间提前。当柴油机转速降低时，泵室内的燃油压力下降，由于压缩弹簧的作用，正时活塞被推向右侧移动，滚轮架便转向与驱动轴旋转的相同方向，使供油时间滞后。供油提前角自动调节原理如图 2-69(b) 所示。

⑥ 调速器　调速器的功用是根据发动机的需要，自动调节供油量大小，以适应柴油机运行工况变化。

VE 型分配泵的机械离心式调速器主要有全程调速器、半全程调速器、带逆校正的半程调速器等，下面以全程调速器为例介绍调速器的结构。

调速器主要由飞锤、调速套筒、调速杠杆、调速弹簧、操纵臂等部件组成，其结构如图 2-70 所示。此外有的调速器上还装有增压补偿器和转矩校正装置等附加装置。

全程调速器工作过程是：当发动机转速一定时，调速器飞锤的离心力与调速弹簧的弹力相互平衡；此时如果发动机转速降低，飞锤的离心力随之减小，但调速弹簧的弹力不变，调速弹簧将拉动杠杆机构压紧调速套筒，使调速套筒向左移动，同时调速杠杆上端绕杠杆的支点向左

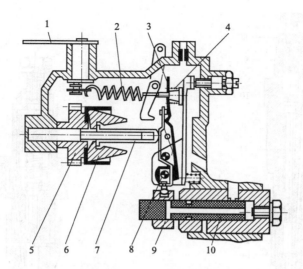

图 2-70　VE 型分配泵全程调速器
1—操纵臂；2—调速弹簧；3—杠杆；4—怠速弹簧；5—调速器传动齿轮；6—飞锤；
7—调速套筒；8—杠杆支点；9—油量控制套筒；10—柱塞

移动，下端绕杠杆的支点带动油量控制套筒右移，使柱塞的有效行程增加，喷油泵的供油量增加，从而发动机转速提高。

2.4.3　喷油器的结构与分类

（1）喷油器的结构

喷油器的功用是根据柴油机混合气形成的特点，将燃油雾化成细微的油滴，并将其喷射到燃烧室特定的部位。

根据喷油嘴结构形式的不同，喷油器可分为开式喷油器和闭式喷油器两种。

开式喷油器的主要特点是喷油器内腔总是与燃烧室相通的，它没有关闭喷孔的针阀，故称为开式喷油器。由于开式喷油器没有精密配合的运动件，故在供油开始和结束时容易产生滴油，现代柴油机上已很少应用这种喷油器。

闭式喷油器的主要特点是喷油器内腔与燃烧室是被精密的针阀偶件隔开的；闭式喷油器又可分为孔式喷油器和轴针式喷油器两种。

（2）孔式喷油器

孔式喷油器由喷油器体、喷油嘴锁紧螺母、针阀偶件、调压弹簧、调压螺钉、顶杆等组成，其结构如图 2-71 所示。

（3）轴针式喷油器

轴针式喷油器与孔式的工作过程相同、结构相似，只是针阀偶件的结构不同。轴针式喷油器由喷油器体、喷油嘴锁紧螺母、针阀偶件、调压弹簧、调压螺钉、顶杆等组成。轴针式喷油器的结构如图 2-72 所示。

2.4.4　电磁喷油器的结构

电磁喷油器是燃油喷射系统的核心部件，其功用是根据发动机混合气形成的特点，将燃油雾化成细微的油滴，在电磁阀的控制下，适时地将燃油喷射到燃烧室。电磁喷油器结构如图 2-73 所示。

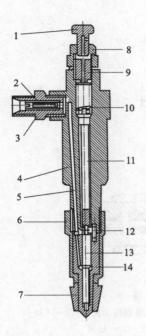

图 2-71 孔式喷油器结构

1—回油管接头；2—缝隙滤清器；3—进油管接头；4—喷油器体；5—进油油道；6—喷油嘴锁紧螺母；7—锥形密封垫；8—调压螺钉保护螺母；9—调压螺钉；10—调压弹簧；11—顶杆；12—定位销；13—针阀；14—针阀体

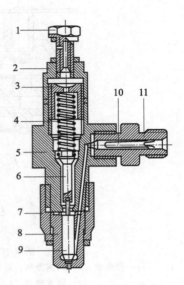

图 2-72 轴针式喷油器结构

1—回油管接头；2—保护螺母；3—调压螺钉；4—调压弹簧；5—喷油器体；6—顶杆；7—喷油嘴锁紧螺母；8—针阀体；9—针阀；10—滤芯；11—进油管接头

图 2-73 电磁喷油器结构

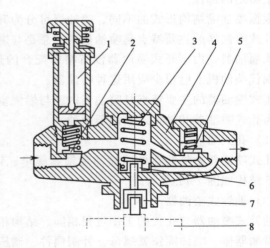

图 2-74 活塞式输油泵结构

1—手油泵；2—进油阀；3—活塞弹簧；4—泵体；5—出油阀；6—活塞；7—推杆；8—凸轮轴

2.4.5 输油泵的结构与分类

（1）输油泵的功用

输油泵的作用是将一定数量和一定压力的燃油输送给喷油泵，保证燃油在低压油路内循环，并能自动调节供油量。

输油泵根据其结构可分为活塞式、膜片式、齿轮式和叶片式等几种。常用的输油泵为活塞式、膜片式。

(2) 活塞式输油泵

活塞式输油泵由泵体、活塞总成、手油泵总成、推杆、油道及进、出油阀等组成，其结构如图 2-74 所示。

(3) 膜片式输油泵

膜片式输油泵由摇臂、膜片拉杆、膜片弹簧、膜片及进、出油阀门等组成，其结构如图 2-75 所示。

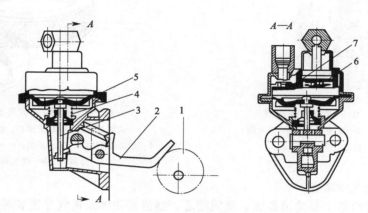

图 2-75　膜片式输油泵
1—凸轮轴偏心轮；2—摇臂；3—膜片拉杆；4—膜片弹簧；5—膜片；6—进油阀门；7—出油阀门

2.4.6　空气滤清器的结构与分类

(1) 空气滤清器的功用

空气滤清器的功用主要是滤除空气中的杂质或灰尘，让洁净的空气进入气缸。另外，空气滤清器还有降低进气噪声的作用。

按照空气中杂质被消除的方式不同，可分惯性式、油浴式、过滤式及综合式空气滤清器。

惯性式空气滤清器：利用空气在急速改变流动方向时，空气中小的杂质或灰尘因具有较大的惯性而被清除。

油浴式空气滤清器：利用空气进入滤芯前，在气流转向处流过机油表面，使大颗粒较杂质或灰尘因惯性甩向油面而被黏附。

过滤式空气滤清器：利用气流通过金属网、微孔滤纸等狭窄、曲折的滤芯通道时尘土被阻挡或黏附在滤芯上。

综合式空气滤清器：是将惯性式、油浴式、过滤式三种滤清方式其中的两种以上进行组合而成的滤清器，其滤清效果要大大好于单种滤清方式的滤清器。

(2) 油浴式空气滤清器

油浴式空气滤清器主要由滤清器盖、滤芯、密封圈和外壳等组成。外壳底部是储油池，其内盛有一定数量的机油。当发动机工作时，空气经外壳与滤清器盖之间的狭缝进入，并沿着滤芯与外壳之间的环形通道向下流到滤芯底部，再向上通过滤芯后被吸入发动机气缸；当气流转弯时，空气中大颗粒的杂质被甩入机油中被机油黏附，细小杂质被滤芯滤除。滤芯多用金属丝制成，清洗后可以重复使用。油浴式空气滤清器用于在多尘条件下工作的发动机上，其结构如图 2-76 所示。

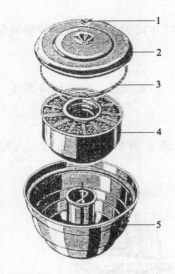

图 2-76 油浴式空气滤清器
1—蝶形螺母；2—滤清器盖；3—密封圈；
4—滤芯；5—外壳

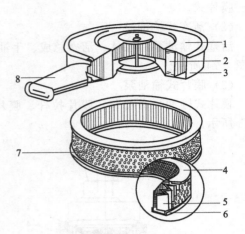

图 2-77 油浴式空气滤清器
1—滤清器盖；2—纸质滤芯；3—滤清器壳；
4—滤芯上密封面；5—滤纸；6—滤芯下密封面；
7—金属网；8—进气导流管

（3）纸滤芯空气滤清器

纸滤芯空气滤清器主要滤清器盖、纸质滤芯、滤清器壳体及进气导流管等组成。其结构如图 2-77 所示。

纸质滤芯采用树脂处理的微孔滤纸做成，滤芯呈波折状，滤芯的上下两端浇上耐热塑料溶胶，用来保持滤纸、金属网和密封面相互位置的固定，并保证密封。发动机工作时，空气由盖与外壳之间的空隙进入，经纸质滤芯被滤清，吸入发动机气道。

（4）综合式空气滤清器

综合式空气滤清器是常采用惯性式和过滤式相结合的双级空气滤清器，主要由滤清器盖、主滤芯、安全滤芯、叶片环、密封圈和外壳等组成。其结构如图 2-78 所示。

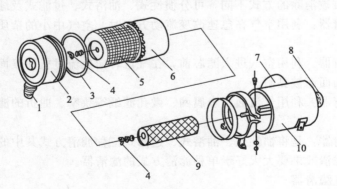

图 2-78 纸滤芯空气滤清器
1—排尘袋；2—滤清器端盖；3—密封圈；4—蝶形螺母；5—主滤芯；6—叶片环；
7—进气接口；8—出气接口；9—安全滤芯；10—外壳

综合式空气滤清器滤芯分主滤芯和安全滤芯，均是由树脂处理的微孔滤纸做成波折状，滤芯的上下两端都浇上耐热塑料溶胶，以保证滤芯两端的密封。发动机工作时，空气通过进气管口处滤网去掉大的杂质后进入空气滤清器，经过旋流叶片环时，产生强烈的旋流，使空气中较大的灰尘粒子在离心力的作用下被甩入滤清器端盖内，并通过排尘袋（俗称鸭嘴）排出，这是第一级滤清，亦称粗滤。经过粗滤的空气再经主滤芯、安全滤芯进入发动机气缸。

2.4.7 启动预热系统的结构与分类

发动机冷态启动时，由于温度较低，喷入气缸内的燃油很难升温至自燃温度，所以在发动机冷态启动前，需要通过加热装置，提高进入气缸的空气（或可燃混合气）的温度，以保证低温条件下发动机能迅速启动。

预热系统可分为分缸预热和集中预热两种。

（1）分缸预热

分缸预热式系统是指预热装置分别在每一个气缸内对空气或可燃混合气进行加热，分缸预热系统的组成如图2-79所示。

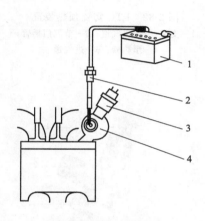
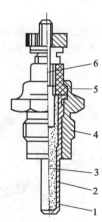

图 2-79 分缸预热系统组成
1—蓄电池；2—预热塞；
3—喷油器；4—燃烧室

图 2-80 预热塞
1—发热钢套；2—电阻丝；3—填充物；
4—外壳；5—绝缘体；6—中心螺杆

预热塞一般装在燃烧室内，发动机启动前，接通电热塞开关，电流经蓄电池、中心螺杆、电阻丝回到蓄电池负极。由于电流流经电阻丝，电阻丝和发热钢套发热，加热气缸内的空气，达到顺利启动的目的。如图2-80所示。

（2）集中预热

集中预热装置主要有：PTC陶瓷预热装置和电火焰预热装置两种。

① PTC陶瓷预热装置 PTC陶瓷预热装置的工作情况是：发动机启动前，预热装置接通电源接通后温度升高，来自滤清器的冷空气通过高温的预热装置后温度迅速升高，与进入气缸内的燃料混合，燃烧做功。其组成如图2-81所示。

PTC电热陶瓷材料其电阻值可随温度变化而改变，因此加热温度得到自动控制。当外界温度为20℃时，其电阻很小，电路接通时瞬时电流很大，温度迅速升高，加热器表面的温度可达175℃左右，此时加热器电阻趋向无穷大，电流趋向于0。温度不再升高，电路自动切断。PTC陶瓷预热装置结构如图2-82所示。

② 电火焰预热装置 电火焰预热装置主要由电磁阀、油管、支架、带喷油器的电热塞等组成。其组成如图2-83所示。

电热塞主要由发热体、进油口接头、接线柱等组成。发热体又由发热钢套、电阻、喷孔等组成；蓄电池的正极通过接线柱，连接到发热体内的电阻上，发热体温度升高，当电磁阀接通时，燃油从预热装置的进油口进入，然后从发热体的喷孔喷到发热体上燃烧。加热进入气缸内的空气，便于发动机冷启动。带喷油孔的电热塞结构如图2-84所示。

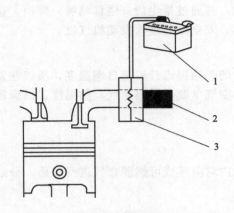

图 2-81 进气加热式预热系统组成
1—蓄电池；2—进气道；3—进气加热装置

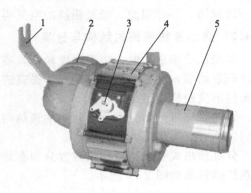

图 2-82 PTC 陶瓷预热装置
1—支架；2—出气道；3—节气门摇臂；
4—预热器；5—进气道

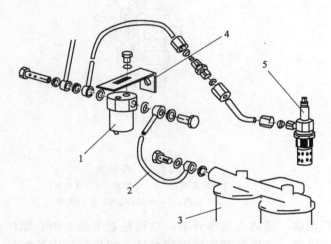

图 2-83 电火焰预热装置
1—电磁阀；2—油管；3—燃油滤清器；4—支架；
5—带喷油器的电热塞

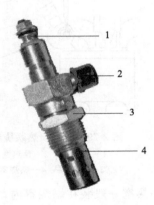

图 2-84 带喷油孔的电热塞
1—接线柱；2—进油口接头；
3—紧固螺母；4—发热体

2.4.8 废气涡轮增压器的结构与分类

(1) 废气涡轮增压器的功用

废气涡轮增压器的功用就是将进入发动机气缸的空气预先压缩，以提高空气密度、增加进气量，再相应地增加循环供油量，使发动机在缸径不变的情况下，提高发动机的功率。

增压器根据增压的方式不同通常分为机械增压器、废气涡轮增压器和气波增压器三种基本类型。目前柴油机上广泛采用的是废气涡轮增压器；废气涡轮增压器又分为普通自由浮动增压器、带旁通阀的废气涡轮增压器和可变截面涡轮增压器三种形式。

(2) 普通自由浮动增压器

① 废气涡轮增压器结构 废气涡轮增压器由涡轮机叶轮、涡轮壳、轴、推力轴承、压气机壳、压气机叶轮、扩压器、密封套、浮动轴承等组成，其结构如图 2-85 所示。

② 废气涡轮增压器的工作过程 废气涡轮增压器的工作过程如图 2-86 所示。发动机排出的废气被引入涡轮机，利用废气所含的能量推动涡轮机叶轮旋转，并带动与其同轴安装的压气机叶轮工作，将经过滤清器滤清的新鲜空气在压气机内增压后送入气缸。

第 2 章 发动机的结构与维修

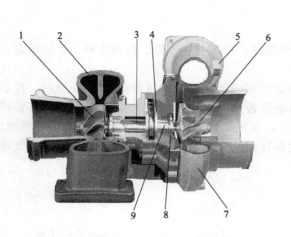

图 2-85 增压器构造
1—涡轮机叶轮；2—涡轮壳；3—轴；4—推力轴承；
5—压气机壳；6—压气机叶轮；7—扩压器；
8—密封套；9—浮动轴承

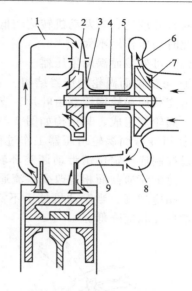

图 2-86 废气涡轮增压器工作过程
1—排气管；2—涡轮；3—涡轮壳；4—轴；
5—轴承；6—扩压器；7—压气机叶轮；
8—压气机壳；9—进气管

(3) 带旁通阀的废气涡轮增压器

① 带旁通阀的废气涡轮增压器结构　带旁通阀的废气涡轮增压器由控制膜盒、连动杆、排气旁通阀、连通管等组成，控制膜盒内的膜片将膜盒分成左、右室，左室通过连通管与压气机出口相通，增压压力同右室的弹簧弹力相平衡，其结构如图 2-87 所示。

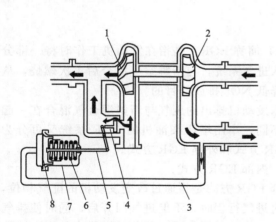

图 2-87 旁通阀的废气涡轮增压器工作过程图
1—涡轮；2—叶轮；3—连通管；4—排气旁通阀；
5—连动杆；6—弹簧；7—控制膜盒；
8—膜片

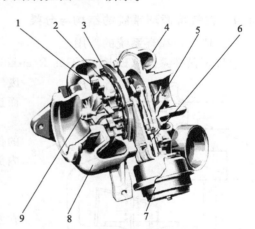

图 2-88 可变截面涡轮增压器结构
1—叶片；2—支撑环；3—调整环；4—扩压器；
5—叶轮；6—控制连杆；7—控制膜盒；
8—涡轮壳；9—涡轮

② 带旁通阀的废气涡轮增压器工作过程　装有废气涡轮增压器的发动机，在高速高负荷时，排气流量大，废气温度高，导致涡轮增压器的转速高，进气增压压力也高。为防止增压压力太高，增压器一般都按低速大转矩工况匹配，在高转速工况时，利用旁通阀在涡轮前放走一部分废气，使部分废气不经涡轮机排入大气，以降低增压器转速，控制压比。涡轮前的放气阀由增压压力自动控制，当发动机转速超过一定大小时，增压压力便克服控制膜盒内弹簧阻力使

放气阀打开放气。当发动机转速较低时,进气增压压力也较低,由于弹簧的作用,使旁通阀关闭。此时增压作用不大。

(4) 可变截面涡轮增压器

① 可变截面涡轮增压器结构

可变截面涡轮增压器由叶片、支撑环、调整环、扩压器、叶轮、控制连杆、控制膜盒、涡轮壳、涡轮等组成,其结构如图2-88所示。

② 可变截面涡轮增压器工作过程 可变截面涡轮增压器工作过程如图2-89所示。控制连杆通过控制连杆定位销带动调整环转动,调整环通过导向销带动叶片旋转,当叶片位置转动时,涡轮的流通截面相应改变;流通截面越小,废气的流速越大,同时涡轮的输出功率越大,增压比相应越高。当发动机处于不需要高增压比的工况时,使流通截面变大,废气的流速变慢,增压比相应降低。

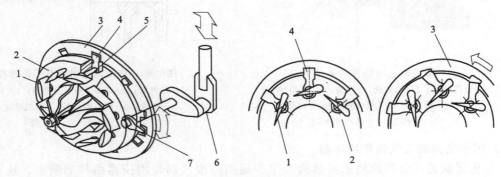

图 2-89 可变截面涡轮增压器结构与工作过程
1—叶片;2—支撑环;3—调整环;4—导向销;5—轴;6—控制连杆;7—控制连杆定位销

2.4.9 废气再循环系统的结构与分类

(1) 废气再循环系统的功用

废气再循环系统(Exhaust Gas Recirculation)简称EGR,是指在发动机工作时将一部分废气引入进气系统,与新鲜空气混合后再次燃烧,从而达到降低 NO_x 排放的目的。

根据发动机排出的废气与新鲜混合气混合在一起的位置不同,车用增压柴油机的EGR系统又可分为内部EGR方式和外部EGR方式。

(2) 内部EGR方式

内部EGR方式是指通过改变发动机的配气相位,在发动机进气行程时,不但进气门开启,同时使排气门也开启一定的时间,让一部分已燃烧完的废气滞留在发动机气缸内,与新鲜空气在气缸内混合后再次燃烧的方式。

内部EGR方式的结构如图2-90所示。为了实现内部EGR方式,在排气凸轮中除了控制排气所需的凸轮外,又增设了内部EGR专用凸轮,通过专用凸轮控制排气门在进气过程中再次适度的开启,使部分排出的废气回流到气缸内部,实现内部EGR。

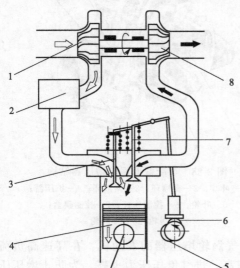

图 2-90 内部EGR方式
1—压气机;2—中冷器;3—进气门;4—活塞;
5—排气用主凸轮;6—EGR用凸轮;
7—排气门;8—涡轮

(3) 外部 EGR 方式

外部 EGR 方式是指发动机的废气排出气缸后，一部分废气经过 EGR 控制阀进入进气道内，在进气道内与新鲜混合气混合再次燃烧的方式。

外部 EGR 方式根据进、排气管的连接位置不同，又可分为低压回路 EGR 方式和高压回路 EGR 方式。

低压回路 EGR 方式是将废气直接引入增压器的进气接口，发动机排出的废气在新鲜空气未增压前进入进气道而实现的 EGR 方式，其结构如图 2-91(a) 所示。

高压回路 EGR 方式是将废气直接引入经过增压、冷却后的新鲜空气中来实现的 EGR 方式，其结构如图 2-91(b) 所示。

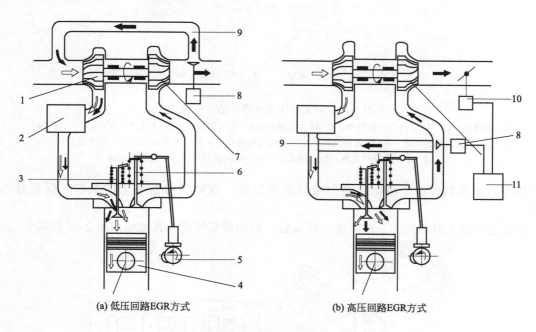

(a) 低压回路EGR方式　　(b) 高压回路EGR方式

图 2-91　外部 EGR 方式

1—压气机；2—中冷器；3—进气门；4—活塞；5—凸轮轴；6—排气门；7—涡轮；
8—EGR 控制阀；9—EGR 回流管；10—排气节流阀；11—控制单元

2.4.10　选择性催化还原技术

选择性催化还原技术（Selective Catalytic Reduction Method）简称 SCR，是指在还原剂的存在下，将废气中的 NO_x 通过化学反应变成 N_2。比较典型的还原催化技术有氨气还原法、酒精还原法等。

现在国产高标准排放（欧Ⅳ以上）的柴油车上，有的厂家已经使用了氨气还原法（即尿素水溶液还原法）的催化还原技术，系统组成如图 2-92 所示，其原理是先将尿素水解产生氨气，然后将氨气导入排气管中，并使氨气在 200～400℃下与固体催化剂相接触，将废气中的 NO_x 还原 N_2，其化学反应方程式如下：

$$4NO + 4NH_3 + O_2 \longrightarrow 4N_2 + 6H_2O$$
$$NO + NO_2 + 2NH_3 \longrightarrow 2N_2 + 3H_2O$$

2.4.11　微粒过滤器

车用柴油机排放的微粒主要采用过滤的方法进行处理。但过滤器使用一段时间后，其滤芯容易堵塞，使发动机排气背压升高，影响到发动机的动力性和经济性，故现在使用的

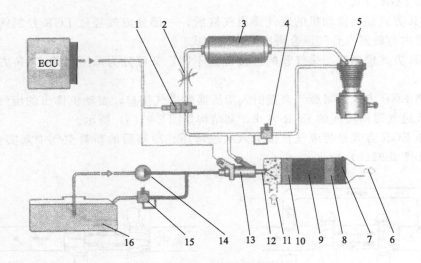

图 2-92 尿素水溶液还原法的系统组成

1—电磁阀；2—节气门；3—储气筒；4—压力控制阀；5—空气压缩机；6—干净废气出口；7—消声器；
8—氧化催化转化器；9—SCR 转化器；10—水解催化转化器；11—废气入口；12—空气喷射口；
13—尿素溶液喷射阀；14—尿素泵；15—压力控制阀；16—尿素储存罐

过滤器采取了强制燃烧、向滤芯喷射催化剂等方法，及时清除滤芯上的微粒，保证滤芯的畅通。

微粒过滤器主要由滤芯、电热塞、燃烧器、喷油器等组成，其结构如图 2-93 所示。

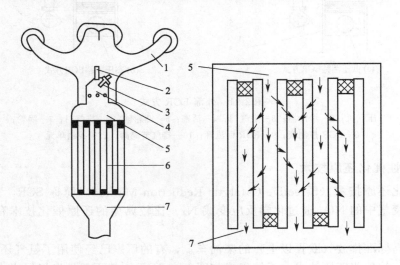

图 2-93 微粒过滤器

1—排气歧管；2—喷油器；3—电热塞；4—燃烧器；5—排气入口；6—过滤器滤芯；7—排气出口

2.4.12 喷油泵的维修

（1）直列式喷油泵的检修

有的喷油泵上装有启动加浓电磁阀，判断电磁阀工作是否正常的经验方法是将电磁阀接通 24V 的直流电，若电磁阀工作正常，接通时可以听到较弱的"咔嗒"声。否则应更换电磁阀。检查方法如图 2-94 所示。

(2) 分配泵的检修

① 断油电磁阀的经验方法判断　判断断油电磁阀是否损坏的经验方法是将电磁阀接通 24V 的直流电，若电磁阀工作正常，接通时可以听到较弱的"咔嗒"声。

② 万用表检查断油电磁阀　断油电磁阀是否损坏也可以用万用表来检查判断，主要检查电磁阀的电阻和工作电流，如果电磁阀电阻值为 $(29.5±2.5)\Omega$，工作电流应不大于 1A，说明电磁阀工作正常。若测量值不符合规定应更换电磁阀。检查方法如图 2-95 所示。

图 2-94　检查启动加浓电磁阀

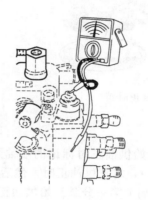 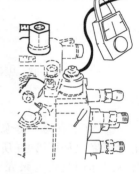
图 2-95　测量电磁阀电阻

③ 凸轮轴油封的更换　在使用过程中，如发现有燃油从喷油泵凸轮轴处渗漏，应更换凸轮轴处的油封；油封位置如图 2-96 所示。在更换时应使用专用工具，同时轴上不能有毛刺，以免刮伤新的油封；更换新的凸轮轴油封后应加压检查，防止再次泄漏。

图 2-96　凸轮轴油封

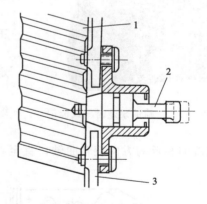
图 2-97　发动机正时销位置
1—凸轮轴正时齿轮；2—正时销；3—齿轮室

2.4.13　喷油泵供油正时的检查与调整

(1) 利用供油正时记号就车检查调整喷油泵的供油正时

① 在齿轮室上有正时销的发动机，只需按发动机旋转方向盘转发动机曲轴，找到第一缸压缩上止点，使齿轮室上的正时销与凸轮轴齿轮上正时孔对正即可，如图 2-97 所示。

然后检查喷油泵上的正时销应正好锁住喷油泵凸轮轴上的正时记号，否则应松开喷油泵与发动机齿轮室上的固定螺母，转动泵体调整位置，直至喷油泵上的正时销正好锁住喷油泵凸轮轴正时记号，如图 2-98 所示。

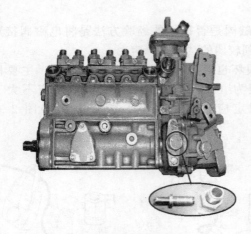

图 2-98 喷油泵正时销

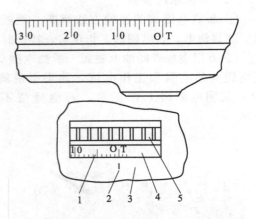

图 2-99 发动机的供油提前记号
1—飞轮刻线；2—飞轮正时刻线；3—飞轮壳；
4—飞轮；5—齿圈

② 对于有第一分泵开始供油正时标记的喷油泵，应先将根据发动机带轮或飞轮上的供油正时刻度（如图 2-99 所示），对正供油正时，然后检查喷油泵联轴器（或自动提前器）上的定时刻线标记是否与泵壳前端上第一分泵开始供油正时标记的刻线记号相对（如图 2-100 所示）。

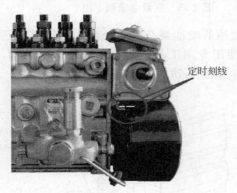

图 2-100 喷油泵定时刻线标记

若两记号正好对上，说明供油正时正确。若联轴器（或自动提前器）上的定时刻线标记还未到泵壳刻线记号，说明供油时间过晚，即供油提前角过大；若联轴器（或自动提前器）上的定时刻线标记已超过泵壳刻线记号，则说明供油时间过早，即供油提前角过小。

(2) 利用专用仪器就车检查调整 VE 分配泵的喷油正时

VE 分配泵的供油正时是通过检查柱塞的预行程确定的，具体步骤如下：

① 按发动机旋转方向盘转发动机，找到第一缸压缩上止点。

② 拆除泵头上的检测螺母，装预行程检测仪，按发动机旋向相反的方向旋转曲轴，直至百分表指针到最小，将百分表对"0"位，如图 2-101 所示。

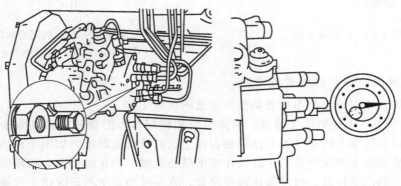

图 2-101 在发动机上检查调整 VE 泵喷油正时

③ 按发动机旋向旋转曲轴,当发动机齿轮室上的正时销与凸轮轴齿轮上正时孔对正时,百分表的读数应为 (2.35±0.05)mm,否则应松开喷油泵与发动机齿轮室的固定螺母,转动泵体,直至百分表的读数符合标准,然后拧紧喷油泵与发动机齿轮室的固定螺母。

④ 再次复查百分表的读数,如不符合要求应调整。

2.4.14 喷油器试验

喷油器的试验应在喷油器试验器上进行,如图 2-102 所示。

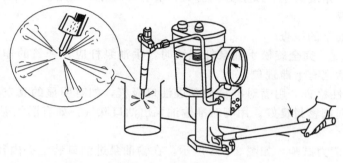

图 2-102 调试喷油器

喷油器在进行试验前,先应对喷油器试验器本身密封性进行检查。检查的方法是:先不装上喷油器,用螺堵将喷油器试验器的高压出油口堵死,压动手柄,使试验器内的压力升到 30MPa 后保持手柄不动,观察各接头处不应有漏油现象,在 3min 内试验器上的压力表显示压力下降不大于 1.0MPa 为良好。

(1) 喷油器密封性试验

① 圆柱工作面密封性试验。先将喷油器装在试验器上,然后将喷油器的喷油压力调到比标准压力高 3~5MPa,压动手柄,使试验器内的压力上升到标准喷油压力,测量压力从标准压力下降到比标准压力低 10% 时所需时间,应不小于 10~20s。

② 圆锥工作面密封性试验。连续压动试验手柄,使压力上升到比标准喷油压力低 10% 时,观察喷油器喷孔,在 10s 内不得有渗漏现象。

(2) 喷油压力调试

以每分钟 60~70 次的速度压动试验器手柄,喷油器开始喷油时压力表所指示压力即为喷油压力,其数值应符合规定,若不符合规定应调整。同时应尽量使各缸喷油器的喷油压力数值保持调整一致。

调整时,旋入调压螺钉或增加调整垫片的厚度,调压弹簧的压力增大,喷油压力提高。如果旋出调压螺钉或减小调整垫片的厚度,则调压弹簧的压力减少,喷油压力降低。

(3) 喷射质量检验

按规定的喷油压力使喷油器以每分钟 60~70 次的喷油频率进行喷射质量检验,要求油雾分布均匀,不得有油滴飞溅现象,当喷油切断时应有清脆响声,多次喷射后,允许喷孔附近略有湿润。

在实际的维修工作中,一般只调整喷油压力和检查喷射质量即可。同时应注意在检验完毕后,应在进油管接头上拧上防尘罩,并按气缸顺序放好,防止灰尘进入喷油器的油道内,加剧精密偶件的磨损和装配顺序错误。

(4) 经验方法检查与调整

在没有喷油器试验器的情况下,可以采用对比试验方法进行喷油器的检查与调整。具体调整方法如下。

① 喷油压力的检查与调整　将待检查的喷油器与正在使用的雾化效果好的两个喷油器用一个三通接头同时装到喷油泵的高压油管上，然后接通启动机，查看两个喷油器的喷射效果和雾化质量。当待检验的喷油器先喷油时，说明其喷油压力低于标准喷油器；如果是标准喷油器先喷油，而待检验的喷油器不喷油时，则说明待检验的喷油器压力高于标准喷油器时。通过对比试验即可调整好待检验的喷油器喷油压力。

② 喷油器雾化效果检查　待喷油器喷油压力调整好后，再次接通启动机，将两个喷油器所喷出的油束形状、角度大小、喷射雾化情况、喷射距离等以做比较，同样可以判断需要检验的喷油器工作的情况。

(5) 柱塞式输油泵的检查

① 手油泵的检查　完全旋松手油泵杆螺纹时，手油泵杆应在弹簧的作用下弹起，如不能弹起，说明手油泵活塞有卡滞现象。

② 单向阀密封性检查　用嘴对准输油泵进油口吸气，如有明显的真空感觉，并能将嘴唇吸住，说明进油单向阀密封良好。用嘴对准输油泵出油口吹气，如有漏气现象，说明出油单向阀密封不良。

③ 输油泵泵油能力试验　如图2-103所示，在输油泵进油口装上一内径10mm、长2m的吸油管，并使油管的另一端插入比输油泵低1m的柴油箱中，输出油路全开，以每分钟80~100次的频率往复压动手油泵，30s内输油泵出油口应能出油。输油泵泵油能力试验如图2-103所示。

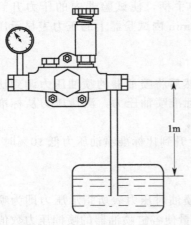

图2-103　柱塞式输油泵的泵油试验

(6) 膜片式输油泵的检修

膜片式输油泵为整体式一次性使用输油泵，一般不将其分解。

① 密封性试验　经验方法是：用嘴吸进油口时，能吸住舌尖，则为进油活门密封性良好；堵住进油口吸出油口时，能吸住舌尖，则为膜片、泵体和泵盖的接合密封良好；当用力吹出油口时，吹不动，则为出油活门密封性良好。否则应更换输油泵总成。

② 泵油试验　在输油泵进油口接上一根油管，并将其另一端插入燃油中，用手按动摇臂时，出油口泵出的油柱应急促有力为良好。如果发现泵体下部检视孔或泵体和泵盖的接合处漏油时，应更换输油泵总成。

2.4.15　废气涡轮增压器的检修与使用注意事项

(1) 废气涡轮增压器的检修

① 转子组件轴向间隙的检查　将百分表磁性表座固定在涡轮壳出口法兰上，使百分表指针顶住涡轮叶轮端面，沿转子组件轴向方向将轴推到底，然后再拉到最外端，两次测得百分表读数的差值即为轴向间隙。最大轴向间隙不得大于0.20mm，否则应更换废气涡轮增压器总成。检查方法如图2-104所示。

② 叶轮端径向间隙的检查　检查时用手沿径向将叶轮向下压，并用厚薄规测得叶轮与壳之间的最小间隙。此间隙不应小于0.10mm，若小于此值应更换废气涡轮增压器总成。检查方法如图2-105所示。

(2) 废气涡轮增压器使用注意事项

① 普通废气涡轮增压器使用注意事项

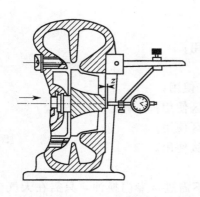 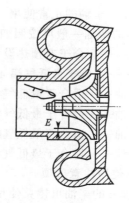

图 2-104　转子轴向间隙的检查　　　　图 2-105　叶轮径向间隙的检查

a. 安装时进、排气管路系统中应无杂物。

b. 增压器的润滑油由发动机的主油道直接供给，机油进油管内径为 8～12mm，回油管内径为 20～25mm，油管不能缩颈，以保证润滑油进、回油畅通。

c. 空气滤清器应有足够大的容量，并应按保养周期及时清洁元件。

d. 凡是更换润滑油和机油滤清器、长期停放（超过一周）、环境温度过低时，启动发动机前必须松开增压器进油口接头，注入干净的机油，使增压器润滑系统中充满机油，保证转子组件得到充足的润滑后再启动发动机。

e. 发动机冷车启动后，应急速运转 3～5min，使机油压力、机油温度正常后再加载。

f. 避免发动机长时间急速运转。

g. 发动机在高速满负荷运转或持续大负荷运转中不可立即停车，应急速运转 3～5min 再停车。

h. 运转中应注意增压器有无异响或振动，若有应立即停车检查并排除。

② 带旁通阀的废气涡轮增压器使用时注意事项　带旁通阀的废气涡轮增压器使用时，除了应注意普通增压器的要求外还应注意以下几个方面。

a. 调节器不能互换。若调节器损坏，整个涡轮壳部件必须更换（因每台增压器预紧力不同）。

b. 装有旁通阀的增压器，其支架、调节器不能随便拆卸，防止改变弹簧预紧力，导致柴油机严重损坏，装拆增压器时应将涡壳、调节器、支架作为一个整体。

c. 不要松动固定支架上的螺钉，这样会影响弹簧预紧力。

d. 定时检查调节杆、摇臂等零件是否运动灵活，旁通阀和阀座是否腐蚀、有裂纹。如有问题则更换涡轮壳部件。

e. 检查调节器是否漏气时，所用空气压力不超过 300kPa，否则会损坏调节器。

f. 凡影响弹簧预紧力的零件均不能随便更换。

2.4.16　柴油的牌号及选用

（1）柴油的牌号

根据 GB 252—94《轻柴油》规定，柴油规格按硫含量和安定性等质量指标分为优等品、一等品、合格品 3 个质量等级，每个等级又根据柴油的凝点不同分为六个牌号，即 10#、0#、-10#、-20#、-35# 和 -50#。每种牌号的凝点不应高于其牌号的数值，如 -20# 柴油表示该油的凝点不应高于 -20℃。

（2）柴油的选用

主要根据地区和季节来选择柴油的牌号，一般所选用柴油的凝点要求比当地最低气温低

3～5℃，以保证车辆的正常使用。

各种牌号的柴油一般可按照如下原则选用：

10#柴油——适合于有预热设备的高速柴油机上使用；

0#柴油——适合于最低气温4℃以上的地区使用；

-10#柴油——适合于最低气温中-5℃以上的地区使用；

-20#柴油——适合于最低气温中-14℃以上的地区使用；

-35#柴油——适合于最低气温中-29℃以上的地区使用；

-50#柴油——适合于最低气温中-44℃以上的地区使用。

(3) 柴油使用注意事项

① 不同牌号的柴油可掺兑使用，因此，在换季时不需进行专门换油，只需在天气变化前将原有的柴油使用完毕即可。

② 柴油中不能掺入其他种类的燃油。掺入后，柴油发火性能可能变差，导致启动困难甚至不能启动。

③ 柴油加入油箱前一定要充分沉淀（不少于48h），仔细过滤以除去杂质，切实保证净化，以保证柴油机燃料供给系统的精密零件不出故障与延长其使用寿命。

④ 冬季使用桶装高凝点柴油时，不能用明火加热，以免爆炸。

2.5 润滑系结构与维修

润滑系的功用是在发动机工作时连续不断地将数量足够的清洁润滑油传送到传动零件的摩擦表面，从而减小摩擦阻力、减轻机件的摩擦和磨损。此外，润滑油还可以清除摩擦表面上的杂质，冷却摩擦表面。气缸壁和活塞环上的油膜还能提高气缸的密封性。

主要由机油泵、机油滤清器、机油冷却器、油底壳、集滤器等组成。

2.5.1 机油泵的结构与分类

(1) 机油泵的功用

机油泵的功用是保证润滑油在润滑系统内循环流动，并在发动机任何转速下都能以足够高的压力向润滑部位输送足够数量的润滑油。

机油泵通常采用齿轮式和转子式结构形式。

(2) 齿轮式机油泵

齿轮式机油泵由泵壳、泵盖、传动齿轮、主动轴、主动齿轮、从动轴、从动齿轮、限压阀等组成。其结构如图2-106所示。

齿轮式机油泵工作过程如图2-107所示。在泵体上有进油口和出油口，内装有一个主动齿轮和一个从动齿轮，主动齿轮与传动齿轮通过轴连接在一起。发动机工作时，由机油泵传动齿轮由曲轴或凸轮轴上的齿轮驱动，从而带动主、从动齿轮按图中所示箭头方向旋转，由于轮齿向脱离啮合方向运动，进油腔的容积增大，压力变小，机油便从进油口被吸入进油腔。同时出油腔一侧轮齿进入啮合，出油腔容积减小，油压升高，机油便经出油口被压到发动机油道中。发动机工作时机油泵不停工作，从而保证机油在润滑油路中不断循环。

(3) 转子式机油泵

转子式机油泵由传动齿轮、泵壳、内转子、外转子、盖板等组成。其结构如图2-108所示。

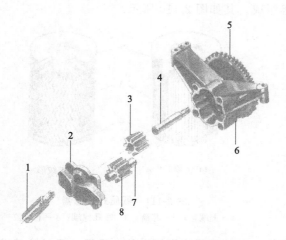 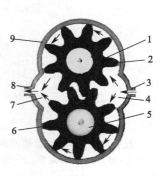

图 2-106　齿轮式机油泵结构

1—限压阀；2—泵盖；3—主动齿轮；4—主动轴；5—传动齿轮；
6—泵壳；7—从动轴；8—从动齿轮

图 2-107　齿轮式机油泵工作过程

1—主动齿轮；2—主动轴；3—进油口；4—进油腔；
5—从动轴；6—从动齿轮；7—出油腔；
8—出油口；9—泵体

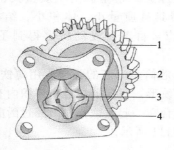 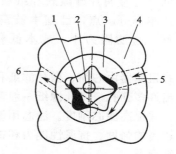

图 2-108　转子式机油泵

1—传动齿轮；2—泵体；
3—内转子；4—外转子

图 2-109　转子式机油泵工作过程

1—内转子；2—主动轴；3—外转子；
4—油泵壳体；5—进油孔；6—出油孔

转子式机油泵工作过程如图 2-109 所示。主动的内转子和从动的外转子都装在油泵壳体内。内转子固定在主动轴上，外转子在油泵壳体内可自由转动，二者之间有一定偏心距。当内转子旋转时，带动外转子旋转。转子齿形齿廓设计得使转子转达到任何角度时，内外转子每个齿的齿形齿廓线上总能互相成点接触。这样，内外转子间便形成四个工作腔。某一工作腔从进油孔转过时容积增大，产生真空，机油便经进油孔吸入。转子继续旋转，当该工作腔与出油孔相通时，腔内容积减小，油压升高，机油经出油孔压出。

2.5.2　机油滤清器结构与分类

（1）机油滤清器的功用

机油滤清器的作用主要是滤除机油内的杂质，减小机件的磨损。

根据滤清器的滤清能力，机油滤清器分为集滤器、粗滤器和细滤器；根据滤清器与主油道的连通关系，又分为全流式滤清器（与主油道串联）和分流式滤清器（与主油道并联）。

（2）集滤器

集滤器一般是滤网式的，装在机油泵之前，防止粒度大的杂质进入机油泵。集滤器分为浮式集滤器和固定式集滤器两种。目前汽车发动机大多使用固定式集滤器。

固定式集滤器是由滤网、固定管、油管等组成。其如图2-110所示。

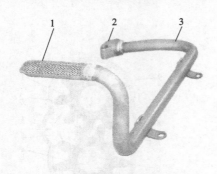

图2-110 固定集滤器的构造
1—滤网；2—固定管；3—油管

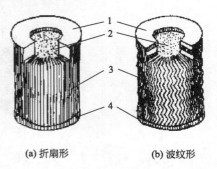

(a) 折扇形　(b) 波纹形

图2-111 纸质式粗滤器
1—上端盖；2—芯筒；3—微孔滤纸；4—下端盖

当机油泵工作时，机油从滤网的狭缝被吸入，经过滤网滤去粗大的杂质后，通过油管进入机油泵图。

(3) 机油粗滤器

机油粗滤器用以滤去机油中粒度较大（直径为0.05～0.1mm以上）的杂质，根据滤清元件的不同，有金属片缝隙式和纸质式粗滤器。金属片缝隙式粗滤器由于质量大、结构复杂、制造成本高等缺点，已基本被淘汰，而纸质滤清器具有质量小、体积小、结构简单、滤清效果好、过滤阻力小、成本低和保养方便等到优点，目前在发动机上得到了广泛的应用。

纸质式粗滤器由芯筒、微孔滤纸和上、下端盖组成。芯筒是滤芯的骨架，用薄铁皮制成，其上加工出许多圆孔。微孔滤纸一般都折叠成折扇形或波纹形，以保证在最小体积内有最大的过滤面积，并提高滤芯刚度。滤芯用塑胶与上、下端盖粘合在一起。微孔滤纸经过酚醛树脂处理，具有较高的强度、抗腐蚀能力和抗水湿性能。如图2-111所示。

(4) 细滤器

细滤器用以清除直径在0.001mm以上的细小杂质。由于这种滤清器对机油的流动阻力较大，故多与主油道并联，并只有少量机油通过细滤器。细滤器按清除杂质的方法分为过滤式机油细滤器和离心式机油细滤器两种类型。

过滤式机油细滤器通常采用纸质式滤芯，其结构和原理与粗滤器相同。

2.5.3 离心式机油细滤器的结构

离心式机油细滤器主要由外壳、转子、喷嘴、导流罩、机油限压阀等组成。细滤器外壳固定在带中心孔的转子轴上，转子体套在转子轴上可以自由转动。压紧螺母将转子盖与转子体紧固在一起。转子下面装有止推轴承。转子上面装有支承垫圈，并用弹簧压紧，以限制转子轴向移动。整个转子用滤清器盖盖住，压紧螺母将盖固定在外壳上。转子下端装有两个按中心对称水平安装的喷嘴。离心式机油细滤器结构如图2-112所示。

离心式机油细滤器工作情况如图2-113所示。发动机工作时，从油泵来的机油通过主油道进入滤清器进油孔处，若油压低于0.1MPa时进油限压阀不开启，机油全部供入主油道，不进入机油细滤器，以保证发动机可靠润滑。当油压高于此值时则进油限压阀被顶开，机油沿转子轴内的中心油道，经轴上的出油孔进入转子总成与导流罩之间，再经过导流罩上的进油孔到喷嘴，从喷嘴喷出，从喷嘴喷出的机油使转子旋转，转子高速旋转同时内腔的机油随着转子旋转，机油中的机械杂质在离心力的作用下被甩向转子壁，洁净的机油经喷嘴喷出后流回油底壳。

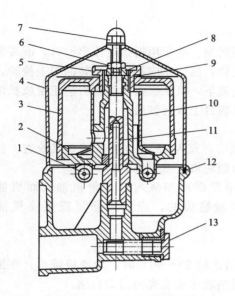 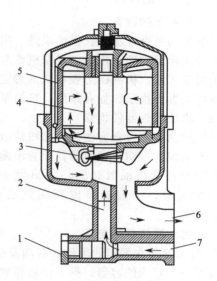

图 2-112　离心式机油细滤器
1—喷嘴；2—转子底座；3—转子总成；4—离心式机油滤清器外罩；5—碗形螺母；6—锁紧螺母；7—盖形螺母；8—轴向间隙调整螺母；9—转子上密封垫；10—导流罩；11—转子轴；12—密封垫；13—机油限压阀

图 2-113　离心式机油细滤器工作情况
1—机油限压阀；2—转子轴中心油道下段；3—喷嘴；4—导流罩；5—转子总成；6—回油油道（通油底壳）；7—进油油道（通发动机主油道）

2.5.4　机油散热器功用及分类

（1）机油散热器功用

机油散热器的功用是使机油保持在最有利的温度范围内工作，其结构参见冷却系散热器的结构。

（2）机油散热器分类

机油散热器根据冷却介质分为水冷式机油散热器和风冷式机油散热器。

水冷式机油散热器就是将散热器装在冷却水路中。水冷式机油散热器一般为板翘式结构，用不锈钢或铜管焊接而成。如图 2-114 所示为水冷式机油散热器。

 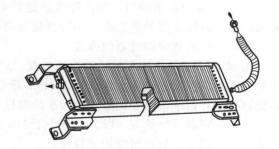

图 2-114　水冷式机油散热器　　　　图 2-115　风冷式机油散热器

风冷式机油散热器是利用风来冷却机油的方式。为提高机油的冷却效率，一般将机油散热器装在发动机冷却水箱前。如图 2-115 所示为风冷式机油散热器。

2.5.5 润滑系的维修

(1) 机油泵的检查

机油泵的检查方法：在机油泵进、出油口内灌满机油，然后用拇指堵住出油口，旋转泵轴应有机油压出且有明显压力，说明机油泵工作基本正常，然后还应将机油泵装回车上检验，在发动机温度正常，机油压力表和机油感应塞完好的前提下，机油表指示的压力应正常或机油压力警告灯无警告指示。如有条件，机油泵应在油泵试验台上进行试验。

(2) 机油散热器的检修

机油散热器的检查方法是：将机油散热器泡在水中，充入483kPa的压缩空气检查，如果没有气泡出现，说明机油散热器没有渗漏的地方，否则应修复或更换。

对于水冷式机油散热器，如果发动机在使用中发现冷却液内有大量机油，而机油内没有水的现象，一般就可以判断是机油散热器渗漏造成的，应及时修复或更换机油散热器。

(3) 机油滤清器的更换

① 将车辆停在平坦的场地，启动发动机，当水温达到80~90℃时，发动机熄火，在油底壳下放置一个容积的容器，拆下油底壳放油螺塞，趁热放尽油底壳内的旧机油。

② 用滤清器专用扳手拆下机油滤清器，用棉布清洁滤清器底座，将新滤清器内加满润滑油，并在密封圈表面上均匀地涂上少许润滑油，用手装上滤清器，待密封圈与滤清器座接合面接合后，再用滤清器专用扳手拧紧3/4圈。如图2-116所示。

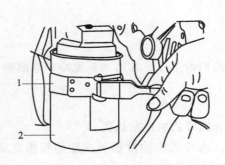

图2-116 机油滤清器的拆卸
1—滤清器专用扳手；2—机油滤清器

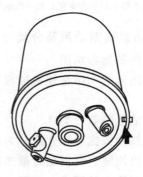

图2-117 离心式机油细滤器装配记号

③ 打开发动机加油口，加注符合规定的新机油至标准位置，启动发动机，检查有无漏油现象，怠速运转几分钟后熄火，然后再检查润滑油油面，直至符合要求。

(4) 离心式机油细滤器的修理

① 离心式机油细滤器的经验方法检查　启动发动机后怠速运转5min，待发动机水温升至75℃以上时，使发动机中大油门运转1min后立即熄火。若离心式机油细滤器工作正常，在发动机熄火后，由于油路中的余压和转子的惯性作用，转子应继续作高速旋转并发出清晰的"嗡嗡"声，此声音可持续50s以上。若小于15s或听不到转子旋转的声响，则说明离心式过滤器过脏或有故障了，应及时维护或检修。

② 离心式机油细滤器的保养　离心式机油细滤器使用一段时间后，在转子的内壁上会沉积许多油污，因此要求发动机每行驶8000km左右，应对离心式机油细滤器进行清洁保养。清洁保养后安装转子时，应注意转子体与罩上刻有动平衡记号，一定要对正装配记号，否则将破坏转子的动平衡，带来故障甚至损坏滤清器总成。如图2-117所示。

2.5.6 润滑油的分类及选用

(1) 润滑油分类

① SAE（美国汽车工程师学会）法 按黏度可将润滑油分为 0W、5W、10W、15W、20W、25W、20、30、40、50 等牌号的润滑油；牌号越高，黏度越大。

a. 单级机油：只能满足冬季或非冬季单一用油。

冬季油：按-18℃机油黏度分为 0W、5W、10W、15W、20W 和 25W。

非冬季油：按 100 ℃机油黏度分为 20、30、40、50 和 60。

b. 多级机油：既能满足低温时的黏度级要求，又能满足高温时黏度级要求的发动机油。如 SAE 15W/40 润滑油，其含义是：这是一种多黏度级发动机油，这种油在低温使用时符合 SAE 15W 黏度级；在 100℃时运动黏度符合 SAE 40 黏度级。

② API（美国石油学会）法 按质量性能可分为以下两种。

a. C 系列（柴油机用）：SA、SB、SC、SD、SE、SF、SG、SH 共 8 个等级。

b. s 系列（汽油机用）：CA、CB、CC、CD、CD-Ⅱ、CF 和 CF-4 共 7 个等级。

API 使用性能分类法是一种开端分类法，随着发动机和发动机油技术的发展，顺次增加新级别的油品。

③ 我国发动机润滑油的分类 我国发动机润滑油的分类，在黏度分类方面参照 SAE 分为 0W~60 共 11 个黏度等级；在使用性能方面，参照 API 使用性能分类法，将发动机油分为汽油机油和柴油机油两种。汽油机油系列用英文字母 S 或 G 表示，柴油机油用英文字母 C 表示。根据 GB 11121—2006 的规定，我国发动机润滑油的规格可分为以下三种。

a. 汽油机油的规格

汽油机油分为 SE 、SF 、SG、SH、GF-1、SJ、GF-2、SL 和 GF-3 等 9 个级别。

汽油机油产品标记为：质量等级＋黏度等级＋汽油机油。

如：SE 30 汽油机油、SF 10W/30 汽油机油。

b. 柴油机油的规格

柴油机油分为 CC 、DD、CF、CF-4、CH-4、CI-4 等 6 个级别。

柴油机油产品标记为：质量等级＋黏度等级＋柴油机油。

如：CD 10W/30 柴油机油、CF 15W/40 柴油机油。

c. 通用内燃机油的规格

通用内燃机油可根据汽油机油所属 9 个品种和柴油机油所属 6 个品种进行组合，但任何一个内燃机油都应同时满足其汽油机油的品种和柴油机油的品种的所有指标要求。

通用内燃机油产品标记为：

汽油机油/柴油机油质量等级＋黏度等级＋通用内燃机油或柴油机油/汽油机油质量等级＋黏度等级＋通用内燃机油。

如：SJ/CF-4 5W/30 通用内燃机油或 CF-4/SJ 5W/30 通用内燃机油。

(2) 车用发动机油的选用

发动机机油的选用应兼顾使用性能等级和黏度等级两方面。

① 主要根据发动机性能、结构、工作条件和燃料品质，如发动机压缩比、最大功率、最大扭矩及使用环境等；选择合适的发动机润滑油使用性能等级。

② 主要是根据气温、工况和发动机的技术状况，选择发动机机油的黏度等级。

发动机机油的黏度要保证发动机低温易于启动，而热车后又能维持足够黏度保证正常润滑。一般重载低速和高温下工作的发动机应选择黏度较大的机油，轻载高速的发动机应选择黏度较小的机油,而新发动机应选择黏度小一些的机油,磨损严重的发动机应选择黏度大一些的机油。发动机机油黏度等级选择可参考表2-4。

表2-4 SAE黏度级号适用的气温

SAE黏度级号	5W/30	10W/30	15W/30	15W/40	20/20W	30	40
适用气温/℃	−30～30	−25～30	−20～30	−20～40以上	−15～20	−10～30	−5～40以上

③ 不同牌号的机油不要混用。

(3) 车用发动机油的选用示例

① 柴油机油或汽油机油

如:CF4 15W/40 柴油机油,表示该机油配方满足CF4柴油机油的要求,同时适应当地气温变化范围在−20～40℃之间。

SF 10W/30 柴油机油,表示该机油配方满足SF汽油机油的要求,同时适应当地气温变化范围在−25～30℃之间。

② 通用内燃机油

如:SJ/CF-4 5W/30 通用内燃机油,表示其配方首先满足SJ汽油机油的要求,然后满足CF-4柴油机油的要求,但同时符合SJ汽油机油和CF-4柴油机油的全部质量指标。

如:CF-4/SJ 5W/30 通用内燃机油,表示其配方首先满足CF-4柴油机油的要求,然后满足SJ汽油机油的要求,但同时符合SJ汽油机油和CF-4柴油机油的全部质量指标。

2.6 冷却系的结构与维修

冷却系的功用是使发动机保持在最适宜的温度范围内工作。冷却系统既要防止发动机过热,也要防止发动机过冷,在温度较低的情况下,启动发动机后,冷却系还应保证发动机温度迅速升高到正常的工作温度。

冷却系统主要由水泵、散热器、节温器、水温表、水温传感器、风扇及硅油风扇离合器等组成。

2.6.1 水泵的结构与分类

(1) 水泵的功用

水泵的主要作用是将冷却液产生一定的压力,强制压入发动机各冷却部位,以保证发动机工作过程中冷却液不断循环。

(2) 离心式水泵的结构

离心式水泵主要由带轮、轴承、水封、水泵壳、叶轮、密封圈等部分组成。叶轮上的叶片一般是径向或向后弯曲的,其数目一般为6～8个。当叶轮旋转时,水泵中的冷却液被叶轮带动一起旋转,在离心力作用下,向叶轮的边缘甩出,然后经外壳上与叶轮成切线方向的出水管被压送到发动机水套内。与此同时,叶轮中心处压力降低,散热器的冷却液便经进水管被吸进叶轮中心处。如此连续的作用,使冷却液在水套中不断循环。现代汽车发动机广泛采用机械离心式水泵,该水泵具有尺寸小、出水量大、结构简单等优点,其结构如图2-118所示。

(3) 半开结构离心式水泵的结构

半开结构离心式水泵主要由壳体、带轮、滚针轴承、水封、叶轮和矩形密封圈等组成。水泵叶轮采用钢板冲压成形,它的最大特点是将涡壳与缸体铸成一体。EQB系列发动机采用半开结构的离心式水泵,半开结构离心式水泵的结构如图2-119所示。

第 2 章 发动机的结构与维修

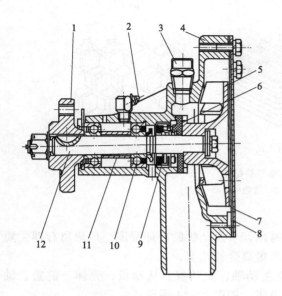

图 2-118 离心式水泵
1—凸缘盘（供安装皮带轮和风扇用）；2—滑脂嘴；
3—管接头（供冷却水小循环用）；4—水泵壳；5—叶轮；
6—胶木密封垫圈；7—衬垫弹簧；8—泵盖；9—水封；
10—球轴承；11—隔套；12—水泵轴

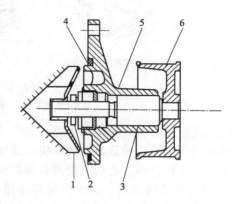

图 2-119 半开结构离心式水泵结构
1—叶轮；2—水封；3—滚针轴承；4—矩形密封圈；
5—壳体；6—带轮

2.6.2 散热器的结构与分类

（1）散热器的结构与功用

散热器的功用是将冷却水所带的热量散入大气，以保证发动机的正常工作温度。

散热器主要由上储水箱、下储水箱、冷却管和散热片组成。上储水箱顶部有加水口并用散热器盖盖住，冷却水即由此注入整个冷却系；冷却管是焊在上、下储水管之间的直管，作为冷却水的通道；在冷却管外面横向套装了许多金属薄片（散热片），用来增大散热面积，同时增加整个散热器的刚度和强度；在上下储水箱分别装有进水管和出水管，进水管和出水管用橡胶管分别与发动机盖上的出水口及水泵的进水口相连接，在出水管上有放水开关。散热器的结构如图 2-120 所示。

（2）散热器分类

散热器的结构形式有多种，按散热器芯管结构可分为叠层式、蜂窝式、管片式和管带式 4 种。由于制造工艺简单、成本低、结构刚度和强度高，管片式散热器被现代汽车广泛采用。其结构如图 2-121 所示。

2.6.3 风扇及风扇离合器的结构与分类

（1）风扇的结构与功用

风扇的作用是促进散热器的通风，提高散热器的热交换能力。

风扇由叶片和连接板两部分组成。根据叶片端面的形状分圆弧形和翼形两种，圆弧形一般由薄钢板冲压而成，翼形一般由塑料和铝合金制成。风扇的结构如图 2-122 所示。

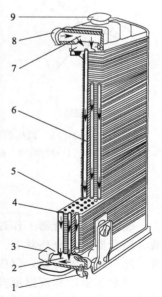

图 2-120 散热器
1—放水开关；2—下水室；
3—出水口；4—散热片；
5—冷却管；6—散热器芯；
7—上水室；8—进水口；
9—水箱盖

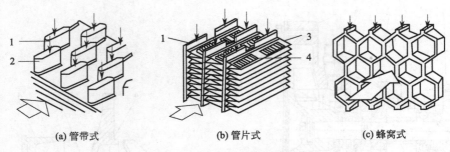

(a) 管带式　　(b) 管片式　　(c) 蜂窝式

图 2-121　散热器芯的结构
1—散热管；2—散热片；3—散热带；4—鳍片

(2) 风扇离合器的结构与分类

风扇离合器的功用是根据发动机的温度，适时地调节发动机的冷却强度。风扇离合器主要分为硅油风扇离合器、电动风扇离合器和机械式风扇离合器几类。

① 硅油风扇离合器　硅油风扇离合器主要由主动轴、主动板、从动板、壳体、前盖、轴承、密封毛毡圈、阀片、螺旋状双金属感温器等组成，如图 2-123 所示。

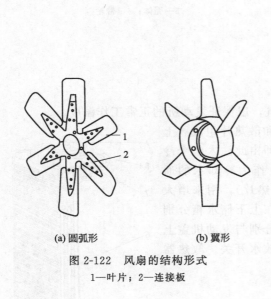

(a) 圆弧形　　(b) 翼形

图 2-122　风扇的结构形式
1—叶片；2—连接板

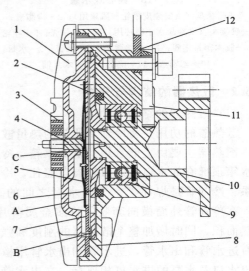

图 2-123　硅油风扇离合器
1—前盖；2—密封毛毡圈；3—双金属感温器；4—阀片轴；
5—阀片；6—主动板；7—从动板；8—壳体；9—轴承；
10—主动轴；11—锁止板；12—风扇；
A—进油孔；B—回油孔；C—漏油孔

硅油风扇离合器工作过程：当发动机冷却液温度不高时，进油孔被阀片关闭，工作腔内无油，离合器处于分离状态。这时主动轴与水泵轴一起转动，风扇随离合器壳体在主动轴上空转。此时风扇的转动，仅仅由于密封毛毡圈和轴承的微弱的摩擦而引起，转速很低。

当发动机冷却液温度升高时，通过散热器和风扇离合器的气流温度随之升高，双金属感温器受热变形，带动阀片轴和阀片转动一定角度打开进油孔，硅油从储油腔进入主动板与从动板、壳体之间的工作腔。由于硅油的黏度很大，主动板利用硅油的黏性即可带动壳体和风扇转动。此时风扇离合器处于接合状态，风扇转速迅速升高。

当发动机冷却液温度降低时，吹向感温器的气流温度较低，阀片将进油孔关闭，工作腔内油液继续从回油孔甩入储油腔，直至甩空为止，致使风扇离合器又回到分离状态。

当硅油风扇离合器失灵时，可将锁止板插入主动轴的孔中，再拧紧内六角螺钉，使风扇离合器的壳体、风扇与主动轴连成一个整体即可。

② 电动风扇离合器　电动风扇离合器主要由滑环、线圈、电磁壳体、摩擦片、弹簧、导向销、衔铁环、电刷、接线柱等组成，其具体结构如图 2-124 所示。

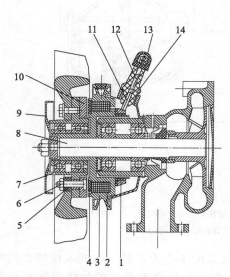

图 2-124　电动风扇离合器
1—滑环；2—线圈；3—电磁壳体；4—摩擦片；
5—弹簧；6—导向销；7—风扇毂；8—水泵轴；
9—风扇；10—衔铁环；11—电刷；
12—弹簧；13—接线柱；14—引线壳体

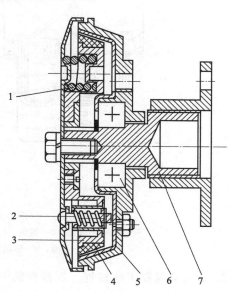

图 2-125　机械风扇离合器
1—主动轴；2—轴承；3—从动件；
4—摩擦片；5—主动件；
6—复位弹簧；7—形状记忆合金弹簧

电动风扇离合器工作过程：发动机工作时，如果冷却液温度低于 92℃时，水温感应塞的开关断路，线圈不接通电源，离合器处于分离状态，水泵轴随发动机转动但风扇不工作；当冷却液温度超过 92℃时，水温感应塞的开关电路自动接通，线圈接通电源，电磁壳体内的线圈产生吸力，吸引衔铁环压紧摩擦片，离合器开始工作，风扇随水泵轴开始转动。

③ 机械式风扇离合器　机械式风扇离合器主要由主动件、从动件、摩擦片、复位弹簧、记忆合金弹簧等组成，其具体结构如图 2-125 所示。

机械式风扇离合器工作过程与电动风扇离合器工作过程相似，发动机工作时，当风扇的温度低于（50±3）℃时，形状记忆合金的螺旋弹簧保持原来的形状，离合器处于分离状态，风扇不工作；当温度超过（50±3）℃时，形状记忆合金的螺旋弹簧开始伸长，使主、从动件通过摩擦片慢慢结合，离合器开始工作，风扇开始转动。

2.6.4　节温器的结构与分类

(1) 节温器的功用

节温器的功用是根据发动机冷却液温度的高低，自动打开或关闭冷却液流向散热器的通道，使发动机保持在最佳的工作温度范围内。

节温器可分为蜡式和折叠式两种，根据阀门的多少又可分为单阀型和双阀型。目前广泛应用的为双阀型蜡式节温器。

(2) 蜡式节温器

① 蜡式节温器结构　蜡式节温器主要由下支架、阀座、上支架、反推杆、主阀门、橡胶套、石蜡、感温器外壳、副阀门等组成，其具体结构如图 2-126(a) 所示。

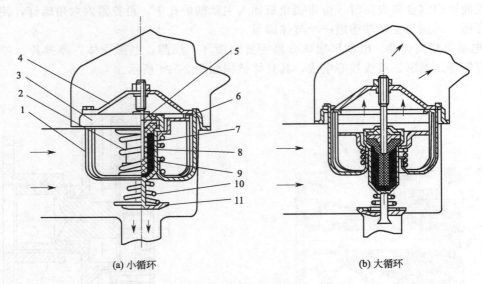

(a) 小循环　　　　　　　　　　(b) 大循环

图 2-126　蜡式节温器

1—下支架；2—弹簧；3—阀座；4—上支架；5—反推杆；6—主阀门；7—橡胶套；
8—石蜡；9—感温器外壳；10—弹簧；11—副阀门

② 蜡式节温器工作过程　反推杆的一端固定于支架的中心处，另一端插入橡胶套的中心孔中。橡胶套与节温器外壳之间形成的腔体内装有精制石蜡。常温时，石蜡呈固态，弹簧将主阀门推向上方，使之压在阀座上，主阀门关闭；而副阀门随着主阀门上移，离开阀座，小循环通路打开，如图 2-126(a) 所示。来自发动机缸盖出水口的冷却水，经水泵又流回气缸体水套中，进行小循环。当发动机水温升高时，石蜡逐渐变成液态，其体积膨胀，迫使胶管收缩，而对反推杆锥状端头产生上举力。固定不动的反推杆对胶管、节温器外壳产生向下的反推力。当发动机水温为 76℃ 时，反推杆对节温器外壳的反推力可以克服弹簧预压力，主阀门开始打开。水温超过 86℃ 时，主阀门全开，而副阀门正好完全关闭了小循环通路，这时来自气缸盖出水口的冷却水沿出水管全部进入散热器冷却，此为大循环，如图 2-126（b）所示。

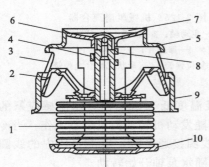

图 2-127　折叠式节温器

1—折叠式圆筒；2—侧阀门；3—旁通孔；
4—杆；5—阀座；6—上阀门；
7—通气孔；8—导向支架；
9—外壳；10—支架

(3) 折叠式节温器

折叠式节温器由折叠式圆筒、侧阀门、旁通孔、杆、阀座、上阀门、通气孔、导向支架、外壳、支架等组成，其具体结构如图 2-127 所示。

折叠式节温器工作过程：当冷却水温度低于 70℃ 时，折叠式圆筒内的蒸气压力很低，使圆筒收缩至最小高度，上阀门关闭，同时侧阀门打开，水套内的水由旁通孔流经旁通管、水泵，又回到发动机水套，形成小循环，如图 2-128 所示。

当冷却水温度高于 80℃ 时，节温器的上阀门完全开启，而侧阀门将旁通孔完全关闭，冷却水应全部流经散热器，形成大循环，如图 2-129 所示。

2.6.5　冷却系的维修

(1) 水泵的经验检查方法

① 先检查壳体有无破裂，如裂纹在不直接承受支承力或受力较小的位置，可使用"乐泰"

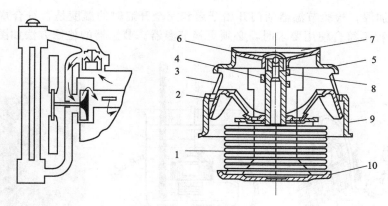

图 2-128 小循环工作过程
1—折叠式圆筒；2—侧阀门；3—旁通孔；4—杆；5—阀座；6—上阀门；
7—通气孔；8—导向支架；9—外壳；10—支架

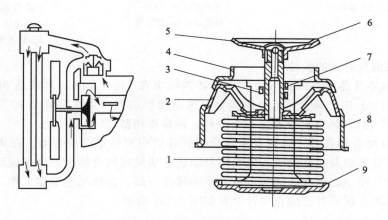

图 2-129 大循环工作过程
1—折叠式圆筒；2—侧阀门；3—杆；4—阀座；5—上阀门；
6—通气孔；7—导向支架；8—外壳；9—支架

胶粘接；然后用手转动水泵轴，要求带轮摆差不得超过 1.00mm，泵轴无卡滞、叶轮与泵壳无碰擦现象，否则应予以修复或更换。

② 还可以将水泵装到发动机上以后，通过发动发动机的方法进行。具体检查方法是：用手紧握缸盖连接散热器的出水橡胶管，由急速加大油门到高速，如感到流水量加大，是正常现象；如没有什么感觉，则说明水泵压力不足，应拆下重新进行检修。

(2) 散热器的检修

如果散热器漏水不严重时，可用堵漏剂进行修补；若破漏面积较大时，可用铜皮挂锡后，对破漏处实施锡焊修补；若内层水管破漏，可将外层散热器片剪掉，用尖嘴烙铁直接焊修；若管子破损较严重又无条件将管子接通时，允许把其水管焊死继续使用，若无法修复时，应更换新品。

散热器经过焊修后，必须进行密封性试验。将散热器的进、出水口堵住，加满水后，用特制的盖密封，然后用打气筒向散热器内打气，使散热器的压力增高，若有漏水处，则为不密封，应重新焊修。密封性试验方法如图 2-130 所示。

(3) 节温器的检修

蜡式节温器的检查方法是：先清除节温器上的水垢，然后把节温器和温度计悬放入盛热水的器皿中，逐渐加温，检验节温器活门开始开启和完全开启时的温度是否符合规定。节温器损坏时，当活门升程不符合使用要求时，必须更换节温器。节温器的检修方法如图 2-131 所示。

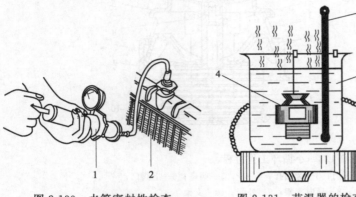

图 2-130　水箱密封性检查
1—打气筒；2—水箱

图 2-131　节温器的检查
1—加热炉；2—烧杯；3—温度计；4—节温器

图 2-132　硅油风扇离合器的锁止
1—主动轴；2—锁销；3—硅油风扇离合器

（4）硅油风扇离合器的检修

① 硅油风扇离合器动态试验　使发动机转速稳定在 2400r/min，水温达 88℃以上（双金属片感知温度 65℃）时，离合器应开始接合，风扇噪声加强；当水温降至 77℃以下时（双金属片感知温度 45℃），风扇离合器应开始分离，风扇噪声减弱。

② 硅油风扇离合器修理　硅油风扇离合器损坏后应更换新的离合器。在离合器漏油等失效的情况下，并且不能及时更换时，应利用发动机硅油风扇离合器上的应急设计。将锁销（或螺钉）向里拧紧，使主动轴和硅油风扇离合器连接在一起，保证风扇继续工作，待有条件时更换新的硅油风扇离合器即可。应急设计装置如图 2-132 所示。

2.6.6　冷却液的分类及选用

（1）冷却液的分类

冷却液由水、防冻剂、添加剂三部分组成，按防冻剂成分不同可分为酒精型、甘油型、乙二醇型等类型的冷却液。

① 酒精型冷却液　酒精型冷却液是用乙醇（俗称酒精）作防冻剂，价格便宜，流动性好，配制工艺简单，但沸点较低、易蒸发损失、冰点易升高、易燃等，现已逐渐被淘汰。

② 甘油型冷却液　甘油型冷却液是用甘油作防冻剂，沸点高、挥发性小、不易着火、无毒、腐蚀性小，但降低冰点效果不佳、成本高、价格昂贵，用户难以接受，只有少数北欧国家仍在使用。

③ 乙二醇型冷却液　乙二醇型冷却液是用乙二醇作防冻剂，并添加少量抗泡沫、防腐蚀等综合添加剂配制而成。由于乙二醇易溶于水，可以任意配成各种冰点的冷却液，其最低冰点可达 −68℃，这种冷却液具有沸点高、泡沫倾向低、黏温性能好、防腐和防垢等特点，是一种较为理想的冷却液。乙二醇型冷却液根据石化行业标准 SH 0521—1992 规定，按其冰点不同分为 −25#、−30#、−35#、−40#、−45#、−50# 六个牌号。

（2）冷却液的选用

① 应根据当地冬季最低气温选用适当冰点牌号的冷却液，一般冷却液冰点应至少低于最低气温 5℃，以免失去防冻作用。如当地冬季最低气温是 −25℃，应选择 −30# 以下的冷却液。

② 要针对各种发动机具体结构特点选用冷却液种类，强化系数高的发动机，应选用高沸点冷却液；缸体或散热器用铝合金制造的发动机，应选用含有硅酸盐类添加剂的冷却液。

(3) 冷却液使用注意事项

① 选用浓缩冷却液时，应按说明书规定的比例加入蒸馏水或去离子水，配制出具有与使用条件相对应冰点的冷却液，配制时不得使用自来水等非清洁水。

② 冷却液的膨胀率一般比水大，若无膨胀水箱，冷却液只能加到冷却系容积的95%，以免冷却液溢出。

③ 如果发动机冷却系原先使用的是水或换用另一种冷却液，在加入新的一种冷却液之前，务必要将冷却系统冲洗干净。若因冷却系渗漏引起散热器液面降低时，应及时补充同一品牌冷却液。

④ 不同型号的冷却液不能混装混用，以免起化学反应，破坏各自的综合防腐能力，用剩后的冷却液应在容器上注明名称，以免混淆。

2.7 发动机常见故障诊断与排除

发动机故障诊断的主要思路是根据发动机的工作情况，结合连接关系，从简单到复杂、由表象到原理，对发动机故障进行判断。

2.7.1 发动机启动困难故障诊断与排除

(1) 故障现象

将点火开关置于启动挡，发动机能达到启动转速，但发动机无发动征兆。

(2) 故障原因

① 油箱内油量不足。

② 油路堵塞。

③ 燃油泵内部部分机件损坏引起内漏。

④ 油管破裂或接头松动。

⑤ 喷油泵断油手柄处于断油位置。

⑥ 喷油泵内部故障。

⑦ 喷油器针阀有积炭或烧结而不能开启。

(3) 故障判断与排除方法

① 低压油路故障判断与排除方法　接通启动电路，发动机无启动征兆，当把喷油泵低压油路放气螺塞松开，如果流出来的柴油内有气泡，为低压油路故障。

a. 检查油箱内燃油量是否足够。

b. 检查油管及接头有无松动、破裂漏油。

c. 检查输油泵是否损坏。

d. 检查燃油细滤器及其进油管接头滤网、燃油细滤器中的滤网、高压油泵进油口滤网是否堵塞。

e. 手油泵反复泵油时，感到输油泵出油口没有压力或压力很小，输油泵进油口无吸力，说明输油泵发生内漏。

② 高压油路故障判断与排除方法　接通启动电路，发动机无启动征兆，当把喷油泵低压油路放气螺塞松开，流出来的柴油内没有气泡，则为高压油路故障。

a. 检查断油手柄位置，若处于断油位置则放到供油位置。

b. 检查高压油管，若破裂或其接头松动，则更换或拧紧。

c. 排除高压油管中空气。拧松第一缸高压油管固定于喷油器端的连接螺母，启动发动机，使空气溢出，依次对其余各缸操作，排除高压油管内空气。

d. 若启动发动机，高压油管中根本没有油，说明喷油泵有故障，拆卸喷油泵检修。

e. 若高压油管中来油顺畅，则说明喷油器有故障，对喷油器检修。

2.7.2 发动机功率不足故障诊断与排除

（1）故障现象

发动机达不到应有的转速，车速降低、行驶无力、加速不灵，有时排气管排烟量增大、转速不稳，容易熄火，水温过高。

（2）故障原因

① 油路不畅、燃油滤清器堵塞、油路中有空气或燃油中有水。

② 空气滤清器堵塞。

③ 输油泵供油不足。

④ 供油时间不当。

⑤ 喷油泵供油量不足和调速器有故障。

⑥ 油门拉杆调整不当。

⑦ 发动机温度过高。

（3）故障判断与排除方法

① 汽车在行驶中感到无力，但排气管排烟正常，加速不良。当水温表显示温度过高时，应停车检查。

② 当发动机空转加速时有所改善，则多为低压油路不畅，应先按"发动机不能启动"中所述的低压油路故障进行判断、检查和排除。

③ 在检查低压油路时，先将输油泵出油口接头松开，用手堵住出油口，然后用手油泵泵油，如感觉出油口压力不足，则说明输油泵损坏，修理或更换输油泵即可。

④ 若发动机运转不平稳、加速不灵、排气管除烟色为灰白或灰黑色，而发动机冷却系统各部工作正常，但温度高，则多为供油过迟。若发动机高速运转时，稍有颤抖现象但无敲击声，排气管有少量黑烟排出，则多为供油时间过早。

⑤ 当发动机怠速运转时，排气管排烟正常，中速以上运转时排气管有黑烟排出，急加速时转速不易提高，空气滤清器颤抖或进气胶管凹陷，当拆开空气滤清器接进气管接口时，发动机工作正常，则为空气滤清器堵塞，应更换滤芯。

⑥ 汽车在行驶中，发动机无力且不能达到应有的转速，但排烟正常，运转平稳无异常响声，当油门踏到底、喷油泵操纵臂不能与高速限位螺钉接触，则为油门拉杆、操纵臂和轴调整不当或螺钉松动。

⑦ 当油门踏板不能踏到底时，可检查油门踏板到喷油泵调整臂之间的传动机构是否有发卡现象。此时可拆开喷油泵调速臂与油门拉杆接头，用手操纵调速臂，看是否能与高速限位螺钉接触正常，若正常，则为油门操纵机构或拉杆发卡；若不正常，则为调速器或供油齿条发卡，应进行排除。

2.7.3 排气管排黑烟故障诊断与排除

（1）故障现象

发动机行驶无力，转速不均匀冒黑烟，当加大供油量时，出现敲击声。

（2）故障原因

① 柴油机超负荷运行，供油量过多。

② 柴油质量太差，以致燃烧不完全。

③ 进气系统堵塞，气缸进气量不足。
④ 增压器故障，供气压力不够。
⑤ 喷油器雾化质量差有滴油现象。
⑥ 气门间隙调整不当或喷油正时失准。
（3）故障判断与排除方法
排气管冒黑烟，主要是供油量过多，在缺氧情况下，燃烧不完全，一部分碳元素成悬浮游离状，随废气一起排出，形成黑烟。
① 柴油质量太差，应更换合适的燃油。
② 进气系统堵塞，应清洁或更换空气滤清器。
③ 增压器出现故障，应进行检修。
④ 气门间隙调整不当，应按规定大小进行调整。
⑤ 柴油机喷油正时不对，应按规定角度重新调整。
⑥ 检查、调试喷油泵。

2.7.4 排气管排白烟故障诊断与排除

（1）故障现象
发动机无力，运转不均匀并排出大量白烟。
（2）故障原因
① 柴油中有水或水套中的水进入气缸，变为水蒸气从排气管排出，好似白烟。
② 冬季或下雨天时汽车停在室外，在初启动时，排气管冒出白烟，发动机走热后白烟消失。
③ 气缸垫损坏或气缸盖和气缸体水道相通。
④ 供油时刻过晚，喷油压力过低，柴油雾化不良，使柴油不能充分燃烧呈蒸气排出。
（3）故障判断与排除方法
① 首先检查柴油中是否有水，从油水分离器处放水，如流出含有水珠的柴油，说明油中有水。继续用手油泵泵油，直至油水分离器处流出纯柴油为止。
② 如有水漏入气缸，或油底壳机油油面升高，机油中有水，或水箱上部有气泡冒出，说明冷却水进入气缸。应检查气缸盖螺栓拧紧力矩，如果不符合规定应按标准力矩拧紧。然后拆下缸盖，检查气缸垫是否有损坏，如果气缸垫损坏应更换。检查气缸盖，如果发现变形应更换。检查气缸套突缘密封垫，如果密封不良应更换衬垫。如果上述检查无故障，应拆散发动机，对气缸体进行水压试验。如气缸壁上出现水迹，即为漏水，应修复或更换气缸体。
③ 喷油压力不足的检查调整。检查喷油器应在专用的试验台上进行，具体要求是以每分钟 30 次的速度泵油，喷油压力为 24.5～25.3MPa 时，喷雾要均匀，断油要彻底，燃油喷射时响声应清脆。若不符合标准，应按规定标准进行调整。调整喷油压力时，增加喷油器调整垫片厚度时喷油压力提高，减薄调整垫片厚度时喷油压力降低。

2.7.5 排气管排蓝烟故障诊断与排除

（1）故障现象
发动机启动初期排蓝烟，待温度升高后，排碳灰烟，发动机无力。
（2）故障原因
柴油机排气管冒蓝烟，是润滑油进入燃烧室参与燃烧，而燃烧不完全呈蓝烟由排气管排出。润滑油进燃烧室主要原因如下。
① 油底壳机油过多或油道内油压过高。

② 活塞与气缸壁之间间隙过大。
③ 活塞环损坏或装反。
④ 气门杆与导管磨损，间隙过大。
(3) 故障判断与排除
① 首先检查发动机油底壳中的机油量、质量和温度。如果机油油面过高，应放出多余机油。如果机油温度过高，质量变坏，则可判定为气缸衬垫烧毁，应更换气缸衬垫。
② 拆检喷油器，如果积碳严重时，应进一步拆检发动机。主要检查项目是：活塞环是否有断裂、弹力失效、开口重叠，有无拉缸现象，曲轴轴承和连杆轴承间隙是否过大，气门杆与导管间隙是否过大，应视情况修复或更换不合格零件。

2.7.6 发动机怠速不稳故障诊断与排除

(1) 故障现象
怠速转速高于标准，且时高时低，有时会熄火，伴随发动机抖动，高速时现象减轻。
(2) 故障原因
① 怠速供油量不均匀。
② 低压油路有空气，转速高时，空气被强行压出，故障现象不明显。
③ 喷油泵故障。
④ 转速低时，喷油雾化不良、滴油。
(3) 故障判断与排除方法
① 首先在发动机运转时用输油泵泵油，如发动机怠速稳定现象好转，则是低压油路有空气所致，排除低压油路中的空气即可。
② 用喷油器试验器台检查喷油器雾化质量及喷油压力。
③ 检查调试喷油泵。

2.7.7 发动机"飞车"故障诊断与排除

(1) 故障现象
松开加速踏板后，发动机转速下降很慢，甚至不下降或增加。尤其是在全负荷或超负荷运转时，突然减小发动机负荷时，转速自动升高，超过额定转速而失去控制。
(2) 故障原因
① 操纵臂连接装置安装不当。
② 喷油泵故障。
③ 供油量超标太多。
(3) 故障判断与排除方法
① 检查操纵臂连接装置安装是否正确，是否有发卡等现象，如果有应及时排除。
② 上试验台检查供油量调整是否正确，如不正确应重新调试。
③ 如不是以上原因，应检查预热装置、废气涡轮增压器以及气门油封有无漏油现象。
(4) 出现故障采取的紧急措施
一般开车前，应将发动机热车后，空载加速至高速，然后迅速松开加速踏板，查看发动机转速能否迅速下降，若下降较慢，则是"飞车"的前兆。一旦出现"飞车"故障，应立即采取以下措施使发动机熄火。
① 迅速将点火开关关闭，使其断油熄火。
② 若汽车在运行中，应及时挂入高速挡，踩下制动踏板，缓抬离合器，使发动机熄火。
③ 如以上方法均不能使发动机熄火，应迅速松开各缸高压油管或低压油路的油管接头，停止向发动机供给燃油。

2.7.8 机油压力过低故障诊断与排除

（1）故障现象

① 发动机启动后，机油压力很快降低至零左右，机油报警灯闪亮。

② 发动机在正常温度和转速下，机油压力表读数始终低于规定值。

（2）故障原因

① 机油量没有达到规定容量。

② 机油黏度太低。

③ 限压阀弹簧过软或调整不当。

④ 机油滤清器旁通阀弹簧折断，或弹簧过软。

⑤ 机油泵齿轮磨损，使供油压力过低。

⑥ 机油滤清器堵塞。

⑦ 曲轴主轴瓦、连杆轴瓦或凸轮轴轴承间隙过大。

⑧ 机油压力表或传感器失效。

⑨ 柴油进入下曲轴箱中。

⑩ 气缸体水套出现破裂，使冷却水漏入油底壳而稀释机油。

⑪ 润滑系内、外管路或管接头泄漏。

（3）故障诊断与排除

① 观察机油压力表或报警指示灯，发现机油压力过低或为零时，应立即停车熄火，否则会很快发生烧瓦抱轴等机械事故。先拔出机油尺，检查油底壳内机油量及机油品质，若油量不足，应及时添加；若机油黏度过小，应更换合适牌号的机油。

② 如果机油中含水或燃油，应通过进一步拆检，查出渗漏部位，排除故障。机油内有水，一般是由于缸体、缸盖出现裂纹漏入，对于湿式缸套，缸套与缸体间的密封圈损坏也会使水进入油底壳；或者是气缸垫烧蚀后水首先进入气缸，然后通过活塞环的端隙进入油底壳。对于柴油机，喷油器卡死后雾化不良或不雾化、输油泵漏油、高压油泵密封不严等会导致机油进入油底壳。

③ 若机油品正常，再检查机油压力传感器的导线是否松脱。若连接良好，在发动机运转时，拧松机油压力传感器或主油道螺塞，若机油从连接螺纹孔处喷出有力，则为机油压力表或其传感器故障。

④ 若机油喷出无力，则应立即熄火，检查集滤器、机油泵、限压阀是否堵塞且旁通阀无法打开，各进出油管、油道及油堵是否漏油。

若以上检查均正常，则应检查曲轴轴承、连杆轴瓦或凸轮轴轴承的间隙是否过大，间隙过大会直接影响机油压力。

2.7.9 机油消耗异常故障诊断与排除

（1）故障现象

① 机油消耗量明显增加。

② 排气管冒蓝烟。

（2）故障原因

① 活塞与缸壁间隙过大。

② 扭曲活塞环方向装反。

③ 活塞环卡死在环槽内，或其开口转到一起。

④ 活塞环磨损严重，或其弹力不足。

⑤ 活塞环端隙、侧隙或背隙过大。

⑥ 气门杆油封损坏（尤其是进气门杆油封）。
⑦ 进气门导管磨损严重。
⑧ 曲轴箱通风不良。
⑨ 正时齿轮室密封不良。
⑩ 曲轴后油封密封不良。
⑪ 油底壳或气门室盖漏油。
⑫ 润滑系各零部件向外渗漏。

(3) 故障诊断与排除

① 首先检查外部是否有漏油，应特别注意曲轴前端和后端、凸轮轴后端油堵是否漏油。

② 若发动机气缸盖罩、气门室盖、油底壳衬垫和发动机前、后油封等多处有机油渗漏，应检查曲轴箱通风装置。清理曲轴箱管道，若通风受阻，就会引起曲轴箱内压力升高，出现机油渗漏现象。

③ 若排气管明显冒蓝烟，则为烧机油造成的。当发动机大负荷、高速运转时，排气管大量冒蓝烟，同时机油加注口也向外冒蓝烟，则为活塞、活塞环与气缸壁磨损严重。活塞环的端隙、侧隙或背隙过大；多个活塞环端隙口转到一起，扭曲环装反等因素，都会使机油蹿入燃烧室被烧掉。

④ 若发动机大负荷运转时，排气管冒蓝烟，但机油加注口无烟，则为气门杆油封损坏、气门导管磨损严重，使机油被吸入燃烧室。

2.7.10 机油油面增高故障诊断与排除

(1) 故障现象

发动机使用一段时间后，机油量不减反增。

(2) 故障原因

由于冷却液、燃油或液压油等进入机油所致。

(3) 故障诊断与排除

首先取出一点机油观察颜色变化，若有水渗入，机油应呈乳白色，从油底壳放油时也能看得出来，在磁性螺塞上应有水滴（在油与水还未充分混合时）。此时应检查：

① 水堵是否松脱或损坏而漏水；如松脱或损坏应更换水堵。

② 气缸垫是否损坏或缸盖是否裂纹，水将沿着气缸垫开口或裂纹进入气门推杆孔而流到油底壳内；如果是气缸垫损坏应更换；如果是气缸盖裂纹应修复或更换。

③ 气缸体上是否有砂眼，特别是在气缸体上的水室部位，该部位有主油道，与主轴瓦孔有斜油道相通，水将沿着砂眼等铸造缺陷位置漏入油底壳内，如气缸体上有裂纹、砂眼等铸造缺陷应更换气缸体。

④ 机油冷却器是否破裂或开焊；如破裂或开焊应更换机油冷却器。

其次是闻其味，是否有柴油气味；查看液压油是否少了许多，及外部液压系统有无渗漏之处。应根据具体情况予以排出。

① 如某缸喷油器损坏、针阀卡死、裂纹等，造成柴油成柱状喷入气缸，不能雾化，流入油底壳，使油面上升，应更换喷油器或针阀偶件。

② 高压油泵内部泄漏柴油。由于凸轮轴密封圈损坏，导致燃油渗入齿轮室内，进入油底壳而使油面上升，应更换凸轮轴密封圈。

③ 如果是输油泵活塞密封圈损坏，导致柴油漏入泵体内，而顺发动机缸体泄入油底壳，引起机油面上升，应更换输油泵活塞密封圈。

④ 如果是液压转向油泵轴上的油封损坏，液压油漏入齿轮室而进入油底壳，使油面上升，

应更换液压转向油泵轴上的油封。

2.7.11 发动机过热故障诊断与排除

（1）故障现象

发动机在行驶中冷却液温度超过 90℃ 直至沸腾（俗称"开锅"）。

（2）故障原因

① 冷却液不足。

② 散热器、水泵及冷却系统其他部位漏水。

③ 水管、冷却水套或散热器堵塞。

④ 散热器盖的真空阀、空气阀失效。

⑤ 节温器、风扇离合器损坏，风扇不转或转速过低。

⑥ 气缸垫烧穿或缸盖出现裂缝，使高温气体进入冷却系统。

⑦ 喷油时间过迟。

⑧ 燃烧室积炭过多。

⑨ 发动机机油量不足，或机油散热器工作不良。

⑩ 汽车使用条件的影响（如道路、气候、风向和负荷等）。

（3）故障诊断与排除方法

① 检查冷却液是否充足。

② 检查冷却系统外部是否漏水，如散热器、水管连接处等。

③ 检查风扇的转动情况及风扇皮带是否打滑。如风扇皮带打滑或风扇离合器损坏应更换新件。

④ 若风扇转动正常，再用手分别感觉散热器和发动机的温度。若散热器温度低，而发动机温度高，说明冷却液循环不良。应检查散热器出水胶管是否被吸瘪或胶管内壁有脱层堵塞，如果胶管被吸瘪，应更换新管。

⑤ 如散热器出水良好，再拆散热器进水管，启动发动机试验，冷却液应有力排出。否则，说明水泵或节温器有故障。若拆下节温器后，散热器的进水管变得排水有力，故障就在节温器，应换新件。若散热器的进水管仍不排水，则说明水泵有故障。

⑥ 检查散热器各部温度是否均匀。如果冷热不均，说明散热器内部芯管有堵塞或散热片倾倒过多。

⑦ 若发动机运转时，动力明显下降，并从水箱的加水口处涌出高温气体或排气管排出大量的水蒸气，或拔出机油尺发现机油中有水，则为气缸垫水道孔破损或水套破裂，致使冷却水漏入曲轴箱、气缸内或进、排气道内，此时应分解发动机进行检查。

⑧ 若发动机及冷却液温度正常，冷却液位也正常，而水温表指示水温过高，或水温过高报警灯点亮，则为水温表、报警灯电路或元件故障。

⑨ 此外，还应检查是否由其他系统的原因引起过热。

2.7.12 发动机突然过热故障诊断与排除

（1）故障现象

冷车启动后，发动机水温迅速升高而产生沸腾现象；汽车行驶中发动机突然过热。

（2）故障原因

① 风扇皮带断裂。

② 水泵轴与叶轮松脱。

③ 冷却系严重漏水。

④ 节温器主阀门脱落致使冷却液不能进行大循环。

⑤ 气缸垫烧蚀后与水套相通，或缸盖出现裂缝，高温气体进入冷却系。

(3) 故障诊断与排除

若汽车在行驶中发动机突然过热，且冷却液沸腾后，一定不要使发动机立即熄火，应急速运转散热 5min，待冷却液温度下降后，再补加冷却液。

① 首先检查冷却液数量是否充足，再检查风扇是否转动。若风扇停转，应查看风扇皮带是否断裂；硅油风扇离合器是否损坏。

② 若风扇运转正常，冷却液数量足够，可用手感觉散热器和发动机的温度，如发动机温度很高，而散热器温度很低，说明水泵损坏或节温器失灵。

③ 若冷态发动机启动后，水箱口立即向外溢水并排出大量气泡，呈现冷却液沸腾状态，多为气缸套、气缸盖出现破裂或气缸垫烧蚀，使高温高压气体蹿入水套。此时，应分解发动机，对气缸盖、气缸体进行检查，如果是气缸盖、气缸体出现破裂，则应焊修破裂处或更换气缸套；如果是气缸垫烧蚀，则应更换气缸垫。

第3章　传动系统结构与维修

3.1　传动系统的功用与组成

3.1.1　传动系统的功用

汽车传动系统的基本功用是：将发动机发出的动力传给驱动车轮。

传动系统与发动机良好地匹配，能够使发动机的性能与汽车的使用要求很好地相适应，不仅能满足汽车在各种不同的使用条件下正常行驶，而且具有良好的动力性和燃油经济性，因此传动系统需具有以下功用。

（1）减速增矩和扩大转速、转矩的变化范围

汽车需起步行驶，其驱动轮上的驱动力足以克服汽车行驶阻力，汽车才可能正常行驶（或汽车才可能起步）。随着行驶条件的变化，汽车的行驶阻力及行驶速度将会发生几倍至十几倍的变化。而汽车上目前大量采用的是活塞式内燃发动机，其转矩较小，转速较高，而且转矩和转速的变化范围也较小。因此，传动系统中设置了减速器、变速器来降低发动机输给驱动轮的转速，增大传给驱动轮上的转矩，并扩大了转速和转矩的变化范围，以满足道路行驶条件变化的需要。

（2）实现汽车的倒向行驶

汽车在许多场合下需要倒向行驶，而活塞式内燃发动机是不能反向旋转的，这一矛盾由传动系统来解决。一般是在变速器中设置倒挡，当挂上倒挡后，在变速器输入轴顺转的情况下，其输出轴为反向旋转，也使得驱动轮反转，以实现汽车的倒向行驶。

（3）必要时中断动力传递

活塞式内燃发动机是不能带负荷启动的，在启动发动机之前，必须断开与驱动桥之间的动力传递路线；在变速器换挡、制动时，也需要暂时切断动力传递。因此，传动系统还应具有中断动力传递的功能。通常在变速器中设置了空挡，当变速器处于空挡时，中断了输入轴与输出轴之间的动力传递。另外，通过操作离合器可以短暂中断动力传递。

（4）实现车轮差速转动

当汽车转弯或在不平坦的路面行驶时，汽车同轴的两侧车轮或不同轴的车轮在同一时间内滚过的距离不同，若使驱动桥车轮以同一个角速度旋转，势必使轮胎与地面之间产生滑磨（或滑拖），一方面增大了汽车转向时的行驶阻力，另一方面加速了轮胎及相关零部件的磨损。一般在驱动桥中设置轮间或轴间差速器，以便实现差速转动。

此外，发动机、离合器、变速器都固装在车架上，而驱动桥一般是通过弹性悬架与车架相连。当车轮受到冲击，悬架变形时，驱动桥上下跳动，驱动桥与变速器（或分动器）之间的相对位置经常要发生变化。因此，在二者之间安装了一套特殊的传动机构即万向传动装置。

3.1.2　传动系统的组成

载货车常见有两轴、三轴和四轴等多种结构，但其传动系统组成相似，主要包括离合器、变速器、万向传动装置及驱动桥等组成，如图3-1所示为两轴汽车传动系统的组成。

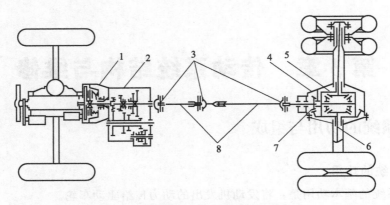

图 3-1 两轴汽车传动系统的组成
1—离合器；2—变速器；3—万向节；4—驱动桥；5—差速器；6—半轴；7—主减速器；8—传动轴

3.2 离合器的结构与维修

3.2.1 离合器的功用、分类

离合器通常安装在发动机飞轮与变速器之间，由驾驶员踩离合器踏板来操纵。

（1）离合器功能

离合器的功能是传递动力、切断动力，要求它在汽车起步过程中能柔顺地完成动力传递，而在变速器换挡或制动过程中要快速切断动力。此外，离合器具有防止传动系统过载的附加功能。

（2）离合器分类

汽车离合器分为液力耦合器、电磁离合器、摩擦式离合器等。载货车一般采用摩擦式离合器，它由主动部分、从动盘（又称从动部分）、压紧装置、分离装置和操纵机构五大部分组成，其分类见表 3-1。

表 3-1 摩擦式离合器分类

分类依据	离合器分类		特 点
按压紧弹簧结构形式分	螺旋弹簧式	周布弹簧式	采用若干个螺旋弹簧作为压紧弹簧，并将这些弹簧沿压盘圆周分布
		中央弹簧式	采用一至两个圆柱螺旋弹簧或用一个圆锥弹簧作为压紧弹簧，并且布置在离合器的中心
	膜片弹簧式		采用膜片弹簧作为压紧弹簧，目前应用最广泛
按从动盘片数分	单片式		装有一个从动盘，从动盘带减振器
	多片式		装有多个从动盘，从动盘一般不带减振器

3.2.2 离合器的工作情况

摩擦式离合器的工作原理如图 3-2 所示。发动机飞轮、离合器盖及压盘为离合器的主动部分，带有摩擦片的从动盘通过花键与输出轴（即变速器第一轴）相连。压紧弹簧将压盘推向飞轮，从动盘被压盘压紧在飞轮后端面，通过两者表面的摩擦作用将发动机动力传给变速器。操纵机构作用是传递离合器踏板的操纵力，使压盘在分离杠杆的作用下克服弹簧的弹力远离飞轮，从动盘与压盘和飞轮脱离接触而中断动力传递。

（1）接合状态

离合器处于接合状态时，踏板处于最高位置，分离杠杆与分离轴承之间存在间隙，压盘在压紧弹簧的作用下压紧从动盘，发动机的转矩经飞轮及压盘传给从动盘，再由从动盘传给变速

第 3 章 传动系统结构与维修

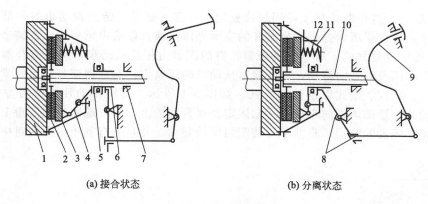

(a) 接合状态　　　　　　　　(b) 分离状态

图 3-2　离合器工作原理

1—飞轮；2—从动盘；3—压盘；4—分离杆；5—分离轴承；6—分离套筒；7—变速器壳；8—分离拨叉及操纵连接杆；9—离合器踏板；10—离合器输出轴（变速器第一轴）；11—离合器盖；12—压紧弹簧

器第一轴。对一定结构的离合器而言，离合器所传递的最大转矩取决于从动盘摩擦表面的最大静摩擦力，而静摩擦力与摩擦表面间的压紧力和摩擦因数有关。传动系统传递的转矩超过最大转矩时，离合器就会打滑，从而起到了过载保护的作用。

（2）分离过程

离合器分离时，需踩下离合器踏板，通过拉杆、分离拨叉、分离套筒消除分离轴承与分离杠杆间隙后，使分离杠杆内端前移，分离杠杆外端拉动压盘克服压紧弹簧的压力向后移动，压盘与从动盘之间产生间隙，摩擦力矩消失，离合器主、从动部分分离，中断动力传递。

（3）接合过程

当需要动力传递时，缓慢抬起离合器踏板，分离轴承对分离杠杆内端的压力减小，在压紧弹簧的作用下，压盘向前移动并逐渐压紧从动盘，摩擦力矩也渐渐增大。当所能传递的转矩小于汽车起步阻力时，汽车不动，从动盘不转，主、从动摩擦面间完全打滑；当所能传递的转矩达到足以克服汽车起步的阻力时，从动盘开始旋转（汽车开始移动），但仍低于飞轮的转速，即摩擦面间仍存在着部分打滑现象。再随着压力逐渐增加和汽车的不断加速，主、从动部分的转速差逐渐减小，直到转速相等、滑磨现象消失、离合器完全接合为止。接合过程即结束。由此可知，汽车平稳起步是靠离合器逐渐接合过程中滑磨程度的变化来实现的。接合后，在回位弹簧的作用下，踏板回到最高位置，分离拨叉内端回至最后位置。分离轴承则在回位弹簧的作用下离开分离杠杆，向后紧靠在分离拨叉上。

3.2.3　离合器主动部分的结构

单片式周布弹簧离合器结构如图 3-3 所示，离合器主动部分一般包括飞轮、离合器盖和压盘。

① 飞轮　飞轮被固定在曲轴的后端，其后端面与从动盘摩擦而传递动力。

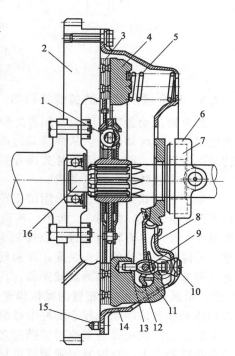

图 3-3　单片式周布弹簧离合器结构

1—扭转减振弹簧；2—飞轮；3—从动盘；4—压盘；5—压紧弹簧；6—分离套筒；7—分离轴承；8—分离杠杆弹簧；9—滚销；10—分离杠杆调整螺母；11—摆动支承片；12—分离杠杆；13—分离杠杆支承柱；14—离合器盖；15—离合器盖定位销；16—变速器第一轴

② 离合器盖　离合器盖与飞轮用螺栓固定在一起，通过它传递发动机的一部分转矩给压盘，此外它还是离合器压紧弹簧和分离杆的支承壳体。离合器盖由钢板冲压或铸造成形。

③ 压盘及其传力方式　压盘既将压紧弹簧的压紧力传给从动盘，又将离合器盖的转矩传给从动盘。同时压盘可轴向移动，以解除对从动盘的压紧力。离合器盖与压盘间常用的传力方式有：凸台式、键式、销式以及传动片式，如图3-4所示。其中传动片式传力方式应用最广泛，通常传动片都沿圆周切向布置，一端固定在离合器盖上，另一端固定在压盘上。传动片式传力方式简化了压盘的结构，降低了对装配精度的要求，并且还有利于压盘的对中。

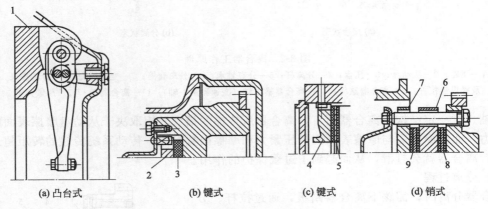

图3-4　压盘的几种传力方式

1，2，4，7—压盘；3，5，8，9—从动盘；6—中间压盘

3.2.4　离合器从动盘的类型及结构

离合器从动盘装在飞轮和压盘之间，依靠前后表面摩擦力驱动，通过从动盘毂的内花键与变速器第一轴滑动配合，从而将动力传入变速器。载货车从动盘常见有带扭转减振器和不带扭转减振器两种，前者用于单片式离合器，后者多用于多片式离合器。

(1) 带扭转减振器从动盘

对于单片式离合器一般采用带扭转减振器从动盘，它由从动片、从动盘毂、摩擦片和减振器等四部分组成，如图3-5所示。从动片前后表面铆有摩擦片，在后表面和摩擦片之间铆装有波形片，使其具有轴向弹性，以便离合器接合和分离比较柔和平稳。摩擦片表面开有径向凹槽，可降低摩擦片的工作温度，并起到排屑作用，以提高离合器从动盘和压盘的使用寿命。从动盘带有怠速减振器和两级减振器，其中怠速和一级减振的减振弹簧均为3根，二级减振弹簧6根，沿圆周切向均匀布置的减振弹簧将从动盘与从动盘毂弹性地连接在一起。怠速减振弹簧的作用是缓和传动系统较小的冲击载荷，降低变速器噪声。怠速减振盘是利用激光焊接在花键毂上的，怠速减振盘与怠速弹簧挡片之间装有三根怠速减振弹簧，而怠速减振弹簧挡片的外围卡在花键毂套上。怠速减振弹簧罩将怠速减振弹簧定位，其本身的固定依靠外圆周和铆钉焊在一起。一级减振弹簧的作用是缓和传动系统中小冲击载荷，而二级减振弹簧的作用是缓和传动系统中较大冲击载荷，减振弹簧两端与减振盘减振弹簧窗口之间有一定的间隙，以保证其在规定的工况下起作用。在阻尼垫片和离合器前后减振盘之间装有阻尼片，阻尼片是粘结在阻尼垫片上的，阻尼片与前后减振盘之间有一定的相对运动。当传动系统中出现扭转振动时，摩擦阻力做功，扭转振动的能量转化为热能而被消耗，减少了扭转振动的振幅，并使振动较快衰减。从动盘弹簧片均布在花键毂套上，分成厚度1mm和1.5mm两种，其作用是自动补偿阻尼片磨损后的夹紧力，以保持足够的阻尼作用。弹簧片与花键毂套之间装有限位垫片，以限制从动盘等件在花键毂套上的位置。

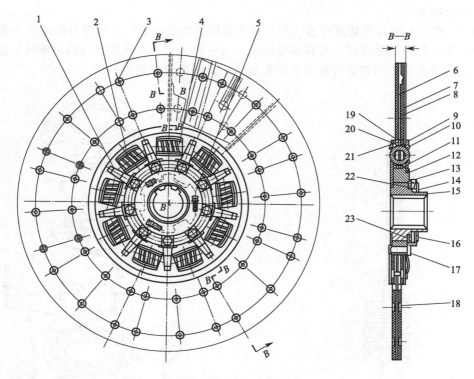

图 3-5 离合器从动盘

1—弹簧片;2—二级减振弹簧;3,18—铆钉;4—一级减振弹簧;5—怠速减振弹簧;6—波纹片;
7—摩擦片;8—从动片;9—阻尼片;10—后减振盘;11—从动盘毂套;12—限位垫片;
13—怠速减振弹簧罩;14—怠速减振弹簧挡片;15—从动盘毂;16—限位垫片;17—铆钉;
19—阻尼垫片;20—阻尼片;21—前减振盘;22—怠速减振盘;23—怠速减振弹簧挡片

当汽车行驶时,发动机输出转矩通过飞轮、离合器盖与压盘总成传至摩擦片和从动片,然后经过沿从动片圆周切向布置的减振弹簧,至从动片前后减振盘、花键毂套和花键毂,最后传给变速器第一轴输出。在这一动力传递过程中,扭转振动能量被减振弹簧所吸收,被阻尼片衰减、阻抑。

(2) 不带扭转减振器从动盘

对于双片式离合器[参见图 3-4(d)]一般采用不带扭转减振器从动盘,它由从动盘、摩擦片和从动盘毂等组成,如图 3-6 所示。

3.2.5 离合器压紧装置的类型及结构

离合器压紧装置装在压盘与离合器盖之间,其作用是给压盘提供轴向压紧力,从而将从动盘夹紧在飞轮与压盘之间。载货车离合器压紧装置一般分为螺旋弹簧和膜片弹簧两种。

(1) 螺旋弹簧

周布弹簧离合器(如图 3-3 所示)采用若干个螺旋弹簧作为压紧弹簧,并将这些弹簧沿压盘圆周分布。螺旋弹簧是线性的,当摩擦片磨损后,弹簧伸长,压紧力下降,这对离合器可靠传递转矩不利。周布弹簧离合器中可能装配刚度不同的几种螺旋弹簧,这样只要将螺旋弹簧进行不同方式的组合,就可以达到不同的压紧力,以适应不同发动机转矩要求。拆装时应注意不同颜色的螺旋弹簧装配位置,一般只要保证每组弹簧在压盘圆周上分布均匀,所处的位置相同即可。而中央弹簧离合器,采用一至两个圆柱螺旋弹簧或用一个圆锥弹簧作为压紧弹簧,并且布置在离合器的中心。

(2) 膜片弹簧

如图 3-7 所示为膜片弹簧离合器，膜片弹簧结构形状呈碟形，由两部分组成：一部分为连续整体的锥环，起弹簧的作用，俗称碟簧部分；另一部分为开有许多径向槽的锥体，起分离杠杆作用，故称分离指。两者结合部用大圆弧过渡，以减少应力集中。

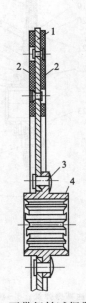

图 3-6　不带扭转减振器从动盘
1—从动盘；2—摩擦片；
3—铆钉；4—从动盘毂

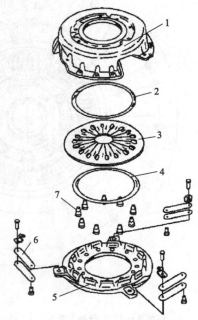

图 3-7　膜片弹簧离合器结构
1—离合器盖；2—上支承环；3—膜片弹簧；
4—下支承环；5—压盘；
6—传动片；7—铆钉

根据分离时分离指内端受力方向不同，膜片弹簧离合器分为推式和拉式。若分离指内端受力方向指向压盘为推式［如图 3-8(a) 所示］，若分离指内端受力方向指向离合器盖则为拉式［如图 3-8(b) 所示］。

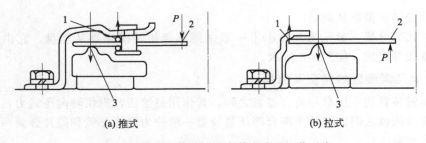

图 3-8　推式和拉式膜片弹簧离合器工作示意
1—离合器盖支点；2—分离力作用点；3—压盘作用点

膜片弹簧离合器有许多优点：结构简单、轴向高度小、整体中心对称分布，不受离心力影响，很适用于高速；由于膜片弹簧的非线性特性，因此与螺旋弹簧比较，离合器分离时更省力；摩擦片磨损后压紧力不会减少。因此它几乎完全取代周布弹簧离合器。

3.2.6　离合器分离装置的结构

离合器分离装置一般包括分离杠杆、分离轴承和分离套筒等，其作用是将踩离合器踏板力传递给压盘，使离合器主、从动部分分离。周布弹簧离合器分离杠杆（见图3-3中的12）的外端直接或间接与压盘相连，中间有支承孔，内端与分离轴承或分离垫环作用，将操纵机构的操纵力传给压盘。分离轴承安装在分离套筒上，以便将分离拨叉（静止）的轴向力传给旋转的分离杠杆。

(1) 防止分离杠杆运动干涉措施

若分离杠杆支点是固定铰链，当杠杆转动时，其外端与压盘铰接处的运动轨迹是一弧线，而压盘上该点只能做轴向直线运动，这就使分离杠杆产生运动干涉。要防止这种干涉，在结构上就得使支点或杠杆与压盘连接点能沿径向移动（平移或摆动），常见的几种防止运动干涉措施如图3-9所示。

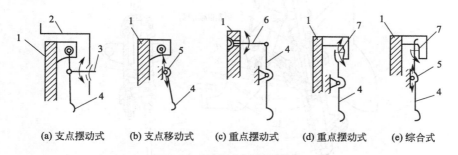

(a) 支点摆动式　(b) 支点移动式　(c) 重点摆动式　(d) 重点摆动式　(e) 综合式

图 3-9　分离杠杆防干涉措施
1—压盘；2—离合器盖；3—支承螺柱；4—分离杠杆；5—滚销；6—分离螺钉；7—摆动片

(2) 分离杠杆高度

为保证压盘能平行地轴向移动，各分离杠杆内端的后端面应处于与变速器第一轴轴线垂直的同一平面，此平面到某参考平面（如飞轮工作面或离合器盖后端面）的距离称为分离杠杆高度。由于分离轴承的移动行程十分有限，分离杠杆的高度必须调整在规定值，以保证在一定行驶里程内可调整操纵机构使分离轴承与分离杠杆或垫环保持适当的间隙。若此间隙太小，随着从动盘摩擦片经长期使用磨损变薄后，压盘会向前（飞轮方向）移动，使分离杠杆内端与分离轴承之间的间隙越来越小，最终使分离杠杆内端压在分离轴承上，从而抵消压紧弹簧的部分弹力，将造成离合器打滑和轴承磨损。若此间隙太大，即使分离轴承向前移动到极限位置时，压盘向后移动距离太小，导致离合器分离不彻底。

3.2.7　弹簧助力式操纵机构的结构

离合器操纵机构是驾驶员控制离合器分离，而后又使之柔和接合的一套专设机构。它起始于离合器踏板，终止于离合器分离拨叉。按分离离合器所需要的操纵能源分，离合器操纵机构有人力式和助力式两类。人力式操纵机构按所用传动装置的形式分为机械式和液压式两种，而机械式又分为杆系式和绳索式。助力式操纵机构是在人力式操纵机构的基础上增加助力装置，其中结构最简单的是弹簧助力式。

图3-10所示为解放CA1121采用弹簧助力式操纵机构，主要由离合器踏板12、主缸14、油管15、工作缸18以及储油罐等组成，主缸安装在驾驶员左脚上部的前围板外侧，工作缸安装在离合器总成左外侧，二者靠油管连接。

松开离合器踏板时，离合器主缸的限位螺钉8将补偿阀打开（补偿阀出油口在活塞外），储油罐内的液压油经主缸活塞、补偿阀9流入主缸活塞的下腔，通过管路流入工作缸18的油腔中。

当踩下离合器踏板时，踏板摇臂使主缸挺杆推动活塞向下移动，当补偿阀离开主缸限位螺钉（限位螺钉固定在泵体上不随活塞运动）时，补偿阀在其回位弹簧的作用下关闭，即补偿出油口进入活塞内部，活塞的下腔密封；主缸活塞下移使液压油的油压上升，从而推动工作缸活塞移动，工作缸活塞驱动推杆、分离臂、分离拨叉轴、分离拨叉及分离轴承移动，实现离合器的分离。

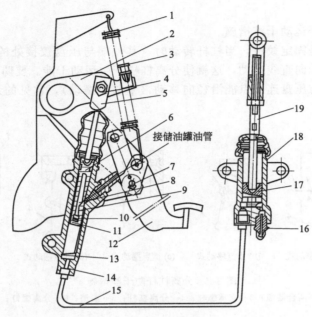

图 3-10 弹簧助力式操纵机构

1—助力弹簧；2—踏板摇臂；3—限位螺栓；4—偏心螺栓；5—主缸挺杆；6—主缸活塞；7—轴；8—主缸限位螺钉；9—补偿阀；10—补偿阀出油口；11—补偿阀回位弹簧；12—离合器踏板；13—主缸活塞回位弹簧；14—主缸；15—油管；16—通气塞；17—工作缸活塞；18—工作缸；19—工作缸推杆

助力弹簧下端固定点可绕轴 7 转动，当踩下踏板初期，助力弹簧形成逆时针旋转力矩，对踏板起到阻力作用，当踏板继续下移，助力弹簧下端固定点经过死点位置后，形成顺时针旋转的力矩，此时变为对踏板向下的推力，起到助力作用。

松开离合器踏板后，主缸活塞在其回位弹簧的作用下带动补偿阀一起上移，当补偿阀与主缸限位螺钉接触后，补偿阀被再次打开。由于油管和油孔的阻尼作用，工作缸活塞缓慢后退，既能使离合器能较柔和地接合，又能使液压油不能迅速从工作缸流回主缸下腔，储油罐内的液压油再次经补偿阀补充至主缸下腔，当工作缸内的油流回主缸下腔时，下腔多余的油便经补偿阀流回储油罐。

3.2.8 气压助力机械操纵机构的结构

陕汽 SX1290 汽车离合器采用的气压助力机械操纵机构，如图 3-11 所示，它由离合器踏板、连杆、钢绳、按钮阀、助力缸、分离臂等组成。当踩下离合器踏板，钢绳绷紧压下按钮阀，阀芯下行将阀芯排气阀关闭、进气阀打开，压缩空气经按钮阀通向离合器助力气缸，推动分离臂的下端给离合器分离机构助力。此时分离臂上端钢绳拉动、下端助力气缸推动，分离轴和拨叉转动，使分离轴承前移而消除与分离垫环间隙，从而压动分离杠杆使离合器分离。当离合器踏板停在某一位置时，由于助力气缸气压逐渐上升会推动分离臂转动，钢绳松弛，此时按钮阀阀芯在回位弹簧的作用下向上移动到进、排气阀都关闭的平衡位置。此刻助力缸的气压不再增加，离合器操纵机构即刻停止在这一位置。当松开离合器踏板时，钢绳松弛，按钮阀阀芯在回位弹簧作用下上移，打开排气阀（进气阀仍然关闭），助力缸的压缩空气经按钮阀向外排出。回位弹簧将分离轴、拨叉、分离轴承拉回到初始位置，离合器完全接合。

为了保证在离合器完全接合时离合器分离轴承不至于贴在分离垫环上而长期跟随离合器旋转，在正常情况下分离轴承与分离杠杆垫环间必须保持一定的间隙，这就是分离轴承间隙。斯太尔系列汽车分离轴承间隙为 3mm。这一间隙值与离合器踏板对应的自由行程为 35～40mm。在正常情况下保证离合器踏板的自由行程，就保证了分离轴承的间隙。这一行程可通过分离臂上端的钢绳调整螺母进行调整，以保持分离臂上端后侧与钢绳调整螺母有 6mm 间隙。

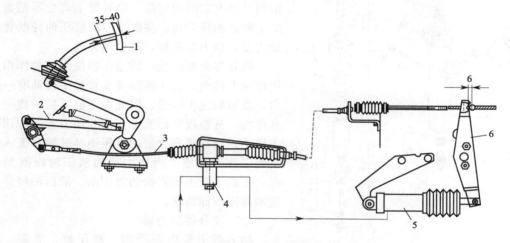

图 3-11 气压助力机械操纵机构
1—离合器踏板；2—连杆；3—钢绳；4—按钮阀；5—助力缸；6—分离臂

3.2.9 气压助力液压操纵机构的结构

图 3-12 为东风 EQ1141G 汽车离合器的气压助力液压操纵机构，主要由储油罐、主缸、助力器等组成。

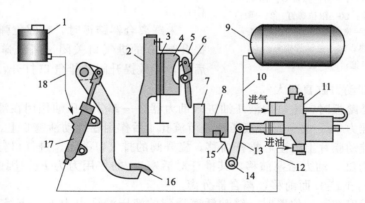

图 3-12 气压助力液压操纵机构
1—储油罐；2—飞轮；3—从动盘；4—压盘；5—离合器盖；6—膜片弹簧；7—分离轴承；
8—分离套筒；9—储气筒；10—气管；11—助力器；12、18—油管；13—分离臂；
14—分离拨叉轴；15—分离拨叉；16—离合器踏板；17—主缸

(1) 离合器主缸

如图 3-13 所示，离合器主缸由壳体、推杆总成、挡圈、护罩、活塞总成、进出油管接头等组成。离合器主缸活塞中部有一个径向长圆通孔，限位螺钉穿过通孔，防止活塞旋转，进油阀装在活塞下端轴向孔内。

未踩离合器踏板时，推杆与活塞之间有间隙，由于限位螺钉对进油阀的限位，进油阀与活塞之间有间隙，储油罐通过油道、进油阀与主缸下腔相通。

当踩下离合器踏板时，活塞向下移动，进油阀在回位弹簧的作用下相对于活塞向上移动，消除进油阀与活塞之间的间隙。继续踩下离合器踏板，主缸下腔的油压升高，主缸下腔的液压油经油管进入助力器，助力器工作，离合器分离。

松开离合器踏板，活塞在回位弹簧的作用下较快地向上移动，由于液压油在管路中流动有一定阻力，流回的速度较慢，因此在主缸下腔形成一定的真空度，进油阀在活塞上下油腔压力差的作用下向下移动，储油罐有少量的液压油经进油阀流入主缸下腔以弥补真空。当助力器的液压油流回到主缸时，主缸下腔出现多余的液压油，液压油经开启的进油阀流回储油罐。

(2) 离合器助力器

助力器主要由提升阀、液压缸、活塞、动力缸、动力活塞、壳体等组成，其结构如图3-14所示。膜片8将气室分为C、E两室，动力缸通过通气管17与E室连通，动力缸前腔通过气路A与C室连通并经通气塞7通大气。进油接头16与离合器主缸的出油接头相连，进气接头11与储气筒相连。

未踩离合器踏板时，在回位弹簧及气压作用下提升阀10的进气口关闭，回位弹簧9将膜片推向后端，导致提升阀的排气口打开，气道D、B将E

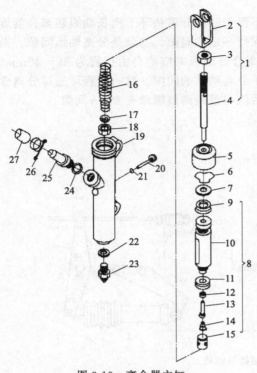

图3-13 离合器主缸
1—推杆总成；2—推杆叉；3—螺母；4—推杆；5—护罩；6—挡圈；7—垫圈；8—活塞总成；9—皮碗；10—活塞；11—皮圈；12—进油阀油封；13—进油阀；14—回位弹簧；15—回位弹簧座；16—主缸回位弹簧；17—回位弹簧垫；18—回位弹簧座；19—泵体；20—限位螺钉；21—限位螺钉密封圈；22—密封圈；23—出油接头；24—密封垫；25—进油管接头；26—卡箍；27—进油管

室与C室连通，即动力缸直通大气。

当踏下离合器踏板时，主缸的液压油进入助力器，一部分液压油作用在液压缸活塞14上，对其产生向前的推力 F_1；另一部分液压油经节流孔4后作用在继动活塞5上，推动继动活塞5向前移动，从而推动膜片上的空心推杆前移，提升阀的排气口关闭、进气口打开，压缩空气通过E室后进入动力缸，动力活塞前移，其推杆对活塞14的作用力为 F_2。因此推杆12受到向前的推力 $F(F=F_1+F_2)$ 而前移，离合器分离。

当离合器踏板停在某一位置时，继动活塞受到的液压油推力为 F_3。E室的压缩空气对膜片产生向后推力，此推力通过空心推杆作用在继动活塞上。当继动活塞受到得空心推杆的推力 F_4 大于 F_3 时，继动活塞、推杆以及提升阀将一起向后移动，从而关闭进气口，此时排气口仍关闭，因此动力缸的气压稳定，气压助力的大小保持不变。即助力器推杆12输出推力与踏板行程呈线性关系，它具有随动性。

当松开离合器踏板，助力器油压下降，膜片在E室气压和回位弹簧9共同作用下向后移动，提升阀的排气口打开，动力缸的压缩空气经通气管、E室、气道D、气道B、C室、通气塞排入大气，液压缸活塞和动力活塞在回位弹簧作用下回位，推杆12后移，离合器接合。

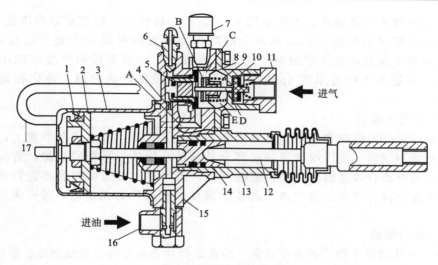

图 3-14 离合器助力器
1—密封圈；2—动力活塞；3—动力缸；4—节流孔；5—继动活塞；6—排气螺钉；
7—通气塞；8—膜片；9—回位弹簧；10—提升阀；11—进气接头；12—推杆；
13—液压缸；14—活塞；15—壳体；16—进油接头；17—通气管

3.2.10 离合器主、从动部分的维修

(1) 离合器的拆卸与分解

① 载货车离合器总成的拆卸方法基本相同，先拆下变速器，对称均匀分多次拧下离合器盖的固定螺栓（母），拆卸离合器盖及压盘总成和从动盘总成。

② 对于膜片弹簧离合器，离合器盖及压盘总成一般不再分解，需整体更换。而周布弹簧离合器，离合器盖及压盘总成可分解。分解时在离合器压盘盖和压盘上做装配记号，将离合器盖及压盘总成放在压具或压力机上，给离合器盖和压盘施加一定的压力，直到分离杠杆能摆动；松开分离杠杆的调整螺母，再逐渐卸去施加的压力即可将。

(2) 飞轮的维修

检查飞轮与离合器从动盘接触面，若有严重烧蚀、龟裂、磨损及沟槽时，应光磨。否则，会引起离合器发抖、打滑和加速摩擦片磨损。光磨后，飞轮工作部位的厚度不得小于规定值（如 EQ1118G 不能小于标准厚度 1mm）。光磨后的飞轮应进行静平衡检查，不平衡量符合要求。检查飞轮端面圆跳动，方法如图 3-15 所示。若端面圆跳动超过极限值需更换飞轮。

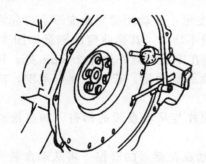

图 3-15 测量飞轮端面圆跳动

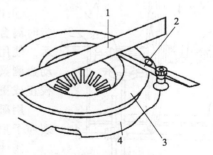

图 3-16 检查压盘的平面度
1—钢板尺；2—厚薄规；3—压盘；4—离合器盖

(3) 压盘的维修

检查压盘的工作面是否磨损不均匀、磨损变薄、拉伤、沟槽、烧蚀、硬化和破裂等。

检查压盘工作面的平面度误差，方法如图 3-16 所示，将钢板尺竖直抵靠在压盘工作面上，用厚薄规测量钢板尺与压盘工作面的最大间隙即为压盘的平面度误差。压盘如有烧蚀、磨损沟槽或平面度误差超过规定值时，应予磨削修复，但磨削后的厚度不能小于规定值（如 EQ1118G 不能小于标准厚度 4mm）。若压盘磨损或磨削后过薄、硬化和破裂等严重损伤需更换。

（4）离合器盖的维修

检查离合器盖有无裂纹和破损。检查离合器盖有无变形，将其放在平板上，并用手按压，如有摇动即为变形；或用厚薄规测量离合器盖的凸缘处与平板的间隙，若间隙超过规定值需校正。检查离合器盖的窗孔是否磨损严重，若严重，可先堆焊后再进行锉修，直到压盘凸耳与其配合符合要求。检查离合器盖上铆接的传动片有无松动，若有明显松动，应予重铆。

（5）从动盘的维修

① 目视检查从动盘摩擦片的表面质量　检查摩擦片表面是否有轻微烧蚀、硬化或沾有油污，若有可用粗砂布或锉刀修磨以后再用；检查摩擦片表面是否有裂纹、烧蚀严重、铆钉外露、减振弹簧断裂等（如图 3-17 所示），若有应更换从动盘组件。

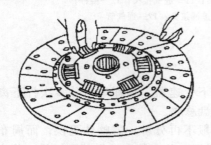
图 3-17　检查减振弹簧

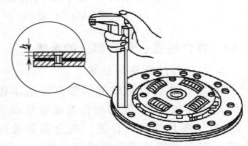
图 3-18　测量摩擦片的磨损程度

② 检查摩擦片的磨损　使用游标卡尺测量每个铆钉至摩擦片表面之间的距离，如图 3-18 所示，以确定摩擦片的磨损程度，从而确定该摩擦片是否可继续使用。如果其中任意一个铆钉沉入深度小于 0.30mm，则须更换离合器摩擦片或整个从动盘。

换用的新摩擦片直径、厚度应符合原车规格，两片应同时更换，质量应相同。两摩擦片的厚度差不应超过 0.50mm。更换摩擦片时，在新摩擦片上钻的铆钉孔要规范。铆合时要确保摩擦片和从动片贴合严密，铆钉朝向要相邻头尾交错排列。铆好后摩擦片总厚度符合要求，表面平整，不允许有油污。

③ 检查从动片的变形　从动片的翘曲变形会引起汽车起步时离合器发抖和磨损不均匀，其翘曲度的测量如图 3-19 所示。使用百分表表头顶在距从动盘外边缘 2.5mm 处，转动从动盘测量从动盘的端面圆跳动量，若超过规定范围，应进行校正或更换。

用敲击法检查从动片与从动盘毂的铆钉，如有松动和断裂应予重铆或更换。

④ 检查离合器从动盘花键毂的磨损　将从动盘装在变速器第一轴的花键上，用百分表在从动盘的外圆圆周上进行测量。固定变速器第一轴，用手轻轻来回转动从动盘作配合检

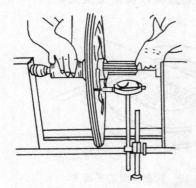
图 3-19　从动片变形的检查

查，百分表的摆差不得超过 0.3mm，否则须更换离合器从动盘。或用厚薄规测量花键毂与变速器第一轴侧隙，如图 3-20 所示。

3.2.11 离合器压紧装置的维修

（1）螺旋弹簧的维修

目视检查螺旋弹簧是否断裂，在弹力检验仪上检测其弹力、自由长度及直角度，如图 3-21 所示。若超过使用极限，应更换弹簧。

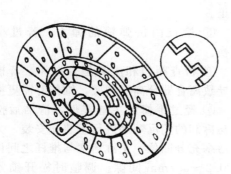

图 3-20 花键毂与变速器第一轴侧隙

图 3-21 检验螺旋弹簧

（2）膜片弹簧的维修

检查膜片弹簧有无簧片折断、烧伤、裂纹等，若有应更换。检查膜片弹簧铆钉有无松动，若松动需重新铆接。

检查膜片弹簧内端与分离轴承的接触部位有无磨损，检测方法如图 3-22 所示，用游标卡尺检查沟槽的深度和宽度。其深度 h 应小于 0.60mm，宽度 b 应小于 5mm。若磨损严重，则须更换压盘及离合器盖总成。

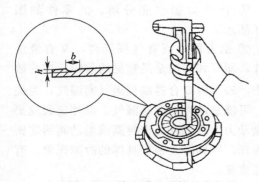

图 3-22 检查膜片弹簧的磨损量

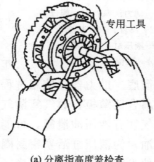
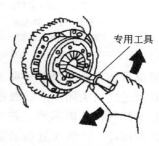

(a) 分离指高度差检查　　(b) 分离指高度校正

图 3-23 检修膜片弹簧分离指

检查膜片弹簧的内端是否在同一平面上，检测方法如图 3-23(a) 所示。将离合器从动盘摩擦片、膜片弹簧、压盘、离合器盖等装到发动机飞轮上，用专用工具检查膜片弹簧分离指端是否在同一平面内。所有指端高度差应小于规定值，否则要用专用工具进行校正［如图 3-23(b) 所示］，或更换压盘及离合器盖总成。

3.2.12 离合器主缸及助力器的维修

（1）离合器主缸的维修

① 放尽离合器液压油，拆下主缸的进、出油管，封堵管口以防异物进入。拆下主缸推杆与踏板臂之间的平头销。拧下主缸与踏板支架的连接螺栓，取下离合器主缸。

② 拆下限位螺钉、推杆和防尘罩（二者整体拆下），边推动活塞边拆下弹簧挡圈，取出活

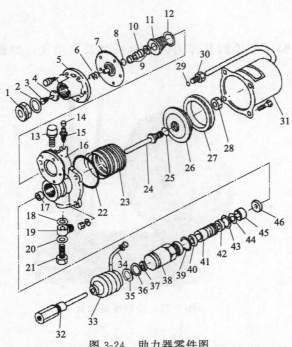

图 3-24 助力器零件图

1—管接头；2,18,20,29—密封垫；3—弹簧；4—提升阀；5—提升阀壳体；6—弹簧；7—膜片；8,35,42—挡圈；9,12,27,39,40,45—密封圈；10—继动活塞；11—阀套；13—通气塞；14—护罩；15—排气螺钉；16—壳体；17—油封；19—管接头；21—管接头螺栓；22,25,37—O形密封圈；23—回位弹簧；24—推杆；26—动力活塞；28—螺母；30—管套；31—动力缸；32—推杆；33—护套；34—通气管；36—垫圈；38—液压缸；41—活塞；43,46—垫片；44—限位块

塞总成。拆下管接头，取出回位弹簧座垫和弹簧座。

③ 检查主缸与活塞的间隙，测量活塞的外径和缸体内径，两者之差即为间隙值。若间隙过大，会导致离合器分离不彻底，需更换主缸。

④ 检查活塞推杆的弯曲度，若过大需校正。

⑤ 检查回位弹簧的弹力，若过小需更换。

⑥ 检查阀门和皮圈是否损坏，若损坏会导致离合器分离不彻底，维修时需更换。

⑦ 经过维修的主缸零件，清洁后按分解与拆卸的相反顺序进行组装和安装。为保证活塞充分回位，主缸活塞与推杆之间设计有 0.2～0.7mm 间隙。调整时松开锁紧螺母，旋转推杆使其刚顶住主缸活塞为止，然后退 1/7～1/2 圈，拧紧锁紧螺母即可。

(2) 助力器的维修

① 拆下回位弹簧，将离合器分离臂与推杆分开。拆下油管和气管，为了防止灰尘进入，用布将管接头包住。拆下离合器助力器总成。

② 将助力器彻底分解，其零件如图 3-24 所示。

③ 助力器中既有气压元件，又有液压元件，漏气和漏油是最常见的故障，这些故障都可能导致离合器分离不彻底。助力器在使用过程中，若不踩离合器踏板通气塞漏气，为提升阀进气口关闭不严；踩住离合器踏板，通气塞漏气，可能是动力缸活塞漏气、膜片破裂或提升阀排气口关闭不严。若通气塞有液压油泄漏，可能是动力活塞推杆的密封圈或继动阀活塞密封圈损坏。若液压缸前端漏油，为液压缸活塞密封圈损坏。维修时需根据具体的故障现象，有针对性检查密封圈或阀门的技术状况，常通过更换新品修复。

④ 装复前应对所有零件进行彻底的清洗，并注意区分铁合金件、皮质件等机件的清洗用油和方法。对油道可用一根金属丝穿过，用喷嘴将清洗液喷进油道加以清洗。在零件的表面还应涂上一层清洁油以防止锈蚀。

3.2.13 离合器的装配与调整

以东风 EQ1108G 为例讲解离合器的装配与调整。

(1) 离合器压盘及盖的组装

① 离合器压盘及盖的组装的顺序与分解相反。

② 在分离杠杆衬套等运动副涂一层薄薄的润滑脂。

③ 组装时注意不同颜色压紧弹簧位置，以及离合器压盘与盖之间的装配记号。

④ 用压具或压力机压缩离合器盖与压盘，并校正压紧弹簧。压缩至调整螺钉螺纹端露出

螺孔，以便拧上调整螺母。注意调整螺母不能用普通螺母代替，螺母的球面朝向离合器盖，使支点可摆动，以防分离杠杆运动干涉。

(2) 离合器的安装

① 安放从动盘时，从动盘带减振器的凸面应朝向压盘。

② 为保证从动盘与飞轮同轴，用一根定心轴（或变速器第一轴）插入一轴前端的支承轴承孔内，以定位从动盘，如图3-25所示。

③ 装离合器压盘及盖总成时，应注意对正不对称的定位销或安装标记。

④ 对称交叉分多次逐渐拧紧离合器盖的固定螺栓，扭紧力矩达到规定的值，最后抽出定心轴（变速器一轴）。

(3) 分离杠杆高度的调整

分离杠杆高度是分离杠杆垫环端面相对于飞轮摩擦表面的距离，为(67±0.4)mm，其端面圆跳动量应小于0.4mm。

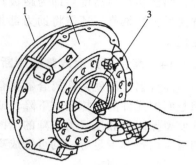

图3-25 安装离合器
1—从动盘；2—离合器盖总成；
3—定心轴

若是杠杆太低，顺时针转动调整螺母；若杠杆太高，逆时针转动调整螺母。在高度调整适当后，用木锤轻敲几下分离杠杆和杠杆垫环，然后再重新检查杠杆垫环的高度及端面圆跳动，要保证在规定的范围内。调整完毕后，锁止调整螺母。

(4) 助力器推杆自由行程的检查与调整

消除分离轴承与分离杠杆垫环间隙的助力器推杆的行程称为其自由行程，是分离轴承与分离杠杆垫环间隙的间接反映，一般自由行程为3～5mm。取下推杆回位弹簧，先测量推杆顶靠在活塞上时伸出的长度，再用手将推杆向前推到分离轴承顶靠在分离垫环上为止，测量此时推杆伸出的长度。两次测得的长度差即为推杆的自由行程，若不符合要求需调整。调整时松开锁紧螺母，如图3-26所示，然后顺时针旋转调整螺母使推杆伸长，直到推杆无自由行程，再逆时针转动调整螺母两圈（螺纹的螺距为2mm），拧紧锁紧螺母即可。

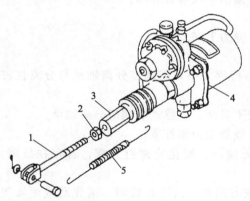

图3-26 离合器助力器
1—推杆；2—锁紧螺母；3—调整螺母；
4—助力器；5—回位弹簧

(5) 管路排气

离合器若采用液压操纵机构，如果管路中有空气，会造成离合器分离不彻底，因此，应进行管路排气。

先往储油罐中加注液压油，使管路中充满液压油；取下助力器的排气螺钉的护罩，将一根塑料管套在排气螺钉排气嘴上，另一端插入装有液压油的容器内。一人反复踩几次离合器踏板以增大管路中的油压，并将离合器踏板踩到底后停住；另一人松开排气螺栓，含空气的泡沫状油从排气螺钉孔中冲出，拧紧排气螺钉后再松开离合器踏板。如此反复多次，直到空气排尽，塑料管中流出的油中不含气泡为止。最后，拧紧排气螺钉，拆下塑料管，盖上排气螺钉的护罩。

在修理时，排气螺钉不可拧得过紧，否则会损坏排气螺钉密封带，造成漏油。

排气后储油罐内油量应保持筒体的4/5，边排气边检查，过低时应及时添加。

注意不要混用不同质量或者不同牌号、型号的液压油，绝不可使用矿物油替代液压油；不要将液压油接触到零件的油漆表面，那样会使油漆的漆膜破坏。

(6) 踏板自由行程的检查与调整

踏板自由行程是指消除传力件之间间隙的踏板行程。检查时用一个钢板尺抵在驾驶室底板上,先测出踏板完全放松的高度,再用手压下踏板,当感到阻力明显增大时再测量踏板的高度,两次测量的高度差即为踏板自由行程。可将主缸活塞与推杆的间隙调整到 0.2～0.7mm,方法见主缸维修。还需将助力器推杆的自由行程调整到 3～5mm,以使踏板自由行程达到规定值。

3.2.14 离合器打滑故障的诊断与排除

离合器打滑就是在离合器接合状态下的传力过程中,主、从动部分产生相对滑转。根本原因是摩擦元件的摩擦因数下降,或压紧机构的压紧力下降,使其传递转矩的能力降低所致。因此使摩擦因数和压紧力下降的诸因素,如摩擦件油污、烧损变质、磨薄、压缩弹簧失效,以及踏板自由行程不足等,均可造成离合器打滑。

(1) 故障现象
① 汽车起步时,即使离合器踏板完全放松,汽车仍起步困难或不能起步。
② 汽车在行驶中,车速不能随发动机转速的提高而提高,感到行驶无力。
③ 满载上坡行驶时,动力明显不足,严重时离合器冒烟,可嗅到烧焦味。

(2) 故障原因
① 离合器踏板自由行程太小,使分离轴承压在分离杠杆上,离合器主、从动部分压不紧。
② 分离杠杆调整不当。
③ 分离轴承套筒与其导管之间卡滞。
④ 离合器盖与飞轮之间连接螺栓松动。
⑤ 从动盘摩擦片沾有油污、烧焦、表面硬化、表面不平或铆钉外露。
⑥ 从动盘摩擦片、压盘和飞轮工作面磨损严重。
⑦ 螺旋弹簧疲劳或折断,膜片弹簧疲劳或开裂,弹力下降。

(3) 故障诊断与排除
① 检查离合器踏板的自由行程是否太小,若自由行程太小,需调整分离轴承与分离杠杆(垫环)间间隙。
② 检查分离轴承与套筒的轴向移动是否灵活,若不灵活,应除锈和润滑分离轴承。
③ 检查离合器盖的固定螺钉是否松动,若松动,按规定力矩拧紧。
④ 拆下离合器,检查摩擦片是否磨损过薄、有无油污、硬化或铆钉外露,若存在故障,需维修或更换从动盘。
⑤ 检查飞轮和压盘工作面是否烧蚀、翘曲不平或有沟槽,若存在故障,需光磨或更换飞轮及压盘。
⑥ 分解离合器盖和压盘,检查螺旋弹簧是否折断(膜片弹簧是否开裂)及弹力不足,若存在故障,需更换。

3.2.15 离合器分离不彻底故障的诊断与排除

离合器分离不彻底就是将离合器踏板踩到底后,主、从动部分不能完全脱离接触。主、从动部分破裂及翘曲变形,分离杠杆高度差过大及调整过低,踏板自由行程过大,均可造成离合器分离不彻底。

(1) 故障现象
发动机怠速运转,踩下离合器踏板,挂挡时有齿轮撞击声,且挂挡困难,或虽然强行挂上挡,但离合器踏板尚未放松,汽车就前移或造成发动机熄火。

(2) 故障原因
① 离合器踏板自由行程过大。
② 分离杠杆内端高度太低或内端不在同一平面上。

③ 分离杠杆弯曲变形、支座松动、支座轴销脱出，使分离杠杆内端高度难以调整。
④ 膜片弹簧分离指端磨损严重或不在同一平面。
⑤ 从动片翘曲变形或摩擦片破裂。
⑥ 新换的摩擦片太厚或从动盘装反。
⑦ 液压操纵式离合器的液压系统漏油，使油量不足，或液压系统中有空气。
⑧ 双片离合器中间压盘限位螺钉调整不当，个别分离弹簧疲劳、长度不足或折断，中间压盘在传动销上或在离合器驱动窗口内轴向移动不灵活。
⑨ 从动盘花键孔与变速器第一轴花键卡滞。
⑩ 发动机支承损坏，发动机与变速器不同轴。

（3）故障诊断与排除
① 检查并调整离合器踏板自由行程是否过大，若过大需重新调整。
② 检查离合器液压系统中是否有漏油和进气，若漏油需紧固管接头或更换主缸、工作缸（助力器）的密封件，若进气应维修漏气部位并排除系统中空气。
③ 检查周布弹簧离合器分离杠杆高度和高度差，若杠杆过低或高度差过大，需重新调整。
④ 检查膜片分离指是否过度磨损、弹簧弹力减弱或高度差过大，若有故障，应更换膜片弹簧或调整分离指高度。
⑤ 检查从动盘是否翘曲不平，若翘曲不平应更换从动盘。
⑥ 检查从动盘花键孔与变速器第一轴花键是否卡滞，若发卡需清理花键中的异物。
⑦ 检查发动机支承是否损坏，若损坏需更换支承。

3.2.16　离合器发抖故障的诊断与排除

离合器发抖是离合器接合过程中，摩擦元件产生了不均匀滑转，导致传动忽快忽慢。其根本原因是主、从动部分接合过程中，沿圆周产生的摩擦力不均。造成沿圆周摩擦力不均的诸因素，以及摩擦片油污、烧损、弹簧压紧力不均、分离杠杆高度差过大等，均可造成离合器起步发抖。

（1）故障现象
离合器发抖表现为汽车起步时，缓抬离合器踏板，轻踏加速踏板，离合器不能平稳接合且产生抖振，严重时甚至使整车产生抖振。

（2）故障原因
① 分离杠杆调整不当，分离杠杆内端高度不处在同一平面内。
② 分离轴承座与其导管之间油污严重，使分离轴承不能回位。
③ 飞轮、离合器壳或变速器固定螺钉松动。
④ 飞轮或压盘工作面的端面圆跳动误差过大。
⑤ 从动盘上扭转减振器的阻尼片破裂、减振弹簧疲劳或折断。
⑥ 从动片钢片或压盘扭曲变形。从动盘变形，摩擦片破裂、有油污、烧焦、表面硬化、表面不平、铆钉外露、铆钉松动或切断。
⑦ 从动盘花键磨损过大。
⑧ 离合器压紧弹簧弹力不均，个别折断或高低不一致，膜片弹簧疲劳或开裂。

（3）故障诊断与排除
① 检查离合器踏板是否有自由行程，若无自由行程，应予以调整。
② 检查发动机前后支架及变速器与飞轮固定是否松动，若松动，按规定力矩拧紧。
③ 检查分离杠杆内端面或分离指是否在同一平面，若不在同一平面应调整。
④ 检查从动盘是否翘曲，若翘曲，可校正或更换从动盘。检查摩擦片是否有油污、破裂

或铆钉外露，若存在故障，清洗、维修或更换从动盘摩擦片。

⑤ 检查从动盘花键磨损是否过大，若过大应更换从动盘。

⑥ 检查飞轮和压盘工作面是否烧蚀、翘曲不平，若存在故障，需光磨或更换飞轮及压盘。

⑦ 检查螺旋弹簧是否折断，膜片弹簧是否破裂，若存在故障需更换压紧弹簧。

3.3 变速器的结构与维修

3.3.1 变速器的功用及类型

（1）变速器的功用

变速器的功能是改变传动比满足汽车不同行驶路况的要求，使汽车倒向行驶以及长时间切断动力传递。变速器由变速传动机构和操纵机构组成，其中变速传动机构改变转矩、转速和旋转方向，操纵机构改变不同齿轮的啮合以实现上述功能。

（2）变速器的类型

普通齿轮式变速器一般采用圆柱齿轮传动来改变传动系统的转速获得一定速比，其齿轮传动结构方案基本上有两种：通过一对齿轮变速的两轴式和通过两对齿轮变速的三轴式。在中、小型载货车中一般采用三轴式变速器，而重型载货车多采用组合式变速器，组合式变速器分为插入式和分段式两种。

3.3.2 变速器变速、变向结构

（1）齿轮传动变速结构

手动变速器是利用不同齿数的齿轮啮合传动的组合实现转速和转矩的改变。若小齿轮是主动齿轮，其转速经大齿轮输出时就降低了；若大齿轮为主动齿轮，其转速经小齿轮输出时便提高了，这就是齿轮传动的变速原理。

由齿轮传动的原理可知，一对齿数不同的齿轮啮合传动时可以变速，因为这对齿轮是逐齿啮合传动的，在相同的时间内，两齿轮啮合过的轮齿数必定相等，而且两齿轮的转速与齿轮的齿数成反比。设主动齿轮的转速为 n_1，齿数为 Z_1；从动齿轮的转速为 n_2，齿数为 Z_2。主动齿轮（即输入轴）的转速与从动齿轮（即输出轴）的转速之比称为传动比，用 $i_{1,2}$ 表示。

$$i_{1,2}=n_1/n_2=Z_2/Z_1 \quad 即 \quad n_2 Z_1=n_2 Z_2$$

变速器里有多对齿轮副，通过不同的搭配而得到不同的传动比。对于两对齿轮副传动，如图 3-27(a) 所示，则有：

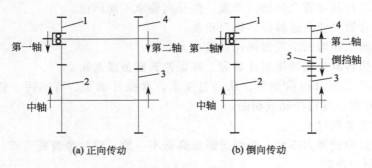

图 3-27 齿轮传动原理图

1—第一轴齿轮；2—中间轴常啮合齿轮；3—中间轴齿轮；4—第二轴齿轮；5—倒挡齿轮

$i_{1,2}=n_1/n_2=Z_2/Z_1$，则 $n_1=Z_2/Z_1 n_2$

$i_{3,4}=n_3/n_4=Z_4/Z_3$，则 $n_4=Z_3/Z_4 n_3$

这两对齿轮副传动总传动比 $i_{1,4}=n_1/n_4=Z_2Z_4/(Z_1Z_3)=i_{1,2}i_{3,4}$

上式说明，多级齿轮传动的传动比：$i=$所有从动齿轮齿数连乘积/所有主动齿轮齿数连乘积＝各级齿轮传动比连乘积。所以汽车变速器某一挡位的传动比就是指这一挡位各级齿轮传动比的连乘积。

当某挡传动比 $i>1$ 时，为降速增扭传动，此挡位称为降速挡；当 $i<1$ 时，为增速降扭传动，此挡位称为超速挡；当 $i=1$ 时，为等速等扭传动，此挡位称为直接挡。把变速器传动比值较小的挡位称为高挡，传动比值较大的挡位称为低挡；变速器挡位的变换称为换挡，由低挡向高挡变换称为加挡或升挡，反之称为减挡或降挡。

(2) 齿轮传动变向结构

如图 3-27(b) 所示，一对外啮合齿轮旋向相反（图中箭头表示旋转方向），每经过一对传动副，其轴改变一次转向。两轴式变速器在输入轴与输出轴之间加装了一倒挡轴和倒挡齿轮，即可变向。而三轴式变速器则在中间轴与输出轴之间加装了一倒挡轴和倒挡齿轮，就可使输出轴（第二轴）与输入轴（第一轴）转向相反，从而可实现汽车倒向行驶。

3.3.3 普通齿轮式变速器的结构

东风 EQ1090E 汽车采用普通齿轮式变速器，该变速传动机构结构及传动路线如图 3-28 所示。

第一轴前端与轴承配合并支承在发动机曲轴后端的内孔中，其花键部分用以安装离合器从动盘，后端与轴承配合并支承在变速器壳体的前壁上，齿轮 2 与此轴制成一体。中间轴两端均用轴承支承在变速器壳体上，轴上的齿轮与轴过盈配合或制成一体，齿轮 23 与齿轮 2 构成常啮合传动副，齿轮 20、21、22 分别为二、三、四挡主动齿轮，齿轮 18 为一挡和倒挡共用的主动齿轮。第二轴前、后端分别用轴承支承于第一轴后端孔内和变速器壳体的后壁，与此轴花键连接的齿轮 12 可轴向滑动，以便作为一挡和倒挡公用的从动齿轮；齿轮 11、7、6 分别为二、三、四挡从动齿轮，并用滚针轴承支承在第二轴上，它们分别与齿轮 20、21、22 保持常啮合；花键毂 24 和 25 分别固定在第二轴上，处于齿轮 11 与 7 和 6 与 2 之间；花键毂的外花键分别与带有内花键的接合套 9 和 4 连接，且接合套通过操纵机构能沿花键毂轴向滑动，可分别实现与齿轮 11 或 7、齿轮 6 或 2 上的

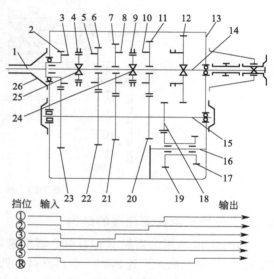

图 3-28 三轴式变速器

1—第一轴；2—第一轴常啮合齿轮；3—第一轴齿轮接合齿圈；4,9—接合套；5—五挡齿轮接合齿圈；6—第二轴四挡齿轮；7—第二轴三挡齿轮；8—三挡齿轮接合齿圈；10—二挡齿轮接合齿圈；11—第二轴二挡齿轮；12—第二轴一、倒挡齿轮；13—变速器壳体；14—第二轴；15—中间轴；16—倒挡轴；17,19—倒挡齿轮；18—中间轴一、倒挡齿轮；20—中间轴二挡齿轮；21—中间轴三挡齿轮；22—中间轴四挡齿轮；23—中间轴常啮合齿轮；24,25—花键毂；26—第一轴轴承盖

接合套圈接合。倒挡轴 16 上的双连倒挡齿轮 17 和 19 采用轴承支承，且齿轮 19 和 18 常啮合。当第一轴 1 旋转时，通过齿轮 2 即可带动中间轴及其上所有齿轮旋转。但因从动齿轮 6、7、11 均采用轴承空套在第二轴上，且接合套 4、9 和齿轮 12 均处于中间位置，不与任何齿轮或齿轮的接合齿圈接合，故第二轴不能转动，变速器处在空挡状态，当挂上某个挡位时，传递路线如图 3-28 中箭头线所示。

3.3.4 插入式组合变速器的结构

插入式组合变速器的副变速器一般布置在主变速器之前,如图 3-29 所示。当汽车由低向高换挡时,其过程如下:副变速器挂低挡(L),主变速器挂 1 挡,接着 1 挡不动,副变速器挂高挡(H);此后,副变速器和主变速器同时换挡,一个变成低挡一个换成 2 挡;如此循环下去,直到最高挡为止。为了使各挡传动比之间间隔均匀,副变速器的高挡(H)若为直接传动(传动比 1),则它的低挡传动比在 1.2~1.4 之间。各挡位传动路线如图 3-29 中箭头线所示。

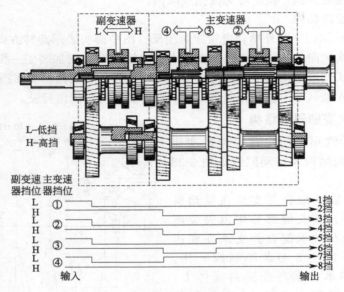

图 3-29 插入式组合变速器

3.3.5 分段式组合变速器的结构

如图 3-30 所示为富勒 RT11509C 型变速器,它为分段式组合变速器,由一个具有 5 个前进挡、一个倒挡的主变速器和一个具有高、低两挡的副变速器组合而成,使其成为具有 9 个前进挡和一个倒挡的组合变速器。其主、副变速器都采用双中间轴结构,且两根中间轴完全相同,它们共用一个变速器壳体,壳体内有一中间隔板将前箱和后箱划分为主变速器与副变速器。主变速器两个中间轴支承在变速器前壳与中间隔板之间,主变速器输出轴前端插在输入轴轴孔内,后端支承在中间隔板上。

变速器输出端有一个整体式端盖与变速器壳体相连接,在变速器壳体后端面上有两个定位销钉,以确保后端盖与壳体的同轴度。副变速器两根中间轴即支承在中间隔板与后端盖之间,副变速器输出轴 14 用两个锥轴承悬臂支承在端盖上。

富勒变速器结构的最大特点是采用双中间轴结构,且主变速器输出轴与输入轴孔处采用浮动式结构,使输出轴受力平衡,变速器传动非常平稳,噪声低,只需采用直齿齿轮就能达到要求;除副变速器高、低挡操纵换挡机构使用同步器之外,富勒变速器主变速器仍采用最简单的接合套式换挡机构。

富勒变速器各挡位的传动路线如图 3-30 中箭头线所示,但图中只显示经过一根中间轴的传动路线,另一根中间轴与其相同。

3.3.6 锁环式同步器的结构

换挡装置常见的有直接滑动齿轮式、接合套式和同步器式三种结构形式,目前同步器式换

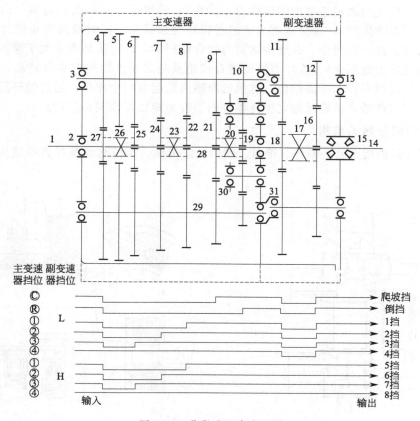

图 3-30 分段式组合变速器

1—主变速器输入轴；2, 3, 13, 30, 31—球轴承；4—中间轴从动齿轮；5—取力齿轮；
6—3挡齿轮；7—2挡齿轮；8—1挡齿轮；9—爬行齿轮；10—倒挡齿轮；11—中间轴从动齿轮；
12—中间轴主动齿轮；14—副变速器输出轴；15—锥轴承；16—中间轴低挡齿轮；
17—高、低挡同步器；18—输入轴主动齿轮；19—输出轴倒挡齿轮；20—同步器；
21—输出轴爬行挡齿轮；22—输出轴1挡齿轮；23, 26—接合套；24—输出轴2挡齿轮；
25—输出轴3挡齿轮；27—主变速器输入轴齿轮；28—主变速器输出轴；
29—主变速器中间轴

挡装置被普遍使用。同步器式换挡装置是在接合套式换挡装置的基础上又加装了同步元件而构成的一种换挡装置，简称同步器。同步器保证在换挡时使接合套与待啮合齿圈的圆周速度迅速相等，缩短变速器换挡时间，并防止二者在同步之前进入啮合，从而可消除换挡时的冲击。载货车广泛采用的惯性式同步器，它分为锁环式和锁销式两种。

锁环式同步器由接合套、花键毂、锁环、滑块、定位销、弹簧等组成，如图3-31所示。花键毂通过内花键固定在第二轴上，3个滑块和接合套装在其上，并可相对它作轴向移动。锁销穿过滑块上的孔并被弹簧压向接合套，锁环以其内锥面空套在接合齿圈的外锥面上，锥面间可相对滑动。锁环上有3个凸起插入花键毂的三个通槽内，并与3个滑块相对，花键毂通槽的宽度为同步器凸起加一个啮合齿的齿厚，这样，锁环可相对接合套有一定的转动余地，但最多只能向前或向后转过半个啮合齿的厚度。

当拨叉拨动接合套向前（后）移动时，先后带动锁销、滑块及锁环向前（后）移动，锁环内锥面受到待啮合齿轮的接合齿圈外锥面阻挡不能前进，由于两锥面的转速不一致，锥面间的摩擦力使锁环从初始的中间位置相对接合套转过半个齿厚，接合套齿端与锁环牙齿的倒角直接相遇，阻挡接合套继续移动。换挡力将锁环紧压在接合齿圈外锥面上，锁环受到较大的摩擦力矩（由待啮合齿轮及与之相连零件的惯性力矩产生），若摩擦力矩≥拨环力矩（由接合套与锁环牙齿倒角作用力产生的），接合套就无法越过锁环继续移动。同时摩擦力矩使待啮合齿轮及与之相连的所有零件转速改变，并逐步达到与接合套同步，此时拨环力矩大于摩擦力矩（因摩擦力矩变小而拨环力矩不变），拨环力矩使啮合齿轮及与之相连的所有零件转动，拨动锁环回到中间位置，从而顺利挂上所需挡位。这里的摩擦力矩起着两个作用：通过锁环阻挡接合套在同步前前进；克服待啮合齿轮及与之相连零件的惯性力矩以加快同步过程。

3.3.7 锁销式同步器的结构

锁销式同步器由接合套、锥环、锥盘、锁销、定位销、定位钢球及弹簧等组成，如图 3-32 所示。

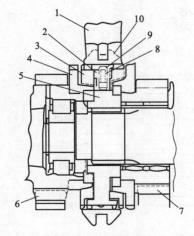
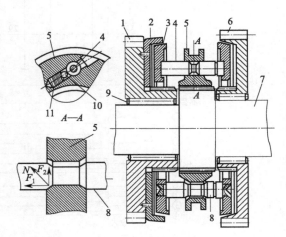

图 3-31 锁环式同步器结构
1—拨叉；2—滑块；3—接合齿圈；4—锥环；
5—花键毂；6—第一轴常啮合齿轮；7—六挡齿轮；
8—弹簧；9—锁销；10—接合套

图 3-32 锁销式同步器
1—二挡齿轮；2—锥盘；3—锥环；4—定位销；
5—接合套；6——挡齿轮；7—第二轴；8—锁销；
9—轴承；10—钢球；11—弹簧

锁销式同步器通过接合套安装在花键毂上，由两个锥环（摩擦件）、三个锁销（锁止件）、三个定位销（推动件）和接合套（接合件）构成。均匀分布的 3 个锁销穿过接合套，两端与锥环铆成一体。锁销中间一段直径较小，直径变化部分切有倒角（锁止角），接合套相应孔的两端也有相同的倒角。定位销与接合套滑动配合，定位销正中间切有一小段环槽。在接合套上的斜孔内装有钢球和弹簧，弹簧将钢球顶向定位销中部的环槽，以保证同步器处于空挡位置，并使定位销可随接合套轴向移动。定位销两端伸入两锥环内侧面的弧形浅坑中，可相对锥盘转动一个小角度。带内锥面的锥盘（或锥形槽）随齿轮一起转动。

换挡时，拨叉将推动接合套、定位销轴向移动，从而推动锥环与锥盘接触。由于两者的转速不等而产生的摩擦作用，使锥环连同锁销一起相对于接合套转过一个角度，锁销与接合套上的孔不同心，使锁销中部倒角与接合套孔端倒角的锥面相抵住，以阻挡接合套继续前移。此时，锥面的法向压紧力 N 的轴向分力 F_1 作用在锥环上并使之与锥盘压紧，产生的摩擦力矩迫使待啮合齿轮迅速与接合套同步。只有当两者同步，待啮合齿轮的惯性力矩消失。锥面的法向压紧力 N 的切向分力 F_2 作用锁销上，推动锥环、锥盘、齿轮以及与之相连的零件相对于接合套转过一个角度，使锁销与接合套孔重新同心，于是接合套克服定位销弹簧的弹力而移动，实现无冲击换挡。

3.3.8 普通齿轮式变速器操纵机构的结构

变速器操纵机构是保证驾驶员根据使用需要，将变速器换入所需的挡位，需完成选挡和挂挡两个动作。采用三轴式变速器的载货车其操纵机构分为直接操纵式和远距离操纵式等。按其结构可分为外操纵机构（变速器壳外部分）和内操纵机构（变速器壳内部分），直接操纵式的外操纵结构仅有变速杆，而远距离操纵式的外操纵机构较复杂，常见杆式操纵机构和软轴式操纵机构两种，但它们的内操纵机构相似。

（1）变速器内操纵机构

如图3-33所示为A130型变速器内操纵机构，安装在变速器的上盖和顶盖上，它主要包括操纵轴、选挡转臂、选挡杆、导块、拨叉轴、拨叉、自锁装置、互锁装置以及倒挡锁等。

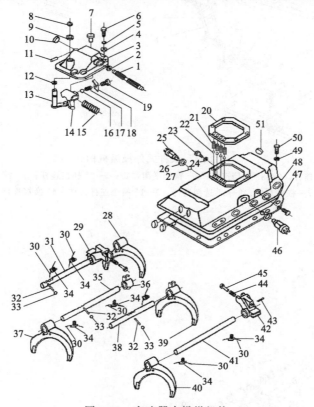

图3-33 变速器内操纵机构

1—操纵轴；2—顶盖油封；3—顶盖；4，9—垫圈；5，24—弹簧垫圈；6，50—螺栓；7—通气塞总成；8—挡圈；10，51—碗形塞片；11—圆柱销；12—O形圈；13—选挡转臂总成；14—选挡杆；15—选挡平衡弹簧；16—钢球；17—弹簧；18—弹簧座锁片；19—弹簧座；20，47—垫密片；21—自锁弹簧；22—自锁钢球；23—定位螺栓；25—开关总成；26—垫密圈；27—开关钢球；28—五、六挡拨叉；29—五、六挡导块；30—钢丝锁线；31—五、六挡拨叉轴；32—互锁销；33—互锁钢球；34—止动螺栓；35—三、四挡拨叉轴；36—导块；37—三、四挡拨叉；38—一、二挡拨叉轴；39—一、二挡拨叉；40—倒挡拨叉；41—倒挡拨叉轴；42—倒挡导块；43—开口销；44—倒挡锁弹簧；45—倒挡锁销；46—空挡开关；48—上盖；49—垫片

（2）杆式外操纵机构

杆式外操纵机构分为单杆式和双杆式，单杆式的选挡和换挡操作由一个杆系完成，而双杆式的选挡和换挡操作分别由两个独立的杆系完成。图3-34所示为双杆式外操纵机构，选挡时通过来自变速器顶盖的平衡弹簧的平衡力作用，自动回到空挡位置，此操纵机构复杂、零件数量多，为满足其驾驶室翻转的需要，还要增加连杆传动伴随机构。

（3）软轴式外操纵机构

软轴式外操纵机构是利用两根软轴（钢绳）传递选挡和换挡的操纵力，它不但具有布置简单、体积小、传动环节和运动部件少等特点，而且有利于专业化的协作生产，具有良好的经济性，其结构如图3-35所示。

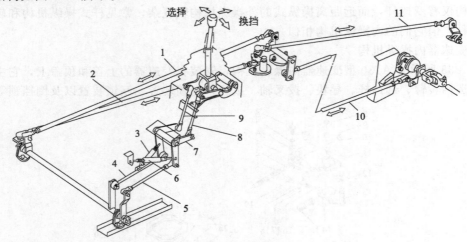

图3-34　双杆式外操纵机构

1—3#换挡连杆；2—3#选挡连杆；3—换挡平衡弹簧；4—2#换挡连杆；5—2#选挡连杆；6—选挡回位弹簧；7—杠杆总成；8—1#选挡连杆；9—1#换挡连杆；10—4#换挡连杆；11—4#选挡连杆

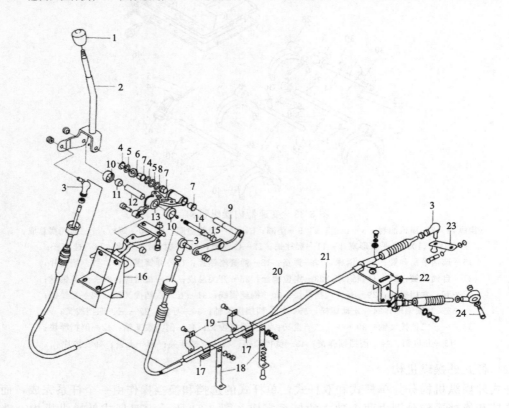

图3-35　软轴式外操纵机构

1—操纵手柄；2—操纵杆；3—球节；4—开口挡圈；5—垫圈；6—选挡臂弹簧；7—衬套；8—波形垫圈；9—选挡臂带轴总成；10—防尘罩；11—球形衬套；12—套管；13—浮动支座总成；14—球头螺栓总成；15—球碗；16—变速杆支座总成；17—软轴管夹支架；18—软轴管夹；19—软轴管夹固定板；20—换挡软轴总成；21—选挡软轴带球节总成；22—软轴支架；23—选挡摇臂；24—销

3.3.9 组合式变速器操纵机构的结构

富勒 RT11509C 型组合式变速器采用双 H 换挡机构，且使用离合器制动器以便于起步。

(1) 双 H 换挡机构

主变速器采用"双 H"换挡操纵机构，如图 3-36 所示。在主变速器换挡操纵机构的 1-2 挡（低速）和 5-6 挡（高速）换挡拨块制成一体，3-4 挡（低速）和 7-8 挡（高速）换挡拨块制成一体。

当变速器挂 1-2 挡时，换挡拨杆推动的是 1-2 挡拨块，副变速器挂低速挡。当变速器挂 3-4 挡时，换挡拨杆推动的是 3-4 挡拨块，副变速器仍然挂低速挡。当变速器挂 5-6 挡时，副变速器在双 H 换挡阀和换挡气缸作用下挂入高速挡，然后主变速器换挡拨杆在 5-6 挡位拨动的仍然是 1-2 挡拨块。换句话说：变速器由 4 挡换入 5 挡，副变速器由低速挡换入高速挡、主变速器由 4 挡推入 1 挡。同理，变速器挂 6 挡，副变速器挂高速挡、主变速器挂入 2 挡依次类推。于是在换挡拨块的排列挡位上形成了 1-2、3-4 和 5-6、7-8 两个"H"形的高、低挡位，所以称其为"双 H"换挡机构。

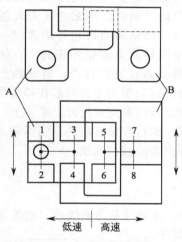

图 3-36 双 H 换挡机构
A—1-2 (5-6) 挡换挡拨块；
B—3-4 (7-8) 挡换挡拨块

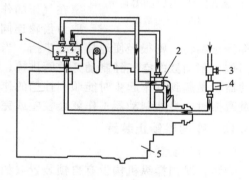

图 3-37 副变速器高、低挡换挡气路
1—双 H 换挡阀；2—换挡气缸；3—过滤器；
4—调压阀；5—变速器

如图 3-37 所示为副变速器高、低挡换挡气路控制图，因全车正常气压 750～800kPa，而高、低挡换挡气路不需如此高的气压，储气筒经过一个过滤减压器将气压减低到 410～440kPa，提供给变速器盖上的两位三通气阀（俗称双 H 换挡阀），双 H 换挡阀控制换挡气缸（如图 3-38 所示）工作，从而实现副变速器高、低挡换挡。高、低挡之间还装有锁销式同步器，其锥盘均与副变速器输入轴齿轮和输出轴齿轮制成一体。

当换挡轴上的拨杆处于 1-2、3-4 低挡区时，双 H 换挡阀处于低速挡位置，双 H 换挡阀向副变速器换挡气缸低速挡工作缸接头 3 供气，而将高速挡工作缸内压缩空气从接头 4 排出，低速挡工作缸的压缩空气推动活塞 5 向后拉动，换挡轴 1 控制同步器接合套向

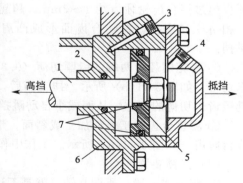

图 3-38 副变速器高、低换挡气缸
1—换挡轴；2,7—O 形密封圈；
3—低速挡工作气缸接头；4—高速挡工作气缸接头；5—换挡活塞；6—换挡气缸

后移动挂入低速挡。当变速器盖上的换挡轴拨杆推向高速挡位置时,拨杆上的凸台将双H换挡阀阀芯顶进,使阀的气路换向,此时双H换挡阀向高速挡工作缸接头4提供压缩空气,而将低速挡工作缸内压缩空气从接头3排出,此时活塞5连同换挡轴1被推向前,使接合套挂入高速挡(直接挡)。

(2) 离合器制动器

由于富勒变速器采用双中间轴结构,在起步时踩下离合器后,输出轴上待挂挡齿轮的转动惯量大,难以与静止的接合套实现无冲击换挡,所以设置了"离合器制动器",它由离合器制动开关阀和离合器制动缸组成,如图3-39所示。

在离合器踏板下方装有一个两位三通气阀,这是离合器制动开关阀。当起步挂挡时,踩下离合器踏板有明显阻碍位置时,说明踏板臂已顶在制动开关阀,若再向下踩踏板,此时踏板臂将开关阀顶开,来自储气筒的压缩空气经过开关阀通向安装在主变速器取力齿轮侧面窗口的制动缸。压缩空气进入制动缸推动活塞,活塞前端的凹面与中间轴取力齿轮外圆弧度一致,活塞在气压的作用下紧压在中间轴取力齿轮外圆面上,使中间轴取力齿轮连同中间轴克服转动惯性迅速制动,输出轴上所有齿

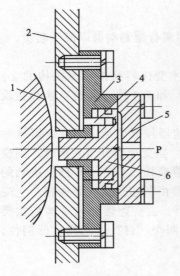

图 3-39 离合器制动器
1—中间轴取力齿轮;2—变速器壳;
3—离合器制动缸;4—导向销;
5—端盖;6—活塞

轮都停止旋转,则很轻便地挂入起步挡。当离合器踏板松开时,制动开关阀芯在弹簧作用下完全回位,制动缸的空气经制动开关阀排掉,制动解除,变速器恢复正常运转。事实上,离合器制动器就是起到汽车起步时能顺利挂挡的作用。但因活塞6的行程是有限的,当活塞6的端面严重磨损时,显然制动器工作就会较差或完全失效,表现出起步挂挡困难。

3.3.10 变速器锁止装置

(1) 自锁装置

为防止跳挡操纵机构设有自锁装置(如图3-40所示),由钢球及弹簧组成,而拨叉轴上有3个或2个凹槽,当挂上某一挡或在空挡时,钢球被弹簧压入凹槽,以防止拨叉轴轴向窜动。此外在啮合齿轮上也采取了防止自动跳挡措施。

① 超越啮合,如图3-41(a)所示,即挂上挡后,接合套的牙齿超过接合齿轮牙齿约1~3mm。超越啮合的牙齿在使用中互相挤压和磨损,在啮合齿面形成凸肩,阻止接合套的自动跳挡。

② 将花键毂齿两端的齿厚切薄(0.3~0.4mm),中间部分未切薄,如图3-41(b)所示。挂上挡后,接合套齿端便顶在花键毂齿未切薄的部分,从而减小自动跳挡的可能。

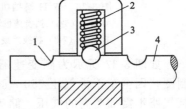

图 3-40 自锁装置
1—定位槽;2—弹簧;
3—自锁钢球;4—拨叉轴

③ 将接合齿的工作面加工成斜面,形成锥角(一般为2°~3°),如图3-41(c)所示;或做成台阶齿,如图3-41(d)所示。工作中作用于接合齿斜面上的轴向分力将阻止跳挡。

(2) 互锁装置

① 锁球式装置 所谓互锁,就是不让换挡机构同时挂上两个挡位。如图3-42所示为锁球式互锁装置,主要由互锁钢球1、3以及互锁销2(图中互锁钢球也可是互锁销)组成。在拨叉轴4、5、6上的侧面相应挡位处都有锁槽。在空挡位置,结构上允许3个拨叉轴中的任意一根都可移动。一旦某一拨叉轴[如图3-42(a)中的5]移动挂挡,锁槽离开对应的互锁钢球

位置，由于互锁钢球被挤入拨叉轴 4、6 的锁槽内，使拨叉轴 4、6 不能移动，从而保证不可能同时挂上两个挡。

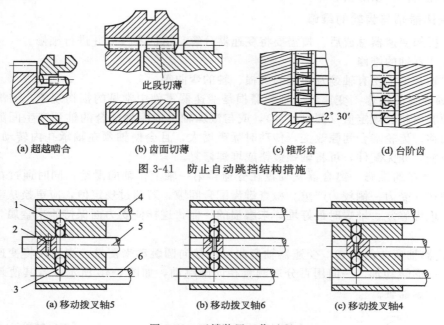

图 3-41 防止自动跳挡结构措施

图 3-42 互锁装置工作过程
1、3—互锁钢球；2—互锁销；4~6—拨叉轴

② 钳口式互锁装置　如图 3-43 所示为钳口式互锁装置。钳形板 3 用销轴 4 固定在变速器盖内，钳形板可以绕销轴转动，变速操纵杆 1 下端的头部位于钳形板的钳口中，三个换挡拨块 2 分别固定在三根拨叉轴上。当变速杆头部进入某一换挡拨块的凹槽内时，钳形板的一个钳爪或两个钳爪将挡住其余换挡拨块的凹槽，使之不能移动而起互锁作用。

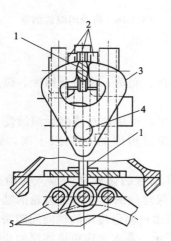

图 3-43 钳口式互锁装置
1—变速操纵杆；2—换挡拨块；
3—钳形板；4—销轴；5—拨叉

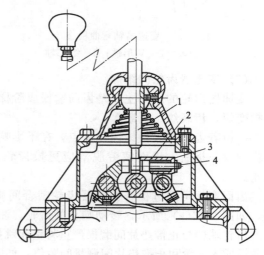

图 3-44 变速器倒挡锁
1—变速杆；2—倒挡拨块；
3—倒挡锁弹簧；4—倒挡锁销

(3) 倒挡锁

倒挡安全装置如图 3-44 所示。从图中可以看到，为了使变速杆 1 进入拨叉轴上倒挡拨块 2

上的槽口，驾驶员必须用较大的力使变速杆 1 下端克服弹簧 3 的压紧力，这就提醒驾驶员考虑是否真正要挂倒挡，以防误操作。

3.3.11 变速器轴与齿轮的维修

从车上拆卸变速器总成后，按需要将变速器分解，清洁零件后并进行维修。

(1) 变速器轴的维修

变速器轴常见损伤有轴颈及花键的磨损、轴的弯曲等。

① 轴颈磨损的维修　变速器轴轴颈磨损是变速器零件中常见的损伤现象，装滚珠轴承的动配合轴颈磨损超过规定值（测量外径），或与滚珠轴承内圈静配合的轴颈产生间隙，都会使齿轮轴线偏移，齿轮啮合间隙改变，传动时噪声增大，且会使轴颈在轴承孔内转动引起烧蚀，因此应更换轴，如无配件，可将轴颈镀铬或堆焊修复。

② 键齿磨损的维修　离合器从动盘在变速器第一轴上作轴向滑动，同时通过花键传递转矩，键齿磨损在受力一侧较为严重。检查键齿配合间隙，若超过规定值，应更换从动盘。如无配件，可用堆焊修复，堆焊时最好堆焊未磨损的一侧，这样使受力面保持原来金属，可以保证修理质量。

③ 变速器轴弯曲的检查　变速器轴弯曲可用径向圆跳动来衡量，测量时将变速器轴放在 V 形铁上，一面转动轴，一面用百分表测量径向圆跳动，如图 3-45 所示。若其值超过使用极限，应更换变速器轴。

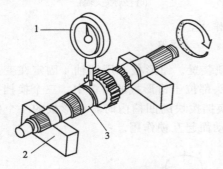

图 3-45　变速器轴弯曲检查
1—百分表；2—V 形铁；3—第二轴

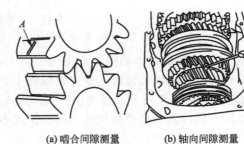

(a) 啮合间隙测量　　(b) 轴向间隙测量

图 3-46　齿轮间隙的测量

(2) 变速器齿轮的维修

变速器齿轮的损坏主要是齿面磨损成阶梯形、齿面拉伤、剥落、烧蚀及锈蚀、斑点，齿长磨损变短，齿裂纹、折断等。

一般若齿面有轻微锈蚀或斑点，在不影响质量的情况下，可用油石修磨后继续使用。对于轮齿裂纹、折断、齿面疲劳脱落应更换齿轮。齿面斑点超过齿面的 15% 以上时，也应更换齿轮。

齿面磨损可通过检查变速器齿轮啮合间隙来判断。在啮合的齿轮之间放入保险丝等软金属，如图 3-46(a) 所示，转动啮合的齿轮，测量挤压过的保险丝的厚度即为齿轮的啮合间隙。

齿轮端部与止推垫片间磨损严重将引起跳挡或异响。可通过测量齿轮的轴向间隙来衡量，将厚薄规插入齿轮和止推垫片间测量间隙值，如图 3-46(b) 所示，若太大需更换加厚的止推垫片。

3.3.12 同步器的维修

同步器维修内容以东风 EQ1141G 为例。

(1) 锁环式同步器的维修

① 检查锁环的变形、裂纹和磨损情况，检查磨损的方法是将锁环 2 压在与之相配的接合

第 3 章 传动系统结构与维修

齿 1 的锥面上，用厚薄规检查它们之间的端面间隙 A，如图 3-47(a) 所示，各挡锁环此间隙不同。间隙过小，说明磨损严重，若到使用极限应更换锁环。检查同步器锁环凸起与花键毂槽的间隙 C [如图 3-47(b)]，维修标准 $5.3 \sim 5.7 \mathrm{mm}$。检查同步器锁环与凸起滑块之间轴向间隙 D，维修标准不大于 $0.5 \mathrm{mm}$。若锁环磨损严重而导致 C、D 值超过极限，需将其更换。

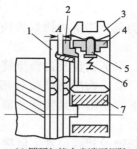
(a) 锁环与接合齿端面间隙

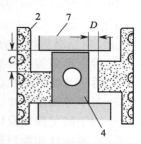
(b) 锁环凸起与花键毂槽间隙

图 3-47 检查同步器锁环
1—接合齿；2—锁环；3—接合套；4—滑块；
5—定位销；6—弹簧；7—花键毂

② 维修同步器滑块有磨损、变形和损坏等损伤。磨损检查方法如图 3-48 所示，将滑块 3 放在与之相配的花键毂 2 的槽内，用厚薄规测量滑块 3 与花键毂 2 槽侧面的间隙 B。使用极限为 $0.25 \mathrm{mm}$，超过极限应更换滑块。

③ 检查花键毂内花键与轴的侧隙，使用极限为 $0.05 \sim 0.35 \mathrm{mm}$，超过极限应更换花键毂。

④ 检查同步器接合套的内齿部分的磨损，将接合套放在有滑块的花键毂上，应能带动滑块沿花键毂的轴向顺利移动，否则应更换同步器接合套。

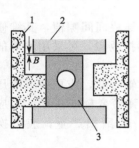

图 3-48 检查同步器磨损
1—锁环；2—花键毂；
3—滑块

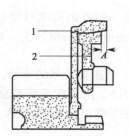

图 3-49 同步器检测
1—锥盘；
2—锥环

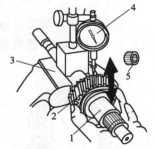

图 3-50 滚针轴承的检查
1—轴；2—齿轮；3—台钳；
4—百分表；5—滚针轴承

(2) 锁销式同步器的维修

① 检查同步器锥环和锥盘之间位置尺寸 A 应不大于 $2.0 \mathrm{mm}$，如图 3-49 所示。若过大，则锥环磨损严重，应更换锥环或整个同步器。

② 检查锥环工作面沟槽深度，维修标准为 $0.40 \mathrm{mm}$，磨损极限为 $0.10 \mathrm{mm}$。若沟槽过浅，应更换锥环或整个同步器。

③ 接合齿与相配合滑动齿轮齿长磨损应不大于全齿长的 15%，磨损严重需更换。

3.3.13 轴承的维修

(1) 滚针轴承的维修

滚针轴承磨损检查方法如图 3-50 所示，用台钳将轴夹住，将百分表竖直顶靠在齿轮上，上下摆动齿轮时百分表的摆差即为滚针轴承的径向间隙。若超过极限，应更换滚针轴承。

(2) 球轴承的维修

球轴承使用过程中会逐渐磨损，若磨损严重将导致对轴轴向和径向定位不可靠，一般通过检查轴承内圈的轴向间隙来衡量其磨损程度，若磨损严重应更换。检查球轴承是否存在烧蚀、转动不灵活现象，若存在应更换。

3.3.14 内操纵机构的维修

下面以东风 EQ1118GA 为例,讲解内操纵机构的维修。

(1) 内操纵机构的分解

① 拆下顶盖的连接螺栓,取下顶盖及自锁弹簧和钢球。
② 拆下弹性挡圈和垫圈,取出选挡摇臂和 O 形圈。
③ 敲平弹簧座锁片,拆下倒挡阻尼弹簧座及锁片。
④ 拆下阻尼弹簧及钢球。
⑤ 在换挡杆和换挡轴的花键的相同位置上做标记。
⑥ 拆下圆柱销,取下操纵轴、选挡杆和选挡平衡弹簧。

(2) 分解上盖

① 拆下倒车灯开关和空挡开关、钢球。
② 拆下倒挡及五、六挡限位导块的导向螺栓。
③ 拆下所有的钢丝锁线后拧下全部拨叉轴的止动螺栓。
④ 拆下五、六挡拨叉轴的碗形塞片,取下五、六挡拨叉及拨叉轴。注意:此时其他挡位必须处于空挡位置。
⑤ 取下五、六挡导块及互锁销和钢球。
⑥ 用同样的方法拆下其他拨叉和拨叉轴。

(3) 零件维修

① 检查变速杆与拨叉导块的间隙。用厚薄规测量变速杆与拨叉导块间间隙值,其维修标准为 0.5~0.86mm,磨损极限为 1.2mm。若间隙过大,容易引起跳挡故障,可采用堆焊的方法修复。

② 变速拨叉轴的维修。变速拨叉轴弯曲,应更换或冷压校正;锁销、定位球及凹槽磨损、定位弹簧变软或折断,均应更换。检查拨叉轴定位凹槽处的磨损,若磨损严重,应更换拨叉轴。

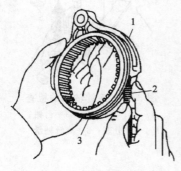

图 3-51 拨叉的检查
1—拨叉;2—厚薄规;3—接合套

③ 拨叉的维修。拨叉弯曲或扭曲可用仪器或与新叉对比方法进行检查。若有弯、扭曲,可用敲击法予以校正;拨叉上端导块磨损,可进行焊修或更换。用厚薄规测量拨叉与接合套的侧隙,如图 3-51 所示,若超过极限值应更换拨叉。

(4) 上盖的装配

① 将拨叉轴装入上盖孔内,同时在轴上安装拨叉及导块,用止动螺钉固定拨叉及导块,最后穿入钢丝锁线将止动螺钉固定。注意:将装好的拨叉轴必须置于空挡位置,自锁的定位槽朝上。

② 装上 2 个互锁钢球后,按第一步的方法依次装入相邻的拨叉轴。

③ 所有拨叉轴装好后,装入上盖的堵盖和塞片。注意:装配时应在堵盖和塞片的外表面上或配合孔表面上均匀地涂一层密封胶。

④ 装钢球、倒车灯开关、空挡开关。
⑤ 在上盖自锁孔内装上自锁钢球及弹簧。

(5) 顶盖的装配

① 在操纵轴总成上装入选挡平衡弹簧。
② 将变速杆装到操纵轴总成上。注意:按拆下时所做的标记对齐装配;装配时应保证当变速杆垂直向下时,操纵轴三角花键处的凹槽向后,操纵轴花键不能损伤油封刃口。

③ 将另一选挡平衡弹簧装在操纵轴总成上。
④ 将圆柱锁装入顶盖。
⑤ 将钢球和弹簧装到变速杆里,并把螺塞通过锁片装到变速杆上。将锁片敲弯,以便锁止螺塞。
⑥ 将 O 形圈装到选挡转臂上的槽内,表面涂上润滑油后装到顶盖上。
⑦ 把顶盖总成装到变速器上盖。

3.3.15 杆式外操纵机构的维修

以东风 EQ1118GA 为例讲解杆式外操纵机构的维修。

(1) 维修各零部件

① 检查操纵杆是否弯曲变形,变形可校正修复。
② 检查所有支架的螺栓是否松动或有无脱落现象。
③ 检查所有换挡和选挡杆球节的锁紧螺母是否松动,要保证所有紧固件都切实拧紧。
④ 检查各球节总成的球头有无卡死或严重磨损,若损坏应更换球节总成。检查润滑是否良好,若润滑不良需加入新的二号工业锂基润滑脂。
⑤ 检查所有换选挡拉杆、挡拉杆支座。固定在车架上的选挡拉杆、换挡拉杆支座中均装有塑料衬套,以减小摩擦阻力,但如果里面润滑情况不好或塑料衬套发生损坏,则会造成转动不灵活和卡死现象。因此,应根据具体情况进行清洗,重新润滑或更换塑料衬套。
⑥ 最后检查各焊接件是否有开裂现象。

(2) 检查和调整拉杆长度

东风 EQ1118GA 汽车的选挡和换挡拉杆共有 8 根(见图 3-34),其长度在出厂时就已按照要求装配调整好了,一般是不需要调整的,但如果发现换挡困难,则可以按规定的各个杆件的长度进行检查和调整,调整好后试试选挡和换挡效果。若发现选挡左、右距离不均匀或换挡前后距离不均匀,可调整 3# 选挡拉杆和 3# 换挡拉杆。这两根拉杆两端的螺纹是左、右旋结构,专门供调整用。松开球节的锁紧螺母,转动拉杆,便能调整此杆长度,进而改变变速杆的位置。拉杆的最大调整量为 ±10mm。

3.3.16 软轴式外操纵机构的维修

下面以东风 EQ1108G 汽车六挡变速器为例,介绍软轴式外操纵机构的维修。

(1) 更换并调整选挡软轴

① 如图 3-52(a) 所示,先将两端球节总成 1 装上,将软轴前端推到底,通过调整球节和

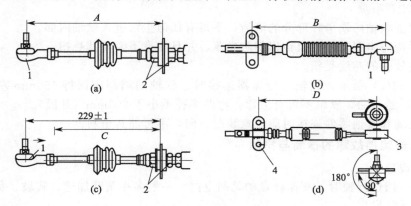

图 3-52 更换并调整选、换挡软轴
1—球节总成;2—螺母;3—橡胶接头;4—软轴管夹

螺母2，使尺寸 A 的长度为（193±1）mm。

② 如图3-52(b) 所示，将软轴后端推到底，测量尺寸 B，尺寸 B 长度应为（214±1）mm，同时应保证两球节之间的角度关系，以及球节和软轴管夹之间的角度关系。

③ 调整完毕，将两处调整螺母锁紧。

(2) 更换并调整换挡软轴

① 如图3-52(c) 所示，先将球节总成1装上，然后将软轴的前端推到底，通过球节和螺母2，使尺寸 C 的长度为（185±1）mm。

② 如图3-52(d) 所示，装上橡胶接头，将软轴后端推到底，调节螺母使 D 长度为（205±1）mm，保证球节总成与软轴管夹和橡胶接头之间的相对角度为90°。

③ 调整完毕后，将调整螺母锁紧。

(3) 安装软轴式操纵机构

将按上述方法调整好的选（换）挡软轴总成装到车上，其步骤如下。

① 如图3-53(a) 所示，将前端的大螺母松开，使软轴总成穿过支架2和防尘罩固定板8，然后拧紧螺母。

② 用自锁螺母4将球节总成3与换（选）挡臂6(5)连接在一起，软轴防尘罩应装在固定板上。

③ 软轴的前端装好后再装后端，即与变速器总成连接。如图3-53(b) 所示，先将软轴固定夹箍11(16)装在固定架上，然后和变速器总成上的选（换）挡摇臂12(14)连接。

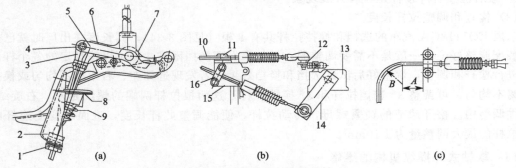

图3-53　安装选、换挡软轴

1—固定螺母；2—支架；3—球节总成；4—自锁螺母；5,6—换挡臂；7—换挡杆；8—驾驶室底板；9—密封套；10—软轴；11,16—固定夹箍；12,14—摇臂；13—变速器；15—支架

(4) 装配注意事项

① 必须保证软轴两端滑杆部分的清洁，不得有任何尘污进入软轴内部。

② 不得手持防尘罩部分，以免损伤防尘罩，并且注意不要使其受扭。

③ 不可使软轴的芯线受扭。

④ 如图3-53(c) 所示，软轴与变速器连接时，软轴的端部应保持100mm左右的直线段（A段），方可开始弯曲，软轴不可有急弯，弯曲半径不小于200mm（B段）。

⑤ 软轴两端和其他零件连接时应注意装配方向，不可使其歪斜。

3.3.17　变速器跳挡故障的诊断与排除

(1) 故障现象

汽车在某一挡位行驶时，变速杆自动跳回空挡。一般多在重载加速、爬坡、负荷突然变化或汽车剧烈振动时发生。

(2) 故障原因

变速器跳挡其实质是在传力过程中相啮合的滑动齿轮或接合套齿受到轴向冲击力大于其受

到的锁止力（齿面摩擦力与拨叉自锁力之和），使其从啮合状态自动推至空挡位置。因此轴向冲击力过大或锁止力减小是发生跳挡的根本原因。变速器跳挡具体原因如下。

① 接合套或齿轮的接合齿，由于长期反复的挂挡、摘挡、相互撞击、磨损，使相互啮合的牙齿在齿长方向磨损不均匀而形成锥形。磨损成锥形的接合齿，在传力过程中会产生轴向分力。

② 变速器操纵机构中的自锁装置失效。如自锁定位弹簧过软或折断，自锁钢球、拨叉轴上的自锁定位凹槽磨损严重等，导致自锁定位作用减弱或消失。

③ 变速器换挡杆或拨叉轴、拨叉等零件变形，严重磨损，或固定螺栓松动等，可能使换挡齿轮或接合套挂不到位，定位钢球不能进入定位凹槽。

④ 变速器轴承松旷，变速器壳体变形，壳体前平面翘曲，导致轴倾斜或变形，破坏齿轮的正常啮合。

⑤ 由于离合器壳后孔中心位置变动、离合器壳与变速器壳结合面相对曲轴轴线的垂直度变动，或第一轴、第二轴轴承过于松旷等原因，造成第一轴、第二轴、曲轴三者不在同一轴线上。

⑥ 变速器中各轴承卡环或齿轮背面的止推垫圈磨损严重，或配合尺寸不当，轴承盖或轴承松动等。

⑦ 各轴轴向间隙或径向间隙太大。

(3) 故障诊断与排除方法

走热全车后进行路试，采用连续加、减速的方法便可确定跳挡挡位。将变速杆挂入跳挡挡位，发动机熄火，小心拆下变速器盖，观察跳挡齿轮的啮合情况。

① 未达到全长啮合，跳挡由操纵机构的传力件磨损间隙过大而引起，需查找故障点，并将其修复。

② 检查接合套或齿轮的牙齿磨损情况，磨损严重须更换接合套或齿轮。

③ 检查变速器操纵机构中的自锁定位装置是否失效。如自锁定位弹簧过软或折断，应更换弹簧；定位钢球，换挡叉轴上的定位凹槽严重磨损，应更换钢球或更换换挡叉轴。

④ 检查变速器换挡杆或拨叉轴、拨叉等零件是否变形或严重磨损，若变形或严重磨损应更换换挡杆或叉轴、拨叉。

⑤ 检查变速器轴承松旷，若松旷应更换轴承。

⑥ 检查变速器壳体是否变形，若变形应校正壳体，必要时应更换壳体。

3.2.18 变速器换挡困难故障的诊断与排除

(1) 故障现象

离合器工作良好，汽车起步挂挡或行驶中换挡比较费力且齿轮有撞击声。

(2) 故障原因

① 变速器拨叉轴弯曲变形，严重锈蚀，端头出现毛刺，致使拨叉轴轴向移动困难。

② 锁止钢球损坏，导致变速器拨叉轴移动困难。

③ 变速器拨叉或导块的凹槽磨损严重，导致换挡困难。

④ 变速杆调整不当。

⑤ 同步器损坏或严重磨损。

(3) 故障诊断与排除

① 检查拨叉轴是否弯曲和严重锈蚀。若弯曲应校正，若锈蚀应除锈、清洗和润滑件，必要时更换零件。

② 检查齿轮齿端倒角是否过小，是否出现毛刺。若存在故障应修复。

③ 检查变速器拨叉轴能否正常移动，变速器拨叉及导块凹槽是否磨损过度，锁紧螺钉有无松动，视情修复或更换。

④ 若是冬季换挡困难，还应检查齿轮油是否合格，若不合格，应换上合格的齿轮油。

⑤ 检查同步器锁环内锥面是否严重磨损，若不符合要求应更换锁环。检查锁环与接合齿端隙，若过小应更换锁环。

⑥ 用厚薄规测量滑块与花键毂槽的配合间隙，若间隙过大应修复。

⑦ 检查锁销式同步器锥环是否磨损严重，若严重应更换锥环。

⑧ 检查同步器弹簧弹力是否太小时，若太小必须更换弹簧。

3.4 万向传动装置的结构与维修

3.4.1 万向传动装置的功用

万向传动装置的功用是实现汽车上任何一对轴线相交且相对位置经常变化的转轴之间的动力传递。它一般由万向节和传动轴组成，有时还需加装中间支承，如图3-54所示。

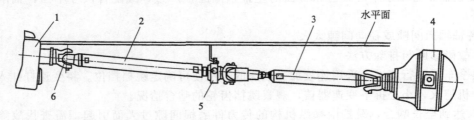

图 3-54 万向传动装置
1—变速器；2—中间传动轴；3—传动轴；4—后桥；5—中间支承；6—万向节

3.4.2 万向装置的结构

（1）十字轴万向节

万向节的种类较多，载货车传动系统常采用刚性十字轴万向节，其结构如图3-55所示。十字轴万向节结构简单、工作可靠、传动效率高，但由于输入轴与输出轴之间有夹角，两轴的角速度不相等。为实现等速传动，在传动轴两端各装一个万向节，只要第一万向节两轴的夹角等于第二万向节两轴的夹角，且第一万向节的从动叉与第二万向节的主动叉在一平面，则第二万向节输出轴与第一万向节的输入轴等速旋转。而中间传动轴只安装一个万向节，主动轴与从动轴的夹角一般在7°以内，以减小不等速对传动率的影响。十字轴中间有润滑油道，以保证润滑油能到达各滚针轴承表面。滚针轴承设置有橡胶油封，以防止漏油和尘土入侵。

（2）传动轴

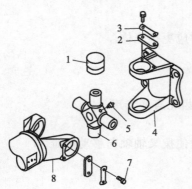

图 3-55 十字轴万向节
1—轴承；2—轴承压板；3—锁片；4—凸缘叉；5—滑脂嘴；6—十字轴；7—固定螺栓；8—传动轴

传动轴做成空心以提高其强度和刚度。传动轴高速旋转时，若其质量不平衡容易产生剧烈振动。因此，传动轴必须做动平衡检验，并通过加装平衡片调整，如图3-56所示。由于汽车在运行中后桥与车架的相对位置发生变化，要求传动轴的安装角度和长度相应改变，万向节和滑动叉的结构就能够满足这一要求。为了保证传动轴的动平衡和等速传动，在滑动叉和传动轴上打有装配位置标记。

(3) 中间支承

中间传动轴及中间支承总成的零件装配关系和结构如图3-57所示。中间传动轴的前端与变速器的输出凸缘相连接，中间支承悬挂在车架的横梁下面，并由支架固定。中间支承轴承在轴承座内可以轴向滑动，以此来补偿轴向位置安装误差和允许汽车在运行时轴承前后微量窜动，减少轴承轴向受力。轴承座装在蜂窝形橡胶垫环内，橡胶垫环能吸收传动轴的部分振动，降低噪声，并能适应传动轴安装角的误差，减少轴承上的附加载荷。

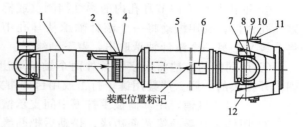

图 3-56 传动轴
1—万向节滑动叉；2—油封盖；3—油封；4—油封垫；
5—传动轴；6—平衡片；7—十字轴轴承；8—十字轴；
9—轴承压板；10—螺栓；11—锁片；12—凸缘叉

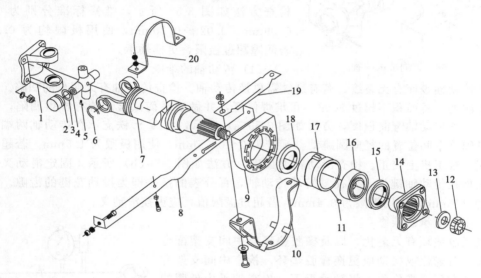

图 3-57 中间传动轴及中间支承
1—凸缘叉；2—滚针轴承；3—防尘罩；4—十字轴；5, 11—滑脂嘴；6—孔用弹性挡圈；
7—中间传动轴；8—托架；9—中间支承橡胶垫环；10, 20—支架；12—槽形螺母；13—垫圈；
14—凸缘；15, 18—油封；16—中间支承轴承；17—轴承座；19—上盖板

3.4.3 万向传动装置的维修

(1) 万向传动装置拆卸

在总成拆卸前，应先将车辆停放在平坦地面上，变速器置入空挡位置，并关闭电源，楔住前、后车轮，确保安全。拆卸传动轴时应从传动轴的后端开始顺次向前。

① 拧下与后桥相连接的四个螺栓、螺母，将传动轴后端拆下，再拧下与中间传动轴相连接的四个螺栓、螺母，拆下传动轴总成。

② 松开中间支承支架与车架横梁的连接螺栓，将中间支承的一端拆下，再拧下中间传动轴前端的连接螺栓、螺母，拆下中间传动轴。

(2) 传动轴的分解

① 分解前检查滑动叉与传动轴管上的装配标记是否清晰，若不清晰，应在拆检前做出清晰的标记。

② 拧开滑动叉油封盖，把花键轴从滑动叉里拔出，取下油封、油封垫片、油封盖。

③ 取出每个万向节耳孔内的弹性挡圈（或拆下轴承压板紧固螺栓，取下压板），用榔头轻敲耳孔根部，利用振动将一个滚针轴承从耳孔中取出，再将传动轴转动180°，用同样的方法将凸缘叉上另一个滚针轴承取出，取下凸缘叉。

④ 用同样的方法将十字轴另外两个轴承取出，取下十字轴。为避免损坏滑脂嘴，应将其朝向开挡大的一侧。严禁用锤子打击或用台虎钳夹传动轴管。

⑤ 拔出开口销，用套筒扳手拧下中间支承槽形螺母，取出垫圈。

⑥ 用榔头轻敲凸缘背面边缘，松动后把凸缘从中间花键轴上拔出来。

⑦ 在轴承座的前端放置一垫板，用榔头轻敲垫板，将中间支承总成从花键轴上打出来。

⑧ 把轴承座夹在台虎钳上，先取下两边的油封，再取出轴承。

(3) 万向节的维修

检查十字轴轴颈表面剥落、压痕及磨损情况，若轴颈损伤严重需更换。检查十字轴的径向及轴向间隙，检查方法如图3-58所示，维修标准分别为 0.02～0.09mm、0.02～0.20mm，使用极限均为 0.25mm。若间隙超过极限，更换轴承。

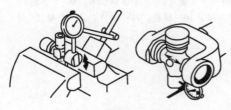

图 3-58 万向节的检查

(4) 传动轴的维修

检查传动轴表面有无裂纹，若有裂纹需更换传动轴。检查传动轴有无明显的凹陷。轻微凹陷不多于四处，总面积不超过 $5cm^2$，可堆焊修复，并做动平衡试验。若有严重凹陷，需更换传动轴。检查传动轴弯曲程度，方法如图3-59(a)所示，将V形铁支承在传动轴两端，用百分表测量轴管中间位置的径向圆跳动。标准为 0～0.75mm，使用极限为 1.5mm。若超过此极限值，应在校正机上校正。检查滑动花键齿隙，方法如图3-59(b)所示，固定滑动叉，将百分表表头顶在传动轴键齿上，往复转动传动轴，百分表的摆差即为滑动花键的齿隙。标准为 0.025～0.115mm，使用极限为 0.4mm。若超过极限值，应更换滑动叉。

(5) 中间支承的维修

检查橡胶垫环有无老化，以及橡胶垫环与中间支架配合有无松动，若老化或松动应更换橡胶垫环。检查中间支架有无裂损，若有裂损需修复。将轴承拆下，检查轴承内外圈的滚道及滚子表面有无疲劳剥落及烧蚀等现象。若有剥落或烧蚀，则需更换。测量轴承径向和轴向间隙，若过大，需更换轴承。

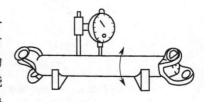

(a) 检查传动轴弯曲

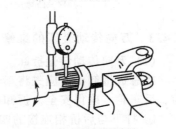

(b) 检查滑动花键齿隙

图 3-59 传动轴的检查

(6) 万向传动装置装配

① 滑动花键副的装复。将油封盖、油封垫片、油封套在花键轴上，对准滑动叉和传动轴轴管上的装配标记，把滑动叉套在花键轴上，装好油封、油封垫片，拧紧油封盖。

② 万向节的装复。将十字轴上的滑脂嘴朝向滑动叉，并和滑动叉上的滑脂嘴同相位。把十字轴插入滑动叉耳孔内，再把滚针轴承放入耳孔内并套在十字轴轴颈上，用铜棒轻敲滚针轴承外底面，使滚针轴承进入耳孔，将弹性挡圈装入耳孔内的卡环槽里，或装上压板和螺栓并锁止。对准装配标记，把凸缘叉套在十字轴的另一对轴颈上，用同样方法装配另一端的万向节。

③ 中间支承的装复。将中间支承轴承装入轴承座，两侧压入油封，装上橡胶垫环。将装配好的中间支承总成无滑脂嘴的一侧对着中间传动轴并套入花键轴上，再将凸缘也套入花键轴上，凸缘的相位应与另一端凸缘叉的相位一致。

在凸缘端面垫上垫板，用锤子轻敲垫板，使中间支承和凸缘到位。放上垫圈，再用 100～150N·m 的力矩拧紧螺母，装上锁销。

④ 装复传动轴。传动轴总成应从前端开始顺次向后装复。装配前应注意滑脂嘴的朝向，尽可能与前传动轴滑脂嘴的朝向一致，以便加注润滑脂。每个螺栓上都应装有两个弹簧垫圈，一个装在凸缘叉一侧的螺栓头下，另一个装在凸缘叉一侧的螺母下，并按规定的力矩拧紧固定螺母。

3.4.4 传动轴异响故障的诊断与排除

（1）故障现象

汽车行驶过程中，在底盘中底部发出不正常响声。

（2）故障原因

① 传动轴弯曲或轴管凹陷。

② 传动轴上平衡片脱落。

③ 传动轴花键轴与凸缘叉花键磨损严重。

④ 传动轴中间支承松动或中间轴承磨损过大。

⑤ 传动轴轴管与万向节叉焊接时未找准方向或未进行平衡试验。

⑥ 万向节十字轴及滚针轴承磨损或断裂。

⑦ 万向节凸缘叉紧固螺母松动。

（3）故障诊断与排除

① 首先检查各紧固螺母和螺栓是否松动，如有松动，按规定力矩拧紧。

② 检查中间支承。若中间支承为普通滚珠轴承橡胶夹紧式，可将夹紧橡胶圆环的所有紧固螺栓松开，然后在旋转传动轴若干圈后再拧紧螺栓。

③ 检查传动轴是否弯曲或平衡片脱落。如无异常，支起后桥，逐段检查传动轴各连接部位的晃动量。若感觉晃动量大，即为该部位零件磨损严重，应进行修复或更换。

④ 若无以上故障，应拆下传动轴，在动平衡机上检查其动平衡情况。

3.4.5 传动轴摆振故障的诊断与排除

（1）故障现象

汽车在起步和改变车速时，车身发生振动，严重时手握的转向盘也有明显的抖动。

（2）故障原因

传动轴摆振和异响有时同时发生，它们的故障原因基本相同。

（3）故障诊断与排除

支承起汽车后轮，启动发动机并使传动轴高速旋转，在减小节气门开度时查看传动轴摆振情况。若摆振明显，检查传动轴是否弯曲或平衡片是否脱落。如无异常，应检查传动轴管的花键齿配合间隙是否因磨损过度而松旷。若汽车在起步和行驶时都有响声且拌有振动的感觉，说明中间轴承松动。

3.5 驱动桥的结构与维修

3.5.1 驱动桥的功用及组成

（1）驱动桥的功用

驱动桥的功用有：一是将万向传动装置传来的发动机的转矩通过主减速器、差速器、半轴以及轮毂传给车轮，实现降低转速增大转矩；二是通过主减速器圆锥齿轮副改变转矩传递方向；三是通过差速器实现两侧车轮差速作用，保证内、外侧车轮以不同转速转向。

(2) 驱动桥的组成

驱动桥由主减速器、差速器、半轴、驱动桥壳等组成，图 3-60 所示为东风 EQ1118GA 的驱动桥。

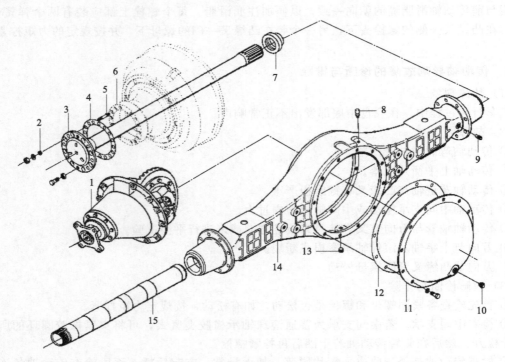

图 3-60　东风 EQ1118GA 驱动桥
1—减速器；2—锥形套；3—半轴；4—衬垫；5—双头螺栓；6—轮毂；7—油封；8—通气塞；9—止动螺钉；
10—监视孔螺塞；11—后桥壳盖；12—衬垫；13—放油螺塞；14—后桥壳；15—半轴套管

3.5.2　单级主减速器的结构

主减速器起减速以增大转矩和改变转矩传递方向作用，载货车多采用单级主减速器，即只有一对减速齿轮。如图 3-61 所示为 EQ1118GA 汽车主减速器，它由一对双曲面齿轮 8 和 31 及主减速器壳 13 等组成。主动锥齿轮有 6 个齿，从动锥齿轮有 39 个齿，则主传动比 $i_0 = 39/6 = 6.5$。双曲面齿轮可提高离地间隙，降低重心，使传动更加平稳，减小噪声。但是由于轮齿间除沿齿廓方向有滑动外，沿齿长方向也有滑动，使齿面接触点的温度较高，容易破坏润滑油膜，所以必须用专用的双曲面齿轮油润滑主减速器。由于主减速器不仅有较大的传动比，同时还改变转矩的传递方向；主、从动锥齿轮的支承受到较大的径向力，同时受到较大的轴向力。要保证转矩有效传递和齿轮的均匀磨损，主、从动锥齿轮必须有正确的相对位置。为保证齿轮的啮合间隙及啮合印痕，主、从动锥齿轮都设有轴向位置调整装置，如主动锥齿轮调整垫片 10 和调整螺母 17；主、从动锥齿轮必须有足够的支承刚度，在结构上靠能调整预紧度的锥轴承 5 及轴承座 7 来实现。

3.5.3　双级主减速器的结构

根据发动机特性和汽车使用条件，要求主减速器具有较大的主传动比时，由一对锥齿轮构成的单级主减速器会因齿轮过大导致尺寸过大，不能保证足够的最小离地间隙，这时则需要采用两对齿轮实现降速的双级主减速器，如图 3-62 所示。

主减速器的第一级传动比由一对曲线齿锥齿轮副 3 和 8 所决定，第二级传动比由一对斜

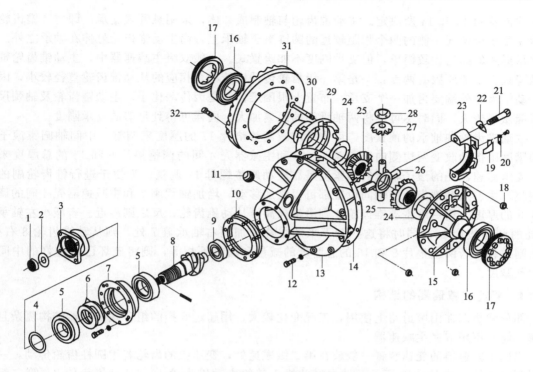

图 3-61　EQ1118GA 主减速器及差速器

1—槽形螺母；2—垫圈；3—凸缘；4—油封座垫圈；5—轴承；6—轴承调整垫圈；7—轴承座；8—主动锥齿轮；9—后轴承；10—主动锥齿轮调整垫片；11—加油螺塞；12—螺栓；13—主减速器壳；14—衬垫；15—差速器左壳；16—差速器轴承；17—调整螺母；18—螺母；19—调整螺母止动片；20，22—锁片；21—轴承盖螺栓；23—轴承盖；24—半轴齿轮垫圈；25—半轴齿轮；26—十字轴；27—行星锥齿轮；28—行星锥齿轮垫圈；29—差速器右壳；30—差速器壳螺栓；31—从动锥齿轮；32—从动齿轮螺栓

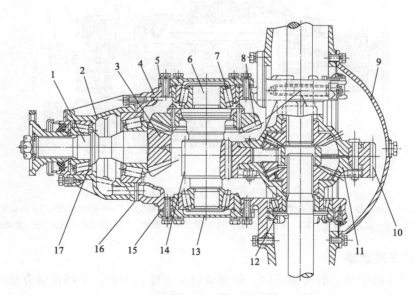

图 3-62　双级主减速器

1—主动锥齿轮轴；2—轴承座；3—第一级主动锥齿轮；4—主减速器壳；5，15，16，17—调整垫片；6—中间轴；7，13—轴承盖；8—第一级从动锥齿轮；9—后盖；10—第二级从动齿轮；11—差速器壳；12—调整螺母；14—第二级主动齿轮

齿圆柱齿轮副 10 和 14 所决定。主动锥齿轮与轴制成一体，采用悬臂式支承。即主动锥齿轮轴支承在位于齿轮同一侧的两个相距较远的圆锥滚子轴承上，而主动锥齿轮悬伸在轴承之外。这种支承形式的结构比较简单，但支承刚度不如跨置式。一般双级主减速器中，主动锥齿轮轴多用悬臂式支承的原因有两点：一是第一级齿轮传动比较小，相应的从动锥齿轮直径较小，因而在主动锥齿轮外端要再加一个支承，布置上很困难；二是因传动比小，主动锥齿轮及轴颈尺寸有可能做得较大，同时尽可能将两轴承间的距离加大，同样可得到足够的支承刚度。

主动锥齿轮轴轴承的预紧度，可借助增减调整垫片 17 的厚度来调整，中间轴圆锥滚子轴承预紧度则借助改变两边侧向轴承盖 7、13 和主减器壳 4 间的调整垫片 5 和 15 的总厚度来调整。支承差速器壳的滚子轴承的预紧度是靠旋动调整螺母 12 调整。为便于进行锥齿轮副的啮合调整，主、从动锥齿轮的轴向位置都可以略加移动。增加轴承座 2 和主减速器壳 4 间的调整垫片 5 的厚度，第一级主动锥齿轮 3 则沿轴向离开从动锥齿轮；反之则靠近。若减小左轴承盖 13 处的调整垫片 15，同时将这些卸下来的垫片都加到右轴承盖 7 处，则从动锥齿轮 8 右移；反之则左移。若两组垫片 5 和 15 的总厚度的减量和增量不相等，则将破坏已调整好的中间轴轴承预紧度。

3.5.4 双速主减速器的结构

部分载货车在山区道路上使用，工况变化较大，用超过 6 挡的组合式变速器结构复杂且造价高，此时可用双速主减速器。

双速主减速器的变速装置一般放在第二级减速处，变速级的齿轮若用圆柱齿轮传动，一定需要两对齿轮，如图 3-63 所示。动力经凸缘 1 传给主动锥齿轮 13、从动锥齿轮 2、第二级齿轮轴 11，当接合套处于高挡位置时，动力经第二级齿轮轴 11 传给接合套、高挡小齿轮 3 及差速器，当接合套处于低挡位置时，动力经第二级齿轮轴 11 传给接合套、低挡小齿轮 12 及差速器。

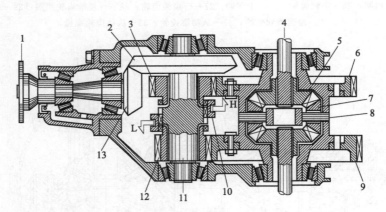

图 3-63 双速主减速器
1—凸缘；2—从动锥齿轮；3—高挡小齿轮；4—半轴；5—半轴齿轮；6—高挡大齿轮；7—行星锥齿轮；8—十字轴；9—低挡大齿轮；10—换挡接合套；11—第二级齿轮轴；12—低挡小齿轮；13—主动锥齿轮

3.5.5 贯通式主减速器

驱动双联桥是由中桥和后桥组成的，传动轴将动力输入中桥，中桥设置有桥间差速器，桥间差速器把动力分别传递给中桥和后桥，如图 3-64 所示。

驱动双联桥的后桥采用普通单级主减速器，而中桥采用贯通式主减速器，如图 3-65 所示。动力由传动轴传递给输入凸缘 1，通过花键带动输入轴 39 旋转。输入轴 39 实际上是桥间差速器前半壳，它与差速器后半壳用连接螺栓 35 连接为一整体。桥间差速器内十字轴行星锥齿轮与两个半轴齿轮啮合，带动两个半轴齿轮 3 和 8 共同旋转。前半轴齿轮 3 通过花键与驱动后桥的贯通轴 11 连接，从而将动力传递给后桥。中桥驱动半轴齿轮 8 通过花键与中桥传动轴套 9 联动。而轴套 9 又通过花键与主动圆柱齿轮 10 联动，从而经从动圆柱齿轮 30 将动力传递给主动圆锥齿轮轴 29，再经主、从动圆锥齿轮传动将动力经轮间差速器壳 18 传递给中桥左、右半轴。

在驱动中桥里有两个差速器，一个是轮间差速器，它是汽车转弯或路面不平行驶时，使左、右车轮自动起差速作用。另一个是桥间差速器，它是为了完成汽车在高、低不平路面上行驶时，中桥和后桥之间自动起差速作用的。

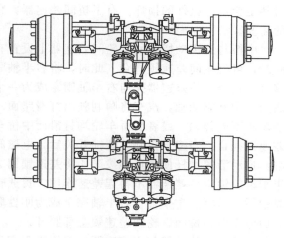

图 3-64　驱动双联桥

汽车在高、低不平路面上行驶时，往往需要中桥与后桥的瞬间转速不同，以适应路面对车轮转动的需要。如果中桥与后桥是一个完全刚性传动的连接，那么任何瞬间中桥与后桥车轮转速都是绝对一致的，就会产生互相干涉的现象，不仅消耗功率，而且轻则产生磨轮胎的故障，严重

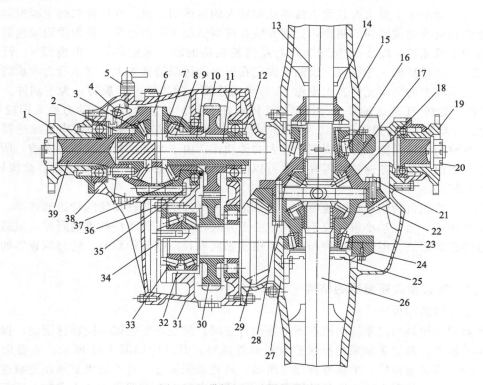

图 3-65　带桥间差速器的贯通桥

1—输入凸缘；2—差速锁销；3，8—半轴齿轮；4—差速锁拨叉；5—差速锁指示灯开关；6—十字轴；7—行星锥齿轮；9—传动轴套；10—主动圆柱齿轮；11—贯通轴；12—锁紧螺母；13—右半轴；14—差速锁接合套；15—桥壳；16—锥轴承；17—半轴齿轮；18—差速器壳；19—输出凸缘；20—螺母；21，28，35，36—螺栓；22—从动圆锥齿轮；23—锥轴承；24—轴承压盖；25—调整花螺母；26—左半轴；27—主减速器壳；29—主动圆锥齿轮轴；30—从动圆柱齿轮；31—过渡箱壳；32—主动圆锥齿轮轴承壳；33—主动锥齿轮轴承；34—主动锥齿轮固定板；37—桥间差速器壳；38—输入轴壳；39—输入轴

时甚至会造成机件的损坏。有了桥间差速器，它会自动地调节中、后桥的转速以完全适应路面的需要。

中桥与后驱动桥相同，轮间差速器上设置有差速锁，当中桥左右车轮单边打滑而且无法行驶时，可将轮间差速锁挂合。此时，将右半轴联动的接合套14向左移动，与差速器壳18上的接合齿啮合，使差速器壳与右半轴锁定成为一个整体，差速器不再起差速作用，左、右半轴将成为一刚性驱动轴，汽车将顺利驶出打滑路面。差速锁挂合后，若中桥左、右车轮均打滑使后桥车轮不能转动，或者后桥车轮均打滑使中桥车轮不能转动，汽车仍无法行驶时，则需将桥间差速锁挂合。当按下桥间差速锁开关后，电磁阀开启，压缩空气经电磁阀进入桥间差速锁工作缸，推动活塞推杆使差速锁拨叉4将差速锁销2插入到前半轴齿轮销孔内，从而将差速器壳与半轴齿轮锁定，差速器不再起差速作用，贯通轴11与传动轴套9之间完全呈现刚性联动，此时中桥、后桥、左半轴、右半轴完全成为刚性联动，汽车将顺利驶出打滑路面。在驶出打滑路面后应立即将桥间、轮间差速锁全部脱开。

中桥过渡传动箱与主减速器均采用飞溅润滑。在过渡箱桥间差速器上方有一加油螺塞，过渡箱底部设置有一个放油螺塞。中桥上也有一加油和放油螺塞。

中桥过渡箱壳的上方设有一个接油挡板，将飞溅上来的润滑油流入桥间差速器润滑差速器。桥间差速器的位置较高，润滑条件恶劣，因此要特别注意中桥内的润滑油量。

3.5.6　轮边减速器的结构

在重型载货车上，要求有较大主传动比和较大的离地间隙时，往往将双级主减速器中的第二级减速齿轮机构制成同样的两套，分别安装在两侧驱动车轮的近旁，称为轮边减速器，而第一级即称为主减速器。图3-66所示为带行星齿轮机构的轮边减速器，它由齿圈4、行星齿轮3、太阳轮26和行星架5等组成。齿圈4固定在桥壳的齿圈轴套6上，它本身为非旋转件，是该行星齿轮机构中的固定元件。太阳轮26与半轴连接，随半轴一起旋转，为主动件。行星架5为从动件，轮毂21通过轴头7与行星架5固定在一起。由半轴传来的动力经太阳轮26、行星齿轮3、行星架5，传给轮毂21。由上述可知，采用轮边减速器使驱动桥中主减速器尺寸减小，保证足够的离地间隙，并可得到比较大的传动比；由于半轴在轮边减速器之前，所承受的转矩减小，因而半轴和差速器等零件尺寸可以减小。但是需要两套轮边减速器，结构较复杂，制造成本也较高。

除带行星齿轮机构的轮边减速器外，还有采用一对外啮合圆柱齿轮的轮边减速器。主动小齿轮与半轴相连，当主动小齿轮位于车轮中心上方时，可增大驱动桥的离地间隙，以适应提高汽车通过性能的需要。但采用这种布置时，由于轴向和径向空间的限制，轮边减速器的传动比是有限。

3.5.7　行星锥齿轮式差速器的结构

（1）差速器的结构

差速器的功用是当汽车转向或在不平路面行驶时，使左右车轮以不同转速滚动，保证两侧驱动轮作纯滚动。载货车多采用行星锥齿轮式差速器，其结构如图3-61所示，主要由差速器壳、十字轴、行星锥齿轮、半轴锥齿轮等组成。差速器壳通过一对锥轴承支承在主减速器壳体上，差速器壳上安装有主减速器从动锥齿轮，十字轴安装在差速器壳内，十字轴上的行星锥齿轮与安装在差速器壳内的左右半轴锥齿轮啮合。动力自主减速器从动锥齿轮依次经差速器壳、十字轴、行星锥齿轮、半轴锥齿轮及半轴传给驱动轮。

（2）差速器运动特性——差速原理

行星锥齿轮式差速器差速原理如图3-67所示。差速器壳7与行星锥齿轮轴6连成一体，并由主减速器从动锥齿轮2带动一起转动，是差速器的主动件，设其转速为n_0。半轴锥齿轮1

和 5 为从动件，设其转速分别为 n_1、n_2，A、B 两点分别为行星锥齿轮 3 与半轴锥齿轮 1 和 5 的啮合点，C 为行星锥齿轮 3 的中心，A、B、C 到差速器旋转轴线的距离相等。

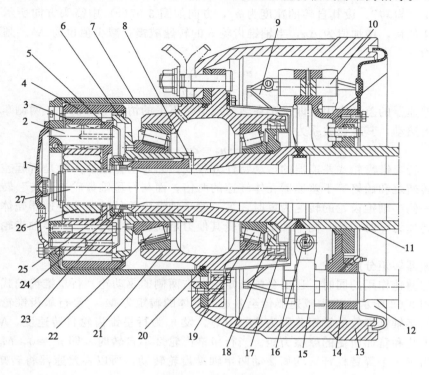

图 3-66 轮边减速器

1—轴头端盖；2—行星齿轮轴；3—行星齿轮；4—齿圈；5—行星架；6—齿圈轴套；7—轴头；8—通气孔；9—制动蹄；10—制动蹄轴销；11—桥壳轴管；12—防尘罩；13—制动鼓；14—制动蹄支架；15—制动凸轮轴；16—回位弹簧；17—轮毂油封；18—油封轴套；19—轮毂内轴承；20—轮毂密封圈；21—轮毂；22—轮毂外轴承；23—半轴油封；24—轴头花螺母；25—垫圈；26—太阳轮；27—半轴

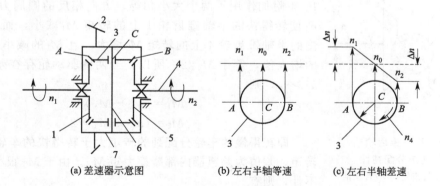

图 3-67 行星锥齿轮式差速器差速原理

1，5—半轴锥齿轮；2—从动锥齿轮；3—行星锥齿轮；4—半轴；6—行星锥齿轮轴；7—差速器壳；A—左半轴齿轮与行星锥齿轮啮合点；B—右半轴齿轮与行星锥齿轮啮合点；C—行星锥齿轮中心

行星锥齿轮式差速器的行星锥齿轮有三种运动状态，即"公转"、"自转"和既"公转"又"自转"。"公转"指行星锥齿轮绕半轴轴线转动；自转指行星锥齿轮绕行星锥齿轮轴轴线转动。当汽车直线行驶时行星锥齿轮相当于一个等臂的杠杆保持平衡，即行星锥齿轮不"自转"，而只随行星齿锥轮轴 6 及差速器壳 7 一起"公转"，左右两半轴无转速差，如图 3-67(b) 所示。

当汽车转弯行驶时,由于外侧轮有滑拖、内侧轮有滑转的现象,两个驱动轮此时就会产生两个方向相反的附加力,破坏了行星锥齿轮、差速器壳、半轴锥齿轮三者的平衡关系,迫使行星锥齿轮产生"自转"。设其自转的速度为 n_4,方向如图 3-67(c) 中箭头方向所示,则半轴锥齿轮 1 的转速加快,增加值为 Δn,半轴锥齿轮 5 的转速减慢,减少值也为 Δn。则两半轴锥齿轮转速分别为

$$n_1 = n_0 + \Delta n$$
$$n_2 = n_0 - \Delta n$$

这就是差速器的差速作用,即汽车在转弯或道路不平的情况下行驶时,两侧车轮以不同的转速在地面上滚动,其转速关系为

$$n_1 + n_2 = 2n_0$$

上式称为行星锥齿轮式差速器的运动特性方程式。它表明差速器无论是否起差速作用,两半轴锥齿轮转速之和始终等于差速器壳体转速的两倍,而与行星锥齿轮"自转"转速无关。

当任何一侧半轴锥齿轮的转速为零时,另一侧半轴锥齿轮的转速为差速器壳体的两倍;当差速器壳体转速为零时,若一侧半轴锥齿轮受其他力矩而转动,则另一侧半轴锥齿轮以相同的速度反转。

(3) 差速器转矩分配特性

差速器起差速作用的同时,还要分配转矩给左右两侧的驱动轮,行星锥齿轮式差速器转矩分配特性如图 3-68 所示。设主减速器传至差速器壳体的转矩为 M_0,经行星锥齿轮轴 3 和行星锥齿轮传给两半轴锥齿轮的转矩分别为 M_1、M_2。设 n_4 为行星锥齿轮自转速度,M_T 为行星锥齿轮自转时内孔和背面所受的摩擦力矩。当行星锥齿轮 2 不自转时,即 $n_4=0$,$M_T=0$,行星锥齿轮 2 相当于一个等臂杠杆,均衡拨动两半轴锥齿轮转动,所以,差速器将转矩 M_0 平均分配给两半轴锥齿轮,即

$$M_1 = M_2 = M_0/2$$

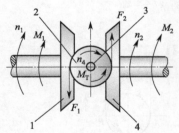

图 3-68 行星锥齿轮式
差速器转矩分配特性
1,4—半轴锥齿轮;2—行星锥齿轮;3—行星锥齿轮轴

当行星锥齿轮 2 按图 3-68 中 n_4 方向自转时,即 $n_1 > n_2$,行星锥齿轮所受的摩擦力矩 M_T 与其自转方向相反,从而使行星锥齿轮分别对半轴锥齿轮 1、4 附加作用了两个大小相等、方向相反的圆周力 F_1 和 F_2,F_1 使转得快的半轴锥齿轮 1 上的转矩 M_1 减小,而 F_2 使转得慢的半轴锥齿轮 4 上的转矩 M_2 增大,且 M_1 的减小值等于 M_2 的增大值,等于 $M_T/2$。所以,当两侧驱动轮存在差速时,即 $n_1 > n_2$,则

$$M_1 = (M_0 - M_T)/2$$
$$M_2 = (M_0 + M_T)/2$$

即转得慢的车轮分配到的转矩大于转得快的车轮分配到的转矩,差值为差速器内部摩擦力矩 M_T。由于 M_T 很小,可忽略不计,则有

$$M_1 = M_2 = M_0/2$$

因此,无论差速器是否起差作用,行星锥齿轮差速器具有转矩等量分配的特性。

3.5.8 驱动桥分解及零件的维修

以东风 EQ1118GA 为例,介绍驱动桥分解及零件维修。

(1) 主减速器及差速器的分解

① 将主减速器及差速器总成从驱动桥壳上拆下,分解前须在轴承盖和差速器壳上做上标记,如图 3-69 所示。因为轴承盖与减速器壳是合件加工的,左、右轴承盖,轴承外圈以及调

整螺母不能互换，差速器左、右壳应按原位置装复。

② 拆下减速器从动锥齿轮支承螺柱（如图 3-70 所示），以便吊出差速器和从动盘总成。

③ 拧松轴承盖固定螺栓，拧下差速器的调整螺母，取下轴承盖，吊下差速器及从动锥齿轮。

④ 拧下差速器左、右半壳及从动锥齿轮固定螺栓，将差速器左、右半壳分开，取出半轴齿轮、十字轴、行星锥齿轮及垫片等。

⑤ 拧下主动锥齿轮轴承座的固定螺栓，用顶丝从主减速器的壳体顶出轴承座，取下主动锥齿轮及调整垫片（如图 3-71 所示）。

⑥ 拧下主动锥齿轮轴端部的槽形螺母，取下凸缘、油封座、锥轴承、调整垫片、轴承座及主动锥齿轮等。分解完后，将零件清洗干净，以备维修。

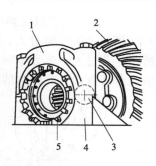

图 3-69 做标记
1—轴承盖；2—从动锥齿轮；
3—标记；4—减速器壳；
5—调整螺母

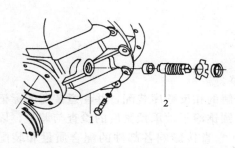

图 3-70 从动锥齿轮支承螺柱
1—减速器壳体；2—支承螺柱

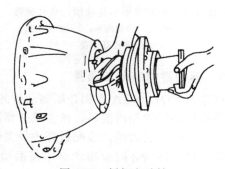

图 3-71 拆卸主动轴

(2) 主、从动圆锥齿轮的维修

① 检查齿轮有无剥落，啮合印痕是否正确，磨损是否严重。若损伤严重需成对更换主、从动锥齿轮。

② 检查是否有轻微擦伤或毛刺，若有应用油石修磨后再使用。

③ 检查主动锥齿轮的花键部分是否磨损严重，若严重应更换。

④ 如主、从动锥齿轮疲劳性剥落，轮齿损坏超过齿长的 1/5 和齿高的 1/3 时，应成对更换，不准新旧搭配使用。更换时应选择同一组编号的齿轮配对使用，配对编组号码由厂家刻在主、从动锥齿轮的端面上，选择齿轮时应注意查看。

(3) 轴承的维修

轴承应能自由转动，不应有阻力感；如轴承内座圈、外座圈或滚柱损坏，磨损或间隙过大应更换轴承；如剥落、支持架变形也应更换轴承。

(4) 十字轴及行星锥齿轮的维修

检查十字轴与差速器壳承孔的配合，将十字轴放在承孔上，不允许有翘曲现象。检查十字轴与行星锥齿轮孔的配合间隙，如图 3-72 所示，测量十字轴和孔的内径，两者之差即为配合间隙。检查半轴齿轮工作面是否有明显剥落

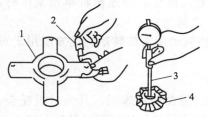

图 3-72 测量十字轴与行星锥齿轮间隙
1—十字轴；2—千分尺；
3—内径百分表；4—行星锥齿轮

和烧蚀。若以上各种损伤超过规定值，需更换十字轴或（和）行星锥齿轮。

(5) 半轴齿轮及差速器壳的维修

检查半轴齿轮工作面是否有明显剥落、烧蚀，及轮齿磨损沿齿高超过 1/4 及沿齿长超过

1/5 时，若有应予以更换半轴齿轮。检查半轴齿轮轴颈与差速器承孔的配合间隙，方法如图 3-73 所示，若间隙过大，更换半轴齿轮。检查半轴齿轮在无隙啮合时的背面间隙，如图 3-74 所示，若过大，多为半轴齿轮和行星锥齿轮的垫片磨损过薄，通过更换垫片修复。安装垫片时应注意其方向，有凹坑的储油面朝向半轴齿轮。

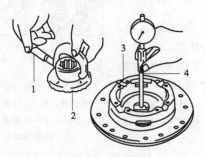
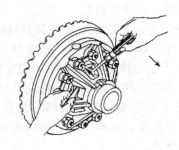

图 3-73 检查半轴齿轮轴颈与承孔间隙
1—千分尺；2—半轴齿轮；3—差速器壳；
4—内径百分表

图 3-74 检查半轴齿轮的背面间隙

3.5.9 驱动桥的装配与调整

以东风 EQ1118GA 为例介绍驱动桥的装配与调整。

维修后的零件经清洗后，按主减速器及差速器分解的相反顺序装配，并注意装配的标记和螺栓（母）的拧紧力矩。装配过程中最关键的工作是圆锥滚子轴承预紧度的检查与调整，以及主、从动锥齿轮啮合间隙和啮合印痕的检查与调整，它直接影响各部件的配合质量和装配精度，下面详细叙述。

（1）圆锥滚子轴承预紧度的检查

装配圆锥滚子轴承时，在消除轴承轴向间隙的基础上再施加一定的压紧力，即为预紧度（力），它表示轴承安装的松紧程度。若预紧度过大，轴承容易损坏，缩短其使用寿命；若过小，轴的轴向刚度小，定位不准，影响齿轮的正常啮合。轴承预紧度的检查常见方法如下。

① 经验法 轴承预紧度的检查最简单方法是：用手转动轴承所支承的轴或轴承座，应该转动自如，轴向推拉无间隙感觉为宜。

② 弹簧秤测量法 用弹簧秤测量使轴承所支承的轴或轴承座转动所需要的力（即启动力）。如检查东风 EQ1118GA 载货车减速器主动锥齿轮轴承预紧度，在不装油封座时，用弹簧秤切线方向拉动叉形凸缘螺孔，启动力在 11～21N 之间为宜。而检查差速器轴承预紧度时，用弹簧秤切线拉动从动锥齿轮固定螺栓，启动力在 38～52N 之间为宜。

③ 转矩仪测量法 用转矩仪测量使轴承上的轴或轴承座转动所需的转矩，此方法用于对精度要求较高的部件预紧度的检查。

（2）轴承预紧度的调整方法

① 主动轴轴承预紧度的调整 主动轴两轴承的外座圈安装在轴承座上，且为过盈配合，它们之间的距离固定。而轴承内座圈装于主动轴上，两内座圈之间垫片的厚度可调整，减小垫片的厚度可缩小两内座圈的距离，所以轴承预紧度增大。增大垫片的厚度导致两内座圈的距离增大，轴承预紧度减小。

② 差速器轴承预紧度的调整 差速器锥轴承内座圈固定在差速器壳上，两者的距离不能改变。而轴承的外座圈是装在轴承孔内，它们之间的距离可以通过两端的调整螺母改变，拧进两端任意一个调整螺母，外座圈距离缩小，轴承预紧度增大。拧出两端任意一个调整螺母，外座圈距离增大，轴承预紧度变小。如何调整两调整螺母还需考虑主、从动锥齿轮的啮合情况。

总之,锥轴承预紧度的调整有两种基本类型:一种是外座圈的距离固定,调整内座圈距离改变其预紧度;另一种是内座圈距离固定,调整外座圈的距离以改变其预紧度。但是由于具体的结构不同,移动内、外座圈的方法各不相同。

(3) 主、从动锥齿轮啮合间隙的检查

主、从动锥齿轮啮合间隙的检查方法有以下三种。

① 将百分表的磁力支架固定于主减速器壳上,用百分表触针抵在从动锥齿轮凸面的大端处,并使百分表有一定的预压量。用手把住主动锥齿轮,周向往复摆转从动锥齿轮,百分表摆差即为主、从动锥齿轮的啮合间隙。

② 用一根长约 5mm 的铅丝置于主、从动锥齿轮的轮齿之间,用手沿前进方向转动主动锥齿轮轴,用游标卡尺测量被碾压铅丝的厚度,即为主、从动锥齿轮的啮合间隙。

③ 用厚薄规插入啮合着的主、从动锥齿轮间测量啮合间隙。

以上三种方法都需圆周上均匀测取三个点,其平均值为啮合间隙。

(4) 主、从动锥齿轮啮合间隙的调整

调整主、从动锥齿轮啮合间隙分两个方式:一种是轴向移动主动锥齿轮,方法是改变主动锥齿轮轴承座与主减速器壳体之间调整垫片的厚度,增加垫片厚度啮合间隙变大,减小垫片厚度啮合间隙变小;另一种是轴向移动从动锥齿轮(差速器壳体),移向主动锥齿轮间隙变小,远离主动锥齿轮间隙变大。方法是拧出移向端的差速器轴承调整螺母,同时等量拧进另一端的调整螺母,以保证差速器轴承的预紧度不变。不论采用哪一种方式调整主、从动锥齿轮啮合间隙必须结合啮合印痕的调整。

(5) 主、从动锥齿轮啮合印痕的检查

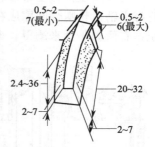

图 3-75 啮合印痕

主、从动锥齿轮啮合印痕大小和位置影响到主、从动锥齿轮传递作用力和力矩,影响到主减速器使用寿命,必须给予足够重视,并认真检查。

检查时,在从动锥齿轮相隔 120°的 3 处,每处连续 2～3 个齿的凹凸面均涂上一层薄薄的红丹油(红丹粉与机油的混合物),用手对从动锥齿轮稍施加阻力,顺时针、逆时针各转动主动锥齿轮数圈,观察从动锥齿轮上的啮合印痕。例如东风 EQ1118GA 汽车理想的啮合印痕如图 3-75 所示,在驱动齿面(凸齿面)的长度约占齿面宽的 46%～70%,滑行齿面(凹齿面)上的长度约占齿面宽的 38%～62%,并略偏向齿的小端。实际测得的啮合印痕与理想的啮合印痕对比,不符合要求需重新调整。

(6) 主、从动锥齿轮啮合印痕的调整

主、从动锥齿轮啮合印痕的调整可采用试配法,即将各锥轴承的预紧度和主从动锥齿轮的啮合间隙调整好后,先检查主、从动锥齿轮啮合印痕,根据啮合印痕的分布位置和调整方法来调整主、从动锥齿轮的位置,通过多次反复检查与调整使啮合印痕达到理想状态。对于双曲面锥齿轮,在保证主、从动锥齿轮啮合间隙符合要求时,啮合印痕常出现偏向齿根或偏向齿顶,通过向前或向后移动主动锥齿轮来调整(如表 3-2 所示)。向前或向后移动主动锥齿轮后,主、从动锥齿轮的啮合间隙可能变大或变小,需视情轴向移动从动锥齿轮,以保证啮合间隙在规定的范围。调整好后用锁片锁止调整螺母,以保证啮合间隙和印痕在使用中保持不变。

表 3-2 主、从动锥齿轮啮合印痕调整方法

| | 啮合印痕偏向齿根 | | 增加垫片前移主动锥齿轮 |

续表

啮合印痕偏向齿顶	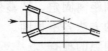 减少垫片后移主动锥齿轮

在调整啮合印痕的过程中，可能会使已符合要求的啮合间隙变得不符合要求，重新调整啮合间隙时又将破坏正确的啮合印痕。出现这些情况时，应以啮合印痕为主，而把啮合间隙放宽一些，但放宽量最大不能超过1mm，否则，应成对更换主、从动锥齿轮。此外，注意啮合印痕应以前进的凸面为主，适当兼顾倒向行驶的凹面。

(7) 从动锥齿轮支承螺柱的调整

从动锥齿轮支承螺柱安装于主减速器的壳体上，其内端与从动锥齿轮的背面之间有0.3～0.5mm的间隙，当从动锥齿轮轴向变形量较大时会顶靠在支承螺柱上，以防止变形量过大，而破坏主、从动锥齿轮原啮合间隙和啮合印痕，导致齿轮异常损坏。差速器总成安装好后，再装入支承螺柱并调整它与从动锥齿轮的背面之间间隙。方法是：将支承螺柱拧到底（即与从动锥齿轮背面相接触），然后退回1/5～1/4圈，拧紧固定螺母，并用锁片将固定螺母锁止。

3.5.10 贯通桥的装配与调整

下面以陕汽SX1380为例，讲解贯通桥的装配与调整。

(1) 差速器行星锥齿轮与半轴齿轮啮合间隙检查与调整

桥间差速器行星锥齿轮与半轴齿轮的啮合间隙应为0.18～0.22mm。轮间差速器行星锥齿轮与半轴齿轮啮合间隙应在0.1～0.2mm。它可以通过用千分表测量行星锥齿轮大锥面齿顶的左、右活动旷量来测得。该间隙是在装配差速器时在每半个差速器壳上测量的，可通过改变半轴齿轮止推垫片厚度来调整。

(2) 轮间差速器轴承预紧度的检查与调整

轮间差速器轴承的预紧度检查，可测量转动轮间差速器阻力矩，应为1.5～4.0N·m。将细绳绕在差速器壳上，拉动弹簧秤测量其启动力，此力应在12～32N。若不符合要求可通过改变花螺母25（如图3-65所示）的转矩来调整。

(3) 主动锥齿轮轴承预紧度的调整

主动锥齿轮轴承预紧度是通过改变轴承外圈压盖上调整垫片D的厚度来实现，如图3-76所示。

(4) 主、从动锥齿轮啮合印痕的调整

由于拆卸不便，主、从动锥齿轮啮合印痕的调整采用安装距法，安装距是指主动锥齿轮的端部到从动锥齿轮的轴线距离，可通过调整轴承座与过渡箱结合面调整垫片X厚度来实现，X的值由下式计算得到：

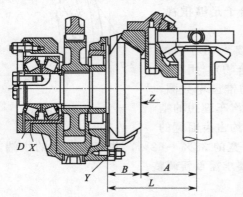

图3-76 主动锥齿轮轴承预紧度和安装距的调整
D—轴承预紧度调整垫片；
X—主动锥齿轮轴向位置调整垫片

$$X = A + Z + B - (L - Y)$$

式中 A——主动锥齿轮端面至从动锥齿轮轴线距离的理论值（理论安装距），$A=102$mm；

B——主动锥齿轮端面至过渡箱结合面距离的实测值（单位是mm，未装调整垫片前）；

L——主减速器壳结合面至从动锥齿轮轴线距离的理论值，$L=160$mm；

Z——A值的实际偏差（mm，打印在主动锥齿轮端面）；

Y——L值的偏差（mm，打印在主减速器壳结合面上）。

例如在未安装调整垫片X时，实测$B=60$mm，观察主动锥齿轮端面打印$Z=+0.2$mm，

主减速器连接端面打印 $Y=-0.07$ mm，则垫片厚度为
$$X=A+Z+B-(L+Y)$$
$$=102+0.2+60-(160-0.07)$$
$$=2.27\text{mm}$$

调整垫片标准厚度分别有 0.1mm、0.15mm、0.4mm 和 1.0mm 几种，可用 2 个 1mm、一个 0.1mm 和一个 0.15mm 垫片组合而成。

在拆检中桥过渡箱时应注意将垫片 D 和 X 保存好，以便重新组装时使用。拆检时应注意不要将垫片 D 和 X 混淆。

(5) 主、从动锥齿轮间隙的检查与调整

主、从动锥齿轮间隙是用千分表在从动锥齿轮大锥面齿顶部测量，其标准应为 0.3~0.4mm。这一间隙是通过调整轴承花螺母使差速器左、右移动来实现的。在调整时，为保证已调整好的轴承预紧度，应注意左、右调整轴承花螺母应等量地调整。即左花螺母拧松多大角度，右花螺母就应拧紧多大角度，为此在调整前应在左、右花螺母上涂抹标记。

(6) 主、从动锥齿轮啮合痕迹的检查

在从动锥齿轮齿面上涂抹红丹油，反复旋转主、从动锥齿轮，观察齿面痕迹。接触痕迹应在齿面中间部位。如果痕迹在齿顶部位，还应适当减薄调整垫片 X 厚度，如果痕迹在齿根部位，则需将垫片 X 增厚，直到达到要求为止。

(7) 主、从动锥齿轮的更换

速比 $i=5.73$ 驱动双联桥，其主、从动锥齿轮中桥与后桥完全相同。$i=5.73$ 和 $i=6.72$ 的中桥过渡箱里的主、从动圆柱传动齿轮也完全相同。速比 $i=6.72$ 驱动双联桥，其主、从动锥齿轮中桥与后桥不完全相同。因此在维修中需要更换主、从动锥齿轮时应特别注意原车的速比。否则，由于换错齿轮，将会造成中桥与后桥的速比不同，导致桥间差速器烧损的故障。

3.5.11 驱动桥异响故障的诊断与排除

(1) 故障现象

汽车行驶时，在驱动桥处有响声，车速越高响声越大，当低速或跳挡行驶时，响声减小或消失。

(2) 故障原因

① 齿轮或轴承严重磨损或损坏。
② 主、从动锥齿轮配合间隙过大。
③ 差速器齿轮磨损严重，半轴内端和半轴齿轮花键槽磨损、松旷。

(3) 故障诊断和排除

驱动桥异响可分三种情况来诊断与排除

① 行驶时有异响而跳挡时异响减弱或消失

a. 在起步、换挡或急剧改变车速时，有明显的敲击声，车速稳定后为连续的噪声，则为主、从动锥齿轮啮合间隙过大，应调整啮合间隙。

b. 行驶过程中，如果出现间断的或突然出现强烈有节奏的金属敲击声，跳挡时响声消失或减弱，则为齿轮轮齿折断或齿面有损伤，应将齿轮拆下修理或更换。

c. 高速行驶时有低沉的摩擦声音，跳挡滑行时响声消失，则为主、从动锥齿轮啮合不良。应检查主、从动锥齿轮啮合印痕，并检查从动锥齿轮是否变形。

② 行驶时有异响，而跳挡滑行时异响减小但不消失

a. 当行驶中发出不规则的金属敲击声，车速变化时响声明显，晃动传动轴万向节时主动锥齿轮凸缘能随之转动，则为主动锥齿轮轴承磨损。应更换轴承或调整轴承预紧度。

b. 汽车低速行驶，特别是在跳挡滑行接近停车时，发出"哽，哽"的拖滞声，且车辆伴有振动，则为差速器轴承松旷或润滑油不足。应更换轴承或调整轴承预紧度，按标准添加润滑油。

　　c. 支起驱动桥，用手转动主动锥齿轮凸缘时感到费力，高速行驶时出现尖锐噪声，并伴有主减速器过热，则为轴承预紧度过大。应予以调整。

　　③ 汽车直线行驶良好，转弯时后驱动桥有异响

　　a. 行星锥齿轮、半轴齿轮磨损、折断，行星锥齿轮轴磨出台阶，止推垫片过薄，需更换损坏零件。

　　b. 主减速器从动锥齿轮与差速器壳的固定螺栓松动，需按规定力矩拧紧螺栓。

　　c. 润滑油不足，需添加润滑油。

3.5.12　驱动桥局部过热故障的诊断与排除

（1）故障现象

汽车行驶一段里程后，用手探试驱动桥壳中部或主减速器壳，有无法忍受的烫手感觉。

（2）故障原因

① 齿轮油变质、油量不足或牌号不符合要求。

② 轴承调整过紧。

③ 齿轮啮合间隙和行星锥齿轮与半轴齿轮啮合间隙调整太小。

④ 主减速器从动锥齿轮背面与支承螺柱间隙过小。

⑤ 油封过紧和各运动副、轴承润滑不良而产生干（或半干）摩擦。

（3）故障诊断与排除

① 局部过热　油封处过热，则故障由油封过紧引起；轴承处过热，则故障由轴承损坏或调整不当引起；油封和轴承处均不过热，则故障由从动锥齿轮背面与支承螺柱间隙过小引起，应重新调整。

② 普遍过热

　　a. 检查齿轮油油面高度。油面太低，则故障由齿轮油油量不足引起。否则检查齿轮油的规格、黏度或润滑性能。

　　b. 检查主减速器主、从动锥齿轮啮合间隙的大小。

　　c. 松开驻车制动器，变速器置于空挡，轻轻转动主减速器的凸缘；若转动角度太小，则故障由主减速器主、从动锥齿轮啮合间隙太小引起；若转动角度正常，则故障由差速器行星锥齿轮与半轴齿轮啮合间隙太小引起。

第4章 行驶系统结构与维修

行驶系统由车架、车桥、悬架及车轮组成，其基本功用是：①接受传动系统传来的转矩，并通过驱动轮与路面间的附着作用，产生路面对汽车的牵引力，以保证汽车正常行驶；②支承全车，传递并承受路面作用于车轮上各向反力及其所形成的力矩；③缓和路面对车身的冲击，并衰减其振动，保证汽车平顺性行驶；④与转向系统协调配合工作，实现汽车行驶方向的正确控制，以保证汽车操纵稳定性。

4.1 车架的结构与维修

4.1.1 车架的结构

车架是整个汽车的基体，绝大多数部件和总成都固定在车架上。车架的功用是支承连接汽车的各零部件，并承受来自车内外的各种载荷。按其结构形式分为边梁式车架、中梁式车架和综合式车架。

载货车多采用边梁式车架，如图4-1所示，由两根位于两边的纵梁和若干根横梁组成，用铆接法或焊接法将纵梁和横梁连接成坚固的刚性构架。

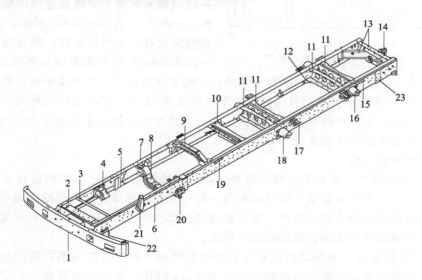

图4-1 边梁式车架
1—车架及支架总成；2—第一横梁；3—第二横梁；4—发动机前横梁；5—右纵梁；6—左纵梁；7—发动机后悬置支架；8—发动机后悬置横梁；9—驾驶室后横梁；10—传动轴支承横梁；11—后置支承横梁；12—后连接板；13—后横梁及角撑总成；14—牵引钩；15—固定车厢下角铁；16,20—吊耳端支架；17—副簧支架；18,22—固定端支架；19—固定车厢角铁；21—减振器支架；23—加强板

4.1.2 车架的维修

（1）车架形位误差的检查

① 车架歪斜的检查 一般车架发生歪斜后，可用如图4-2所示的分段拉线法检查。检测方法是：选择车架上平面较大的平整部位作为基准平面，一般选取钢板弹簧座平面作为基准平面。在

钢板弹簧固定支架销承孔轴线中点与车架左右等距离的对称点，引出4个在基准平面上的投影点，测出4点间对角线的长度即可。我国规定车架分段检查各段对角线长度差应不大于5mm。

② 车架纵梁直线度的检查　纵梁的直线度可用拉线法检查，如图4-3所示。在纵梁被测平面两端垫两个等厚度的垫块，紧贴垫块外平面拉线，然后用直尺测纵梁被测平面各处与拉线间的距离，各距离中与垫块厚度差最大者即为直线度误差。

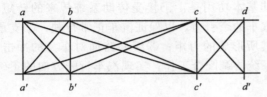

图4-2　车架分段拉线检查
aa'—前钢板前支承架销承孔轴线；ab'、$a'b$—第一段对角线；
bb'—前钢板后支承架销承孔轴线；bc'、$b'c$—第二段对角线；
cc'—后钢板前支承架销承孔轴线；cd'、$c'd$—第三段对角线；
dd'—后钢板后支承架销承孔轴线；ac'、$a'c$—第四段对角线

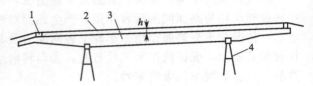

图4-3　车架纵梁直线度检查
1—垫块；2—拉线；
3—车架纵梁；4—支承

车架纵梁的直线度不符合要求将影响有关总成的安装，因此应矫正。对修复后的车架纵梁上平面及侧面的纵向直线度误差，要求纵梁上平面的直线度误差不大于5mm，侧面全长上的直线度误差不大于3mm。

③ 车架总成上平面平面度的检查　在被测平面两端两纵梁上对称放置四个等厚垫块（如图4-4所示），并拉对角线ab'和$a'b$，若在两对角线的交点c处不相接触，则对处于下平面的一条对角线两端的两垫块加等厚度垫片调整，

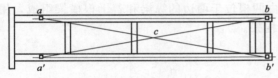

图4-4　车架纵梁平面平面度的检查

直至两对角线在c处接触。这样两条对角线的四个端点便形成了一个基准平面，此时再在两纵梁上方分别拉线ab和$a'b'$，并测量两纵梁上平面各点至ab或$a'b'$线之间的距离，则各点距离的最大差值即为纵梁上平面的平面度误差值。对一般边梁式车架，车架总成左、右纵梁平面的平面度误差应不大于被测平面长度的1.5/1000。

(2) 车架裂纹的维修

① 车架裂纹的检查　对车架的裂纹检查，必须在除锈后进行。车架的裂纹或断裂多数发生在车架的纵梁上，而车架横梁的裂纹或断裂一般发生在与纵梁连接处和横梁的中部。对这些部位进行除锈后除用目测方法检查外，还应根据具体部位用磁力探伤仪检查。车架裂纹的检查可用目视法、浸油敲击法或磁力探伤的方法检查。

② 车架裂纹的修理　对车架出现裂纹的部位和性质不同的可以有不同的修理方法。对轻微的裂纹，在焊修前最好在裂纹的两端各钻一个5mm的孔，防止裂纹延伸，然后施焊；对受力较大部位而且裂纹较大，应该用三角形状加强腹板焊接。

(3) 车架铆钉的维修　用观察法和敲击法可以检查出松动的或被剪断的铆钉。对车架的铆钉均可进行敲击检查，注意从空响声来判断是否松动，若有松动、错头、歪斜等，均应按规定进行铆接。若不及时维修，就可能在铆钉孔的周围出现裂纹或引起其他铆钉松动。

4.2　悬架的结构与维修

悬架是车架与车桥之间弹性连接并传递力和力矩的装置的总称，它一般由弹性元件、减振器和导向机构三部分组成，分别起缓冲、减振和导向作用。两轴载货车多采用非独立悬架，多

轴载货车中后桥多采用平衡悬架。

4.2.1 非独立悬架的结构

（1）前悬架

载货车前悬架主要由钢板弹簧和筒式减振器等部件组成，如图 4-5 所示。

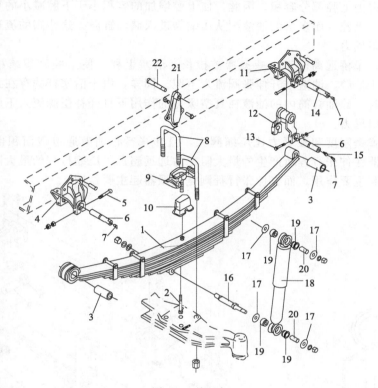

图 4-5 前悬架

1—前钢板弹簧总成；2—中心螺栓；3—衬套；4—固定端支架；5—弹簧销定位螺栓；
6—前钢板弹簧销；7—滑脂嘴；8—U 形螺栓；9—盖板；10—限位块；11—吊耳端支架；
12—吊耳带衬套；13—螺栓；14—钢板弹簧销；15—螺套；16—减振器下销；17—大垫圈；
18—减振器总成；19—橡胶衬套；20—销套；21—减振器上支架；22—减振器销

① 钢板弹簧　前钢板弹簧前端为固定铰链连接，主片前端有卷耳，第二片前端是 3/4 包耳，当主片卷耳折断时，由第二片包耳起支承作用，保证钢板弹簧前端不脱离支架（注意：带第二片包耳端向前，不要装反）。钢板弹簧前卷耳通过钢板弹簧销及固定端支架与车架连接，形成固定旋转支承端。钢板弹簧主片的后端也采用卷耳结构，卷耳通过钢板弹簧销、前吊耳、吊耳销及吊耳支架与车架连接，形成摆动旋转支承端。

钢板弹簧由多片组成，中心螺栓从下穿过各弹簧片中心孔，上端用螺母固定。下端的螺栓头用以和前轴的定位孔定位，并用两个 U 形螺栓固定在前轴上，从而形成刚性连接。在盖板中间装有橡胶限位块，是和锡青铜复合在一起的一种衬套。它用以限制钢板弹簧的最大变形，并且具有一定的缓冲作用。

② 筒式减振器　为衰减振动，载货车前悬架一般装有双向作用筒式减振器，它由几个同心缸筒、活塞和若干个阀门组成，如图 4-6 所示。最外面的缸筒是防尘罩，中间缸筒为储油筒，内装油液，但不装满，其下端通过底座上焊接的吊耳与车桥相连。里面的缸筒为工作缸筒，其内装满油液，上端密封。活塞装在工作缸筒内，活塞杆穿过密封装置，上端与防尘罩和吊耳焊成一体，下端用压紧螺母固定着活塞，活塞将工作缸分成上下两个腔。活塞上装有伸张

阀和流通阀；工作缸筒下端的支座上装有压缩阀和补偿阀。流通阀和补偿阀弹簧弹力小，较低的油压即可使其关闭或开启；压缩阀和伸张阀弹簧弹力大，需要较大的油压才能使其开启。

减振器的工作过程分压缩行程和伸张行程。压缩行程中，车桥靠近车架，减振器受压缩，活塞下移，工作缸下腔容积减小，上腔容积增大，下腔油压高于上腔，油液推开流通阀进入上腔。由于活塞杆占去上腔部分容积，因此，使上腔增加的容积小于下腔减小的容积，致使下腔油液不能全部流入上腔，而多余的油液则从压缩阀进入储油缸筒。这些阀的流通面积不大，因而便产生一定的阻尼力。

伸张行程中，车桥远离车架，减振器被拉长，活塞上移，使上腔容积减小，下腔容积增大，上腔油压高于下腔，油液推开伸张阀流入下腔。同样，由于活塞杆的存在致使下腔产生一定的真空度，这时，储油缸筒内的油液在真空吸力的作用下打开补偿阀流入下腔，油液流经这些阀时便产生了阻尼力。

由于伸张阀弹簧刚度和预紧力比压缩阀大，且伸张行程油液通道截面积也比压缩行程的小，因此，减振器在伸张行程所产生的最大阻尼力远远超过了压缩行程的最大阻尼力。在压缩行程是弹性元件起主要作用，而在伸张行程则是减振器起主要作用。

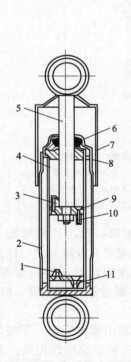

图 4-6　双向作用筒式减振器
1—压缩阀；2—储油缸筒；
3—伸张阀；4—工作缸筒；
5—活塞杆；6—油封；7—防尘罩；
8—导向座；9—活塞；
10—流通阀；11—补偿阀

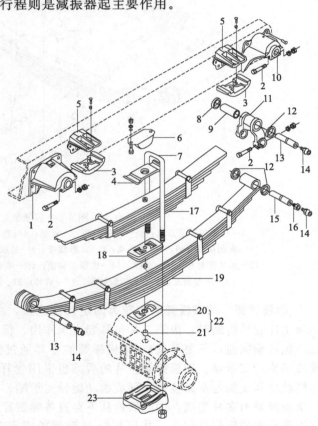

图 4-7　后悬架
1—后悬架固定端支架；2—弹簧销定位螺栓；3—副簧滑板；
4—盖板；5—副簧支架；6—限位块；7—U形螺栓；
8—侧垫圈；9—衬套；10—吊耳端支架；11—吊耳；
12—侧垫圈；13—吊耳销；14—滑脂嘴；15—钢板弹簧销；
16—螺套；17—副钢板弹簧总成；18—副钢板弹簧垫板；
19—钢板弹簧总成；20—斜垫块；21—定位销套；
22—斜垫块总成；23—U形螺栓底板

(2) 后悬架

后悬架的结构如图4-7所示。钢板弹簧主簧与前钢板弹簧结构相似，主片前后均有卷耳。副簧各弹簧片也是由中心螺栓从下边的孔中穿入，上边用螺母固定，下边的螺栓头用来与主簧之间的垫板定位，垫板套在主簧的中心螺栓上端的螺母上定位。主簧与副簧共用两个U形螺栓并固定在后轴上，形成刚性连接。副簧中间装有一盖板，并在车架纵梁相对于盖板的位置上装有橡胶限位块，以限制钢板弹簧的最大变形，并且具有一定的缓冲作用。

前、后钢板弹簧均采用夹箍定位，夹箍被铆固在弹簧片的端部，再用螺栓及套管将弹簧片夹住，这样可以防止弹簧片发生横向错位，在前簧、后主簧在大幅度回跳时将力传给夹箍内的其他各片。当弹簧横扭时也可给予适当的约束。因此，夹箍套管与主片之间以及夹箍与弹簧片侧面之间要有一定的间隙，以降低钢板弹簧主片的横扭应力。

4.2.2 平衡悬架的结构

多轴载货车全部车轮如果都是单独地刚性悬挂在车架上，则在不平道路上行驶时将不能保证所有车轮同时接触地面，如图4-8(a)所示。当有弹性悬架而道路不平度较小时，虽然不一定会出现车轮悬空的现象，但各个车轮间的垂直载荷分配比例会有很大的改变。在车轮垂直载荷变小甚至为零时，则车轮对地面的附着力随之变小甚至等于零。转向车轮遇此情况将使汽车操纵能力大大降低以致失去操纵；驱动车轮遇此情况将不能产生足够的（甚至没有）驱动力。此外，还会使其他车桥及车轮有超载的危险。若将两个车桥（如三轴汽车的中桥与后桥）装在平衡杆的两端，而将平衡杆中部与车架作铰链式连接，如图4-8(b)所示。这样，一个车桥抬高将使另一车桥下降。而且，由于平衡杆两臂等长，则两个车桥上的垂直载荷在任何情况下都相等。这种能保证中后桥车轮垂直载荷相等的悬架称为平衡悬架。

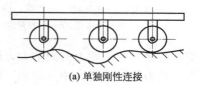

图4-8 多轴汽车在不平道路上行驶示意图

(1) 等臂式平衡悬架

等臂式平衡悬架是三轴和四轴载货车上普遍采用的一种平衡悬架结构形式，如图4-9所示为中、后驱动桥等臂式平衡悬架。钢板弹簧3是纵向布置的，中部用U形螺栓固定在芯轴轴承毂7上。轴承毂通过衬套与固定不动的悬架芯轴6作铰链连接，悬架芯轴则支承在固定于车架上的芯轴支架上。为防止轴承毂轴向移动或脱出，在悬架芯轴的两端装有推力垫圈，并用调整螺母、锁环、锁止垫圈和锁紧螺母等（图中未示出）压紧，外面用盖子盖住。

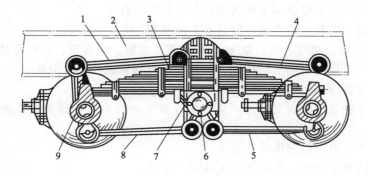

图4-9 平衡悬架
1，4—上推力杆；2—车架；3—钢板弹簧；5，8—下推力杆；6—芯轴；
7—芯轴轴承毂；9—半轴套管座架

钢板弹簧的两端自由地支承在中、后桥半轴套管上的滑板式支架内。这样，钢板弹簧便相当于一根等臂平衡杆，它以悬架芯轴为支点转动，从而可保证汽车在不平道路上行驶时，各轮都能着地，且使中、后桥车轮的垂直载荷平均分配。

为保证轴承毂与悬架芯轴之间的润滑，在毂内设有油道和加注润滑脂的滑脂嘴。

这种悬架的钢板弹簧只能传递垂直力和侧向力，而不能传递驱动力、制动力及其相应的反作用力矩，为此在中、后桥上还装有推力杆。每一车桥有一根上推力杆1、4及两根下推力杆5、8。上推力杆一端以球头销和桥壳上的推力杆上臂相连，另一端用球头销与固定在车架上的支架连接。下推力杆一端用球头销与桥壳上的推力杆下臂相连，另一端用球头销与悬架芯轴支架连接。横向力由装在芯轴轴承毂内的推力垫圈和推力环承受。

（2）摆臂式平衡悬架

图4-10所示为摆臂式平衡悬架。摆臂式平衡悬架主要用于6×2的载货车上。这种载货车的结构特点是前桥为转向桥，中桥为驱动桥，后桥是可以升降的支持桥。当汽车在轻载或空载行驶时，可操纵举升液压缸2，通过杠杆机构将后轮（支持轮）举起，使6×2汽车变为4×2汽车。这不仅可减少轮胎的磨损和降低油耗，同时还可以增加

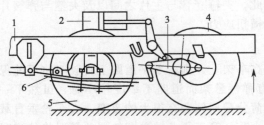

图4-10 摆臂式平衡悬架
1—车架；2—液压缸；3—摆臂；4—支持轮；
5—驱动轮；6—钢板弹簧

空车行驶时驱动轮上的附着力，以免由于驱动力不足而使驱动轮发生滑转的现象。为适应这种汽车总布置的需要，中（驱动）桥和后（支持）桥就有必要采用图示的摆臂式平衡悬架。中桥的悬架采用普通纵置半椭圆钢板弹簧，后吊耳不与车架相连接，而是与摆臂3的前端相连。摆臂轴支架固定在车架上。摆臂的后端与汽车的后桥（支持桥）相连。左、右后支持轮之间没有整轴联系。摆臂相当于一个杠杆，中、后桥上的垂直载荷的分配比例，取决于摆臂的杠杆比及钢板弹簧前、后段长度之比。

摆臂式平衡悬架还具有结构简单，多数零部件能与原4×2汽车通用等优点，且后轮的举升液压缸根据用户的需要而装用。

4.2.3 悬架的维修

（1）悬架的分解

在分解之前，要对车辆的悬架系统进行清洁，除去泥沙和油泥。将车辆的驻车制动手控阀手柄置于驻车位置，再用三角形楔木塞住前后车轮。

① 用千斤顶及安全支架分别支起前轴和车架前部，拆下前轮。

② 拆卸减振器下端和上端支承，然后拿下减振器。

③ 先松开U形螺栓螺母，然后取下U形螺栓、盖板、缓冲块、垫板带减振器下销总成。

④ 慢慢放松千斤顶使前轴平稳落地，此时钢板弹簧总成处于自由状态。

⑤ 拆卸钢板弹簧后部吊耳端。

⑥ 松开钢板弹簧前部固定端螺栓，从车架外侧向内打出钢板弹簧销，前钢板弹簧总成即可与车架分离。

⑦ 放下千斤顶，取下前钢板弹簧总成。

⑧ 拆下吊耳销固定螺栓，然后拆下吊耳销、吊耳。

（2）钢板弹簧维修

① 分解钢板弹簧用专用压具压缩钢板弹簧以卸去弹簧夹螺栓受到的弹力，拧下中心螺栓的螺母，拆下弹簧夹螺栓就能取下各片钢板弹簧。

② 用除锈机或钢丝刷将各片钢板弹簧表面的锈蚀、油污清除干净。

③ 用直观检视法检查,若发现钢板弹簧有裂纹、折断及厚度明显变薄,应予以更换。

④ 检查钢板弹簧弹性是否减退,弹性减退表现在弯曲度减小,通常可通过测量钢板弹簧的弧高来判断。恢复钢板弹簧弹性时,应先在冷态下利用敲击法或专用成型设备进行整形,以恢复钢板弹簧的弯曲度,然后通过适当的正火、淬火及回火处理。在热处理后,对钢板弹簧的凹面进行喷丸处理,以提高其疲劳强度。

⑤ 检查钢板弹簧各片在夹紧后的贴合情况。钢板弹簧夹紧后相邻两片不贴合的长度不得超过短片的1/4,而最大间隙亦不得大于1mm。

⑥ 检查钢板弹簧销和衬套的磨损情况。若两者之间的间隙大于1mm,或橡胶衬套损坏,应更换新件。

⑦ 检查钢板弹簧第一片卷耳与固定端支架的侧向间隙,如图4-11所示。若超过使用极限应堆焊或更换支架。

⑧ 检查夹箍与钢板弹簧两侧的间隙 δ_1,如图4-12所示,若超过使用极限需修复。

⑨ 检查夹箍螺栓套管与钢板弹簧顶面的距离 δ_2,如图4-12所示,若超过使用极限需修复。

⑩ 检查 U 形螺栓有无变形和螺纹部分是否损坏,损坏时应予更换。

⑪ 检查前簧固定端支架开挡磨损,如图4-13所示,若超过使用磨损极限应堆焊或更换支架。

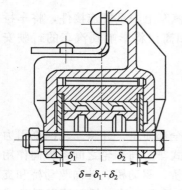

图4-11 卷耳与固定端
支架的侧向间隙

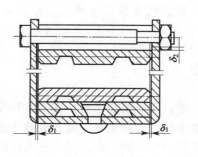

图4-12 测量夹箍螺栓套管与
钢板弹簧顶面的距离

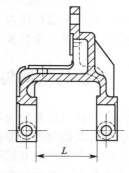

图4-13 测量前簧固定端
支架开挡磨损

(3) 筒式减振器的维修

① 汽车在较坏的路面上行驶10km后停车,用手触摸减振器,若感觉其温度比气温高出不多,就表明减振器没有阻力,已经不起减振作用;若两只减振器温度一高一低,且相差比较多,就表明温度低的减振器阻力较小。

② 当汽车驶过凹凸不平的路面后,如果出现连续振动而经久不衰时减振器可能已失效。拆下减振器,压缩和拉伸减振器(如图4-14所示),若拉伸阻力比压缩阻力大许多,表示减振器良好;若无阻力感觉时,说明减振器已失效,需修理或更换。

③ 漏油主要原因是连杆油封磨损严重,密封性不好,应及时更换。连杆导向座密封圈老化,油液就会从储油筒壁处渗出,当发现储油筒壁渗油或储油筒上有油迹出现时,用图4-15所示的专用扳手,以不小于98N·m的力矩拧紧顶盖,拧紧顶盖后仍有油液渗出,不严重时,仍可继续使用;如漏油较严重,引起阻力明显减小,需修理或更换。

(4) 悬架的装配与调整

① 钢板弹簧组装时,要求各片钢板清洁、平整、无锈迹,并应在各片间涂一层石墨润滑脂。

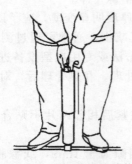
图 4-14　检查减振器效能

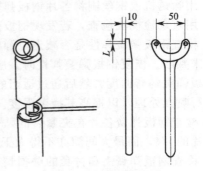
图 4-15　分解减振器

② 装复中心螺栓时，注意应对正钢板孔，用压具把各钢板弹簧片夹紧。

③ 组装钢板弹簧总成时，一定要把钢板夹箍螺栓从内向外穿出，将螺母装在钢板的外侧，以防螺母松脱时螺栓退出擦伤轮胎。

④ 在装配前左钢板弹簧总成时，要注意 U 形螺栓底板的装配方向。在底板上铸有箭头记号，装配时箭头必须朝前，否则容易折断 U 形螺栓。

⑤ 安装前钢板弹簧 U 形螺栓时，注意其盖板、限位块与前桥中心螺栓孔对齐。安装后钢板弹簧 U 形螺栓时，注意将主簧的斜垫块、主簧以及副簧垫板、副簧、副簧盖板与后桥壳上的定位孔对正，将螺栓头和销钉确实装进孔内。

⑥ 拧紧钢板弹簧 U 形螺栓螺母。钢板弹簧 U 形螺栓螺母是汽车上的重要连接件，将车桥与钢板弹簧和车架连接在一起，组成汽车基本结构，一旦松动和离位将影响到汽车的行驶安全，因此一定要注意拧紧。

4.3　车桥的结构与维修

汽车车桥通过悬架与车架连接，两端安装车轮，支承着汽车全部质量，并将车轮的牵引力或制动力以及侧向力经悬架传给车架。其功用是传递车架或承载式车身与车轮之间各方向作用力及其所产生的弯矩和扭矩。按其用途不同，车桥又可分为转向桥、驱动桥、转向驱动桥和支持桥 4 种类型。其中转向桥和支持桥都属于从动桥。一般汽车前桥多为转向桥，而以后桥或中、后两桥为驱动桥。有些单桥驱动的三轴汽车的中桥或后桥为支持桥。

4.3.1　转向桥的结构

载货车的前桥是转向桥（如图 4-16 所示），其作用是承受汽车的前部载荷，并利用前轴与转向节铰接使车轮可以偏转一定的角度，以实现汽车转向。前轴为传统的反弯工字型梁，50 钢调质处理，工艺简单。前轴两端各有一拳形部分，有通孔，通过主销与左右转向节连接，用带有螺纹的楔形锁销将主销固定在前轴孔内，使它不能相对前轴转动。当汽车转向时，转向摇臂在纵向平面内摆动，通过转向直拉杆、转向节臂、左梯形臂、转向横拉杆和右梯形臂，操纵汽车前轮转过一定的角度，从而改变汽车的行驶方向。

两个双头螺柱及螺母将转向节臂固定在转向节上，两个长螺栓将梯形臂、制动底板、转向节连为一体。主销衬套为双金属衬套卷制而成，它是将锡青铜和钢复合在一起，表面是一层较薄的青铜层，主要起耐磨作用。钢背可使衬套的钢度增大，同时可节省铜。在衬套的锡青铜表面开有槽和储油坑，储油性能好，是一种比较理想的衬套材料。为了使衬套装配方便，在制造衬套时，用两个搭扣将衬套合拢定型，装配时只要压入即可，不必再加工。在主销下端装有滑脂嘴，通过主销下端面的槽将油挤入衬套的油槽内，以减小磨损。转向节和前轴之间的间隙调

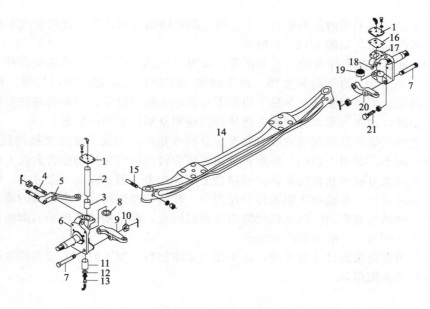

图 4-16 载货车转向桥
1—转向节上盖；2—主销；3—上衬套；4—双头螺栓；5—转向节臂；6—左转向节；7—螺栓；
8—调整垫片；9—左梯形臂；10—槽形螺母；11—下衬套；12—油封总成；13—螺栓；14—前轴；
15—楔形锁销；16—密封垫片；17—右转向节；18—堵塞；19—止推轴承；20—右梯形臂；21—转向限位螺钉

整，采用了一组 2.1～2.8mm 的调整垫片，由于这些垫片比较厚，并且种类较多，因此装配调整时比较方便，容易保证间隙。

为了使转向灵活轻便，前轴下和转向节下耳之间装有止推轴承。与一般轴承不同的是，此轴承的上端有 O 形密封圈，下端靠橡胶刃口进行端面密封。这样可以很好地防止水、泥沙等物进入轴承内，提高了轴承的使用寿命，并保证转向轻便，同时可减轻主销锈蚀。在左、右转向节轴颈上各装有内、外两个圆锥滚子轴承支承轮毂绕转向节轴颈旋转，圆锥滚子轴承用锁止螺母来调整和固定。

4.3.2 转向轮定位参数

为保证汽车稳定地直线行驶，转向操作轻便，减少轮胎和机件的磨损，应使主销和转向节与前轴保持一定的安装角度，这种安装关系称为转向轮定位。转向轮定位内容有主销后倾、主销内倾、前轮外倾和前轮前束。

(1) 主销后倾

主销后倾是指主销轴线在汽车纵向平面内向后倾斜，即主销轴线与地面垂直线在汽车纵向平面内的夹角 γ，如图 4-17 所示。

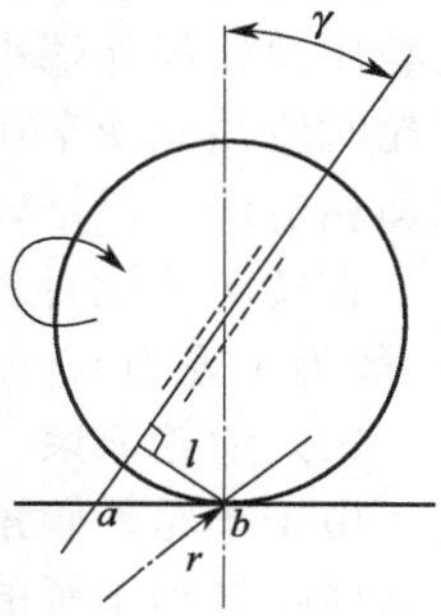

当主销具有后倾角 γ 时，主销轴线与路面的交点 a 位于车轮与路面接触点 b 的前方，ab 之间距离称为主销后倾拖距。当汽车直线行驶时，若转向轮受到外力作用而稍有偏转（如图中向右偏转），将使汽车行驶方向向右偏离，由于汽车本身离心力的作用，在车轮与路面接触点 b 处，路面对车轮产生一个侧向反作用力 Y。则反作用力 Y 对车轮形成绕主销轴线的力矩 lY，其方向正好与车轮偏转的方向相反，在此力矩的作用下，将使车轮恢复到直行行驶状态，故此力矩称为稳定力矩。但稳定力矩不宜过大，否则将增大转向的阻力，所以现代汽车主销后倾角一般为 2°～3°。

图 4-17 主销后倾角

(2) 主销内倾

主销在汽车的横向平面内向内倾斜一个 β 角（即主销轴线和地面垂直线在汽车横向断面内夹角）称为主销内倾角，如图 4-18(a) 所示。

主销内倾角 β 也有使车轮自动回正的作用，如图 4-18(b) 所示。当转向轮在外力作用下由中间位置偏转一个角度（为了解释方便，图中画成 180°即转到如虚线所示位置）时，车轮的最低点将陷入路面以下，但实际上车轮下边缘不可能陷入路面以下，而是将转向车轮连同整个汽车前部向上抬高，这样汽车本身的重力将使转向轮回复到原来中间位置。

此外，主销的内倾还使得主销轴线与路面交点到车轮中心平面与地面交线的距离 c（称转向主销偏置量）减小，如图 4-18(a) 所示，从而可减少转向时驾驶员加在转向盘上的力，使转向操纵轻便，同时也可减少从转向轮传到转向盘上的冲击力。但 c 值也不宜过小，即内倾角不宜过大，否则在转向时，车轮绕主销偏转的过程中，轮胎与路面间将产生较大的滑动，因而增加了轮胎与路面间的摩擦阻力。这不仅使转向变得很沉重，而且加速了轮胎的磨损。故一般内倾角 β 不大于 8°，距离 c 一般为 40～60mm。

主销内倾角是在前梁设计中保证的，由机械加工来实现。加工时将前梁两端主销孔轴线上端向内倾斜就形成内倾角 β。

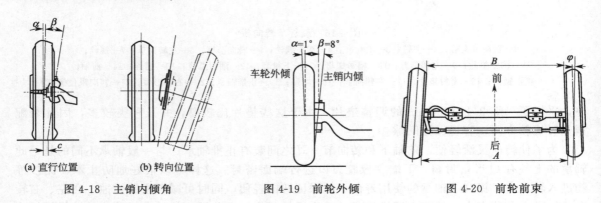

图 4-18 主销内倾角　　图 4-19 前轮外倾　　图 4-20 前轮前束

(3) 前轮外倾

除主销后倾角和内倾角保证汽车稳定直线行驶外，前轮外倾角 α 也具有定位作用。前轮外倾角 α 是通过车轮中心的汽车横向平面与车轮平面的交线与地面垂线之间的夹角，如图 4-19 所示。如果空车时车轮的安装正好垂直于路面，则满载时，车桥将因承载变形而可能出现车轮内倾，这将加速汽车轮胎的偏磨损。另外，路面对车轮的垂直反作用力沿轮毂的轴向分力将使轮毂压向轮毂外端小轴承，加重小轴承及轮毂紧固螺母的负荷，降低其使用寿命。因此，安装车轮时应预先使车轮有一定的外倾角，以防止车轮内倾。同时，车轮有了外倾角也可以与拱形路面相适应。但是，外倾角也不宜过大，否则也会使轮胎产生偏磨损。

在转向节设计时，使转向节轴颈的轴线与水平面成一角度，该角度即为前轮外倾角 α（一般为 1°左右）。

(4) 前轮前束

由于车轮外倾角存在，在滚动时，就类似于滚锥，从而导致两侧车轮向外滚开趋势。由于转向横拉杆和车桥的约束使车轮不可能向外滚开，车轮将在地面上出现边滚边滑的现象，从而增加了轮胎的磨损。为了消除车轮外倾带来的这种不良后果，在安装车轮时，使汽车两前轮的中心面不平行，两轮前边缘距离 B 小于后边缘距离 A，$A-B$ 之差称为前轮前束值，如图 4-20 所示。这样可使车轮在每一瞬时滚动方向接近于正前方，从而在很大程度上减轻和消除了由于车轮外倾而产生的不良后果。

前轮前束值一般为 0～12mm，可通过改变横拉杆的长度来调整。调整时，可根据各厂家规定的测量位置，使两前轮前后轮距差（A－B）符合规定的前束值。测量位置除图示的位置外，还通常取两轮胎中心平面处的前后差值，也可以选取两车轮轮辋内侧面处前后差值。

4.3.3 驱动桥及支持桥的结构

（1）驱动桥

载货车的后桥为驱动桥（参见图 3-60）。主要承受汽车的后部载荷，桥壳是用锰钢板冲压成上、下两个半桥壳，然后沿其纵向对焊而成。冲压桥壳具有重量轻、冲压韧性好、桥腔大，便于结构布置、生产效率高等优点。部分载货车为了加强桥壳中部的刚性，桥壳的后盖是不可拆式的，它焊在"琵琶"部的后端面上。另外在"琵琶"部的前端面亦焊有加强圈，主减速器壳用螺栓紧固在桥壳上。在"琵琶"部附近内侧，各焊有一个喇叭形的导向板以便于半轴装配和阻止齿轮油向两侧流窜。

（2）支持桥

支持桥即无转向功能又无驱动功能，只承受垂直载荷，并承受纵向力和侧向力以及这些力造成的力矩。有些单桥驱动的三轴汽车，往往将后桥设计成支持桥；挂车上的车桥也是支持桥。

4.3.4 车桥的维修

车桥的维修内容主要以东风 EQ1118GA 为例。

（1）前桥检查

① 检查轮胎气压是否符合要求，若不符合要求，按规定充放气。

② 检查轮胎磨损情况和轮辋的变形量。

③ 检查车架是否有扭曲和弯曲变形。

④ 检查前桥，确保轴线与前进方向垂直。

（2）前轮外倾角的测量

① 选择一平坦的地方将后轮停放在与转角测量仪同高的垫块上。

② 用千斤顶顶起前桥，并把车轮摆正（直行位置）。

③ 将转角测量仪放在车轮下面，慢慢将车轮放在转盘中心，将读数调整为零。

④ 取下轮毂轴承盖，将前轮定位测量仪水平安装在轮毂上。

⑤ 根据外倾角标尺上的气泡中心位置读出车轮外倾角度。

⑥ 如果所测度数超出要求的规定值，应检查主销和衬套的磨损情况、轮毂轴承的间隙、前桥的弯曲变形，根据需要修理或更换损坏零件。

（3）主销后倾和内倾角的测量

① 测量车辆外倾角后，缓慢转动转向盘，使车轮转角从零转到 20°。如果测量左轮，则向左转；测量右轮，向右转。

② 当转动 20°后，将标尺中气泡和后倾角标尺的零点对正，读取后倾角和内倾角的数值。如果后倾角和内倾角数值超出规定值，应检查前钢板弹簧是否疲劳失效、主销和衬套是否磨损、前桥是否变形或弯曲。

（4）装复转向节

① 装转向节时，在前轴下方与转向节之间装入止推轴承，止推轴承有 O 形圈一面朝向前轴。在装入主销之前用厚薄规测量转向节与前轴之间的间隙（如图 4-21 所示），间隙应为 0.15mm，若不符合要求，选择适当厚度的调整垫片，但只能用一片。

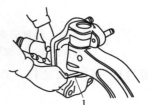

图 4-21 测量转向节与前轴之间的间隙
1—厚薄规

② 在主销与衬套接触区涂一层薄薄的润滑脂，将主销上的锁销槽与前轴上的锁销孔对齐，然后插进主销，并将锁销锁止螺母按规定的拧紧力矩拧紧。注意：锁销必须由汽车前方插入。

③ 为检查主销与衬套之间间隙，在加注润滑脂前，用弹簧秤勾住转向节轴颈开口销孔，测量转向节的启动力，左右单独测定，启动力应不大于10N（如图4-22所示），若不符合要求，需更换衬套修复。

(5) 轮毂装配与调整

用专用工具装复轮毂内轴承，装复轮毂、外轴承、减摩垫片及调整螺母。在转动轮毂的同时，按规定力矩拧紧调整螺母，为使开口销孔与锁止螺母上的槽对准，可退回调整螺母不大于30°。用一根绳子沿车轮螺栓绕1/2圈，并用弹簧秤沿切线方向拉动绳子（如图4-23所示），如东风EQ1118GA启动力为18～40N。若启动力过大，则预紧度调整太大，需逆时针转动调整螺母；若过小则预紧度调整太小，顺时针转动调整螺母。轮毂轴承预紧度调整好后，锁止调整螺母。

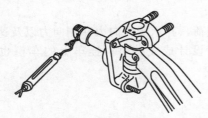 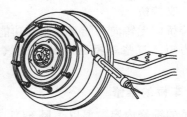

图4-22 转向节启动力检查　　　　图4-23 轮毂轴承预紧度的测量

(6) 转向角的调整

松开转向限位螺钉的锁紧螺母，转动限位螺钉以调整车轮转向角。如EQ1118GA汽车内轮转角为40°，外轮转角为37°，车轮转到极限位置时轮胎与机件不得碰刮。转角调整好后，将锁紧螺母拧紧。

(7) 前束的检查与调整

① 用千斤顶将前桥升起，并用支架支承起来，确保轮胎离开地面。

② 用粉笔对着轮胎胎面，沿每个轮胎圆周胎面中心画上箭头，这样每个轮胎的胎面上画出了中心线。

③ 使两前轮处于直线行驶位置。

④ 在前轮的前方，将前束量具与前桥平行放置（分别指向左右前轮）。

⑤ 将前束量具的指针顶放在与转向节轴头轴线相同的高度位置，如图4-24所示。

⑥ 分别把指针对准左右每个车轮轮胎的中心线，记下量具的读数"A"。

⑦ 转动车轮180°，将量具移至前轴后方，指针对准轮胎中心线前一次测量点，记下量具的读数"B"，用"B"减去"A"得到前束值。

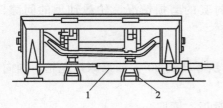

图4-24 测量前束值
1—前束量具；2—支承架

若测出的前束值不符合要求，拧松横拉杆接头夹紧螺栓后再转动横拉杆，直到前束值符合要求，拧紧夹紧螺栓。

4.4 车轮的结构与维修

车轮实际应称为车轮总成，它包括车轮与轮胎（如图4-25所示），作用是支承整车，缓和由路面传来的冲击力，以及通过与路面作用产生驱动力和制动力等。

4.4.1 车轮结构及定心与紧固方式

（1）车轮结构

车轮是介于轮胎和车轴之间承受负荷的旋转组件，由轮辋和轮辐组成。轮辋是安装和支承轮胎的部件，常见形式有：深槽轮辋（DC）、深槽宽轮辋（WDC）、半深槽轮辋（SDC）、平底轮辋（FB）、平底宽轮辋（WFB）、全斜底轮辋（TB）、对开式轮辋（DT）等，如图4-26所示。

轮辐是作为车轮和轮毂的连接件，主要起传递载荷（垂直力、侧向力和切向力转矩）的作用，它分成辐条式和辐板式两种。辐板式轮辐具有盘形结构形状，以提高其抗弯刚度。轮辐在其辐板的中心部位圆周上分布有若干个用于和车轮轮毂连接的紧固孔，紧固孔的尺寸及形状等都有标准要求。辐条式轮辐是用多根钢丝辐条代替辐板来传递载荷，由于结构的特殊性，辐条式车轮必须将车轮轮毂和轮辋连在一起，才能构成车轮整体。

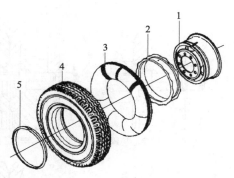

图4-25 EQ1118GA车轮及轮胎
1—车轮；2—内胎垫带；3—内胎；
4—外胎；5—弹性挡圈

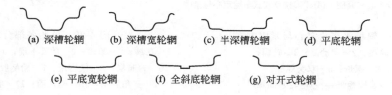

图4-26 轮辋截面类型

（2）车轮定心与紧固方式

车轮通过轮毂安装在车轴上。轮毂结构形式和半轴结构形式有关，载货车多采用全浮式半轴，其轮毂通过两个滚动轴承安装在桥壳上，轮毂结构较复杂。轮毂一般单独成件，车轮往轮毂上安装时须定心，以确保车轮旋转时的平衡。辐板式车轮的定位与紧固方式，如图4-27所示。

如图4-27(a)、(b)所示，载货汽车单式车轮和双式车轮以60°锥角的螺母座来定心，在轮辐中心孔处留有0.5mm的间隙。拧紧螺母消除该间隙后，依靠轮辐内缘产生的弹力可防止螺母的松动。在螺母防松上，有的汽车采用右车轮用右旋螺母，左轮用左旋的办法来解决。近年车轮的定心和紧固方式逐渐被ISO提出的方式所取代，如图4-27(c)、(d)所示，它们是以轮辐的中心孔来定心，一般采用右旋螺母，而在螺母与轮辐间装有可自由转动的垫片防止螺母损伤辐板表面和松动。

4.4.2 轮胎结构、标记方法及种类

载货车一般采用充气轮胎。充气轮胎按胎体中帘线排列的方向不同，可分为普通斜交轮胎和子午线轮胎。充气轮胎按组成结构不同，分为有内胎轮胎和无内胎轮胎两种。

（1）轮胎结构

有内胎的充气轮胎由外胎、内胎和内胎垫带组成，见图4-25。外胎是用以保护内胎使不受外来损害的强度高而富有弹性的外壳，外胎各部分名称如图4-28所示。外胎主要包括如下几个部分：胎面、胎肩、胎侧和胎圈等。其中还可分为胎面花纹、防擦线、胎踵、胎圈底面、胎趾等。轮胎结构材料的名称有：胎面胶、胎侧胶、帘布层、气密层、钢丝圈、胎圈包布、帘布层包布、带束（缓冲层）、辅助缓冲层等。内胎是环形橡胶管，充满压缩空气。内胎上装有气门嘴，其结构如图4-29所示。内胎垫带放在内胎与轮辋之间，防止内胎被轮辋及外胎的胎圈擦伤和磨损。

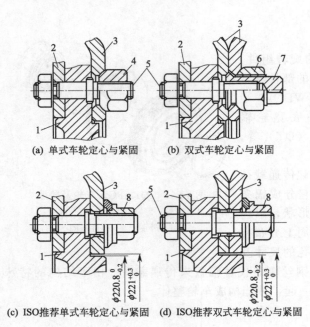
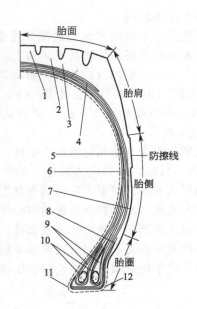

图 4-27　辐板式车轮定心与紧固方式
1—轮毂；2—制动鼓；3—轮辐；
4,8—螺母；5—双头螺栓；
6—外轮紧固螺母；7—内轮紧固螺母

图 4-28　外胎各部分名称
1—花纹；2—胎面；3—胎面下层；4—带束（缓冲层）；
5—帘布层；6—气密层；7—胎侧胶；8—胎圈包布；
9—三角胶条；10—钢丝圈；11—胎趾；12—胎踵

无内胎轮胎在外观上和结构上与有内胎轮胎近似，所不同的是无内胎轮胎的外胎内壁上附加了一层厚约 2~3mm 的专门用来封气的橡胶密封层 1，如图 4-30 所示，采用硫化的方法黏附上。在密封层正对着胎面下面贴着一层用未硫化橡胶的特殊混合物制成的自粘层 2。当轮胎穿孔时，自粘层能自行将刺穿的孔粘合。

在胎圈上做出若干条同心的环形槽纹 3。在轮胎内空气压力作用下，槽纹 3 能使胎圈可靠地紧贴在轮辋边缘上，以保证轮胎与轮辋之间的气密性。但也有的胎圈外是光滑而没有槽纹的。气门嘴 4 直接固定在轮辋 7 上，其间垫以密封用的橡胶密封衬垫 6。铆接轮辋和辐板的铆钉 5 自内侧塞入，并涂上一层橡胶。

无内胎轮胎的优点是：轮胎穿孔时，压力不会急剧下降，能安全地继续行驶；无内胎轮胎中不存在因内外胎之间摩擦和卡住而引起损坏的现象；气密性较好，可以直接通过轮辋散热，所以工作温度低，使用寿命长；结构简单，质量较小。其缺点是：途中修理较为困难。

（2）斜交胎

斜交胎在发达国家一般不再采用，由于斜交胎的侧壁不易受损，这是它的最大的优点，因此在道路不好的地区仍有采用。斜交轮胎由胎体、胎面（胎冠）、侧壁和胎圈等组成，胎体是轮胎的承载骨架，它一般至少由

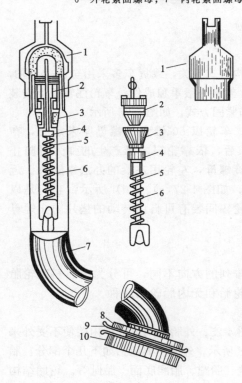

图 4-29　气门嘴
1—盖；2,8—螺母；3—衬套；4—阀门；5—杆；
6—弹簧；7—座筒；9—垫片；10—凸缘

两层挂胶的帘线（帘布）构成。帘线与轮胎的中心平面成一角度 ξ，称为胎冠角，如图 4-31 所示，一般为 20°～40°。

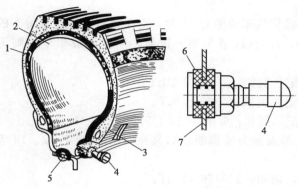
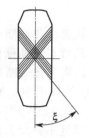

图 4-30　无内胎轮胎
1—橡胶密封层；2—自粘层；3—槽纹；
4—气门嘴；5—铆钉；6—橡胶密封衬垫；
7—轮辋

图 4-31　斜交胎帘线

（3）子午胎

子午胎的结构和斜交胎相类似，但子午胎的胎体帘线（帘布）呈子午线排列，如图 4-32 所示，即帘线和轮胎中心面夹角为 90°，所以称为子午胎。子午胎两侧根部的钢丝圈由帘布的径向帘线把它包裹起来形成胎圈，子午线胎体之上有束带，束带线绳的排列是与轮胎的中心面成 15°～25°的交角。

子午胎束带的刚性会引起车轮纵向振动，为了防止这种振动传到车身，结构上要仔细确定悬架或车桥支承在纵向的弹性，以隔离车轮的纵向振动，否则汽车在碎石路等坏路面上以低于 80km/h 速度行驶时，车内会引起不愉快的嗡嗡声。

(a) 子午胎体帘线排列　　(b) 子午胎束带线绳排列

图 4-32　子午胎

子午胎相对斜交胎来说有许多优点：滚动阻力小，可节省汽车燃油消耗；对地面附着性能好，抗湿滑能力强；；径向弹性大，缓冲性能强，有利于提高汽车的行驶平顺性；胎面较厚，且有坚强的带束层，故耐刺扎，安全性好；因胎体帘布层少，胎侧薄，散热性好，适于长时间行驶。

子午胎的缺点：胎侧薄容易划破；由于胎侧柔软，受侧向力时变形较大，导致汽车横向性变差；制造技术要求高；价格贵。

（4）轮胎规格标记方法

轮胎作为标准化、系列化产品，轮胎的侧面印有反映其类型规格、基本性能参数和主要尺寸的标记，它一般含有轮胎断面宽 B，轮辋的名义直径 d（如图 4-33 所示）及轮胎结构的标示。以 EQ1118GA 轮胎标记 9.00-20 16PR 为例说明其含义：第一部分数字 9.00 表示轮胎断面名义宽 B（单位英寸 in），第二部分数字 20 表示轮辋名义直

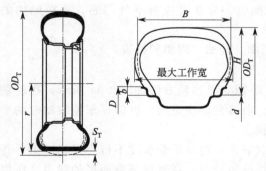

图 4-33　轮胎断面尺寸
B—轮胎断面名义宽；H—轮胎断面名义高；d—轮辋名义直径；OD_T—轮胎名义外径；r—轮胎静力半径；b—轮缘高；D—车轮（钢圈）外径；S_T—静变形

径 d（单位英寸 in），第三部分 16PR 表示可承受相当 12 层棉帘线的负荷。在第一和第二部分数字之间没有 R，表示是斜交胎，若有 R 表示是子午胎。

（5）载货车轮胎种类

按照我国标准（GB/T 2978—1997），载货汽车轮胎有 11 种，对于微型及轻型载货车的轮胎，在标记的后部必有 ULT（微型车胎）、LT（轻型车胎）记号，中、重型车车胎则无此标记。

a. 微型载货车普通断面斜交轮胎的标记，例如：4.50-12 ULT。
b. 轻型载货车普通断面斜交轮胎的标记，例如：6.00-16 LT。
c. 轻型载货车普通断面子午线胎的标记，例如：6.00 R 16 LT。

以上规格的标记中，数字 4.50、6.00 都表示为轮辋断面名义高（in）；数字 12、16 表示为轮辋名义直径（in）。

d. 轻型载货车斜交公制系列轮胎的标，例如：215/70 14 LT。
e. 轻型载货车子午线公制系列轮胎的标记，例如：215/70 R 14 LT。

以上两种规格标记中，数字 215 为轮胎断面名义宽（mm），/70 为轮胎名义高宽比，数字 14 为轮辋名义直径（in）。

f. 中型载货车斜交无内胎公制系列轮胎的标记，例如：245/75 22.5。
g. 中型载货车子午线无内胎公制系列轮胎的标记，例如：315/75 R 22.5 154/149 L。
h. 中、重型载货车普通断面斜交胎的标记，例如：9.00-20。
i. 中、重型载货车普通断面子午线胎的标记，例如：9.00 R 20。
j. 中、重型载货车普通断面子午线无内胎轮胎的标记，例如：8 R 22.5。
k. 中、重型载货车子午线无内胎公制系列轮胎的标记，例如：245/75 R 22.5。

以上 f、g、j、k 中的数 22.5 为无内胎轮辋名义直径（in），第 g 项中的 154/149 为负荷指数（单胎/双胎），L 为速度级别代号。

4.4.3 车轮的维修

汽车动力性、经济性、平顺性、通过性、制动性等性能与车轮、轮胎有一定关系，尤其安全性和可靠性在很大程度上取决于所用轮胎和车轮的制造质量。

轮胎是汽车的易损件，在一辆汽车使用寿命的全过程中，用于更换轮胎的费用占全部修理费用的 20% 左右。正确使用和维护车轮与轮胎，不仅是安全行车的保证，而且可以延长轮胎的使用寿命，减少维修费用，从而降低使用成本。

（1）车轮的分解

① 拆下车轮前，应作出标记，以便实施轮胎换位，分解时应拆下气门芯，放净胎内的空气。

② 分解时用撬棒压下挡圈、撬出锁圈、取下挡圈、外胎、内胎和衬带。

（2）轮辋的检验

① 轮辋变形检验。轮辋变形检验方法如图 4-34 所示，在轮辋边缘测量其轴向圆跳动。若有变形应更换，以保证车轮滚动时的平稳性能并减轻轮胎的磨损。

轮辋的锁圈在自由状态下，对口重叠长度不得小于标准值；否则，说明锁圈的收缩弹性已经衰退，在气压下有崩脱的隐患，所以必须更换，严禁用压扁的方法增加对口重叠量。轮胎螺栓孔磨损大于 0.20mm 应进行修理或更换轮辋。

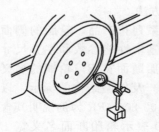

图 4-34 轮辋变形检验

② 检查挡圈、锁环等各部位有无失圆、变形等，若有应进行

校正或更换。

③ 更换车轮总成中任一部件后均应重新进行动平衡检验，维护时粘补外胎也必须重新进行总成动平衡检验，其动不平衡量不得超过标准，否则加平衡块调整。

(3) 轮胎的检查

轮胎的检查内容有轮胎的磨损程度和轮胎气压。轮胎磨损程度的检查包括胎面花纹深度的检查和轮胎异常磨损的检查。

轮胎是行车安全的重要因素，过度磨损的轮胎，除容易爆胎外，由于花纹过浅，还会使汽车操纵稳定性变差。汽车在雨中高速行驶时，由于不能把水全部从胎下排出，轮胎将会出现打滑现象，致使汽车失控。花纹越浅，打滑的倾向越严重。而轮胎（包括备胎）气压的检查对于行车也是非常重要的。轮胎气压不足，长时间高速行车后会导致轮胎过热，并使胎肩和胎侧快速磨损，缩短轮胎的使用寿命；同时，会增加滚动阻力、加大油耗，而且影响车辆的操控，严重时甚至引发交通事故。轮胎气压过高，则使车身质量集中在胎面中心上，导致胎面中心快速磨损，不但缩短轮胎的使用寿命，而且降低车辆的舒适性。

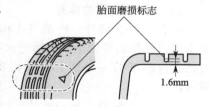

(a) 胎面磨损标志

① 胎面花纹深度的检查 根据 GB 7258—1997《机动车运行安全技术条件》规定，载货车转向轮胎冠上的花纹深度小于 3.2mm，其余轮胎胎冠花纹深度小于 1.6mm 时，应停止使用。

胎面的磨损程度也可以通过胎面磨损标志来判断，该标志位于胎面花纹沟底部，当胎面磨损到此处时，花纹沟断开，表明轮胎必须停止使用。为便于用户找到磨损标志所在的位置，通常在磨损标志对应的胎肩处标出"TWI"或者"△"等符号。通常每条轮胎会沿周向等距离分布多个磨损标志，如图 4-35(a) 所示。通过胎冠花纹的深度判断轮胎磨损程度，即用深度计测量花纹的深度，如图 4-35(b) 所示。

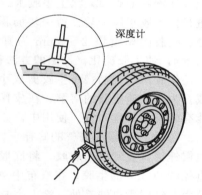

(b) 用深度计检查胎面磨损

图 4-35 胎面磨损的检查

② 轮胎异常磨损的检查 检查轮胎的异常磨损，可以发现故障的早期征兆和原因，以便及时排除影响轮胎寿命的不良因素，防止早期磨损和损坏。轮胎胎面出现异常磨损及原因如下。

中部磨损，如图 4-36(a) 所示，这是由于长期以较高的轮胎气压行驶所致。

胎肩磨损，如图 4-36(b) 所示，这是由于长期以较低的轮胎气压行驶所致。

羽毛状磨损，如图 4-36(c) 所示，这是由于前轮前束符合要求或车桥自身几何尺寸超出规

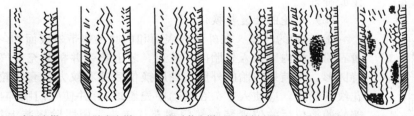

(a) 中部磨损　(b) 胎肩磨损　(c) 羽毛状磨损　(d) 外侧磨损　(e) 局部磨损　(f) 锯齿状磨损

图 4-36 轮胎胎面异常磨损

定值所致。

外侧磨损，如图 4-36(d) 所示，主要由于前轮外倾失调所致。当两侧前轮的外倾之差较大时，这种现象就格外明显。

局部磨损严重，如图 4-36(e) 所示，这是因制动鼓摆差偏大所致。

锯齿状磨损，如图 4-36(f) 所示，这是因前轮不平衡或转向系统间隙过大、车轮定位值不准等原因所致。

(4) 内胎的修补

① 穿孔和破裂的修补

a. 用火补胶修补。内胎穿孔和破裂的范围，如不超过 20mm，可用火补胶修补，修补时，先将裂口处修圆并锉毛，然后把火补胶表面的保护层撕去，将其贴在裂口上，用火补夹夹紧，再把盒内硝纸的一角撬起点燃，热量即传给胶片使其硫化，待自行冷却后，将火补夹取下即可。

b. 用生胶修补。如内胎的破损伤口较大，或无火补胶时，可用生胶修补，其修补工艺是将破口处锉毛。如破口面积较大，应将其修圆，然后剪修锉毛一块与破口相适应的内胎皮填上。在锉毛的破口处涂上生胶水。一般应涂两三次，但每次涂抹时，均应在上一次胶水风干后进行。待胶水风干后，剪一块面积比破口略大的生胶，用汽油将其表面擦拭干净后贴在破口处。生胶的厚度以 2~3mm 为宜，过厚时，可在火上烘烤拉薄。加温至 140℃，保温 10~20min，使生胶硫化。加温的方法很多，最简单的是用铁板或旧活塞加热。

生胶水的配制：将生胶剪成小块放在容器中，加入八倍的汽油浸泡，放置三天左右后即成。为了加速生胶的溶解，在放置过程中，应经常搅拌。配制好的胶水黏度，用毛刷蘸起时，能有较长的拉丝为宜。使用中，如发现黏度变大，可加入适量汽油调稀。

② 气门嘴根部漏气的修补 拧下气门嘴的固定螺母，将气门嘴顶入胎内。将气门嘴口处线层锉掉，直到露出底胶，将底胶锉毛。剪直径约 20mm、30mm、50mm 的三块帆布和一块直径约 60mm 的生胶，在帆布中央开一小孔，孔的大小应与气门嘴上端直径一致。在帆布的两面及气门嘴口锉毛处，涂上生胶水，帆布上应涂 3~4 次，气门嘴口涂两次即可。待胶水风干后，将帆布以先小后大的顺序铺在气门嘴口处，使帆布上的洞口对正气门嘴口，然后在帆布的洞口处放一小纸团，最后放上生胶，加温硫化。因补块较厚，需要硫化的时间较长，而用活塞加温时，应在汽油烧干后停留一会儿，再加入一至两次汽油。

补好后，用剪刀在中间开一小孔，取出纸团，将气门嘴装回原处，上紧螺母。若气门嘴破口过大，底胶开裂较长时，此种修补方法不易保证修理质量。因此，可把原气门嘴口补死，另开气门嘴口，并用上述方法补上帆布。

③ 气门嘴的更换 气门嘴若有折断等损坏，应予以更换。更换时，可在气门嘴附近开一小孔，松开紧固螺母后，将气门嘴顶入内胎，并从新开的小孔取出，新气门嘴也从小孔装入，待新气门嘴装好后，再将新开的小孔用火补胶或生胶补好。

(5) 车轮的装复与换位

① 车轮的装复 在外胎内表面和内胎及垫带外表面均匀地涂抹一层滑石粉，将内胎装入外胎内并放正，装上垫带并稍微充点气，使内胎保持圆形，将装好内胎的外胎按轮胎换位后的花纹方向套在轮辋上（人字花纹的轮胎，应使人字头在滚动中先着地），并使气门嘴伸出轮辋外边，按轮胎换位后的位置装好气门嘴充气接头，用撬胎棒装上挡圈和锁圈，在锁圈上装上锁片和卡簧，然后按规定给轮胎充气。

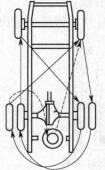

图 4-37 斜交胎的换位

② 轮胎换位 经过一段时间的使用轮胎，应进行轮胎换位，使轮胎

的磨损均匀，提高轮胎寿命。轮胎换位应根据轮胎的不同特点采用不同的换位方法，载货车多采用斜交胎，可采用如图 4-37 所示的交叉方法进行换位方法。

换位后，按照轮胎规定的值调整充气压力。另外在使用雪地轮胎或带防滑钉的轮胎时，不应换位。储存该类轮胎时，应在轮胎上标明轮胎使用时的旋转方向，以确保该类轮胎以同一旋转方向重新装用。

4.5 行驶系统故障的诊断与排除

4.5.1 前轮摆振故障的诊断与排除

（1）故障现象

汽车行驶时，前轮围绕主销振动，摆动严重时转向盘有打手现象。

（2）故障原因

① 转向器轴承松旷。

② 前轮不平衡。

③ 连接球头松旷。

④ 转向器啮合副间隙过大。

⑤ 转向节和衬套磨损过大松旷。

⑥ 前轮轴承松旷。

⑦ 前桥或车架变形，使前轮定位不准。

⑧ 前轮径向圆跳动过大。

（3）故障诊断与排除

① 检查转向盘的自由行程，如果过大进行调整。

② 检查转向系传动机构各连接处是否松旷，如果松旷进行调整。

③ 检查转向器的轴承预紧度，若过小，应进行调整。

④ 支起前桥，左右扳动车轮，从下面观察前轮轴承或转向节有无松旷，如有松旷进行修理。

⑤ 应用前轮定位仪检查前轮定位，必要时对主销后倾和前束进行调整，甚至解体检查前桥和车架变形。

4.5.2 汽车行驶跑偏故障的诊断与排除

（1）故障现象

汽车在行驶时，自动跑向一边，必须用力握住转向盘才能保证汽车直线行驶。

（2）故障原因

① 前轮定位值不正确，前束调整不当（过大或过小）。

② 左、右前轮主销后倾角或车轮外倾角不相等。

③ 制动鼓与制动蹄摩擦片间隙调整不均匀，一边过紧，一边过松。

④ 钢板弹簧一边折断，造成两边弹力不等。

⑤ 转向节或转向节臂弯曲变形。

⑥ 前轴或车架弯曲或扭转。

⑦ 左、右两边轮胎气压不相等。

⑧ 前轮毂轴承调整不当，左、右轮毂轴承松紧度不一致。

⑨ 两侧车轮线速度不等。

（3）故障诊断与排除

① 检查左、右前轮轮胎气压是否一致；如果是在换上新轮胎后出现跑偏现象，则应检查左、右轮胎规格以及轮胎花纹是否一致。

② 用手触摸一下跑偏一侧的制动鼓和轮毂轴承部位是否发热，若发热，说明制动拖滞或是车轮轮毂轴承调整过紧而造成行驶跑偏。

③ 测量左、右轴距是否相等。

④ 检查前钢板弹簧有无折断，前轴是否变形。

⑤ 若以上均属正常，应对前轮定位进行检查调整。

第 5 章 转向系统结构与维修

5.1 转向系统的结构

5.1.1 转向系统的类型

汽车上用以改变或恢复行驶方向的专设机构称为转向系统，简称转向系。按转向系统能源的不同分为机械转向系统和动力转向系统。

(1) 机械转向系统的组成

主要由转向操纵机构、转向器和转向传动机构三大部分组成，如图 5-1 所示。转向操纵机构是转向盘至转向器之前、供驾驶员进行转向操纵的装置，转向器是放大及改变驾驶员的转向操舵力和操纵动作方向的装置，转向传动机构是将转向器输出的力和运动传至左右两侧车轮并保证两车轮有正确的运动规律的装置。

若需要转向时，驾驶员对转向盘 1 施加操舵力，转向盘对转向轴 2 产生一个转矩，该转矩通过转向传动轴 4 输入给转向

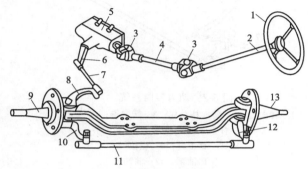

图 5-1 机械转向系统
1—转向盘；2—转向轴；3—万向节；4—转向传动轴；
5—转向器；6—摇臂；7—转向直拉杆；8—转向节臂；
9—左转向节；10,12—梯形臂；
11—转向横拉杆；13—右转向节

器 5。该转矩经转向器放大和改变运动方向后传给摇臂、直拉杆、转向节臂、左转向节，驱动左轮偏摆；同时左转向节将转矩传给左梯形臂、横拉杆、右梯形臂、右转向节，驱动右轮偏摆，从而改变汽车的行驶方向。

(2) 动力转向系统的组成

为了减轻驾驶员对转向操纵的负担，提高汽车行驶的安全性，中、重型载货车一般在机械转向系统的基础上增加了一套液压助力系统，从而组成动力转向系统，如图 5-2 所示。除将机械转向器改进成动力转向器外，动力转向系统还增设了转向油泵、储油罐及油管等。为了抑制转向轮的摆振，有的汽车在动力转向系统中还装有减振器。

5.1.2 单轴转向系统的结构特点

为避免汽车转向时路面对其产生附加阻力和轮胎过快磨损，要求转向系统能保证在汽车转向时所有车轮均做纯滚动，只有所有车轮的轴线都相交于一点时方能实现，此交点 O 称为转向中心，如图 5-3 所示。内转向轮偏转角 β 应当大于外转向轮偏转角 α。在车轮为绝对刚体的假设条件下，角 α 与 β 的理想关系式应是

$$\cot\alpha = \cot\beta + B/L$$

式中 L——汽车轴距；
B——两侧主销轴线与地面相交点之间的距离。

为保证汽车顺利转向，必须确定转向传动机构中的转向梯形的几何参数。汽车的转向梯形

只能设计在一定的车轮偏转角范围内,使两侧车轮偏转角的关系接近于理想关系。

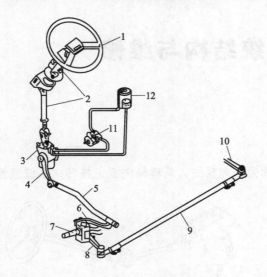

图 5-2 动力转向系统

1—转向盘;2—转向柱总成;3—转向器;4—摇臂;
5—直拉杆;6—转向节臂;7—转向节;
8,10—梯形臂;9—横拉杆;
11—转向油泵;12—储油罐

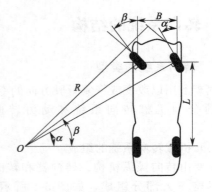

图 5-3 单轴转向车轮运动特性图

由转向中心 O 到外转向轮与地面接触点的距离称为汽车转弯半径。转弯半径愈小,则汽车转向所需场地就愈小。当外转向轮偏转角达到最大值 α_{max} 时,转弯半径 R 最小。最小转弯半径 R_{min} 与 α_{max} 的关系为

$$R_{min} = L / \sin\alpha_{max}$$

对于只用前桥转向的三轴汽车,由于中轮和后轮的轴线总是平行的,故不存在理想的转向中心。计算转弯半径时,可以用一条与中、后轮轴线等距离的平行线作为相当的双轴汽车的后轮轴线。

5.1.3 多轴转向系统的结构特点

多轴转向系统是指可使多轴汽车(四轴以上)中的某几根轴或所有轴上的车轮同时转向的转向系统。三轴以上汽车如果只有前轴是转向,则汽车转向时就不能满足各车轮均做纯滚动的要求,而且汽车的转弯半径会很大,转向困难。为解决这些问题,四轴及四轴以上汽车一般采用多轴转向系统(三轴汽车一般仍为单前轴转向),其第一、第二轴为转向轴。图 5-4 所示是四轴汽车的两根前轴同时转向的情况,每一根转向轴的内外轮转角理论上都要满足转向梯形理论特性关系式的要求。由于两后轴不转向,因此以到两后轴轴线等距的平行线为基线,分别求出第一、第二转向桥两侧车轮偏转角的近似理想关系。

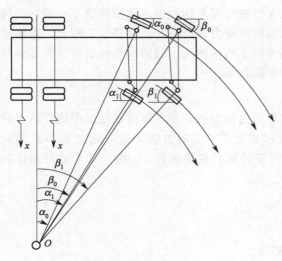

图 5-4 多轴转向车轮运动特性图

从图中可以看到，第一轴的车轮转角 β 要大于第二轴相应车轮的转角 α，而且两者之间应有一定的比例关系。解决的办法是使第二连杆与第一、第二摇杆铰接点的位置不同，如图5-5所示。转向摇臂6通过第一连杆4与第一摇杆3相连，而摇杆3又通过第二连杆2与第二摇杆1相连，第一、二摇杆分别通过直拉杆10与两前桥转向梯形相连。两根摇杆1和3长度相等，但第一摇杆3与第二连杆2的铰接位置较高，第二摇杆1与第二连杆2的铰接位置较低，这样在汽车转向操作时，第一摇杆转动的角度将大于第二摇杆转动的角度，正好满足 β 大于 α 的要求。

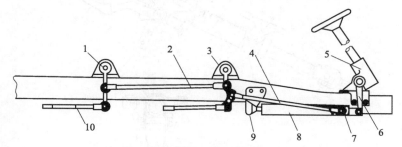

图 5-5 多轴转向传动机构示意

1—第二摇杆；2—第二连杆；3—第一摇杆；4—第一连杆；5—转向器；6—转向摇臂；7—转向控制阀；8—转向助力缸；9—支座；10—转向直拉杆

5.2 转向操纵机构的结构与维修

5.2.1 转向操纵机构的结构

（1）转向操纵机构的组成

转向操纵机构由转向盘、转向轴、转向管柱、万向节、转向传动轴等组成（如图5-6所示）。由于汽车底盘和车身（驾驶室）总体布置的要求，往往需要将转向器和转向盘的轴线布置得相交成一定角度，甚至处于不同平面内，为此在转向操纵机构中要采用万向传动装置。另外，采用万向传动装置对提高驾驶员的安全性也有好处。转向盘与转向轴间一般通过花键或带锥度的细花键连接。转向盘主要由轮圈、轮辐和轮毂等组成。轮圈和轮辐的心部有钢、铝合金或镁合金制成的骨架，外表通过注塑方法包覆有一定形状的塑料外层或合成橡胶，以改善操纵转向盘的手感并提高驾驶员的安全性。

（2）转向传动机构角度调整装置

为了方便不同体形驾驶员的操纵，部分载货车转向操纵机构配置了能改变转向盘工作角度和转向盘高度的机构。如图5-7所示为一种转向盘倾斜角度采用手动调整的机构。转向管柱2的上端由与车身固定连接的调整支架3夹持并通过锁紧螺栓5固定，下端通过U形托架6和枢轴1与车身相铰连。调整手柄4拧在锁紧螺栓5上。当向下推手柄4时，锁紧螺栓5的螺纹松扣，锁紧螺栓5即可在调整支架3的长孔中上

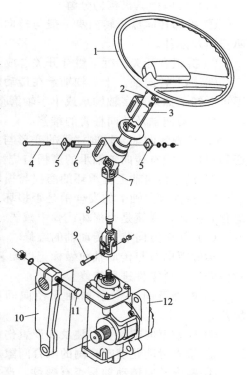

图 5-6 东风 EQ1118GA 转向操纵机构

1—转向盘；2—转向柱管；3—转向轴；4—转向盘位置调整芯轴；5—侧板；6—滑块；7—万向节；8—转向传动轴；9,11—螺栓；10—转向摇臂；12—动力转向器

下移动，以调整转向轴的倾斜角度。调整完毕，向上扳动调整手柄4，即可将转向管柱2锁紧定位。

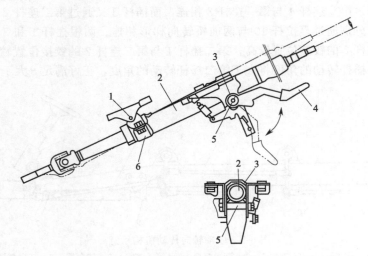

图5-7 转向盘倾斜角度手动调整机构
1—枢轴；2—转向管柱；3—调整支架；4—调整手柄；5—锁紧螺栓；6—托架

5.2.2 转向操纵机构的维修

(1) 转向操纵机构的分解

① 拆卸转向盘。转向盘一般与转向轴过盈配合，并有螺母固定，拆卸转向盘前先拆下喇叭按钮及附件。

② 拆组合开关。拆下组合开关总成及相关附件。

③ 拆下转向轴。十字轴轴承在传动轴叉中靠挤压出的六个凸台进行轴向定位，在修理时不可拆卸，如果十字轴轴承或十字轴磨损，需更换整根传动轴。

(2) 转向轴及转向柱管的维修

① 检查转向轴与转向柱管的变形与损坏情况，不允许补焊或校正，如果变形或损坏严重必须更换。检查转向轴轴承的磨损与烧蚀情况，严重应更换。

② 检查转向轴上支承环的磨损与损坏情况，严重应更换。

③ 检查转向轴上的安全销是否损坏，橡胶衬套或聚乙烯套管是否损坏，橡胶支承环是否老化、损坏，弹簧是否损坏或弹力减弱，如出现以上损伤应更换。

(3) 转向万向节及传动轴的维修

拆卸万向节与传动轴前做标记以便装配，分解万向节时，先拆轴承再拆十字轴。分解完经过清洗后，对零件进行维修。

① 检查万向节十字轴轴承径向间隙，方法如图5-8所示，当间隙超过极限时应更换轴承。

② 检查万向节是否有裂纹和严重伤痕，如有裂纹和严重伤痕应更换万向节总成。

③ 检查滑动花键啮合副的啮合间隙，方法如图5-9所示，当间隙超过极限时应更换。

④ 检查转向传动轴是否有裂纹、严重伤痕和扭曲，如存在裂纹、严重伤痕和扭曲，应更换转向传动轴总成。

(4) 转向操纵机构装配注意事项

转向操纵机构的安装顺序同拆卸与分解顺序相反，安装转向传动轴时，要对准滑动花键套与转向万向节叉的装配记号。

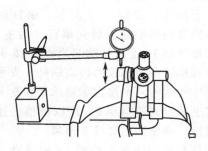
图 5-8 测量轴承径向间隙

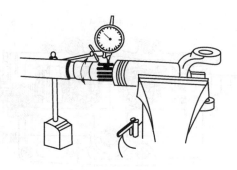
图 5-9 测量花键副啮合间隙

5.3 转向器的结构与维修

载货车使用的机械转向器按结构分主要有循环球式转向器和蜗杆曲柄指销式转向器等类型。

5.3.1 循环球式转向器的结构

循环球式转向器的结构如图 5-10 所示，它是目前国内外应用最广泛的结构形式之一，一般有两级传动副：第一级是螺杆螺母传动副，第二级是齿条齿扇传动副。第一级传动副螺母的一侧加工有第二级传动副的齿条，转向器的运动最后由齿扇输出。

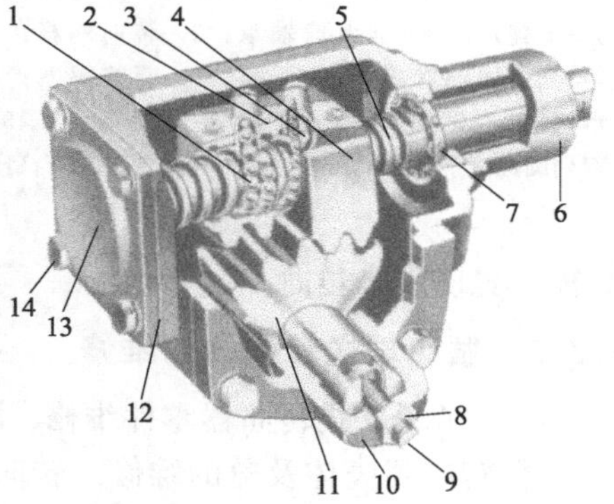

对于第一级螺杆螺母传动副，为了减少转向螺杆和转向螺母之间的摩擦，二者的螺纹并不直接接触，其间装有多个钢球 1，以实现滚动摩擦。转向螺杆和螺母上都加工出断面轮廓为两段或三段不同心圆弧组成的近似半圆的螺旋槽。二者的螺旋槽配合形成近似圆形断面的螺旋管状通道。螺母侧面有两对通孔，可将钢球从此孔装入螺旋形通道内。转向螺母外有两根钢球导管，每根导管的两端分别插入螺母侧面的一对通孔中。导管内也装满了钢球。这样，两根导管和螺母内的螺旋管状通道组合成两条各自独立的封闭的钢球"流道"。

转向操舵力转动螺杆，则螺母沿轴向移动。同时，在螺杆及螺母与钢球间的摩擦力偶作用下，所有钢球便在螺旋管状通道内滚动，形成"球流"。钢球从导管一端流出螺母的螺旋管状通道，再由导管另一端流回螺旋管状通道。两列钢球只是在各自的封闭流道内循环，而不致脱出。

图 5-10 循环球式转向器
1—钢球；2—压板；3—钢球导管；4—转向螺母；5—转向螺杆；6—转向器壳体；7—轴承；8—锁紧螺母；9—调整螺钉；10—侧盖；11—齿扇轴（摇臂轴）；12—垫片；13—下盖；14—螺栓

考虑转向器运动副间隙调整的需要，与齿条啮合的齿扇的牙齿做成变厚的（分度圆上的齿厚沿齿扇轴线按线性关系变化），因此齿扇在外形上很像锥齿轮（但实际上是圆柱齿轮）。等厚的齿条和变厚的齿扇啮合时，转向螺母上的齿条相对齿扇轴的轴线是倾斜的，只要使齿扇轴相对（齿条）作轴向移动，即能调整二者的啮合间隙，调整时可用旋装在侧盖上的调整螺钉来完成。

5.3.2 蜗杆曲柄指销式转向器的结构

蜗杆曲柄指销式转向器有工作寿命较长、摇臂轴转角大的优点，但结构较复杂，并对蜗杆的加工精度要求也较高，在东风 EQ1090 型系列汽车上应用，如图 5-11 所示。蜗杆曲柄指销式转向器的传动副以转向蜗杆 3 为主动件，而装在摇臂轴 11 上曲柄端部的指销 13 为从动件。具有梯形截面螺纹的转向蜗杆 3 支承于转向器壳体两端的两个推力球轴承 2 和 9 上，转向器盖上装有调整螺塞 7，用以调整上述两轴承的紧度，调整后用螺母 8 锁紧。

蜗杆与两个锥形的指销 13 相啮合，两个指销均用双列圆锥滚子轴承 14 支于摇臂轴 11 内端的曲柄上，其中靠指销头部的一列无内座圈滚子直接与指销轴颈接触，这样，所受剪切载荷最大的轴颈段的直径可做得更大，以保证指销有足够的强度。指销装在滚动轴承上可以减轻蜗杆和指销的磨损，并提高传动效率。螺母 15 用以调整轴承 14 的紧度，以使指销能自由转动，且无明显的轴向间隙为宜。

摇臂轴用粉末冶金衬套 19 和 20 支承在壳体中。指销与蜗杆的啮合间隙用侧盖 16 上的调整螺钉 17 调整，调整后用螺母 18 锁紧。

汽车转向时，通过转向盘和转向轴使蜗杆转动，嵌于螺杆螺旋槽的锥形指销一边自转，使曲柄销绕摇臂轴作圆弧运动，同时带动摇臂轴转动，并通过转向传动机构，使汽车转向轮

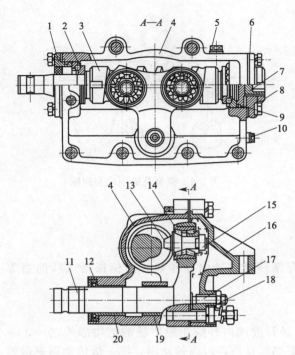

图 5-11 蜗杆曲柄指销式转向器
1—上盖；2,9—推力球轴承；3—转向蜗杆；4—转向器壳体；5—加油螺塞；6—下盖；7—调整螺塞；8,15,18—螺母；10—放油螺塞；11—摇臂轴；12—油封；13—指销；14—双列圆锥滚子轴承；16—侧盖；17—调整螺钉；19,20—衬套

偏转，实现汽车转向。

5.3.3 循环球式转向器的维修

(1) 循环球式转向器零件维修

① 转向器壳体及盖的维修 转向器壳体和盖的裂纹可用磁力探伤等方法检验。如有裂纹，一般应予更换。裂纹不大时允许焊补。转向器壳体和盖上各轴承孔与轴承的配合间隙不得大于规定，转向摇臂衬套磨损应更换。

② 传动副的维修 蜗杆和摇臂轴经探伤检查不得有裂纹，否则应报废。摇臂轴花键应无明显扭曲，螺纹损伤不多于两齿。检查止推轴承、扇形齿轮轴、滚针轴承有无损伤、凹陷、锈蚀及裂纹等情况，必要时应更换。

钢球与转向螺母总成的检查。将蜗杆垂直竖立，观察转向螺母是否平滑地转动并下降，如果钢球螺母以自重下降不平滑，应检查蜗杆轴是否弯曲，球槽是否有伤痕、毛刺和杂质。下降过快、卡滞或配合间隙超过规定时，应成对更换，也可换用加大尺寸组的钢球。检查时，注意不要使螺母碰到转向螺杆端部，否则会损坏球管。

转向螺母的滚道应无金属剥落，钢球规格及数量应符合原设计规定，直径差不大于 0.01mm。钢球与滚道配合间隙可用百分表抵住螺母，通过轴向推拉螺母进行检查，其方法如图 5-12 所示，其值应不大于 0.05mm。

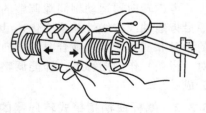

图 5-12 钢球与滚道配合间隙的检查

(2) 循环球式转向器的装配与调整

以解放 CA1020F 车型转向器为例，讲解循环球式转向器的装配与调整。

① 将转向螺母套在转向螺杆上，螺母放在螺杆滚道一端，并使螺母滚道孔对准滚道。

② 将钢球由螺母滚道孔中放入，边转动螺杆，边放入钢球，两滚道可同时进行。

③ 向两个导管内装满钢球。

④ 将两导管端涂少量润滑脂分别插入螺母的导管孔中。然后用橡胶锤轻轻打入导管，使其落底到位，再用螺钉加弹簧垫圈拧紧固定。装配后，用手转动螺杆时，在滚道全程范围内应转动灵活，不应有阻滞现象。正常情况下，当螺杆、螺母总成处于垂直位置时，螺母应能从螺杆上端自由匀速地落下，如图 5-13 所示。

⑤ 将推力球轴承外圈装入壳和盖内，并将推力球轴承内环装在转向螺杆上。然后将螺杆、螺母总成装入壳体中，再将上盖装入壳体，用手压紧上盖，用厚薄规测量上盖与壳体之间的间隙。选好一组与此间隙相同厚度的调整垫片，垫于壳体与上盖之间，用螺栓紧固上盖后。通过测量转向轴的转动力矩来衡量轴承预紧度，应在 0.5~1.0N·m。若力矩不足应减少垫片，若力矩过大则应增加垫片。调好后，卸下上盖，取下调整垫片，其上涂密封胶后放回上盖，同上盖一起装复。

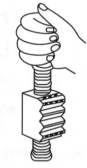

图 5-13　转向螺杆
与螺母的检验

⑥ 测量转向臂轴孔底到孔中弹性挡圈的尺寸，再测出调整螺钉头的厚度，选择一个合适的调整垫片，使其厚度加调整螺钉头的厚度之和小于转向臂轴孔底到孔中弹性挡圈的距离，但其差值不应超过 0.08mm。装配时，将选好的调整垫片放在调整螺钉上，一起装入摇臂轴孔中，装上孔用弹性挡圈。然后把带摇臂轴衬套的侧盖拧到调整螺钉上，并与侧盖衬垫一起装入壳体中，用螺栓紧固。装配时，应使转向螺母在转向螺杆的中间位置。

⑦ 用调整螺钉调整齿条与齿扇啮合间隙时，要求转动转向轴应轻松灵活，既无阻滞现象，又无旷量的感觉即为合适。在中间位置时，螺杆转动力矩应为 1~2N·m。若转动力矩太小，则顺时针转动调整螺钉，调小啮合间隙；若转动力矩太大，则逆时针转动调整螺钉，调大啮合间隙。

5.4　转向传动机构的结构与维修

5.4.1　转向传动机构的结构

转向传动机构的作用是将转向器输出的力和运动传到两侧的转向节，使两侧转向轮偏转，且使两转向轮偏转的角度按一定关系变化，以保证汽车转向时车轮尽可能做纯滚动。它由转向摇臂、转向直拉杆、转向节臂、转向节、横拉杆和左右梯形臂等组成，其中转向直拉杆和转向横拉杆的结构较复杂。

(1) 转向直拉杆

转向直拉杆是转向摇臂与转向节臂之间的传动杆件，它承受拉、压两个方向的作用力。在转向轮偏转而且因悬架弹性变形而相对于车架跳动时，转向直拉杆与转向摇臂及转向节臂的相对运动都是空间运动，为避免发生运动干涉，三者之间的连接件都是球形铰链，如图 5-14 所示。为了消除球头销座与球头销因磨损产生的间隙，在各球头销的前方球头销座上都安装有压缩弹簧，两个压缩弹簧还能缓冲车轮反向传给转向系统的两个方向的冲击力。端部的螺塞能调整压缩弹簧的预紧度。

(2) 转向横拉杆

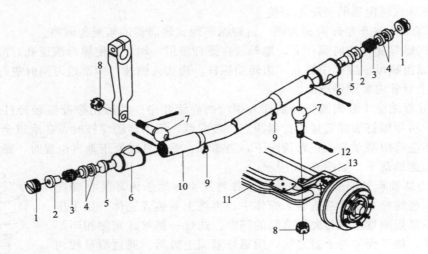

图 5-14 转向直拉杆
1—螺塞；2—弹簧座；3—压缩弹簧；4—球头销座；5—止推垫；6—防尘罩；7—球头销；
8—槽形螺母；9—滑脂嘴；10—直拉杆；11—前轴；12—横拉杆；13—转向节臂

转向横拉杆是转向梯形机构的底边，它由横拉杆和接头总成组成，如图 5-15 所示。接头两端的螺纹一端为左旋，一端为右旋，即可通过转动横拉杆改变其长度，从而调整转向轮的前束。

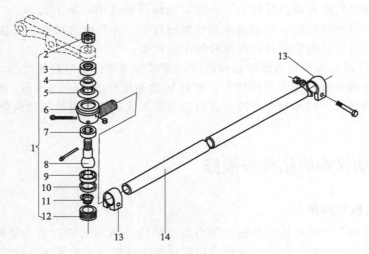

图 5-15 转向横拉杆
1—横拉杆接头总成；2—螺母；3—密封圈；4—防尘罩；5—下防尘罩；6—接头；
7—下球头座；8—球头销；9—上球头座；10—限位套；11—弹簧；
12—螺塞；13—卡箍；14—横拉杆

5.4.2 转向传动机构的维修

（1）转向直拉杆的维修

① 转向直拉杆的拆卸与分解。转向直拉杆前、后端通过球头销分别与转向摇臂和转向节臂相连，拧下槽形扁螺母后，用专用拉器拆下球头销。拆下开口销，拧下管端的螺塞，拆下弹簧座、弹簧、球销座、止推垫、防尘罩、球头销。

② 转向直拉杆维修。检查转向直拉杆有无裂纹和其他损伤，若有需更换。检查球头销的

磨损是否超过 0.5mm，若超过需更换。

③ 转向直拉杆装配与调整。装配与拆卸顺序相反，装复时应在球头销、球碗表面涂抹润滑脂。调整压缩弹簧的预紧度，用专用工具将直拉杆螺塞拧到底，然后退回 1/4～1/2 圈，并对准开口销孔穿入开口销。直拉杆总成装车时应用 130～160N·m 的力矩拧紧槽形螺母，再用榔头敲击接头处的节臂，边敲边将螺母再拧进 1/3～1/2 圈，插入开口销（不得为对正开口销而松退螺母）。

(2) 转向横拉杆的维修

① 拆下横拉杆两端的开口销，拧下槽形扁螺母，用专用拉器拉下球头销，禁止用榔头猛烈敲打，以免损坏零件。

② 检查横拉杆是否弯曲，不严重时可校正，严重时需更换；检查调整螺栓的螺纹是否损坏。

③ 检查转向横拉杆左、右球头销的转动力矩和摆动力，用弹簧秤测量左、右球头销的摆动力应符合要求。转向横拉杆外球头销的轴向间隙应为零，转动力矩应符合规定，否则应更换球头销。

④ 检查横拉杆应无损伤，球头销座无剥落、裂纹现象，球座应无明显磨损现象，螺纹损伤不大于两齿，球头销锥颈小端应低于锥孔上端 1～2mm，否则，应予更换。在装配球头销时，应在球头销与球头座上涂抹润滑脂，将零件依次装入座孔，然后用锁销锁住螺塞。球头销在座孔内应转动灵活，稍有阻力不卡滞，不得有松旷现象。

⑤ 检查转向横拉杆内衬套是否损坏和老化，若损坏和老化应更换。

5.5 液压助力系统的结构与维修

液压助力系统由转向控制阀、转向动力缸（又称转向助力缸）、转向油泵、储油罐及油管等组成。按机械转向器、转向控制阀、转向助力缸三者的组合及相对位置不同，有 3 种布置方案。将机械转向器和转向动力缸设计成一体，并与转向控制阀组装在一起构成整体式动力转向器；只将转向控制阀同机械转向器组合成一个部件而构成半整体式动力转向器，转向动力缸则做成独立部件。将机械转向器作为独立部件，而将转向控制阀和转向动力缸组合成一个部件构成转向加力器。载货车多采用整体式动力转向器，其转向控制阀分为转阀式和滑阀式两种。

5.5.1 转阀式动力转向器的结构及工作情况

下面以东风 EQ1118GA 载货车装配阀式动力转向器为例，其结构如图 5-16 所示。

(1) 转阀式动力转向器的结构

此转向器是在循环球式机械转向器的基础上增加了液压助力系统。转向器的壳体为动力缸，活塞与齿条制成一体，其上的密封圈将动力缸分成上下两个腔。其控制阀为转阀，它包括阀芯和阀套。输入轴上端的花键与万向节叉相连，其中间部位被均匀地切削成四道油槽，未切削的部分充当阀芯作用。输入轴上的径向油道与轴向油道相通，并通过螺杆中的轴向油道与活塞的下腔连通。输入轴下端凸起部分插入螺杆上端的槽中，两者可相对转过一个较小的角度。输入轴通过销与扭杆的上端相连，螺杆的下端与扭杆的下端通过销相连。而阀套装在上盖内，阀套的下端开有缺口，通过驱动环与螺杆连为一体。阀套上有四个分别与进、回油油腔相通的油孔，阀套内侧有四条分别与动力缸上、下腔相通的油槽。阀套的内表面与阀芯为一对精密偶件，随着两者的相对位置不同而形成不同的油路。阀套的外表面装有两道密封圈，将上盖分成了回油腔、进油腔以及动力缸的上腔。阀套的上端与壳体之间装有精密滚柱轴承，可通过下盖的调整螺钉调整此轴承的预紧度，从而给输入轴和螺杆轴向定位。活塞两端装有行程阀，下盖

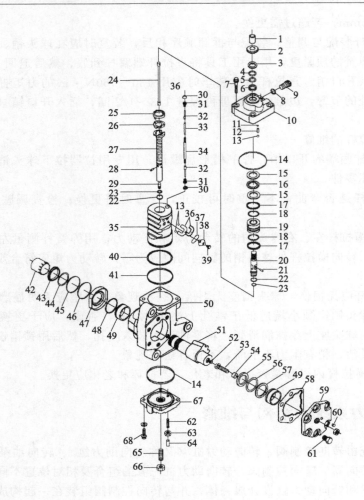

图 5-16 IPS 系列动力转向器

1—输入轴护套；2—密封罩；3—防尘油封；4—孔用弹性挡圈；5—油封垫圈；6—输入轴油封；7,61—螺栓；8—密封垫；9—进出油口螺塞；10—上盖；11,13—钢球；12—弹性圆柱销；14—矩形油封；15—轴承止推垫片；16—止推轴承；17—阀套密封圈；18—阀套 O 形圈；19—阀套；20—输入轴；21—扭杆销；22,41—密封环；23—螺杆 O 形圈；24—扭杆；25—驱动环保持器；26—驱动环；27—螺杆；28—扭杆销；29—塞块；30—孔用弹性挡圈；31—行程阀座；32—行程阀杆；33—尼龙杆；34—弹簧；35—齿条活塞；36—钢球导管；37—导管盖油封；38—导管盖；39—内六角螺钉；40—O 形圈；42—摇臂轴护套；43—防尘油封；44—弹性挡圈；45—止推垫片；46—垫片；47—油封总成；48—挡圈；49—滚针轴承；50—壳体；51—摇臂轴；52—塞块；53,65—调整螺钉；54—保持器；55—密封圈；56—止推垫片；57—支承圈；58—侧盖垫片；59—侧盖；60—监视孔塞子；62—下行程阀调整螺钉；63—密封螺母；64—护套；66—密封螺母；67—下盖；68—下盖螺栓

上装有调整行程阀工作时机的调整螺钉。输入轴上端与壳体间以及摇臂轴与壳体和侧盖间均装有油封，以防止液压油外漏。

(2) 转阀式动力转向器的工作情况

如图 5-17(a) 所示，当不转转向盘时，阀芯与阀套不构成密封面，进、回油腔与动力缸的上、下腔都相通，不形成压差也不产生助力。如图 5-17(b) 所示，当向左转动转向盘时，通过操纵机构带动转向器的输入轴转动，输入轴（阀芯）通过扭杆将驱动转矩传给螺杆，螺杆同时受到较大循环球的摩擦转矩（由车轮的转向阻力产生），由于螺杆受的驱动转矩小于摩擦转

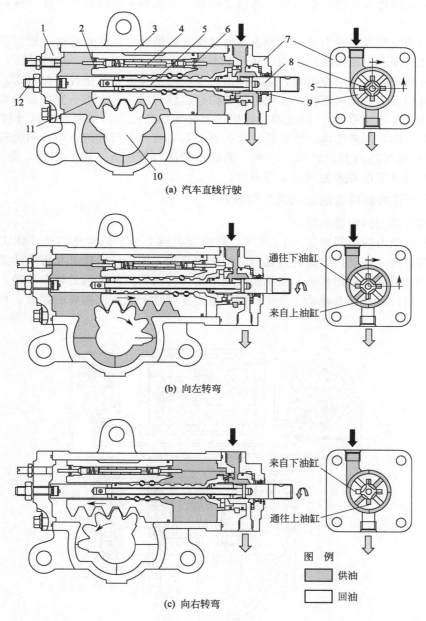

图 5-17 东风 EQ1118G 动力转向器工作原理
1—下盖；2—下行程阀；3—壳体；4—尼龙杆；5—扭杆；6—上行程阀；7—上盖；
8—输入轴；9—阀套；10—摇臂轴；11—活塞；12—调整螺钉

矩而不能转动，因而螺杆上的阀套也不转动，阀芯相对于阀套逆时针转过一定的角度，两者的部分凸起部位相对而构成密封面，形成进、回油油道，高压油经过螺杆中间的油道进入活塞的下腔，而上腔与回油道相通，活塞在上、下腔油压压差的作用下向上移动而驱动车轮向左摆动。当车轮摆过的角度与转向盘转过的角度一致时，活塞也运动到适当的位置，螺杆受到的摩擦阻力矩小于扭杆的驱动转矩，螺杆带动阀套在扭杆弹力的作用下逆时针转过一个角度，阀芯与阀套逐渐回到不转转向盘的状态，不再助力。这种随转向盘转动而助力，又随转向盘停止转动而停止助力作用称为动力转向系统的随动作用。与此相似，如图 5-17(c) 所示，当向右转动转向盘时，高压油进入上腔，而下腔与回油道相通，液压油推动活塞向下移，从而带动车轮向右摆动。

如果转向轮受到地面冲击负荷，冲击力通过摇臂轴带动齿条活塞移动，进而带动螺杆和阀套转动，而此时阀芯（输入轴）不动，从而动力缸的一腔立即建立起一定的油压，阻止活塞移动。由于液压油吸收了这一冲击力，阻止冲击力继续向上传递，防止转向盘打手。

若车轮转到最大角度时驾驶员还用力转转向盘，转阀将向一个腔一直供高压油，而此腔的容积固定（因活塞不能移动），因此油压将快速上升到最高压力，引起油泵以及转向系其他零件损坏。为防止此类现象发生，在齿条活塞的两端各装有一个行程阀，当转向轮转到最大角度（限位螺钉顶住前桥的凸起）之前，活塞一端的行程阀打开，上下两腔相通，助力作用消失。行程阀打开的时机可由端盖的调整螺钉调整。

5.5.2 滑阀式动力转向器的结构及工作情况

（1）滑阀式动力转向器的结构

滑阀式整体动力转向器如图 5-18 所示，转向器机械部分是最常见的循环球式转向器。转向盘带动转向螺杆 3 转动，导致转向螺母 7 沿轴向移动，因为转向螺母和齿条活塞 2 装成一个整体，所以转向螺母的轴向移动，也就是齿条活塞在转向器壳体 1 内的轴向移动，齿条活塞的轴向移动带动扇齿摇臂轴 5 转动，再带动装在扇齿摇臂轴上的转向摇臂的摆动，从而完成机械式转向器的作用。

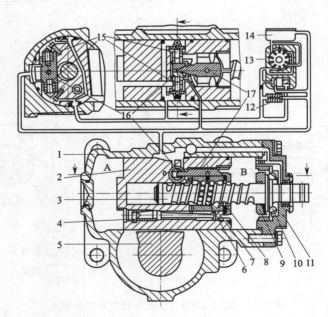

图 5-18 ZF8046 转向器
1—转向器壳体；2—齿条活塞；3—转向螺杆；4—偏摆杆；5—齿扇摇臂轴；6—钢球；
7—转向螺母；8—转向螺母固定盘；9—转向螺杆固定盘；10—止推滚珠轴承；11—端盖；
12—限压阀；13—转向油泵；14—储油罐；15—反作用柱塞；16—转向控制阀；17—拨销

转向器液压助力部分主要包括齿条活塞和滑阀式控制阀。齿条活塞 2 和转向器壳体 1 之间形成液压助力工作腔室 A 和 B，滑阀式转向控制阀控制部分由转向螺母 7、偏摆杆 4、拨销 17、滑阀式转向控制阀 16 和反作用柱塞 15 等组成。在活塞 2 内安装有一个转向螺母和转向螺杆，它们通过循环钢球 6 形成螺纹传动。偏摆杆 4 由一根杆状的高强度弹簧钢精制而成，它像个悬臂梁，一端固定在活塞内，另一端插入转向螺母外圆柱面上的一个缺口内。转向螺母可相对活塞转动一定角度，使偏摆杆产生弯曲。转向螺母在活塞内的中间位置是由偏摆杆来保证的。在转向螺母的外圆柱面上还有一个缺门，上面用螺钉紧固一个拨销 17，拨销的指端部分插入转向控制阀 16 中的长圆孔内。ZF8046 型转向器内的转向控制阀是常见的三位四通式轴向滑阀。转向控制阀安装在活塞上，转向控制阀的轴线和活塞的轴线相互垂直。转向控制阀的两端各有一个反作用柱塞，用螺母固定在阀座上，而阀座用螺钉紧紧地固定在活塞上。

（2）滑阀式动力转向器的工作情况

当汽车直线行驶时，转向螺杆 3 保持静止，转向螺母 7 被起定心作用的偏摆杆 4 定位在中立位置；和转向螺母固定为一体的拨销 17 也定位在中立位置，这样转向控制阀 16 也在中立位置。滑阀是一个三位四通阀，当它在中立位置时，由转向助力油泵来的压力油和 A、B 两腔及低压回油腔均相通，活塞两侧油压相等，这时转向机构没有转向动作，助力系统也没有助力作用。

汽车左转弯时，驾驶员操作转向盘连动转向螺杆 3 左旋，通过循环钢球 6，带动转向螺母 7 向上移动。在活塞 2 和转向螺母轴向间隙消除以后，转向螺母又带动活塞向上移动。在这个工作过程中，由于螺纹斜面的作用，转向螺杆通过钢球不仅给螺母一个向上的推力，还给螺母一个左旋的圆周力，迫使转向螺母克服偏摆杆 4 的弹力，沿圆周方向左旋偏转一个角度。这样，固定在转向螺母上的拨销 17，使转向控制阀 16 在滑阀套中偏移一段距离，从而打开高压油和 A 腔以及低压回油和 B 腔的通道。此时，活塞不仅在转向螺母的作用下，而且在 A 腔高压油作用下向右移动，产生转向助力作用。

当停止转向操作时，转向螺杆停止左旋，活塞仍将在 A 腔高压油作用下上移，螺杆作用在螺母上的轴向力和圆周力都将消失，在转向螺母左侧和活塞轴向间隙消除后，在活塞的推动和定心偏摆杆 4 的弹力作用下，螺母立即恢复中立的位置，滑阀也恢复中立位置，重新打开高压油、低压回油和 A、B 腔的通道，转向助力消失，车辆保持停止转向操作时的行驶状态不变，即转向轮偏转角保持不变。

转向助力仅在转向实施的过程中起作用，一旦停止转向盘的转向操作，助力作用自行消失。这种转多少，助力多少的特性，就是转向助力的随动性。

汽车在转向结束后，由于车辆的前轮定位作用，放松转向盘车轮会自动的回正，并能保持直线行驶。由于液压油的阻尼作用，动力转向系统的自动回正作用稍差。

ZF8046 转向器的偏摆杆有两个作用：一个是在车辆保持直线行驶时，偏摆杆起定心的作用，使螺母及滑阀保持中立的位置；另一个是转向结束后，偏摆杆的弹力使螺母及滑阀回到中立位置。偏摆杆的一端制成偏心的结构，另一端通过螺纹和锁帽固定在活塞上，它可以调整螺母的中立初始位置。如果在车辆运行中严重地跑偏，除去外界原因，大部分是偏摆杆的故障导致的。

汽车右转弯时工作过程和左转弯时相同，只是右转时，高压油进入 B 腔，A 腔与低压回油相通，从而产生向右转向的助力作用。

由于转向助力的使用，使转向系统"路感"效果减弱。为了克服"路感"效果减弱，在滑阀内装两个反作用柱塞 15。反作用柱塞 15 和滑阀 16 之间形成的腔室通过小孔和相应"A"和"B"腔相通，转向阻力越大，该腔室油压越大，移动滑阀的力也越大，转向盘上的操纵力也越大，从而使驾驶员能感觉到路面阻力的变化。

为了避免转向轮转到极限位置时，助力长时间保持高压而产生机件的损坏，在转向器侧盖上安装两个可以调节的行程阀。左转行程阀和 A 腔相通，右转行程阀和 B 腔相通，实质上是两只卸压阀。转向器内摇臂轴端加工有一个凸台，当转向盘转至左极限位置时，凸台将左转向行程阀顶起，使高压 A 腔的高压油将右行程阀顶起，从而使高压 A 腔和低压 B 腔连通，高压腔卸压，确保转向系统不在高压下长期运行。当转向盘转至右极限位置时工作原理和上述相同。

5.5.3 转向油泵的结构

液压助力系统除上节讲过的动力转向器中的动力缸和控制阀外,还包括储油罐、转向油泵以及它们之间的连接管路。

转向油泵为动力转向系统提供能源,其作用是将输入的机械能转换为液压能输出。载货车转向油泵多采用叶片泵,它由发动机驱动,其外形如图5-19(a)所示。转子通过花键与转子轴相连,转子上开有12条径向槽,槽内装有叶片,它能沿槽径向移动,如图5-19(b)所示。转子与泵壳之间装有定子,定子与两端的配油盘一起形成一个密封腔,定子的内壁近似于椭圆形。转子随发动机一起转动时,叶片在离心力和油压的共同作用下,其外端紧紧压在定子的内壁,两叶片之间的容积随转子转动而往复变化,当容积变大时产生吸力,油液从定子一端的配油盘被吸入叶片之间,当容积变小时产生压力,油液从定子另一端的配油盘压出。叶片转动一圈会吸油两次和供油两次,所以称为双作用泵。

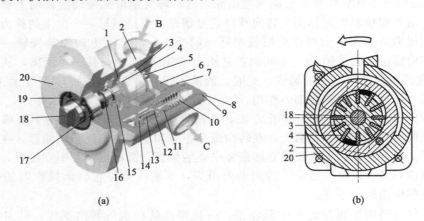

图5-19 转向油泵
1—配油盘;2—定子;3—转子;4—叶片;5—轴承;6—泵盖;7—钢丝挡圈;8—螺塞;9—密封垫;10—流量限制阀弹簧;11—安全阀阀座;12—安全阀阀芯(锥阀);13—安全阀弹簧;14—流量限制阀;15—配油盘支承弹簧;16—油封;17—轴承;18—泵轴;19—挡圈;20—泵体

转向油泵的转速与发动机的转速相同,油泵的设计是在发动机急速运转时,其流量就能保证急速转向所需的动力缸活塞最大移动速度。当发动机转速高时,油泵流量将过大,导致油泵消耗功率过多和油温过高。为此,转向油泵中设置有限制最大流量的流量限制阀。转向油泵的输出压力取决于液压助力系统的负荷,即动力缸活塞受到的路面传来的阻力。当转向阻力过大时,动力缸和油泵等都会因过载而导致零件损坏,因此转向油泵内设有安全阀。

5.5.4 储油罐的结构

储油罐有储存、滤清并冷却助力系统工作油液的作用,它安装在车身较高位置,可方便检查和维护,其结构如图5-20所示。储油罐内设有滤芯,转向器或油泵回流的油进入到滤芯内部空腔,经滤清后进入储油腔,准备供给转向油泵。滤芯弹簧的预紧度不大,当滤芯堵塞

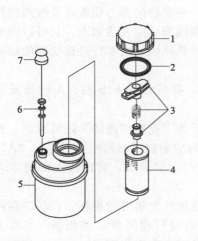

图5-20 储油罐
1—盖;2—密封圈;3—手柄插座;4—滤芯;5—油罐;6—油标尺;7—通气罩

而回油压力略有增高时,滤芯便在液压油作用下升起,让油液不经过滤清便进入储油腔,以免油泵进油不足。储油罐上盖装有检查用小盖,小盖上装有油标尺和通气塞,用以检查油面高度和通气。

5.5.5 动力转向器的维修

以东风 EQ1118GA 载货车装配的动力转向器的维修为例。

(1) 动力转向器的拆卸与分解

① 动力转向器的拆装要求

a. 断开液压管路接头,将接头用专用堵塞堵住或用塑料薄膜包扎(不可用棉纱堵塞),以免泥沙、灰尘、棉纱等进入元件和系统。

b. 拆装控制阀阀芯时不能歪斜,以免碰伤、划伤零件的工作面。

c. 注意保护密封元件,如油封、密封圈、活塞等。应避免通过棱角、花键和螺纹时划伤或擦伤其工作表面,必要时应用专用工具如导套进行拆卸和装配;O 形密封圈安装到位后应无扭曲。

d. 液压元件装配时应保持零件清洁,橡胶密封件应用液压油或酒精清洗,不可用汽油、煤油清洗。清洗后的零件应用压缩空气吹干,不允许用棉纱擦拭。装配时,零件表面应涂少许液压油。

② 动力转向器的分解

a. 将转向器固定在虎钳上,摇臂轴位于活塞的上方,转动输入轴使摇臂轴端面标记与输入轴垂直,使齿扇与壳体的扇形孔重合,以便拆卸摇臂轴。

b. 拆下侧盖的固定螺栓,转动侧盖的调整螺钉,将侧盖顶出。

c. 取出摇臂总成。

d. 拆卸阀体及下盖。在拆卸阀体前需清理输入轴上的油漆和锈蚀,以免损坏控制阀。

e. 从动力缸端抽出齿条活塞、螺杆/输入轴总成。

(2) 动力转向器零件的维修

① 转向器壳体的维修　检查动力缸磨损是否超过极限和有明显拉伤,如磨损过大或有明显拉伤将引起转向器内泄漏,需更换壳体或总成;检查壳体的螺纹孔是否损坏,若损坏将引起转向器外泄漏,需修复螺纹孔或更换壳体。

② 螺杆/输入轴的维修　检查输入轴与油封接触部位是否有台阶或沟槽,若有将引起输入轴处漏油,需更换输入轴和阀套;检查输入轴(阀芯)与阀套配合间隙是否过大,检查时将阀套装在阀芯上,两者既要转动灵活又无径向间隙感,否则将引起转向器内泄漏,修复时应更换输入轴和阀套;检查螺杆下端与齿条活塞内孔的配合间隙是否过大,若过大将引起转向器内泄漏,修复时应更换螺杆;检查螺纹滚道表面是否存在剥落和压痕,若有将导致转向盘自由行程过大,修复时应更换螺杆。

③ 齿条活塞的维修　检查齿条活塞磨损是否超过极限和有明显拉伤,若磨损过大或有明显拉伤将引起转向器内泄漏。检查齿条活塞的齿面是否有裂纹和台阶,裂纹将降低齿的强度,齿面台阶将引起转向不平稳;检查齿条活塞螺纹滚道表面是否存在剥落和压痕,若有将导致转向盘自由行程过大。齿条活塞若存在以上任意损伤应更换。

④ 摇臂轴的维修　检查摇臂轴与油封接触面是否有划痕或台阶,若有将引起转向器外漏;检查摇臂轴齿面是否有裂纹、剥落或压痕,若有将降低齿的强度或引起转向不平稳;检查摇臂轴花键是否损坏,若损坏将导致转向盘自由行程过大。摇臂轴若存在以上任意损伤应更换。

⑤ 轴承的维修　检查滚针轴承保持架是否完好,是否缺少滚针,滚针是否剥落和碎裂,转动滚针轴承以检查其是否发卡。若存在以上任意损伤,修复时需更换滚针轴承。

(3) 动力转向器的装配与调整

动力转向器装配时,最好单独在装有防尘设备的工作间进行。装配前要仔细清洗零件,然后用压缩空气吹净,不允许用棉纱擦拭,并在零件表面涂上工作油液。装配调整按下面的步骤进行。

① 装配齿条活塞、螺杆/输入轴总成

a. 将收缩套的小头朝向螺杆并套入,再用油封保护套专用工具依次将螺杆O形圈及螺杆密封环扩胀后装入螺杆的密封槽内。将收缩套的小端套在密封环上,压缩密封环20min以后再将螺杆从上端装入活塞孔中,否则容易损坏密封环。

b. 将钢球装入滚道,最后装上导管及导管夹。

c. 装配齿条活塞O形圈和密封环时不应过分拉伸,在其表面涂抹润滑脂,用专用工具压缩密封环20min以上。用导向工具将齿条活塞总成从动力缸端装入壳体,并使齿条的齿面朝向摇臂轴座孔方向。

② 装配下盖、阀套及上盖

a. 安装下盖,使行程阀调整螺钉对正行程阀。

b. 用专用工具将阀套O形圈和阀套密封圈依次装入阀套的油封槽内,注意密封环必须从阀套的两端装入油槽内,用专用工具压缩阀套密封圈,时间不少于20min。

c. 将阀套装在阀芯上,对正阀套与螺杆的装配标记。将止推垫片、轴承及另一止推垫片装在阀套的上端。

d. 在上盖端面密封槽内装入矩形油封,将上盖装在转向器壳体上。注意上盖的调整螺钉或凹坑对正活塞的行程阀。

e. 在输入轴油封表面涂抹润滑脂,将油封平的一面朝外装在输入轴上,用专用工具将其压到位,随后装上孔用挡圈,再装防尘油封和密封罩。

③ 调整输入轴预紧度 调整时松开下盖中间调整螺钉的锁紧螺母,转动调整螺钉,用扭力扳手测量输入轴的转矩,达到规定值后拧紧锁紧螺母。

④ 装配摇臂轴总成

a. 按顺序将钢制支承垫、止推垫片、密封环总成及挡圈装入侧盖内,注意合成油封朝外的方向,否则将导致转向无助力。

b. 摇臂轴短轴表面涂抹润滑脂,插入侧盖孔内,旋出摇臂轴调整螺钉,直到拧不动为止,再退回一圈,以便侧盖与摇臂轴能相对转动。

c. 将塞子装入侧盖上的观察孔。

d. 转动输入轴,使齿条活塞的中间齿槽对正摇臂轴座孔的轴线。

e. 在侧盖上装入侧盖垫片,将摇臂轴装入壳体并固定。注意摇臂轴齿扇中间齿应插入齿条活塞的中间齿槽,否则,转向器的总行程将减小。

f. 在摇臂轴盖中装入垫片、合成油封,最后将摇臂轴盖安装在壳体上。注意:安装油封时,油封上有"OIL SIDE"朝向转向器的内部,否则将影响密封性。

⑤ 调整齿条与齿扇啮合间隙 此间隙过大会导致转向盘自由行程增大,过小会导致转向沉重。调整时先转动输入轴,使转向器处于中间位置,即摇臂轴端面标记应垂直于输入轴。因为转向器设计时中间位置间隙小,而两侧位置间隙大,所以必须以转向器中间位置为准调整间隙,否则转向器转到中间位置齿条与齿扇可能发卡。调整时转动侧盖上的调整螺钉,使输入轴转矩达到规定值为止。由于齿条与齿扇间隙不便测量,但此间隙与输入轴的转矩相关,所以一般通过测量输入轴的转矩间接衡量啮合间隙是否符合要求。

5.5.6 转向油泵的维修

(1) 驱动轴轴承的检查

轴承应转动自如，无异响，轴承内座圈与驱动轴以及外座圈与座孔配合不得松旷。否则更换轴承或整个转向油泵。

（2）转子、定子及叶片的维修

若试验时发现系统的最高压力较低，应检查定子内壁及叶片是否磨损或被划伤。如图 5-21 所示，用厚薄规测量转子槽与叶片之间的间隙，该间隙应在 0.25～0.35mm 之间。否则，应更换转子和叶片。检查叶片与定子的轴向高度差，应小于 0.02mm，否则应更换总成。更换新件时，应选择相同系列的定子和转子。

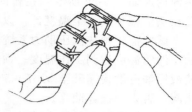

图 5-21　转子及叶片的检查

（3）流量限制阀的维修

在阀上涂一层动力转向液压油，阀应在其自身重量作用下平滑地落入阀孔，否则应予更换。向控制阀的密封腔输入 392～490kPa 的压缩空气，以检查控制阀的密封部位是否渗漏，若渗漏应予更换。检查控制阀弹簧，若有弯曲变形，应予更换。

5.5.7　液压助力系统的检查与排气

液压油减少、进入空气或磨料污染，不仅将直接影响动力转向系统的工作性能，还会影响其使用寿命。因此需要及时检查、补充和更换油液并排气。

（1）液压油的检查

在储油罐上安装有油尺，正常情况当发动机不工作时，要求油量加至油尺的上限刻度为准，当发动机以中速稳定运转时，储油罐的油面高于上限刻度 1～2cm 为正常。如果油液不足，检查转向油泵、油管及转向器有无渗漏，尤其是转向器的输入轴及摇臂轴处容易出现渗漏，可以通过就车更换油封排除漏油故障。

检查液压油是否变质。发动机怠速运转，将转向盘反复转到底，使液压油温度达到 40～80℃，如油液起泡或乳化，应更换液压油。

（2）液压油的更换

除发现液压油油质变坏时须更换外，汽车在使用中还应定期更换液压油。

更换时支起汽车前轮，松开动力转向器的放油螺塞或回油管，把液压油放到容器中。启动发动机怠速运转，排油的同时将转向盘反复转到底，直至液压油排净。

添加液压油时用滤网过滤，以免杂质混入油中。当储油罐基本加满油后，启动发动机，使发动机运转 10s，立即将其关闭，检查液面高度，若不足需添加。这样至少重复三次。

由于动力转向装置中油液流通的通道弯曲而细小，而且正常工作温度与冷态时温差较大，所以油面高度应在热车状态下测定。

（3）液压助力系统的排气

液压助力系统若有空气，工作时会产生噪声，且影响助力效果。因此液压助力系统在使用和加油时不允许进入空气，尤其在对其组件修理后必须进行排气，以保证其正常工作。

检查液压助力系统是否有空气有两种方法：一是观察在发动机运转过程中，储油罐的回油口所回的液压油是否有气泡；另一种办法是在发动机停止运转时，将油加至油尺上刻线位置，然后发动机以中速运转，观察储油罐液面高出上刻线 2cm 以上，说明系统内还存有空气。

液压助力系统排气方法：在发动机怠速运转情况下，左右转动转向盘，直到油液中没有气体存在。然后把转向盘转到直行位置，发动机继续运转 2～3min，同时观察储油罐内若无气泡以及油液不发白，表明空气已排净，将发动机熄火即可。

5.5.8　液压助力系统的试验

（1）试验准备

液压助力系统试验都是就车进行的,下面以在东风 EQ1118GA 汽车上试验为例,试验系统的构成如图 5-22 所示。在转向油泵与动力转向器之间安装一个流量计、压力表和截止阀,并在储油罐中放一个温度计,以检测系统内油液温度的变化,确保液压试验的准确性。

试验前先预热液压助力系统。由于液压油的特性受温度的影响较大,试验前需通过预热使液压油的温度达到工作温度。预热时启动发动机,部分关闭截止阀以增大液压油的流动阻力,使液压油温度快速升至 51.7~57.2℃,再打开截止阀,完成预热。预热时,不得完全关闭截止阀,否则会损坏油泵。

(2) 转向油泵的压力试验

转向油泵是动力转向系的供能装置,其输出油液的压力直接影响转向油泵流量以及动力缸助力大小。转向油泵必须有足够的输出压力,同时压力又不能过高而超过密封元件的耐压能力,因此转向油泵中设计有安全阀,安全阀开启压力为系统的最高压力。转向油泵随使用时间增加,因内泄漏等原因导致输出压力降低。下面通过转向油泵的压力试验,检验转向油泵的工作情况。

发动机怠速运转,关闭截止阀,压力表的读数为转向油泵的输出压力。若高于规定的最高压力则安全阀损坏,需修复安全阀;若低于规定的压力值,除因传动机件故障外,主要因转向油泵内泄漏而引起,如叶片与转子槽间隙或叶片端部距与配油盘间隙过大、定子内壁有沟槽、配油盘与定子密封不严、流量限制阀及安全阀损坏等。转向油泵的输出压力过低将导致转向沉重,可通过维修、调整或者更换油泵排除故障。

(3) 油泵流量试验

转向油泵一般设计成即使在发动机怠速运转时,其流量能保证急速转向所需的动力缸活塞最大移动速度。当发动机转速高时,油泵流量将过大,导致油泵消耗功率过多和油温过高。所以转向油泵中设置流量限制阀,以限制转向油泵的输出最大流量。通过流量试验可以检验转向油泵流量是否满足助力需要以及流量限制阀工作是否正常,试验的方法如下。

① 发动机怠速,当液压油温度一定时,检测转向油泵的流量,流量若低于规定值,可能是转向油泵的压力过低或油道有堵塞引起,将导致发动机低速运转时引起转向不灵或沉重,需排除转向油泵压力过低故障或清洗油道。

② 完全关闭截止阀(不超过 5s),直到压力表读数达到最高压力,然后立即打开截止阀,流量必须立即达到规定值。否则,表明转向油泵工作不正常,可能导致瞬时无助力或助力作用中断。

③ 将发动机调至三倍怠速转速,重复上面的试验,如果转向油泵流量高于规定的最大流量,则流量限制阀不起作用,将导致转向油泵消耗功率过大和油温过高,可通过修复或更换流量限制阀排除故障。

(4) 转向器密封性试验

转向器密封性直接影响转向助力效果,必须通过试验才能判断。试验系统的构成如图 5-22 所示,试验的方法如下。

① 在前轮的转向限位螺栓和限位凸台之间垫上一块厚度合适的钢制垫块(如图 5-23 所示),这样转向盘转到底时行程阀仍处于关闭状态,使助力系统不泄压。

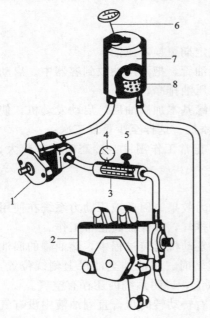

图 5-22 动力转向系液压试验
1—转向油泵;2—转向器;3—流量计;
4—压力表;5—截止阀;6—温度计;
7—储油罐;8—滤芯

② 将转向盘转到底,并在转向盘圆周上施加一定的力,以保证转向器的控制阀完全起作用,此时,压力表读数达到转向油泵的最高压力,流量计上的读数为转向器的泄漏值。

③ 在另一方向重复上述试验,以测定该方向的泄漏值。

若泄漏值过大,主要由转向器的内泄漏或(和)外泄漏引起,表明转向器密封性变差。其中内泄漏主要由螺杆与活塞、活塞与动力缸、阀套与阀体、阀芯与阀套之间的密封部位密封不好以及行程阀关闭不严所引起。而外泄漏主要由输入轴油封、摇臂轴油封、端盖及侧盖、调整螺钉的密封螺母以及管接头等处的密封不好引起。转向器密封性变差,将导致转向沉重,应维修或更换转向器以排除故障。

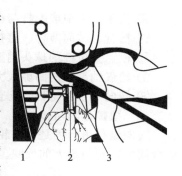

图 5-23 转向器密封性试验
1—转向限位螺栓;
2—垫块;3—限位凸台

注意:在进行这项试验时,每次转向盘转到底以后保持时间不得超过 5s,以免损坏转向油泵。

(5) 行程阀的调整

动力缸活塞移至极限位置后,若继续沿原来方向转动转向盘,动力缸中将产生过高的压力而造成转向系统零部件损坏。为避免此现象发生,活塞的两端各装有一行程阀,活塞移至极限位置之前行程阀开启,动力缸的高低压油腔相通,防止压力过高。行程阀开启时机可由转向器壳体的行程阀调整螺钉来调整。而活塞移动的极限位置主要由转向限位装置确定,载货车一般在转向节上设有转向限位螺栓,转动它可间接调节活塞移动的极限位置。所以调整行程阀之前一定先检查调整好前轮的前束及最大转角。行程阀的调整步骤如下:

① 在转向油泵与转向器之间的管路上安装一个压力表。

② 松开行程阀调整螺钉的密封螺母,发动机怠速运转,转动行程阀调整螺钉,将转向盘转到极限位置(转向限位螺栓与前桥的限位凸台起接触)时,压力表的读数达到转向油泵的最高压力。保持系统的最高压力不得超过 5s,否则会损坏转向油泵。

③ 在转向盘处于极限位置时,缓慢地旋进调整螺钉,直到压力表的读数下降到规定值,然后拧紧密封螺母。

④ 按相同方法调整另一端的行程阀调整螺钉。

⑤ 拆下压力表,恢复原管路。

5.6 转向系统故障的诊断与排除

转向系统由于经常处于运动传力状态,容易出现各种故障,其中常见的故障有:转向盘自由行程过大、转向沉重、异响等。

5.6.1 转向盘自由行程过大故障的诊断与排除

(1) 故障现象

前轮不发生偏转时,转向盘左右转动的角度超过规定的值。

(2) 故障原因

转向盘自由行程过大由转向系统各运动副磨损严重,配合间隙过大所致,具体原因如下。

① 转向柱万向节松动、磨损或损坏。

② 输入轴预紧度过小。

③ 摇臂轴与壳体轴承磨损严重,配合间隙过大。

④ 齿条与齿扇或螺杆与循环球等运动副之间啮合间隙过大。
⑤ 摇臂、转向节臂、直拉杆臂等处固定螺母松动。
⑥ 横、直拉杆的球头销磨损严重等。
⑦ 轮毂轴承轴向间隙太大。
⑧ 转向节主销与衬套配合松旷。

(3) 故障诊断与排除

转向盘自由行程是指前轮不发生偏转时转向盘所转过的角度，它是转向系统各运动副之间配合间隙在转向盘上的反映。可用转向盘自由行程检查仪来检查，方法如图 5-24 所示。使汽车停于平直路面上，将检查仪的刻度盘和指针分别夹在转向管柱和转向盘上，然后向左（右）转动转向盘至感到有阻力时记下指针所指位置，再反转至感到有阻力时为止，此时，指针在刻度盘上所转过的角度，就是转向盘的自由行程。

如果没有转向盘自由行程检查仪，可用一根铁丝，一端固定在转向管柱上，另一端伸向转向盘的边缘，然后转动转向盘，用尺测量前轮不摆动时转向盘所转过的弧长，再由弧长算出对应的角度，即为转向盘的自由行程。

转向盘自由行程过大故障诊断与排除方法如下。

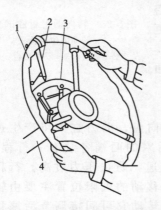

图 5-24 转向盘自由行程的检查
1—转向盘；2—指针；
3—刻度盘；4—转向柱

① 当前轮处于直线行驶状态，检查摇臂是否滞后于转向盘转动。若滞后故障转向操纵机构或转向器，否则，故障在转向传动机构或行驶系统。

② 检查转向轴万向节是否松动，若松动应进行紧定。

③ 检查转向器齿条与齿扇之间啮合间隙是否过大，若间隙过大应进行调整；否则分解转向器，检查螺杆与循环球等运动副之间啮合间隙是否过大，若间隙过大应更换齿条活塞、螺杆/输入轴总成、阀套以及循环球。

④ 支起前桥，并用手沿转向节轴向推拉前轮，检查其是否松旷。若松旷，检查、调整轮毂轴承的预紧度。若调整好轮毂轴承预紧度后，仍有松旷感，故障在转向节主销与衬套配合松旷，可更换衬套修复。

⑤ 检查摇臂、转向节臂、直拉杆臂等处固定螺母是否松动，若有松动应紧定；否则分解、检查横、直拉杆的球头销是否磨损严重，若磨损超过 0.5mm 应该更换球头销。

5.6.2 转向沉重故障的诊断与排除

(1) 故障现象

驾驶时感到转向盘上的阻力过大，沉重费力。

(2) 故障原因

① 操纵机构的原因

a. 转向轴弯曲或转向轴管凹陷碰擦。
b. 万向节损坏。

② 转向器机械部分的原因

a. 转向摇臂轴轴承损坏。
b. 转向器输入轴上下轴承调整过紧，或轴承损坏。
c. 转向器啮合间隙调整过小。

③ 转向传动机构的原因

a. 各处球头销缺少润滑油。

b. 转向直拉杆和横拉杆的球销调整过紧，压紧弹簧弹力过大或锈蚀。
c. 转向直拉杆或横拉杆弯曲变形。
d. 转向节主销与衬套配合间隙过小，或衬套转动使油道堵塞，润滑油无法进入，发生干摩擦而沉重。
e. 转向节推力轴承缺少润滑油、损坏。
f. 转向节臂变形。

④ 液压助力系统（针对动力转向系统）
a. 储油罐缺油。
b. 液压助力系统中进入了空气。
c. 各油管接头处密封不良，有泄漏现象。
d. 液压助力系统堵塞或转向滤清器污物太多。
e. 转向油泵磨损、内部泄漏严重。
f. 转向油泵安全阀、流量限制阀泄漏，弹簧弹力减弱或调整不当。
g. 转向器内部泄漏严重。

⑤ 行驶系统方面的原因
a. 前轴变形、扭转，引起前轮定位失准。
b. 轮胎气压不足。
c. 前轮轮毂轴承调整过紧。
d. 车架弯曲、扭转变形。
e. 前悬架变形。

(3) 故障诊断与排除
① 对于转向系统中的机械部分的故障，诊断排除的方法如下。
a. 顶起前桥，使前轮悬空，转动转向盘。测量转向盘的阻力，若较小，则故障在前轮、前桥或车架。此时应检查轮胎气压是否过低、前轴有无变形、前钢板弹簧是否良好、前轮定位是否正确等。必要时，应检查前轮及车架是否变形。应视不同情况，予以调整和修理。

b. 将转向摇臂拆下，继续测量转动转向盘的阻力，若阻力较小，则故障在转向传动机构。此时检查各球头销装配是否过紧或缺油，检查各拉杆及转向节有无变形，检查转向节主销轴向间隙是否过小等。若出现以上情况应进行维修、调整和注油。通常检查时，可扳动两车轮左右转动，查看各传动部件，并上下扳动车轮检查轮毂轴承的预紧度。

c. 拆下转向器输入轴的万向节叉，继续测量转动转向盘的阻力，若较小则故障在转向器。先检查转向器的输入轴和摇臂轴有无变形凹陷，若存在需修复。检查转向器啮合间隙是否过小，若过小需重新调整。检查输入轴的轴承预紧度是否过大，若过大需调整。

d. 检查转向轴和转向传动轴是否弯曲变形，若有需校正和更换。

② 对于装有动力转向系统的车辆，引起转向沉重的主要原因是转向助力变差，或转向助力失效等，诊断排除方法如下。

a. 检查转向储油罐内的液压油质量和液面高度，若液压油变质则应重新更换规定液压油。若液面低于规定高度，将合格的液压油添加至规定高度。

b. 检查转向储油罐内的滤清器。若发现滤网过脏，说明滤清器堵塞，应清洗。若发现滤网破裂，应更换。

c. 检查液压助力系统中是否渗入空气，如果发现储油罐中的油液有气泡时，说明液压助力系统中有空气渗入，应检查各油管接头和接合面的螺栓是否松动，各密封件是否损坏，有无泄漏现象，油管是否破裂等。对于出现故障的部位应进行修整和更换，并进行排气操作，最后重新加入规定液压油。

　　d. 对转向油泵进行输出油压检查，如果转向油泵输出压力不足，说明转向油泵有故障，此时应分解油泵，检查油泵是否磨损或内部泄漏严重，安全阀、流量限制阀是否泄漏或卡滞，弹簧弹力是否减弱或调整不当，各轴承是否烧结或严重磨损等。检查转子上的密封环或油封是否损坏，若损坏需更换密封圈或油封。

　　e. 检查液压助力系统是否有脏物、胶质和积炭，液压油是否过脏。清洗助力液压助力系统并更换液压油。检查阀芯和阀套等动力转向控制件的径向间隙是否过大或密封台肩是否磨损，油压泄漏过多。必要时拆检或更换转向控制装置。

第 6 章 制动系统结构与维修

使行驶中的汽车减速甚至停车,使下坡行驶的汽车速度保持稳定,以及使已停驶的汽车保持不动,这些作用统称为汽车制动。对汽车起到制动作用的是作用在汽车上,其方向与汽车行驶方向相反的外力。作用在行驶汽车上的滚动阻力、上坡阻力、空气阻力都能对汽车起制动作用,但这些外力的大小都是随机的且不可控制。所以在汽车上必须装设一系列专门装置,以便驾驶员能根据道路和交通等情况,借以使外界(主要是路面)在汽车某些部分(如车轮、传动轴、半轴等)施加一定的力,对汽车进行一定程度的强制制动。这种可控制的对汽车进行制动的外力称为制动力。这样的一系列专门装置即称为制动系统,简称制动系。

6.1 制动系统的组成、类型及工作情况

6.1.1 制动系统的组成

任何制动系统都具有以下四个基本组成部分:供能装置、控制装置、传动装置、制动器,其中前三部分可统称为制动操纵机构。

(1) 供能装置

供能装置包括供给、调节制动所需能量以及改善传能介质状态的各种部件,如空气压缩机、调压阀、干燥器、储气筒等。其中产生制动能量的部分称为制动能源,人的肌体亦可作为制动能源。

(2) 控制装置

控制装置包括产生制动动作和控制制动效果的各种部件,如制动踏板、制动控制阀等。

(3) 传动装置

传动装置包括将制动能量传输到制动器的各个部件,如机械式的杆件和绳索,液压式的制动主缸和制动轮缸,气压式的制动气室等。

(4) 制动器

制动器是产生阻碍车辆的运动或运动趋势的力(制动力)的部件,其中也包括辅助制动系统中的缓速装置。

较为完善的制动系统还具有制动力调节装置以及报警装置、压力保护装置等附加装置。

6.1.2 制动系统的类型

(1) 按制动系统的功用分类

① 行车制动系统:使行驶中的汽车降低速度甚至停车的一套专门装置,为确保安全,在行车过程中经常使用它。

② 驻车制动系统:使已停驶的汽车驻留原地不动的一套装置。

③ 应急制动系统:在行车制动系失效的情况下保证汽车仍能实现减速或停车的一套装置。

④ 辅助制动系统:在汽车下长坡时用以稳定车速的一套装置。例如,经常行驶在山区的汽车,若单靠行车制动系统来达到下长坡时稳定车速的目的,则可能导致行车制动系的制动过热而降低制动效能,甚至完全失效。故山区用汽车还应具备此装置。

制动力矩和制动力的大小可以在驾驶员的控制下,在一定范围内逐渐变化的制动称为渐进制动。显然,行车制动系统必须能实现渐进制动,驻车制动系则无此必要。

(2) 按制动系统的制动能源分类

① 人力制动系统：以驾驶员的肌体作为唯一的制动能源的制动系统，在部分载货车的驻车制动系统中采用。

② 动力制动系统：完全靠由发动机的动力转化而成的气压或液压形式的势能进行制动的制动系统，在中、重型载货车中一般采用气压式的动力制动。

③ 伺服制动系统：兼用人力和发动机动力进行制动的制动系统，在轻型载货车的行车制动中采用。

(3) 按制动能量的传输方式分类

① 机械式：在人力制动系统中常用的方式，按其结构不同，分为杆系式和绳系式。

② 液压式：液压式可用于人力、动力和伺服制动系统，在轻型载货车中运用较多。

③ 气压式：气压式主要用于动力制动系统，在中、重载货车上广泛运用。

④ 电磁式：电磁式在载货车上较少运用。

同时采用两种以上传能方式的制动系可称为组合式制动系统。

载货车的行车制动系统采用双回路，即所有行车制动器的气压或液压管路分属于两个彼此隔绝的回路。这样，即使其中一个回路失效，还能利用另一回路获得较原先小的制动力。本章主要讲解气压制动系统。

6.1.3 气压制动系统的结构

气压制动系统主要包括供能装置、控制装置、传动装置（制动气室）和制动器。供能装置由空气压缩机、调压阀、储气筒、四回路保护阀、空气干燥器和其他有关附件组成，控制装置包括制动阀、继动阀、感载比例阀、快放阀、手控阀、挂车制动控制阀等，传动装置包括膜片制动气室和组合制动气室。东风EQ1141G制动系统管路如图6-1所示。

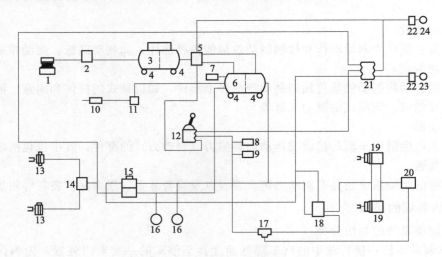

图 6-1 东风 EQ1141G 制动系统管路

1—空气压缩机；2—调压阀（卸载阀）；3—湿储气筒；4—放水阀；5—四回路保护阀；6—主储气筒；7—报警开关Ⅰ；8—报警开关Ⅱ；9—报警开关Ⅲ；10—排气制动操纵缸；11—电磁阀；12—手控阀；13—前制动气室；14—快放阀；15—制动阀；16—气压表；17—双向阀；18—感载阀；19—组合制动气室；20—快放阀；21—挂车制动控制阀；22—分离开关；23—控制管路接头；24—充气管路接头

6.1.4 气压制动系统的工作情况

(1) 行车制动

载货车行车制动一般采用双回路气压制动系统，即前桥为前回路，后桥（中桥）为后回路，两回路相对独立。当踩下或放松制动踏板时，串联双腔制动阀被接通或断开，从而控制膜片制动气室充放气，其中制动阀上腔控制后回路的制动器工作，下腔控制前回路的制动器工作。由于车辆轴距长，导致管路较长；气室用气量大，气室的充、放气时间较慢；此外，驾驶室为可翻转式的，使得管路中不可避免影响放气时间。为改善制动系统的充、放气特性，在前回路中设置快放阀，而在后回路中设置继动阀或带有继动阀的感载阀。

（2）驻车制动

当手控阀手柄处于行车位置时，手控阀接通，储气筒的压缩空气经手控阀进入弹簧制动气室而解除制动。当手控阀手柄转到驻车位置时，手控阀断开，弹簧制动气室的压缩空气排入大气，储能弹簧伸长而使后回路的制动器产生驻车制动力。

（3）应急制动

当行车制动失效而驻车制动能正常工作时，在行车位置与驻车位置之间转动手控阀手柄，可控制弹簧制动气室的气压大小，使储能弹簧弹力作用在后制动回路的制动器上而产生对应的制动力。这样可借助后回路的制动力，慢速行车。

（4）辅助制动

如图 6-1 所示，载货车的辅助制动系统常采用排气制动，即利用电磁阀或气动控制阀控制排气制动操纵气缸充气，操纵气缸的活塞推杆推动排管上的蝶阀转动而关闭排气管，发动机排气行程的阻力增大，从而可利用发动机对汽车实施制动。断开电磁阀或松开气动控制阀即可解除排气制动。

6.2 制动器的结构与维修

制动器是制动系统中用以产生阻碍车辆的运动或运动趋势的力的部件，一般是通过其中的固定元件对旋转元件施加制动力矩，使后者的旋转角速度降低，同时依靠车轮与路面的附着作用，产生路面对车轮的制动力以使汽车减速。凡利用固定元件与旋转元件工作表面的摩擦而产生制动力矩的制动器都称为摩擦制动器，除各种辅助制动系统以外，行车、驻车及应急制动系统所用的制动器几乎都属于摩擦制动器。

载货车所用的摩擦制动器可分为鼓式和盘式两大类。前者的摩擦副中的旋转元件为制动鼓，其工作表面为圆柱面，用于载货车的行车、驻车及应急制动系统中；而后者的旋转元件则为圆盘状的制动盘，以端面为工作表面，主要用于载货车的驻车制动。旋转元件固装在车轮或半轴上，即制动力矩直接分别作用于两侧车轮上的制动器称为车轮制动器。旋转元件固装在传动系统的传动轴上，其制动力矩须经过驱动桥再分配到两侧车轮上的制动器则称为中央制动器。车轮制动器一般用于行车制动，也有兼用于应急制动和驻车制动。中央制动器一般只用于驻车制动和辅助制动。

6.2.1 制动器的结构

除辅助制动系统中的各种缓速装置外，其他种类制动系统中的制动器都采用固定元件与旋转元件工作表面的摩擦产生制动力矩的摩擦式制动器，目前，各类汽车所用的摩擦式制动器可分为鼓式和盘式两大类。载货车多采用鼓式制动器。如图 6-2 所示为东风 EQ1118GA 前制动器，采用凸轮式张开装置，且设计成领从蹄式。前后两制动蹄可锻铸铁制成，其一端支撑孔与支承销间隙配合，并用挡板及锁销轴向限位，另一端安装有滚轮，以减小制动蹄与凸轮的磨损。凸轮与轴制成一体，通过支座固定在制动底板上，其尾部花键轴插入制动调整臂的花键孔中。为了减少凸轮轴与支座之间的摩擦，在支座的两端装有衬套，有滑脂嘴可定期进行润滑。在衬套外端装有密封垫圈，并用止推垫和调整垫片限制和调整凸轮轴的轴向窜动量。不制动时由回位弹簧将制动蹄拉靠到制动凸轮轴的凸轮上。制动时，制动调整臂在制动气室的推动下，带动制动凸轮轴转动，凸轮便使两制动蹄张开并压靠在制动鼓上，产生制动作用。由于凸轮的工作表面轮廓中心对称，且凸轮只能绕固定的轴线转动而不能移动，故当凸轮转过一定的角度时，两制动蹄张开的位移是相等的。在制动蹄与制动鼓之间摩擦力的作用下，其中一制动蹄力图离开制动凸轮为领蹄（助势蹄），另一制动蹄更加靠紧制动凸轮为从蹄（减势蹄）。造成凸轮对领蹄的张开力小于从蹄，从而使两制动蹄所受到的制动鼓的法向反力近似相等。但由于这种制动器结构上不是中心对称的，两制动蹄作用于制动鼓的法向等效合力虽然大小近似相等，但因其作用线存在一个不大的夹角，不可能相互平衡，故这种制动器仍是非平衡式制动器。

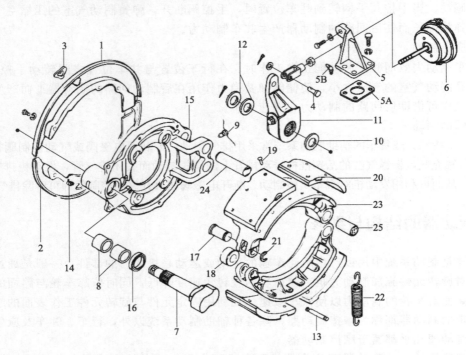

图 6-2 东风 EQ1118GA 前车轮制动器
1—上防尘罩；2—下防尘罩总成；3—堵塞；4—平头销钉；5—支架；5A—密封垫片；5B,14—滑脂嘴；6—制动气室；7—凸轮；8,25—衬套；9—螺钉；10,12—调整垫片；11—调整臂；13—回位弹簧固定销；15—制动底板；16—油封；17—滚轮轴；18—滚轮；19—铆钉；20—摩擦片；21—卡环；22—回位弹簧；23—制动蹄；24—蹄片轴

6.2.2 制动器的维修

在拆卸之前应停稳车，掩住车轮，稍微拧松车轮螺母，再用千斤顶顶起对应车轴，使待修理制动器的车轮悬空。将制动器的零件拆卸并分解完后，应先进行清洁，以便于零件检验，从而确定零件是可用、待修复或更换。

（1）制动蹄的维修

制动蹄易出现的损伤形式有变形、端部磨损及支承销座孔磨损等。

① 制动蹄弯曲或扭曲变形　制动蹄弯曲或扭曲变形往往因为制造时存在缺陷，制动器过热或工作中受到过大的外力作用。制动蹄弯曲或扭曲变形将导致制动蹄强度降低、制动力下降等。应用样板检查，并冷压校正，或用榔头敲击校正，但不要敲击支承销孔的边缘，以免使支承销孔变形。

② 支承销孔磨损　由于制动时制动蹄绕支承销转动，支承销孔或其中的衬套容易磨损，引起支承销孔与支承销配合间隙过大，从而导致制动失灵或制动不稳。可通过测量支承销孔与支承销的配合间隙，来判断支承销孔或其中的衬套是否过度磨损。若过度磨损，可对支承销孔

进行焊修法修复或更换衬套。若支承销磨损严重可涂镀加粗。

(2) 制动蹄摩擦片的维修

摩擦片主要的损伤形式有：表面烧蚀或硬化、油污、破损、过度磨损及铆钉松动。

① 摩擦片表面烧蚀或硬化　摩擦片表面烧蚀或硬化是由于制动蹄摩擦片与制动鼓产生的热量超过了摩擦材料的承受力而引起的，轻微烧蚀或硬化多因制动鼓或摩擦片表面凸起而引起，严重的烧蚀或硬化多因制动拖滞引起。摩擦片表面烧蚀或硬化会降低摩擦因数，从而降低制动力。轻微的烧蚀或硬化可用砂子打磨后继续使用，严重的烧蚀或硬化需更换摩擦片或整个制动蹄。

② 摩擦片表面沾油污　摩擦片表面的油污是润滑脂，因内轮毂轴承油封或凸轮轴密封圈损坏引起润滑脂渗漏。摩擦片表面沾有油污会引起摩擦因数下降，从而降低制动力。修理时首先排除润滑脂渗漏故障，摩擦片表面油污轻微的用汽油擦洗并用压缩空气吹干，严重的需更换摩擦片或整个蹄片。

③ 摩擦片破损　摩擦片破损多因铆钉松动、裂纹加重、摩擦片过薄或受到冲击过大等引起。摩擦片破损会降低摩擦片的有效摩擦面积，从而引起制动力严重下降。修复时需更换摩擦片或整个蹄片。

④ 摩擦片过度磨损　制动器是靠摩擦力实现制动，摩擦片磨损不可避免，但摩擦片严重磨损不仅降低其强度，铆钉还容易外露损坏制动鼓。可通过测量铆钉头与摩擦片表面的距离来判断摩擦片的磨损程度，检测方法如图 6-3 所示。若过小，需更换摩擦片或整个蹄片。更换摩擦片时可用铆合或螺栓连接。

注意：如果左、右制动器中的任何一个摩擦片需要更换，则应将左、右两边制动器的摩擦片全部更换。

⑤ 个别铆钉松动　由于铆接质量低，制动蹄长期受到较大的冲击，个别铆钉出现松动。铆钉松动会导致摩擦片与制动蹄贴合不紧，引起摩擦片散热不良，铆钉松动后还可能窜出磨坏制动鼓，应紧固或重新铆接。

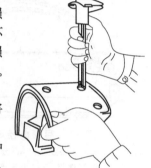

图 6-3　摩擦片磨损检测

⑥ 摩擦片的铆合　选择摩擦片时要使同一车桥上左、右轮的摩擦片材料和厚度相同，以保证摩擦因数和制动力相等。

制动蹄摩擦片铆合与离合器摩擦片的铆合基本相同，但应注意以下问题：

摩擦片与蹄铁应贴合良好，以防折断和散热不良。为此，铆合时应用专用工具夹紧，如图 6-4 所示。摩擦片两端锉成斜角，以防止与制动鼓相卡。铆钉头或螺栓头应埋入 2/3 片厚，保证摩擦片使用寿命。

⑦ 制动蹄摩擦片的加工及磨合　摩擦片铆合后应进行机械加工，以保证与制动鼓的正确配合。摩擦片加工多用车削法或磨削法。车削加工噪声小，对环境污染小，但加工表面粗糙度大，制动效果差；磨削加工噪声大，对环境污染大，但加工表面粗糙度小，制动效果优于车削法。

加工后的摩擦片表面应平整光滑，与制动鼓的接触面积应较大，靠合应两头重中间轻。为此，加工时应使 $R_{蹄} > R_{鼓}$。两者的差值视制动鼓的直径大小而定，一般取 0.2～0.6mm。

加工后的制动蹄和制动鼓的表面粗糙度较大，为进一步提高制动效果，可对加工后的蹄鼓进行磨合。

(3) 制动鼓的维修

① 检查项目　制动鼓的损伤形式主要有：裂纹、沟槽、变形、烧蚀等。

a. 检查制动鼓有无裂纹。由反复受到冲击或高温时快速冷却等原因引起裂纹，它会降低制动鼓的强度，严重时导致制动鼓破损而引起安全事

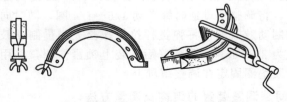

图 6-4　铆制动蹄摩擦片夹持器

故。轻微裂纹可继续使用,严重裂纹必须更换制动鼓。

b. 检查制动鼓有无沟槽。由于铆钉外露或异物进入制动器,造成制动鼓异常磨损而起沟槽。若沟槽太宽会降低制动鼓与摩擦片的接触面积,使接触部位产生的热量过高,最终导致制动力下降。若沟槽深度不超过 0.50mm,可镗削制动鼓来处理,若沟槽太深将影响制动鼓的强度,修复时需更换制动鼓。

c. 检查制动鼓是否变形。由于轮毂轴承松旷、制动鼓与轮毂轴承座孔不同心以及制动鼓的特殊外形等原因,容易造成制动鼓产生失圆和锥形等变形。制动鼓变形会导致制动效能下降,制动不平稳。制动鼓变形可用弓形内径规测量制动鼓的圆度和圆柱度来判断,如图 6-5 所示;可用百分表测量制动鼓相对轮毂轴承承孔轴线的径向圆跳动量来判断,如图 6-6 所示。当制动鼓的圆度和圆柱度以及制动鼓与轮毂同轴度超过规定值,需进行镗削修理。

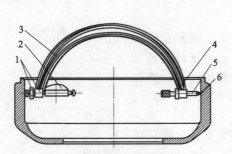 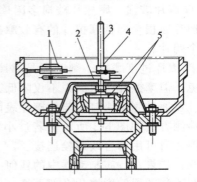

图 6-5 弓形内径规测量制动鼓
1—锁紧装置;2—百分表;3—弓形规;
4—锁紧螺母;5—测量调整杆;6—制动鼓

图 6-6 测量制动鼓与轮毂同轴度
1—百分表及锁紧装置;2—支架;3—中心杆;
4—连接装置;5—轴承卡板

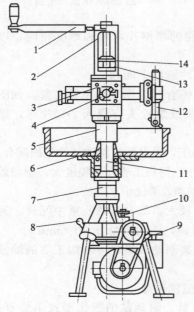

图 6-7 制动鼓镗削机
1—手摇柄;2—传动盖;3—刀架;4—锁紧手柄;5—套筒;6—锥套;7—平套;8—手柄;9—电动机开关;10—活动销;11—主轴;12—镗杆;13—螺母;14—开口挡圈

② 制动鼓镗削 制动鼓除有裂纹外,均可镗削修复,镗削制动鼓应以轮毂轴承孔轴线为定位基准,以保证对轮毂轴承孔轴线的同轴度。同轴左右制动鼓镗削时,应先镗削磨损严重的制动鼓,镗至整个表面露出内层金属(没黑皮)为止。然后再将另一鼓镗至同一尺寸。镗后尺寸应不大于极限尺寸,以保证制动鼓的强度。制动鼓经多次镗削后,内径达到极限尺寸时,应更换新品。制动鼓镗削机如图 6-7 所示。

(4) 制动器的装配

① 制动器的装配与拆卸和分解的顺序相反。

② 装配时在制动蹄支承销、凸轮轴轴颈等配合面应涂润滑脂,以减小摩擦阻力和防止锈蚀。

(5) 轮毂轴承预紧度的调整

以 EQ1118GA 的后轮为例,装上制动鼓及轴承,将制动鼓转动 2~3 圈,使轴承就位后再用不小于 500N·m 的力矩拧紧调整螺母,将调整螺母逆时针转动 1/6~1/4 圈,同时向前、后各转动制动鼓数圈,将弹簧秤拉在螺栓上测量制动鼓的启动力,应为 30~65N。调整好后,装上锁紧垫圈,并用锁紧螺栓将锁紧垫圈固定在调整螺母上。

6.2.3 制动间隙调整装置的结构及调整方法

(1) 制动间隙调整装置的结构

制动器在不工作时的原始位置，其摩擦片与制动鼓之间应有合适的间隙（以下简称制动间隙），其设定值由汽车制造厂规定。在制动器工作过程中，摩擦片的不断磨损必将导致制动间隙逐渐增大，当间隙超过设定值时必须进行调整。凸轮式制动器的制动蹄和制动鼓之间间隙可通过改变凸轮原始位置进行调整，如图6-8所示。凸轮轴9插在调整蜗轮10的花键孔内，转动调整蜗杆轴5，即可在制动调整臂与制动气室推杆的位置不变的情况下，改变凸轮的初始张角。

鼓式制动器中，调整凸轮的初始张角，确定了每一蹄片两端总的间隙值。但由于领、从蹄磨损不一致，仅调整凸轮的初始张角，可能出现凸轮对两蹄片的张力不等，或同一蹄片两端间隙分配不合理，导致制动时接触面积小。所以部分载货车采取凸轮轴支架位置可调整或偏心支承销结构，以改变两蹄片间隙分配或同一蹄片两端间隙分配，于是形成不同调整方式。

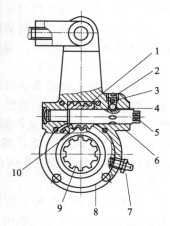

图6-8　EQ1118GA 调整臂
1—蜗杆；2—塞片；3—弹簧；4—钢球；5—蜗杆轴；6—调整锁止套；7—滑脂嘴；8—调整臂外壳；9—凸轮轴；10—蜗轮

（2）制动间隙局部调整

局部调整指只改变蹄片的初始张角的调整。在汽车使用过程中，随着摩擦片及制动鼓的磨损而引起制动间隙的增大，气压制动的制动气室推杆行程超过40mm，制动性能变坏时，需进行局部调整。例如EQ1118GA制动蹄片间隙局部调整步骤如下。

① 顶起车桥，使车轮能自由转动。
② 先顺时针转动蜗杆轴使制动蹄与制动鼓间隙消除，如图6-9所示。
③ 再逆时针转动蜗杆轴使制动蹄与制动鼓达到规定间隙（一般为3～5响），制动气室的推杆行程应在15～35mm范围内。

（3）制动间隙全面调整

全面调整指既改变蹄片的初始张角又改变同一蹄片两端间隙分配或两蹄片间隙分配的调整。在更换制动蹄，重新加工制动鼓后，或因拆卸制动器破坏制动蹄与制动鼓间隙时，需对制动器进行全面调整。如EQ1118GA制动蹄片间隙全面调整步骤如下。

① 顶起车桥，使车轮能自由转动。
② 拧松制动气室支架与制动底板的紧固螺母。
③ 顺时针拧紧调整蜗杆轴，使两个制蹄均与制动鼓完全贴合，然后拧紧制动气室支架紧固螺母。其主要目的是找到凸轮轴的最佳位置，使两蹄片的间隙分配更合理，以产生更好的制动效果。

图6-9　转动蜗杆轴

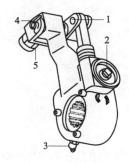

图6-10　自动调整臂
1—小轴销；2—蜗杆轴；3—滑脂嘴；4—连接叉；5—锁紧螺母

④ 逆时针转动蜗杆轴 1/2～2/3 圈（调完后一定要使锁止套弹出将蜗杆轴锁止），此时制动蹄中部与制动鼓之间的间隙为 0.7mm，制动鼓应能自由转动，不与任何零件擦碰。

若支承销是偏心的制动器，调整支承销可以使同一蹄片两端的间隙重新分配，以增大制动蹄与制动鼓的接触面积，增强制动力。

(4) 自动调整装置

部分载货车制动器装有自动调整臂，其结构如图 6-10 所示。当摩擦片磨损、间隙超过设定值时，能自动调小制动蹄和制动鼓之间的间隙，以减少保养时间、保证行车安全。正常工作时，每行驶 10000km 从滑脂嘴处加注润滑脂，检查并拧紧连接叉紧固螺母。每行驶 20000km 检查一次反向调整力矩，即按逆时针方向转动蜗杆轴力矩（重复试验三次），若力矩均小于 26N·m 时，则必须更换调整臂。检查制动器各零件总成在使用过程中回位是否顺畅，有无发卡现象。

当需更换新蹄片时，应通过旋转蜗杆轴，使凸轮轴处于最小张开位置。换完摩擦片后在整车 300～400kPa 气压范围内踩制动 30～40 次左右，以保证制动器调小间隙。在车辆使用过程中，随着磨合，蹄片间隙会不断自动调整，直至稳定在设计预留间隙范围内。

6.3 供能装置的结构与维修

供能装置由空气压缩机、调压阀、储气筒、四回路保护阀、空气干燥器、油水分离器等组成。

6.3.1 空气压缩机的结构

空气压缩机一般为单缸往复活塞水冷式空气压缩机，润滑方式为强制润滑。空气压缩机安装在发动机上，是气压制动系统提供气源的唯一装置，其结构如图 6-11 所示。

空气压缩机工作时，活塞下行，气缸容积增大，进气阀门打开，排气阀门关闭，吸入新鲜空气。活塞上行，气缸容积减小，进气关闭，排气打开，压力上升并向储气筒充气。

6.3.2 干燥器的类型与结构

由于空气压缩机产生的压缩空气中含有大量水分、油（空气压缩机窜油）、杂质，水分不仅锈蚀金属元件，遇低温还会结冰堵塞管路和损坏元件。载货车安装的空气干燥器，它不仅干燥压缩空气中的水分，还能滤去油污和杂质。空气干燥器必须与调压阀配合，以便适时排除壳体内的水分。根据结构形式不同，干燥器有独立式（如图 6-12 所示，即单独安装调压阀）和整体式（即调压阀设置在干燥器内）两种，前者一般使用普通的干燥剂，可单独更换干燥剂，而后者一般采用分子筛式的干燥剂，需整体更换干燥筒。

(1) 独立式干燥器

独立式干燥器的结构如图 6-13 所示，从调压阀输入的压缩空气经进气口①进入壳体内，含有的水分和油、杂质通过滤网滤掉，压缩空气从干燥罐的底部气孔进入干燥罐，经罐中的干燥剂干燥后，顶开节流钢球进入再生储气罐，打开单向阀1进入储气筒备用。

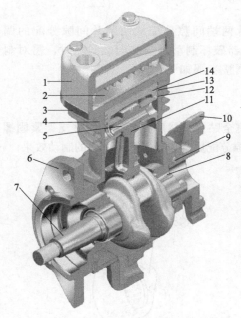

图 6-11 东风 EQ1118GA 空气压缩机
1—气缸盖；2—限位板；3—阀板；4—气缸体；
5—活塞销；6—前法兰；7—曲轴；8—轴承；
9—密封圈；10—转向油泵支架；11—连杆；
12—油环；13—气环；14—活塞

同时过滤掉的油和水分全部集中在壳体的下部,油和水过多会堵塞气道,必须适时排除。当储气筒压力达到调压阀调节的最高压力时,调压阀产生的控制压力经控制气口④进入活塞上方,推动活塞下行而打开排污阀,油和水分从排气口③排除。同时由于再生储气罐的气压远远高于排气口,节流钢球关闭气道,压缩空气从隔板的小孔(或钢球的边缘)喷入干燥罐,干燥的空气继续下行将干燥剂吸附的

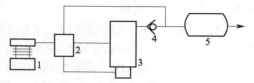

图 6-12 空气干燥器安装位置示意
1—空气压缩机;2—调压阀;3—空气干燥器;4—单向阀;5—储气筒

水气吹干,经过滤网由排气口排出,从而延长干燥剂的使用时间(即再生)。由于用气使储气筒压力减少,调压阀重新供气,这时控制口的压缩空气经调压阀排除,排污阀关闭,干燥器将重新供气。

(2) 整体式干燥器

整体式干燥器就是将气压调节阀集成在干燥器上,如 AD-103 型空气干燥器(如图 6-14 所示)。其干燥剂为分子筛,分子筛属于微孔结构的铝硅酸盐,体内有大量空腔状晶胞,晶胞之间有空隙相通,空气能通过空隙,而水分被吸附在晶胞空腔内。压缩空气从进气口①进入,通过滤清器后到干燥罐的上部,经过干燥剂干燥后同时供给储气筒和再生储气筒。当储气筒的气压高于调压阀的调节气压时,调压阀排气口关闭、进气口打开给活塞上腔供气,活塞下行将排气阀打开,排掉室内的水分;空气压缩机供给的压缩空气从排气阀直接排入大气而卸载;同时再生储气筒的压缩空气会逆向流动而从排气阀排除,将干燥剂中的水分带走而再生。当气压低于调节气压,调压阀的进气口关闭、排气口打开,活塞上方的压缩空气从调压阀排除,排气阀口关闭,干燥器重新供气。

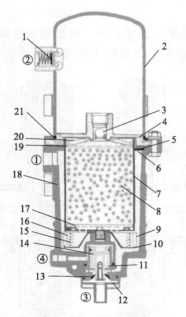

图 6-13 空气干燥器结构原理
1—单向阀;2—再生储气罐;3—节流钢球;4,9—隔板;5,21—密封圈;6—支承圈;8—干燥剂;10—支承板;11—弹簧;12—排气盖;13—排污阀;14—活塞;15—滤芯;16—滤网;17,19—过滤板;18—壳体;20—压紧弹簧
①—进气口;②—出气口;③—排气口;④—控制气口

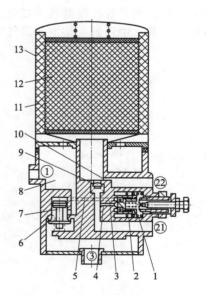

图 6-14 AD-103 型空气干燥器
1—排气阀;2,7—活塞;3—进气阀;4,5—通道;6—排水阀;8—腔室;9—单向阀;10—节流口;11—滤清器;12—干燥剂;13—壳体;①—进气口;②—出气口(至储气筒);②—出气口(至再生储气筒);③—排气口

6.3.3 调压阀的结构

调压阀安装在空气压缩机与干燥器之间的管路上，其作用是调节供能装置内气压。当储气筒压力高于（810±10）kPa时，调压阀排气阀门打开，停止向储气筒供气；当储气筒内压缩空气的气压降60~100kPa，即系统压力为710~750kPa时，调压阀向储气筒重新供气。

调压阀的工作原理如图6-15所示，压缩空气经进气口①进入调压阀，顶开单向阀5后从出气口㉑向干燥器供气。来自主管路的压缩空气经控制口④作用在膜片3的下面，当气压低于调节压力时，该气压在膜片下产生向上的力不足以克服弹簧2的弹力，使膜片保持最低位置，阀门4的进气口关闭、排气口开启，活塞上方直通大气，排气阀9关闭；当气压达到调节压力时，膜片下方的气压推动膜片及阀芯向上移动，阀芯带动阀门上移，使排气口关闭、进气口开启，压缩空气作用在活塞10的上方，活塞10下移打开排气阀9，空气压缩机供给的压缩空气直接排入大气而卸载空转，不再给储气筒供气。系统的气压降低时，膜片下方的气压的作用力小于弹簧的弹力，膜片向下移动，阀门4的进气口关闭、排气口开启，活塞上方的压缩空气经阀门4的排气口向上排入大气，活塞在弹簧8的作用下向上移动而关闭排气阀9，调压阀开始重新供气。排气阀还起安全阀的作用，当气压超过1200kPa，气压直接压开排气阀，将压缩空气排入大气。拧动调压阀上端的调整螺钉可改变弹簧的弹力，从而改变系统的调节压力。在调压阀上还安装有一充气接口（①-②），它即可向外供气，同时可接受外来气源供气。当向外供气时，锁紧充气管接头螺母，将阀门6向左移动而关闭向储气筒供气的通道，由空气压缩机产生的压缩空气直接向外供气。若阀门6不能关闭向储气筒供气的通道，由于不断向储气筒供气，制动系统又无其他用气设备，所以储气筒一直处于调节气压，活塞上方一直保持较高气压，排气阀始终开启而不能向外供气。当阀门6处于中间位置时，可由外部气源向储气筒充气。图中接口㉒与接口㉓为备用接口。

6.3.4 四回路保护阀的结构

四回路保护阀安装在湿储气筒之后，它不仅将一路气源分成了四路，更重要的是保证这四路相对独立，若其中任意一路损坏漏气时，其余各路仍能保持670kPa最低安全压力。

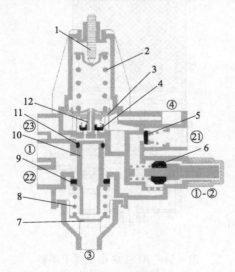

图6-15 调压阀

1—调整螺钉；2—弹簧；3—膜片；4,6—阀门；5—单向阀；7—弹簧座；8—弹簧；9—排气阀；10—活塞；11—密封圈；12—阀芯；①—进气口；㉑，㉒，㉓—出气口；③—排气口；①-②—进、出气口；④—控制口

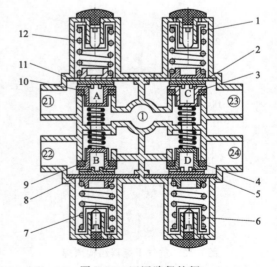

图6-16 四回路保护阀

1,6,7,12—弹簧；2,5,8,11—密封垫；3,4,9,10—阀门；①—进气口；㉑，㉒，㉓，㉔—出气口；A,B,C,D—气腔

四回路保护阀如图 6-16 所示，压缩空气经进气口①进入到 A、B、C、D 四腔内，当气压达到 670kPa（即最低安全压力）时，阀门 3、4、9、10 同时被打开，压缩空气经㉑、㉒、㉓、㉔口向各回路供气。由于阀门未开启时，气压仅作用在阀门，当阀门开启后，气压同时作用阀门和膜片上，气压作用的面积增大，所以只有当气压低于 370kPa 时阀门才关闭。当某一回路漏气时（如Ⅰ回路），四回路气压都降至 370kPa 以下而关闭。当空压机继续供气，完好的三个回路的管路中有 370kPa 的剩余气压作用于膜片上，阀门上作用的气压高于 370kPa 而重新开启供气。漏气的回路的管路通大气，压缩空气仅作用在阀门上，需高于 670kPa 才能打开供气，此阀门相当于一个安全阀，保证完好的三回路有 670kPa 压缩空气。

6.3.5 空气压缩机的维修

下面以东风 EQ1118GA 空气压缩机为例讲解。

（1）空气压缩机的分解

拧下曲轴螺母，取下齿轮；拧出缸盖螺栓，拆下缸盖；拧下缸体螺母，拆下气缸体；拧下连杆螺栓，取下连杆盖，拆下活塞连杆总成；拆下前盖，将曲轴从前盖孔取出。

（2）空气压缩机的装配

空气压缩机装配与分解的顺序相反。注意活塞环的方向，第一道环、第二道环、第三道环为锥面鼻形环，鼻形向下，油环环岸倒角向上，活塞环口应均匀错开 120°。

6.3.6 干燥器的维修

下面以东风 EQ1118GA 干燥器为例讲解。

（1）检查干燥器的密封性

干燥器只在系统气压高于调节气压时从排气口排气，若在其他情况排气口漏气，是排气阀（排污阀）关闭不严引起的。可拆下阀体，清除阀上的异物。若发现有较浅的沟槽，可在细砂纸上打磨后使用。若沟槽太深或损坏需更换阀门。

（2）维修气压调节阀

通过气压表检查系统气压是否正常，若气压不正常，而系统的其他元件工作正常，应调整气压调节阀的调整螺钉。拧松调整螺钉的锁紧螺母，顺时针转动调整螺钉气压升高，反之气压降低，使气压达 810kPa 后拧紧锁紧螺母。若调整时气压变化不大，则调节阀损坏，需更换新的调节阀。

（3）维修加热器

加热器上设有温控开关，当温度低于 7℃开始加热，以防止干燥器下腔的水分结冰而堵塞气路和损坏阀门；当温度高于 29℃停止加热，否则会浪费能量。若加热器工作不正常需更换。

（4）更换干燥筒

干燥筒每使用一定年限或行驶里程需更换，若车辆使用环境恶劣，更换周期相应缩短，若在日常检查中发现储气筒有积水，则需及时更换干燥筒。

卸下旧干燥筒，并清洁连接螺栓及下体；在新干燥筒及下体的密封配合部位涂少许润滑脂，在新干燥筒与连接螺栓配合处涂少许螺纹紧固密封胶；将新干燥筒拧于下体上，直到其上的矩形密封圈与下体接触，然后用力再转动 1/2 圈；将空气干燥器出气口堵死，向其进气口通气，检查是否泄漏，若有泄漏，排除故障后重装。

6.4 控制装置的结构与维修

控制装置包括制动阀、继动阀、感载比例阀、快放阀、手控阀、挂车制动控制阀等。

6.4.1 串列双腔制动阀的结构

制动阀是气制动中控制行车制动的主要装置,由于气制动属于动力制动系统,驾驶员所施加的踏板力只用来操纵控制装置,故制动阀应当使制动气室压力与踏板力成一定的递增函数关系,以保证驾驶员有足够强的踏板感。对于双回路的气制动系统,制动阀分为串列双腔式或并列双腔式,它们中的每一个腔控制一条制动回路充、放气。

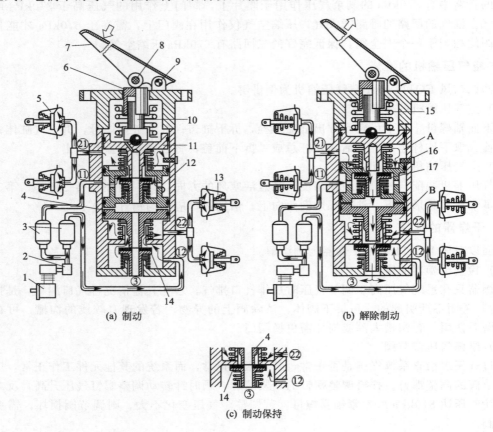

图 6-17 制动阀工作原理及相关回路

1—空压机;2—调压阀;3—储气罐;4—下活塞;5—后制动气室;6—外柱塞;7—制动踏板;8—滚轮;9—铰链;10—内柱塞;11—上活塞;12—中间活塞;13—前制动气室;14—下进排气阀;15—平衡弹簧;16—限位螺钉;17—上进排气阀;⑪、⑫—进气口;㉑、㉒—出气口;③—排气口

图 6-17 为串列双腔式制动阀的结构,它主要由制动踏板 7,内、外柱塞 10 和 6,上、下活塞 11 和 4,中间活塞 12,上、下进排气阀 17 和 14 等组成。整个制动阀被中间活塞 12 分成上、下两个独立的腔室,分别与前后制动回路相通。

当踩下制动踏板 7 时,滚轮 8 便通过内、外柱塞 10、6 推动上活塞 11、中间活塞 12、下活塞 14 向下移动,使上进排气阀 17 中的排气口关闭、随着阀 17 的下移使进气口开启,如图 6-17(a) 所示。于是,储气罐中的压缩空气便沿图中箭头方向进入前后制动气室,使制动器产生制动。在此过程中,当压缩空气进入到上活塞下面的腔室 A 和下活塞下面的 B 时,在气体压力作用下力图克服平衡弹簧 15 的作用,推动活塞上移,使进气阀开度减小。此时,如果驾驶员保持制动踏板位置不动,则当活塞下腔向上的作用力和平衡弹簧 15 的作用力平衡时,进气阀和排气阀都关闭[如图 6-17(c) 所示],制动气室中的气压保持恒定。若驾驶员感到制动强度不足,可以将制动踏板再踩下一些,上、下腔的进气阀又重新开启,储气罐对制动气室进

第 6 章 制动系统结构与维修

一步充气，直到再次达到平衡时为止。在这种新的平衡状态下，制动气室所保持的稳定压力比以前更高，平衡弹簧的压缩量和踏板力也比以前更大。

当松开制动踏板时，平衡弹簧 15 恢复到原来的装配长度，上活塞及进排气阀在各自弹簧的作用下移动到上极限位置，如图 6-17(b) 所示。此时，上、下进排气阀的进气口关闭、排气口开启，各制动气室的气体沿图中箭头所示方向排入大气，制动器解除制动。

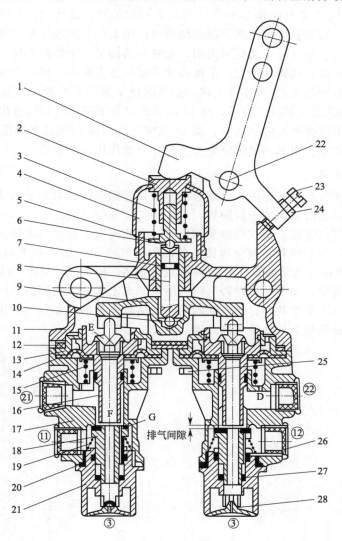

图 6-18　并列双腔制动阀

1—摆臂；2,5—弹簧座；3—平衡弹簧；4—防尘罩；6,10—钢球；7,12,26,27—密封圈；8—推杆；9—平衡臂；11—上阀体；13—钢罩；14—膜片；15—膜片回位弹簧；16—芯管；17—下阀体；18—进排气阀；19—阀门复位弹簧；20—密封垫；21—导向座；22—摆臂轴；23—调整螺钉；25—防尘堵塞；24—锁紧螺母；28—防尘堵片；⑪，⑫—进气口；㉑，㉒—出气口；③—排气口；D—节流孔；E—上排气口；F—排气阀座；G—进气阀座

若任一制动管路发生泄漏时，制动阀的另一腔室仍能按上述方式正常工作。

6.4.2　并列双腔制动阀的结构

图 6-18 所示为并列双腔制动阀。当驾驶员踩下制动踏板时，摆臂 1 绕摆臂轴 22 逆时针转动。摆臂的一端压下平衡弹簧上座 2，并经平衡弹簧 3、平衡弹簧下座 5、钢球 6、推杆 8 和钢

球10，使平衡臂9下移。平衡臂的两端推动两腔内的膜片14下凹，并经芯管16首先将排气阀座F关闭，继而打开进气阀座G。此时，储气筒中的压缩空气经进气口⑪（⑫）、进气阀座G和出气口㉑（㉒）充入制动气室，使制动器产生制动。

由前、后制动储气筒来的压缩空气充入前、后制动气室的同时，还经节流孔D进入膜片的下腔，推动两腔的芯管16上移，促使平衡臂9等零件向上压缩平衡弹簧3。此时若踏板保持不动，进排气阀18将进气阀座G和排气阀座F同时关闭，制动阀处于平衡状态，压缩空气保留在制动气室中。当驾驶员继续踩下制动踏板时，则制动气室进气量增多，气压升高。当气压升高到一定值，进、排气阀座又同时关闭，此时制动阀又处于新的平衡状态。

当放松制动踏板时，摆臂1回行，平衡弹簧伸张，压力减小，则膜片14在回位弹簧15的作用下上凸起，并带动芯管16等零件上移，排气阀座F被打开，制动气室及制动管路内的压缩空气经芯管16内孔道上部排气口E、阀18内孔道以及下部排气口③排出。当踏板放松到某一位置不动时，在平衡弹簧3的作用下，阀18又将进气阀座G和排气阀座F同时关闭，制动阀又处于新的平衡状态。当制动踏板完全放松时，制动作用完全解除。

6.4.3 继动阀的结构

继动阀起加速充气和放气作用，以缩短位于较长管路末端的大容积制动气室的充、放气时间。继动阀装在离制动阀较远的车桥附近，其结构如图6-19所示。

继动阀的控制气口④与串列双腔制动阀出气口②相连接，进气口①接储气筒，出气口②通制动气室。制动时，从串列双腔制动阀传来的压缩空气推动活塞9向下移动，关闭排气阀2，打开进气阀8，使来自储气筒的气压经①口和进气阀8，由出气口②供给后回路的制动气室。当上、下腔压力平衡时，弹簧7推动进气阀和活塞9向上移动而关闭进气阀门，此时排气阀门仍关闭，即继动阀处于平衡状态。当解除制动时，活塞上方的压缩空气被排除，活塞上行打开排气阀，制动气室的压缩空气从排气阀排除。

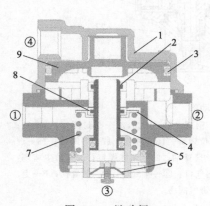

图6-19 继动阀
1—阀盖；2—排气阀；3—密封圈；4—弹簧座；5—阀芯；6—防尘挡圈；7—弹簧；8—进气阀；9—活塞；①—进气口；②—出气口；③—排气口；④—控制气口

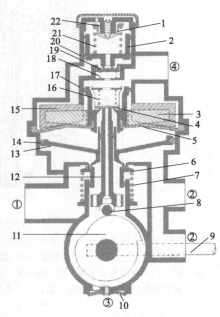

图6-20 感载比例阀
1—弹簧座；2—活塞；3—翅形活塞；4,6,19—阀门；5—膜片；7,16,18,21—弹簧；8—滚轮；9—摆杆；10—膜片；11—凸轮；12—顶杆；13—继动活塞；14,17,20—密封圈；15—支座；22—调整螺钉；①—进气口；②—出气口；③—排气口；④—控制气口

6.4.4 感载比例阀的结构及工作情况

（1）感载比例阀的结构

感载比例阀功用是调节后回路的制动气压，以防止汽车空载时后轮（中轮）先于前轮抱死。感载比例阀常与继动阀组合在一起，如图 6-20 所示，其上部是感载比例阀，下部是继动阀。它固定在车架上，与设置在车桥上的固定点用钢丝绳连接。在空载情况下，车桥与感载比例阀之间的距离为最大，摆杆 9 处于最低位置，此时后制动回路的制动气压最低。如果汽车满载，则此距离减小，摆杆 9 将由空载位置向满载位置方向转动，此时后制动回路的制动气压最高（与前制动回路相等）。

（2）感载比例阀的工作情况

由串列双腔制动阀出气口②输出的压缩空气经控制气口④进入感载比例阀内。当控制气压较低时，压缩空气经阀门 19 后作用于膜片 5 的上方，同时另一路压缩空气经过阀门 4 进入膜片下腔，继动阀被推动下移，阀门 6 的排气口关闭、进气口打开，储气筒的压缩空气经进气口①、阀门 6 后，从两出气口②分别供给后制动回路的左右制动气室。这样制动气室的气压与继动活塞上腔的气压和控制口输入的气压都相等。当控制气压较高时，压缩空气推动活塞 2 上行，压缩空气不再经阀门 19 进入膜片 5 的上方，而是经过阀门 4 的进气口进入膜片 5 的下方。若车辆载重较小时，后桥与车架的距离较远，摆杆被钢丝绳拉拽，此时凸轮较低的部位与顶杆接触，顶杆的位置也较低，则翅形活塞向上移动较小的距离，阀门 4 的进气口就关闭（排气口也处于关闭状态），翅形活塞容易达到平衡状态，此时膜片 5 与翅形活塞的翅形部分接触的面积较大，而翅形活塞的上部控制气压的作用面积较小，因此继动活塞上方的气压低于控制气口的气压，制动气室的气压也较低，以防止载重较小时后轮先于前轮抱死。随车辆载重增大时，后桥与车架的靠近，摆杆在凸轮弹簧作用下转动，此时凸轮的凸起部位与顶杆接触，顶杆被推得较高，则翅形活塞向上移动较大的距离，阀门 4 的进气口才关闭（排气口也处于关闭状态），翅形活塞不易达到平衡状态，此时膜片 5 与翅形活塞的翅形部分接触的面积减小，接近翅形活塞的上部控制气压的作用面积，因此继动活塞上方以及制动气室的气压升高。当满载时，制动气室的气压与控制气压相等。

东风 EQ1141G 感载比例阀在自由位置时，摆杆 10 与感载比例阀中心线夹角为 10°～10.5°，摆杆 10 球节中心至凸轮中心距离为 150mm；摆杆 10 球节中心至后桥支架距离为 232mm，此长度即为钢丝绳长度。

6.4.5 挂车制动控制阀的结构

载货车挂车多采用双管路形式，即挂车充气管路与制动控制管路分开，采用双管路挂车制动控制阀以控制挂车制动阀工作，其结构如图 6-21 所示。

双管路挂车制动控制阀口㊶、㊷、㊸分别接行车制动的前、后回路和手控阀，进气口①接四回路保护阀，而出气口②接挂车控制管路。挂车的储气筒通过四回路保护阀及充气管路取气，当充气管路失效时，挂车上的紧急制动阀能使其自行制动。

当手控阀处于行车状态，压缩空气经手控阀和控制口㊸进入膜片 3 的上腔。但由于中活塞 8 下腔一直充气，由于两个气压相等且作用的面积相等，所以中活塞 8 达到平衡。当踩制动时，行车制动前回路中的压缩空气经控制㊶流入上活塞 10 的上腔，活塞向下运动；同时，行车制动的后回路的压

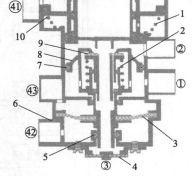

图 6-21 双管路挂车制动控制阀
1,2—回位弹簧；3—膜片；4—盖板；5—密封圈；6—壳体；7—密封圈；8—中活塞；9—阀门；10—上活塞；①—进气口；②—出气口；③—排气口；㊶、㊷、㊸—控制气口

缩空气经控制口㊷进入膜片 3 下腔，推动中活塞 8 向上移动；同样，若从行车位置向驻车位置转动手控阀手柄，膜片 3 上腔的压缩空气将从手控阀排除，中活塞 8 在下腔气压的作用下也向上移动。以上三种操作都能共同或单独使阀门 9 的排气口关闭、进气口开启，从储气筒来的压缩空气经进气口①、阀门 9 的进气口和出气口②输送至挂车制动阀而产生制动。当上活塞 10 下腔（即中活塞 8 上腔）的气压逐渐上升，上活塞 10 将上移或中活塞 8 将下移，阀门 9 的进气门将关闭，且排气门也关闭，此时控制阀处于平衡状态，出气口②气压保持不变。当松开制动，活塞 10 的上腔和膜片 3 下腔的压缩空气通过制动阀排除，或膜片 3 的上腔重新充气，阀门 9 的排气口开启，排除控制管路的压缩空气，解除挂车制动。

6.4.6 手控阀的结构

气压制动系统中的驻车制动或应急制动若用放气制动的方法，则手控阀用来实施或解除驻车制动或应急制动。手控阀主要由凸轮 1、阀柱 3、支承活塞 4、阀门 5 等组成，如图 6-22 所示。

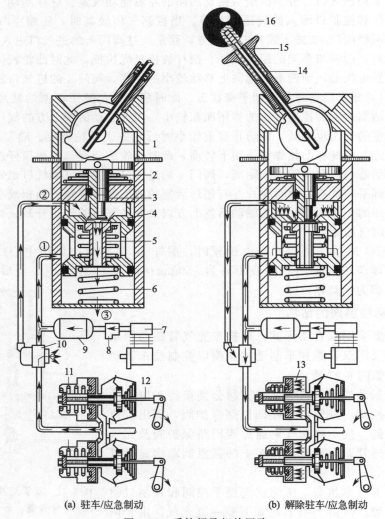

(a) 驻车/应急制动　　(b) 解除驻车/应急制动

图 6-22　手控阀及相关回路

1—凸轮；2,6—弹簧；3—阀柱；4—支承活塞；5—阀门；7—空压机；8—调压阀；9—储气罐；10—继动阀；
11—储能弹簧；12—推杆；13—驻车/应急制动气室；14—锁止柱塞；15—杠杆；16—球形手柄；
①—进气口；②—出气口；③—排气口

做应急制动或驻车制动时,将带球形手柄16的杠杆15向制动位置转动,由于凸轮1的曲面转动偏移,阀柱3在弹簧2的作用下,紧随凸轮1向上移动,阀门5也向上移至支承活塞4的进气口关闭,阀柱3和阀门5间的排气口打开,如图6-22(a)所示。手控阀至继动阀的管路的压缩空气从手控阀的排气口③排入大气,而驻车制动气室中的压缩空气经继动阀10排气口排出,储能弹簧11实施制动。

当杠杆15移到解除制动位置[如图6-22(b)所示]时,凸轮1推动阀柱3下移,先关闭阀柱3和阀门5的排气通道,再开启阀门5和支承活塞4之间的进气口。手控阀传来的压缩空气使继动阀10动作,让储气罐9中的压缩空气进入驻车/应急制动气室13而压缩储能弹簧11,解除制动。当压缩空气进入支承活塞4上腔达到一定值时,气压迫使活塞4下移而关闭活塞4和阀柱5之间的进气口。因此,在车辆行驶过程中,驻车/应急制动气室中的储能弹簧11一直处于被压缩状态。

6.4.7 快放阀的结构

快放阀由上壳体、膜片、密封垫、下壳体等零件组成,如图6-23所示。其作用是迅速排放制动气室的压缩空气,以便迅速解除行车制动或产生驻车制动。它用于行车制动的前回路或驻车制动,工作中无需调整。

从进气口①进入的压缩空气推动膜片向下,紧紧地堵住排气口,同时吹开膜片四周,使膜片边缘下弯,压缩空气经下壳体的径向沟槽和出气口㉑、㉒口分别进入左、右制动气室。

排气时,制动气室的压缩空气回流推动膜片中部向上弯曲而堵住进气道,经㉑、㉒口和排气口③迅速排入大气。

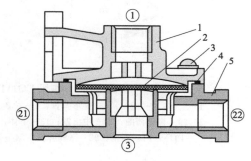

图6-23 快放阀
1—上壳体;2—膜片;3—螺钉;4—密封垫;5—下壳体;
①—进气口;㉑,㉒—出气口;③—排气口

6.4.8 串列双腔制动阀的维修

下面以东风EQ1118GA汽车串列双腔制动阀为例,讲解其维修方法。

(1) 串列双腔制动阀零件检修

① 分解前将阀体外部清洁干净,在壳体上作好装配标记,将阀体固定在台钳上,钳口垫铜皮等软质材料保护阀体,将其完全分解,如图6-24所示。

② 检查阀门是否损坏,沟槽较浅的可磨平后继续使用,沟槽较深的需更换。

③ 检查活塞和壳体是否损坏,若损坏需更换。

④ 检查螺旋弹簧是否锈蚀、折断,若锈蚀、折断需更换。

⑤ 检查橡胶平衡弹簧是否老化,若老化需更换。

按拆卸的相反顺序装配。但注意在所有运动表面、加工表面及O形密封圈均应涂上适量的润滑脂。

(2) 串列双腔制动阀的试验

对串列双腔制动阀进行维修之前,需通过试验确定故障点,以便快速修复。修复好的串列双腔制动阀需通过试验判断其性能指标是否达到标准。将试件安装于试验台上,试验装置连接关系如图6-25所示。

① 密封性试验。解除制动状态下(即$F=0$),使接口⑪和⑫各充气至800kPa,关闭开关10和11,经5min后表6、8的压降应≤10kPa;全制动状态下($F≈2000N$),使接口⑪和⑫各充气至800kPa,关闭开关10和11,经5min后,各表压降应≤20kPa。

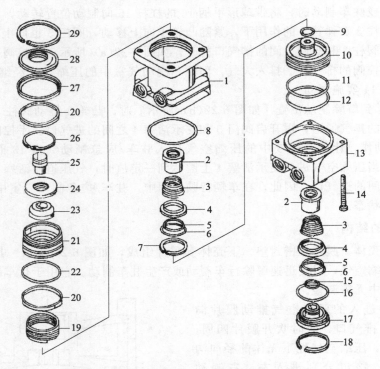

图 6-24 东风 EQ1118GA 汽车串列双腔制动阀

1—上体；2—阀门；3—锥形弹簧；4—衬套；5,6,8,9,11,12,15,16,22—O 形密封圈；7,18,26,29—弹簧挡圈；10—中活塞；13—下体；14—螺栓；17—排气导向座；19—弹簧；20—导向环；21—活塞；23—平衡弹簧；24—弹簧座；25—挺杆座；27—衬套；28—防尘罩

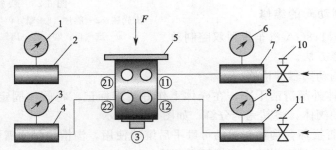

图 6-25 试验装置连接图

1,3,6,8—气压表；2,4,7,9—标准储气筒；5—试件；10,11—开关；
⑪,⑫—进气口；㉑,㉒—出气口；③—排气口

② 性能试验。设推动挺杆座行程为 S，当 $S=1.7\sim3$ mm 时，㉑口输出压力开始上升；当 $S=6.3\sim9$ mm 时，㉑口输出压力 $p_{21}=300$ kPa。当 $S=9.5\sim11.5$ mm 时，㉑口输出压力 $p_{21}=800$ kPa。

6.4.9 挂车制动控制阀的维修

对双管路挂车制动控制阀进行维修之前，需通过试验确定故障点，以便快速修复。修复好的双管路挂车制动控制阀需通过试验判断其性能指标是否达到标准。下面以东风 EQ1118GA 汽车双管路挂车制动控制阀为例，阐述试验的方法和内容。将试件安装于试验台上，试验装置连接关系如图 6-26 所示。

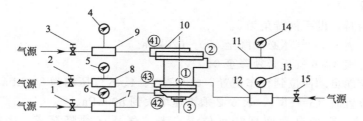

图 6-26 双管路挂车控制阀试验

1,2,3,15—开关；4,5,6,13,14—标准压力表（精度不低于 0.4 级）；7,8,9,11,12—标准储气筒；
10—试件；①—进气口；②—出气口；③—排气口；㊶,㊷,㊸—控制气口

（1）密封性试验

气源压力为 800kPa，在行车制动、驻制动及行驶状态下进行密封性试验，保压 5min，允许压力下降≤30kPa。

（2）性能试验

① 行车制动前回路试验。当表 4 压力不大于 30kPa 时，表 14 压力应开始上升；当表 4 压力为 700kPa 时，表 14 压力应不小于 640kPa。

② 行车制动后回路试验。当表 6 压力不大于 140kPa 时，表 14 压力应开始上升；当表 6 压力为 700kPa 时，表 14 压力应不小于 640kPa。

③ 驻车制动回路试验。当表 5 压力降至 560kPa 之后，表 14 压力应开始上升；当表 5 压力降至 0 时，表 14 压力应不小于 620kPa；当表 5 压力升至 50kPa 之前，表 14 压力应开始下降；当表 5 压力升至 610~670kPa 时，表 14 应降至 0kPa。

6.4.10 手控阀的维修

对手控阀进行维修之前，需通过试验确定故障点，以便快速修复。对修复好的手控阀需通过试验判断其性能指标是否达到标准。下面以东风 EQ1118GA 汽车手控阀为例，阐述试验的方法和内容。先将试件安装于试验台上，试验装置连接关系如图 6-27 所示。

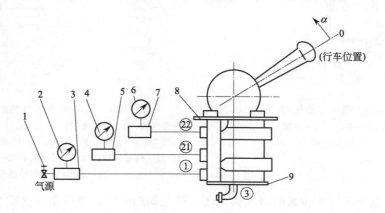

图 6-27 手控阀试验

1—开关；2,4,6—标准压力表（精度不低于 0.4 级）；3,5,7—储气筒；8—试件；
9—下盖板；①—进气口；㉑,㉒—出气口；③—排气口

（1）密封性试验

将手柄置于驻车制动位置，打开开关 1，充气至表 2 的气压为 800kPa，保压 5min，检查总成尤其是排气口③及下盖板 9 等处有无漏气，允许轻度泄漏。

(2) 性能试验

转动操纵手柄时，设手柄转角为 α。

当 $\alpha \approx 10°$ 时：表 4、6 气压必须降至 550～620kPa。

当 $\alpha = 73°$ 时：表 4、6 气压必须降至 0。

放开手柄，应能自动回位到行车位置，此时表 2、4、6 气压均为 800kPa。

当处于检查位置时（$\alpha=85°$），表 6 必须迅速增大到 800kPa。

当松开手柄时，手柄自动回到驻车位置，表 6 气压必须降至零，手柄此时必须锁止（$\alpha=73°$）。

6.5 制动气室的结构与维修

制动气室包括膜片制动气室和组合制动气室等。

6.5.1 膜片制动气室的结构

膜片制动气室一般用于前轮制动气室，其结构如图 6-28 所示。膜片与盖构成密封腔，制动时腔内充气，膜片变形推动推杆外移而产生制动。当解除制动时，压缩空气从腔内排除，回位弹簧推动推杆和膜片回位而解除制动。

6.5.2 膜片-活塞组合制动气室的结构

下面以 EQ1118GA 汽车的膜片-活塞组合制动气室为例，讲解其结构。

膜片-活塞组合制动气室由膜片制动气室和弹簧制动气室两部分组成，两部分相对独立，如图 6-29 所示。膜片制动部分用于行车制动，弹簧制动部分用于驻车制动和应急制动。

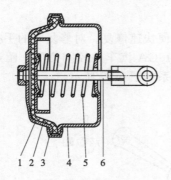

图 6-28 膜片制动气室
1—盖；2—膜片；3—卡箍；
4—壳体；5—回位弹簧；6—推杆

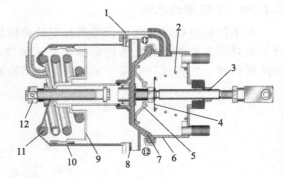

图 6-29 膜片-活塞组合制动气室结构
1—通气管；2—回位弹簧；3—推杆；4—弹簧座；5—推盘；6—端盖；7—膜片；8—隔板；9—活塞；10—弹簧制动室；11—储能弹簧；12—放松螺栓；⑪—行车制动进气口；⑫—驻车/应急制动进气口

当手控阀手柄处于驻车位置时进气阀关闭、排气阀门开启，弹簧制动气室与大气接通，活塞在储能弹簧的作用下靠近膜片制动气室，推出推杆而产生驻车制动力。当手控阀手柄处于行车位置时，排气阀门关闭、进气阀开启，压缩空气经手控阀进入弹簧制动气室，推动活塞远离膜片制动气室，膜片制动气室的推杆和膜片在回位弹簧的作用下回位，解除驻车制动。但为克服储能弹簧的弹力，制动系统的气压必须达到规定值，所以汽车起步前必须给储气筒充气。驻车制动解除后，受行车制动阀上腔阀门控制的膜片制动气室恢复正常工作，即充气产生制动，排气解除制动。

当行车制动系统不能正常工作时，可利用手控阀应急功能而低速行车。手控阀手柄从行车

第 6 章　制动系统结构与维修

位置向驻车制动位置转动不同角度（12°～73°），弹簧制动气室排除部分的压缩空气，活塞在储能弹簧作用下向膜片制动气室移动一定距离，此时后轮制动器产生对应的制动力。当松开手柄，弹簧制动气室立即恢复最初气压，完全解除制动。

当弹簧制动气室不能建立起足够的气压，但又需解除驻车制动移动车辆时，可操作弹簧制动气室端部的放松螺栓。螺栓穿过活塞中心孔并通过螺纹安装弹簧制动气室的壳体上，在拧出螺栓的过程中，螺母会带动活塞逐渐远离膜片制动气室而解除制动。若需驻车制动力，必须将放松螺栓完全拧入弹簧制动气室。

6.5.3 膜片-膜片组合制动气室的结构

如图 6-30 所示为一种膜片-膜片组合制动气室，它由驻车制动气室 3 和行车制动气室 8 串联而成，因此可完成行车制动和应急制动。

制动气室 3 和 8 各有一个通气口 A 和 B，分别与驻车/应急和行车制动管路相通。施行行车制动时，踩下制动踏板，即有压缩空气经通气口 B 充入行车制动气室 8，将行车制动膜片推到制动位置，而驻车制动气室内仍有压缩空气，储能弹簧受压缩，活塞保持在不制动位置，如图 6-30(b) 所示。

如果需要驻车制动或作应急制动，扳动手控制动阀操纵杆，使驻车制动气室放气，储能弹簧便立即伸张而将两个膜片都推到制动位置，如图 6-30(c) 所示。

如需放松制动时，气压制动系统失效不能对驻车制动气室充气以解除驻车制动，可将螺杆 15 旋入膜片 2 的支承盘中，使推杆 14 向膜片 2 移动，向前压缩储能弹簧，制动即可解除，如图 6-30(d) 所示。

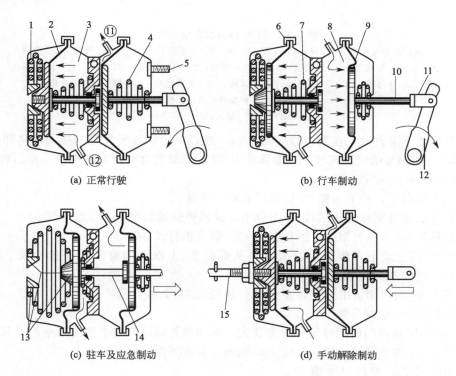

图 6-30　膜片-膜片组合制动气室工作原理示意

1—储能弹簧；2—驻车制动气室膜片；3—驻车制动气室；4,7—回位弹簧；5—安装螺栓；6—卡箍；8—行车制动气室；9—行车制动气室膜片；10—制动推杆；11—连接叉；12—调整臂；13—圆锥头及圆锥座；14—储能弹簧推杆；15—螺杆；⑪—行车制动进气口；⑫—驻车/应急制动进气口

6.5.4 膜片-活塞组合制动气室的维修

(1) 膜片制动气室的分解

膜片—活塞组合制动气室的零件图如图 6-31 所示,维修时若需分解,为便于装配,分解前应在弹簧制动气室与端盖总成之间做安装标记。

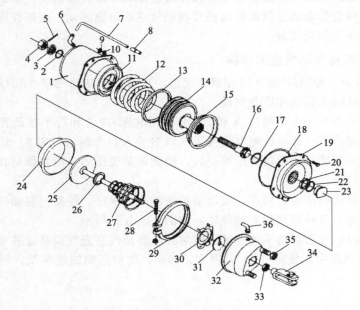

图 6-31 膜片-活塞组合制动气室
1—弹簧制动气室;2,17,18,22—O 形密封圈;3—止推环;4,9,33,35—螺母;5—三槽销;6,36—管接头;7—通气管;8,20,28—螺栓;10—垫片;11—保护套;12—储能弹簧;13—导向环;14—活塞;15—Y 形密封圈;16—放松螺栓;19—隔板;21—导向环;23—锥盘;24—膜片;25—推盘;26—弹簧座;27—回位弹簧;29—卡箍;30—衬垫;31—垫圈;32—端盖;34—推杆叉

① 将总成置于平台上,在接口⑫(图 6-29)处装一个带有充气管的接头,将弹簧制动气室 1 用不小于 600kPa 的气压充气,以解除端盖 32 受到储能弹簧较大的推力。然后将通气管 7 从橡胶管接头 6 和 36 中拔出。

② 在充气状态下,拧下卡箍 29 的螺母后取下卡箍。

③ 将膜片制动气室整体从隔板 19 上取下,放出弹簧制动气室 1 压缩空气。

④ 将推杆叉 34 夹在台钳上,拧松螺母 33,拆下推杆叉 34。

⑤ 从推盘 25 上旋下六角薄螺母 33,再从推盘 25 上取下端盖 32。再依次取下塑料垫圈 31、衬垫 30、回位弹簧 27 和弹簧座 26。

⑥ 从端盖 32 的内侧拔出橡胶管接头 36,从隔板 19 上取下膜片 24。

(2) 弹簧制动气室的分解

因弹簧制动气室内的储能弹簧的弹力较大,拆卸弹簧制动气室必须使用专用工具,如使用自制的 M16×1.5 的长螺栓,螺纹长度≥250mm,强度不低于 8.8 级。

① 旋出锥盘 23,取出 O 形圈 22。

② 将三槽销 5 从螺母 4 上冲出,拧下螺母 4,取下止推环 3 和 O 形密封圈 2;向弹簧制动气室充入不小于 600kPa 的压缩空气,从活塞 14 的导筒内旋出螺栓 16,放出压缩空气。

③ 用自制长螺栓从大活塞 14 的导筒内旋入,并旋至使储能弹簧压缩 15~20mm。

④ 松开螺母 9 和螺栓 20,取下隔板 19,并从隔板孔内取出 O 形密封圈 17,导向环 21,

并取下 O 形密封圈 18。

⑤ 从活塞 14 的导筒内完全旋出自制长螺栓，取出活塞，并从其上取下 Y 形密封圈 15 和导向环 13。

⑥ 从弹簧制动气室内取出储能弹簧 12 和保护套 11，拔出橡胶管接头 6。

（3）组合制动气室的装配

组合制动气室的装配按拆卸时的相反顺序进行，但要注意以下问题：

① 在弹簧制动气室 1 的内表面，隔板 19 的 O 形密封圈 18、22 的槽内，导向环 21 的槽内，活塞 14 的 Y 形密封圈 15 及导向环 13 的槽内，导筒外表面，螺栓 16 的螺纹部分，以及所有 O 形密封圈、导向环上涂上适量润滑脂。

② 锥盘 23 的螺纹涂上中强度粘接剂。

③ 按规定的力矩拧紧螺栓或螺母。

（4）组合制动气室的试验

将组合制动气室安装在试验台上，连接关系如图 6-32 所示。

① 膜片制动气室的试验 将放松螺栓拧至简图位置 Ⅱ，关闭开关 2，打开开关 9，使膜片制动气室的接口 ⑪ 充入 800kPa 的压缩空气，关闭开关 9，保压 5min 后，表 7（M_1）的压降应≤10kPa。

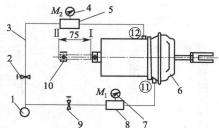

图 6-32 试验装置

1—气源；2,9—开关；3—连接管；4,7—标准压力表；5,8—储气筒；6—试件，
10—放松螺栓；⑪—行车制动进气口；
⑫—驻车/应急制动进气口

② 弹簧制动气室的试验 将放松螺栓拧至简图位置 Ⅰ，关闭开关 9，打开开关 2，使接口 ⑫ 充入 800kPa 的压缩空气，关闭开关 2，保压 5min 后，表 4（M_2）的压降应≤10kPa。

6.6 辅助制动系统的结构与维修

汽车辅助制动系统是一种人为操纵的缓速装置，常见有发动机缓速装置（俗称排气制动系统）、液力缓速装置、电涡流缓速装置。载货车多采用排气制动系统，最常用的是电控气操纵和气控气操纵排气制动系统两种。

6.6.1 电控气操纵排气制动系统的组成

东风 EQ1118GA 的排气制动采用电控气操纵控制方式，其组成如图 6-33 所示，它由排气制动开关、电磁阀、操纵气缸、蝶阀等组成。闭合排气制动开关 2，电磁阀 7 接通，储气筒的压缩空气经电磁阀 7 进入操纵气缸 8，从而推动排气制动的蝶阀 9 转动而关闭排气管，增加发动机转动的阻力，以减轻汽车在下长坡时因频繁使用行车制动而出现制动器热衰退现象，延长摩擦片的使用寿命。控制电路中设置了加速开关和离合器开关，使驾驶员在踩油门和离合器时，能自动解除排气制动，以防止出现错误操作。

6.6.2 气控气操纵排气制动系统的组成

（1）气控气操纵排气制动系统的组成

引进奥地利的斯太尔载货车常采用气控气操纵排气制动系统，如图 6-34 所示，它由排气制动控制阀、操纵气缸、蝶阀、断油操纵气缸等组成。需要施行排气制动时，排气制动控制阀 3 的

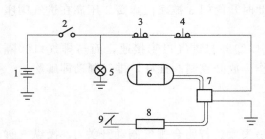

图 6-33 电控气操纵排气制动系统
1—电源；2—排气制动开关；3—加速开关；
4—离合器开关；5—指示灯；6—储气筒；
7—电磁阀；8—操纵气缸；9—蝶阀

出气口与进气口相通而与排气口隔绝,来自前制动储气筒的压缩空气便经控制阀3充入排气制动操纵气缸14,推动操纵臂15将蝶阀16转到关闭位置。同时,压缩空气还充入断油操纵气缸7,推动推杆9和摇臂5,将喷油泵供油量调节拉杆推到停止供油位置,使发动机熄火。此系统在汽车行驶时使用可有效降低车速,若在汽车停止时使用可作为发动机的熄火装置。

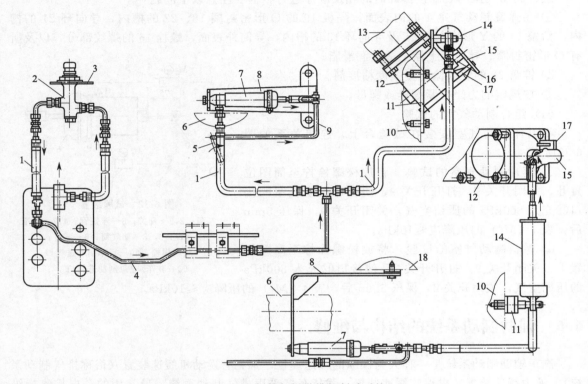

图 6-34 气控气操纵排气制动系统
1—钢管;2—软管;3—排气制动控制阀;4—驾驶室底板;5—摇臂;6—喷油泵壳体;7—断油操纵气缸;
8,11—支架;9—推杆;10—发动机机体(后端);12—蝶阀壳体;13—排气管;14—操纵气缸;
15—操纵臂;16—蝶阀;17—限位块;18—发动机机体(右侧)

(2) 排气制动控制阀的结构

排气制动控制阀如图 6-35 所示,阀体 4 用螺母 9 固定在驾驶室底板上。不工作时,推杆 5 被回位弹簧 7 推到圆锥销 8 所限定的上极限位置。此时,阀门 3 被回位弹簧 2 压靠在进气阀座上,而推杆 5 下部芯管底端的排气阀座则离开阀门。

踩下推杆到排气阀关闭而进气阀开启时,出气口②即与进气口①接通,而与排气口③隔绝,压缩空气充入排气制动操纵气缸,排气制动工作。放开控制阀推杆,排气制动即解除。

6.6.3 电控气操纵排气制动系统的维修

(1) 电磁阀的维修

由于水分、尘土等有害物质的影响,电磁阀容易失效。若闭合排气制动开关 2,操纵气缸推杆不伸出,操纵气缸无气流声,断开开关 2,电磁阀 7 无排气声,则排气制动电磁阀损坏,需更换。如图 6-33 所示。

(2) 开关的维修

排气制动开关 2 为常开式,加速开关 3、离合器开关 4 为常闭式,其中任意一开关出现故

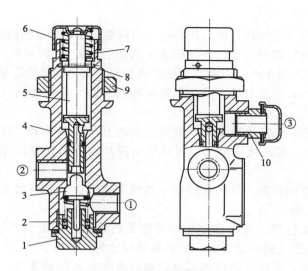

图 6-35 排气制动控制阀

1—螺塞；2—回位弹簧；3—阀门；4—阀体；5—推杆；6—弹簧座；7—回位弹簧；8—圆锥销；9—螺母；10—排气滤清器；①—进气口；②—出气口；③—排气口

障都会引起电磁阀不通电而不能工作，尤其是加速开关装在发动机上，若装配不好就不能正常工作。检查所有开关能否正常接通和断开，若有故障需修复或更换。

(3) 操纵气缸及支架的维修

检查操纵气缸活塞有无漏气现象。若漏气应拆检操纵气缸，更换皮碗。

检查气缸支架有无裂纹、固定是否可靠，若有需焊修或紧定固定装置。

(4) 蝶阀的维修

检查蝶阀转动是否灵活，若不灵活多因锈蚀引起，应除锈。

6.7 制动系统故障的诊断与排除

行车制动系统常见故障有制动不灵、制动拖滞和制动跑偏等。对于这些故障，通常应根据故障现象，分析故障原因，进行故障诊断与排除。

6.7.1 制动不灵故障诊断与排除

(1) 故障现象

汽车行驶中踩下制动踏板踩时，不能产生足够的制动力，制动减速度小，制动距离过长。

(2) 故障原因

① 空气压缩机工作不正常，储气筒内空气压力不足。

② 制动管路及管接头漏气或不畅通。

③ 制动控制阀或制动气室膜片破裂以及排气阀关闭不严。

④ 踏板自由行程过大或链接松旷。

⑤ 制动臂调整不当，使制动气室推杆行程不合适。

⑥ 制动摩擦片与制动鼓间隙过大或接触面积过小。

⑦ 制动摩擦片表面硬化、油污、铆钉外露等现象。

⑧ 制动鼓磨损或变形严重。

⑨ 凸轮轴与其支承套或制动蹄与支承销锈蚀或卡滞。

(3) 故障诊断与排除

① 检查制动踏板自由行程是否过大，若过大需调整到规定的范围内。

② 启动发动机给储气筒充气，检查气压表读数能否达到调节气压。如气压不足，应检查空气压缩机排气阀是否关闭不严，以及空气压缩机至储气筒之间的管道是否被堵塞或漏气。

③ 将发动机熄火，若气压自动下降，则制动控制阀漏气或制动阀至空气压缩机之间的制动管路漏气。

④ 踩下制动踏板后，气压不断下降，则为控制阀至各制动气室之间有漏气之处，如制动控制阀排气阀关闭不严、管路接头漏气、制动气室膜片破裂漏气等，可根据漏气声判断故障所在。

⑤ 若将制动踏板踩到底后，气压表的指示气压下降很少，说明制动控制阀的进气口开启较小或平衡弹簧弹力太小。

⑥ 检查气室推杆的行程。若行程过小，可能是凸轮轴或支承销锈蚀发卡。若行程过大，则制动器摩擦片与制动鼓之间间隙过大，需调整到规定的范围内。

⑦ 排除以上故障后，车辆制动仍然不灵，则故障在车轮制动器内，须解体后维修制动蹄和制动鼓。

6.7.2 制动拖滞故障的诊断与排除

(1) 故障现象

松开制动踏板后，制动阀排气缓慢或不排气，不能立即解除制动，制动鼓发热。

(2) 故障原因

① 制动踏板自由行程过小、制动阀排气间隙调整不当，导致制动阀排气阀开度过小，排气不畅。

② 制动踏板卡滞、回位弹簧过软，导致回位困难。

③ 制动阀平衡活塞黏滞或回位弹簧过软。

④ 制动间隙调整不当。

⑤ 制动气室膜片回位弹簧、制动蹄回位弹簧过软或折断等。

⑥ 制动器凸轮、制动蹄卡滞。

⑦ 制动管路老化或堵塞引起回气不畅。

⑧ 轮毂轴承预紧度调整过小。

(3) 故障诊断与排除

① 行驶汽车并多次实施制动，停车检查各制动鼓的温度。若各车轮制动鼓均发热，检查制动踏板能否彻底回位，若不能彻底回位则踏板轴发卡，回位弹簧过软或折断。

② 检查踏板自由行程是否过小，若过小，需重新调整。

③ 松开制动踏板，若排气声小而缓慢，排气时间长，应维修制动阀。

④ 若路试时只有个别车轮制动鼓发热，检查制动气室推杆的工作行程，若太小，则制动间隙过小，需重新调整。

⑤ 检查制动气室推杆的回位情况，若不能彻底回位或回位缓慢，则为制动蹄、制动气室膜片回位弹簧过软或折断，制动蹄、制动凸轮卡滞，应拆检制动器或制动气室。

⑥ 检查调整轮毂轴承的预紧度。

6.7.3 制动跑偏故障的诊断与排除

(1) 故障现象

制动时，左、右车轮制动效能不同，致使车辆行驶方向产生偏斜。

(2) 故障原因

① 两侧轮胎气压不同、磨损程度不一致。
② 两侧制动气室推杆外露长度不等,伸出速度不等。
③ 两侧车轮制动器制动间隙、摩擦片磨损程度不一致。
④ 两侧轮毂轴承预紧度调整不一致。
⑤ 两侧前轮定位调整不一致,两侧钢板弹簧弹力不等。
⑥ 一侧制动软管通气不畅或漏气。
⑦ 一侧制动蹄摩擦片沾有油污。
⑧ 一侧制动蹄、制动鼓变形,致使蹄鼓贴合不良。
⑨ 一侧制动底板紧固螺栓松动。
⑩ 前轮定位失准。
⑪ 两钢板弹簧弹力不等,车架变形或前桥移位等。

(3) 故障诊断与排除

① 首先进行路试,在良好的路面上,对车辆进行紧急制动试验,若两侧车轮的拖印基本一致,而在不踩制动时也出现跑偏的现象,其原因同行驶跑偏相似。则应检查左右车轮的轮胎气压、花纹和磨损程度是否一致;检查前悬架弹簧是否有折断或弹力不等现象;检查前后桥的轴距是否一致;检查车架是否变形。

② 若在汽车制动时,忽而向左跑偏,忽而向右跑偏,则应测量前轮前束,若前束不符合规定,应调整;检查转向横直拉杆球头销是否松旷,若松旷,说明球头销调整过松或磨损严重,应调整或更换。

③ 若制动时各车轮拖印不一致,汽车向一侧跑偏,说明方向相反的一侧车轮制动力不足或制动过晚。可一人踩动制动踏板,另一人检查该车轮制动气室的工作状况。听有无漏气现象,若有漏气,说明制动气室膜片破裂,气管或接头漏气,应更换或修理。

④ 检查制动气室推杆的伸缩情况,若推杆弯曲或发卡,应修理。若制动气室的工作状况良好,则应支起车轮,检查车轮制动器的技术状况。

⑤ 拆下制动器检视孔盖观察,若制动器间隙过大,应调整;若制动蹄摩擦片上有油污,应拆卸车轮制动器,清洗制动蹄摩擦片。

⑥ 经上述检查正常,但制动仍跑偏,则应拆卸车轮制动器进行维修。检查摩擦片状况,若摩擦片磨损严重、硬化或铆钉外露,应更换;检查制动蹄回位弹簧状况,若有折断或弹力减弱,应更换;测量制动鼓的圆度和圆柱度,若已超差,应镗削;检查制动臂和制动蹄的转动是否灵活,若有发卡现象,应润滑。

第 7 章　电气系统的结构与检修

7.1　电气系统的组成与检修原则

7.1.1　电气系统的组成

现代汽车装备的电器与电子设备很多，按其用途大致划分为以下五个部分。

（1）电源系统

由蓄电池、发电机、调节器等组成。在汽车上，蓄电池和发电机并联工作，发电机是汽车的主要电源，蓄电池是辅助电源。发电机配有调节器，其主要作用是在发电机转速升高到一定程度时，自动调节发电机的电压并使其保持稳定。

（2）用电设备

汽车上的用电设备数量很多，大致可分为以下几个系统：启动系统、照明系统、信号系统以及辅助电器系统。

① 启动系统　其作用是启动发动机，主要由启动机、启动继电器、启动开关及启动保护装置组成。

② 照明系统　包括车内外各种照明灯以提供夜间安全行车所必需的灯光照明，其中以前照灯最为重要。

③ 信号系统　包括电喇叭、闪光器、蜂鸣器及各种信号灯，主要用来提供安全行车所必需的信号。

④ 辅助电器系统　包括电动刮水器、风窗洗涤器、空调器、低温启动预热装置、收录机、点烟器、防盗装置、玻璃升降器、坐椅调节器等。辅助电器有日益增多的趋势，主要向舒适、娱乐、保障安全方面发展。

（3）电子控制系统

汽车电子控制系统是指现代汽车上装备的由微机控制的机电一体化控制系统。根据汽车的总体结构，汽车电子控制系统可分为发动机电子控制系统、变速器电子控制系统、底盘电子控制系统和车身电子控制系统四大类，如电子控制防抱死制动系统、电子控制自动变速系统、辅助防护气囊（安全气囊）控制系统、汽车空调系统和汽车音响系统等等，其功用是提高汽车的动力性、经济性、安全性、舒适性、操纵方便性和排放性能。

（4）仪表检测系统

包括各种监测仪表，如电流表、电压表、润滑油压力表、温度表、燃油表、车速里程表、发动机转速表和各种报警灯。用来监视发动机和其他控制系统的工作情况。

（5）配电装置

配电装置包括电路控制开关、中央接线盒、保险装置、插接器和导线。

7.1.2　电气系统故障检修的基本原则

检修汽车电气系统故障时，一般遵循如下原则：询问用户→核实故障→分析判断→检查测量→落实故障点→排除故障→检验性能→记录总结。

（1）询问用户

为了迅速查找到故障源，首先必须了解故障出现时的情形、条件、如何发生以及是否已检修过等与故障有关的情况和信息。为此，必须认真询问用户，倾听用户对故障现象的描述，认真填写"用户意见调查表"。这对于初学者来说是非常必要和有用的。由此可以减少误判、错判，使检修效率大大提高。询问的内容应包括以下几项。

① 汽车已经使用的年限　了解所修汽车使用的年限可以帮助维修者大致估计出故障的性质。例如，对于较新的汽车，故障原因多是运输过程中导致线束引线折断或似断似接、个别元器件或零部件焊接不好或安装不良、接插件松动造成接触不良；个别元器件或零部件可靠性太差造成的故障；用户使用汽车上某些功能不当而造成的"假故障"等。

对于使用多年的汽车来说，则应该较多地考虑损耗性故障，如电气元件老化、特性变坏；电子控制电路中晶体管元件特性下降；电容器漏电、电容器介质损耗太大、电容量变值或电容器击穿；电阻变值；变压器内线圈霉断；传感器灵敏度下降；集成电路老化等。

② 产生故障的过程　应了解故障是突然发生的，还是逐步恶化的，是静止性的故障还是时有时无故障。详细了解以上这些情况后，可以帮助进一步判断故障的性质和采用较为合理的修理方法。

③ 是否检修过　应该了解该车发生故障以后用户是否请人修理过。如果已请人修理过，应问清此人的修理过程如何，是否调节过汽车的某些可调器件，是否更换过电器元件或零部件。这可以帮助我们较快地排除一些由于修理者修理技术不太熟练或不太熟悉该车电路原理而造成误修或误换元件故障。

（2）核实故障

如有可能，就车核实故障，查看用户描述故障现象是否准确。另外，有的用户由于对汽车的使用常识不甚了解，无意中使开关或按钮处于不正常的位置，便误认为有故障。因而应及时对故障现象予以检查核实，排除"假故障"的可能。

（3）分析判断

在倾听用户的初步意见和核实故障之后，应进行故障分析，在清楚可能的故障原因后再选择适当的程序和方法进行故障诊断操作，以防止故障诊断操作的盲目性，尤其是对故障原因比较复杂的故障现象，"先思后行"既可避免对无关部位做无效的检查，又不会漏检有关的故障部位，达到准确迅速排除故障之目的。为此应做到如下几点。

① 了解系统的组成　当检修某一系统时，应了解系统由哪些部件组成，熟知系统的工作过程，从原理上分析哪些部件可能不工作或损坏。

② 掌握电路的特点　一个好的汽车电工，要善于查阅使用汽车电路图，这是能否顺利鉴别和判断故障的基础。只有掌握了电路，才能根据故障现象，结合电路判断故障可能发生的部位，使检修工作顺利进行。

③ 熟悉部件的位置　有了电路图，还要熟悉所要修的汽车电器部件的位置，以及各测试点、连接线的位置。通过查看电路图，将电路图中各个电器部件与实车电器部件的位置一一对应，搞清接线及插头之间的来龙去脉，这会给检修带来很大的方便。

④ 获知有关参数　汽车电器部件性能是否良好、电路是否正常，通常以电压或电阻等参数值来判断。没有这些诊断参数，往往会使故障诊断变得很困难或根本无法进行。因此，在检修前，应准备好有关的诊断参数、检修资料或备件，以保证故障诊断的顺利进行。

（4）检查测量

对电气系统进行检查测量时，有许多可遵循的原则，如运用得当可达到事半功倍的效果。

① 先简后繁　先解决容易解决的问题，后解决困难较大的问题。不要一开始就陷在一个难题上。

② 先外后内　优先对暴露在外面、易接触、易拆卸的部件进行检测，然后再对不易接触和拆卸的部件进行检测。

③ 先熟后生　一些故障现象可能由多个故障原因引起，不同故障原因出现的概率是不同的，对常见的故障部位先进行检查，往往可迅速确定故障部位，省时省力。

④ 先静后动　这里的"静"是指不启动的静止状态；"动"是指启动发动机后的工作状态。不要盲目启动汽车，应先做必要的安全检查和电气性能测试（看有无漏电、打火或短路处），然后再启动工作。这一原则是为了保证汽车的安全。

⑤ 先电源后负载　电源故障是最常见的故障之一，因此电气部分出故障后一般应首先检查电源部分。例如蓄电池供电电压、发电机输出的电压、某些电子控制装置中的二次稳压电路等。检查电源部分最普通的常识是先看熔断器、二次电源中的保险元件（保险电阻或集成保护元件等）。

⑥ 先一般后特殊　有些元器件或零部件，由于其自身的结构或性能不良，当被用于某种车型或处于某些工作状态下时，常常发生某种故障。如某个闪光器内晶体管热稳定性不好，一到夏天就不能闪光等，即是一般故障，也称"通病"。这些故障呈多发性，目标明显。应先检查这些一般故障，再查"特殊"故障。

⑦ 先公用后专用　要先解决公共性的问题和各部分所共有的问题，后解决个别性和专用电路的问题。例如主线束部分所共有的问题应先解决，辅助电路所特有的问题可以后解决。

⑧ 分段检查　分段检查是指在故障诊断中，对怀疑有故障的系统，逐段进行检测分析，直至查找到故障点。具体检测方法可采用"顺向检测法"、"逆向检测法"和"关键点检测法"。

顺向检测法：是按电流的流向顺序逐级检查，即沿着工作电流的流向，由电源检查到用电设备。

逆向检测法：逆着工作电流的流向，由用电设备检查到电源。

关键点检测法：从线路的中间点测量，以判断故障是在此点之前还是在此点之后，这样就将故障范围缩小了50%。对于一般的汽车来说，测试关键点在控制开关或中央继电器熔断器盒部位，通过测量开关、熔断器插座或继电器插座的接线端子，就可以确定或缩小故障范围。

(5) 排除故障

依据故障诊断程序和检查测量的结果，判断出故障点（哪个电器部件有故障或哪段线路有故障），采用适当方法将故障排除。

(6) 检验性能

检修好的汽车，还应注意重新测试，看其性能是否良好，故障因素是否真的被彻底排除。

(7) 记录总结

汽车检修工作完成后，对故障现象、故障原因、故障点和排除方法做好记录。将检修结果与原来的分析推测进行比较。如果原分析检测是正确的，也要总结一下思维分析过程，以巩固正确的思维方法。如果原分析推测是错误的，就应找出错误的原因，是对故障现象观察不准造成的，还是对汽车电子电器的原理未搞清楚而分析失误？或是检测出了差错？等等。这样既可以理清思路、得到提高，而且日后碰到类似故障时可以参考和借鉴。

7.1.3　电气系统常用检修方法

汽车电气系统的故障诊断，通常采用的方法有：直观诊断法、利用车上仪表法、断路法、短路法、试火法、试灯法、万用表法和元件替换比较法等。

(1) 直观诊断法

汽车电路发生故障时，有时会出现冒烟、火花、异响、焦臭、发热等异常现象。这些现象可通过人的眼、耳、鼻、身感觉到，从而可以直接判断出故障所在部位。例如汽车行驶中，突然发现转向灯与转向指示灯均不亮故障，用手一摸，发现闪光器发热烫手，说明闪光器已被烧坏。

(2) 检查保险法

保险或保险丝是熔断器或熔丝的俗称。当汽车电系出现故障时，首先应查看保险是否完好。有些故障非常简单，就是保险烧断或处于保护状态。此时，通过检查保险，即能判断故障部位。如汽车在行驶中，若某个电器突然停止工作，同时该支路上的熔断器熔断，说明该支路有搭铁故障存在。某个系统的保险反复烧断，则表明该系统一定有类似搭铁的故障存在，不应只更换熔断器了事。

但是，现在很多汽车电路线束中都装有"易熔线"。易熔线有一根或几根，装在主电源线与熔断器盒之间，并且位于蓄电池附近，其功用主要是对主电源线进行保护。因而，在采用检查保险法进行诊断与检修汽车电路故障时，必须考虑对易熔线的检查。

(3) 利用车上仪表法

通过观察汽车仪表盘上的电流表、水温表、燃油表和机油压力表等的指针走动情况，判断电路有无故障和故障产生部位。例如，发动机冷态，接通点火开关时，水温表指示满刻度位置不动，说明水温表传感器有故障或该线路有搭铁。

(4) 断路法

汽车电路发生搭铁（短路）故障时，可用断路法判断，即将怀疑有搭铁故障的电路段断路后，根据电器设备中搭铁故障是否还存在，判断电路搭铁的部位和原因。如汽车行驶时，听到电喇叭长鸣，则可以将继电器"按钮"接柱上的导线拆开，此时如果喇叭停鸣，则说明喇叭按钮至继电器这段电路中有搭铁现象。

(5) 短路法

汽车电路中出现断路故障，还可以用短路法判断，即用起子或导线将被怀疑有断路故障的电路短接，观察仪表指针变化或电器设备工作状况，从而判断出该电路中是否存在断路故障。例如怀疑汽车电路中的各种开关有故障，可用导线将开关短接来判断开关是好是坏。

(6) 试灯法

试灯法就是用一只汽车用灯泡作为试灯，检查电路中有无断路故障。例如，用试灯的一端和交流发电机的"电枢"接柱连接，另一端搭铁。如果灯不亮，说明蓄电池至交流发电机"电枢"接柱间有断路现象；若灯亮，说明该段电路良好。

(7) 万用表法

用万用表测量线路各点的直流电压，若有电压说明该测试点至电源间的电路畅通；若无电压，说明该测试点与上一个测试点之间的电路断路。另外，通过万用表对电路或元器件的各项参数进行测试，并与正常技术状态的参数对比，来判断故障部位所在。如就车测量蓄电池的充电电流与端电压，判断充电电路是否充电；测量电气部件中线圈绕组的电阻值，判断绕组有无断路或短路；测量引线两端间的电阻，判断电路有无断路等。万用表检测法是检测电路或元件较为准确迅速的一种方法。

(8) 示波器法

示波器是唯一能即时显示波形的测试仪器。利用示波器检测部件的动态波形（数据），与标准波形相比较，以判断部件或线路是否有故障。

(9) 元件替换比较法

元件替换法是指在检修电路时，怀疑有些元件的性能对电路正常工作有影响，但其性能好坏还一时难以断定，因此就选用性能良好的元件将其替换，利用比较的方法来判断故障的一种方法。如火花塞火花弱，发动机不能发动，可用一个良好的火花塞将其替换，若发动机恢复工作，表明原先的火花塞有故障，应予以修理或更换。

(10) 仪器法

随着汽车电气设备的日趋复杂，在维修中，特别是维修装有电子设备较多的车辆，使用一些专用的仪器是十分必要的。

7.2 电源系统的组成与检修

7.2.1 货车电源系统组成与特点

（1）电源系统的组成

电源系统主要由蓄电池、发电机、调节器、充电指示灯或电流表等组成。

（2）电源系统的布置形式

目前货车普遍采用交流发电机与电子调节器。不同车型采用交流发电机和电子调节器的结构形式各不相同，因此，电源系统部件的布置形式及其线路的连接关系各有不同。按电子调节器的安装方式不同，电源系统的布置形式可分为分离式和整体式两种。

（3）货车电源系统的特点

由于货车普遍采用功率较大的柴油发动机作为动力源，因此具有以下特点。

① 启动电源采用两只 12V 蓄电池串联供电。发动机功率越大，其阻力转矩也越大，启动发动机需要的驱动转矩也就越大。为使启动电源能为启动机提供较大电流来产生电磁转矩，以便驱动发动机运转而启动，大型运输车辆普遍采用了两只 12V 蓄电池串联成 24V 启动电源供电。

② 蓄电池容量较大、体积大。蓄电池输送到启动机的电流是由电池内部化学反应而产生的。蓄电池容量越大，输出电流也越大。中型载货车一般选用额定容量为 100A·h 左右的蓄电池，启动电流为 400A 左右，最大外形尺寸长约 400mm、宽约 170mm、高约 250mm；大型载货车一般选用两只 12V、额定容量为 180A·h 以上的蓄电池串联供电，启动电流为 800A 以上，每只蓄电池最大外形尺寸长约 510mm、宽约 220 mm、高约 260 mm。

③ 安装有电源总开关。为了保证汽车电气系统的安全，在大重型载货车上一般安装了汽车电源总开关，它具有接通或切断蓄电池电路的能力。当汽车停驶时，切断电源总开关可防止蓄电池通过外电路自行漏电；当用电负载电流过大或产生短路故障时，切断电源总开关可防止故障进一步升级，从而保护电器设备和线束。汽车电源总开关一般安装在车身大梁上蓄电池附近。

④ 设置易熔线保护线束和用电设备。当蓄电池正负极柱的极性不慎接反或电器线路中发生短路故障时，易熔线能迅速熔断将电路切断，防止线束和用电设备流过电流过大或通过大电流的时间过长而烧坏。例如，东风 EQ1118GA 型平头柴油发动机载货车在整车电器线路中就设置有 3 根易熔线。其中，一根设置在蓄电池与发电机之间，第 2 根设置在蓄电池与点火开关之间，第 3 根设置在蓄电池与 PTC 陶瓷预热器之间。

7.2.2 蓄电池的结构

蓄电池的结构如图 7-1、图 7-2 所示。它由 6 个单格电池串联而成，每个单格的标称电压为 2V，蓄电池的端电压为 12V。单格电池由极板、隔板、电解液组成，分别装于壳体的 6 个单格中。

（1）极板

蓄电池的极板分为正极板和负极板。正极板上的活性物质是深棕色的二氧化铅 PbO_2，负极板上的活性物质是灰色海绵状铅 Pb，它们分别填充在低锑合金或铅钙合金的栅架上。极板上的活性物质具有多孔性，电解液能够渗透到极板的内部，增大电解液与活性物质的接触面积，使活性物质在充放电化学反应时得到充分利用，提高其容量。为了增大蓄电池的容量，将多片正极板和多片负极板分别用横板连接成正极板组和负极板组。由于正极板的活性物质比较疏松，机械强度低，在充放电过程中易膨胀变形而挠曲，造成活性物质脱落，为此负极板比正极板多一片，使极板两侧放电均匀，避免正极板的早期损坏。

第7章 电气系统的结构与检修

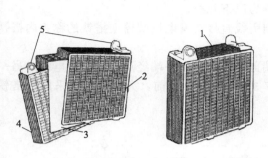

图 7-1 单格蓄电池的结构
1—组装完的单格电池；2—负极板；3—隔板；
4—正极板；5—极板联条

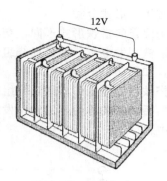

图 7-2 蓄电池由 6 个单格电池串联组成

(2) 隔板

隔板的材料应具有多孔性，以便电解液自由渗透。为了增大电解液的储存量，壳体底部不需凸筋，故隔板采用袋式微孔聚氯乙烯将极板包住，可保护正极板上的活性物质不致脱落，防止极板短路。

(3) 电解液

电解液是用纯净的硫酸（H_2SO_4）和蒸馏水按一定比例配制成的硫酸水溶液。电解液密度应随地区和气候条件而定。

(4) 壳体

壳体是用来盛放电解液和极板组的。壳体应耐酸、耐热、耐震。采用塑料制成 6 个互不相通的单格。每个单格内装有极板组和电解液组成一个单格电池。

7.2.3 交流发电机的分类

汽车用交流发电机可按总体结构、整流器结构和搭铁形式进行分类。

(1) 按总体结构分类

按总体结构不同，交流发电机可分为以下几类。

① 普通交流发电机　既无特殊装置，也无特殊功能和特点的汽车交流发电机，称为普通交流发电机。如东风 EQ1090 型载货汽车用 JF132N 型交流发电机。

② 整体式交流发电机　即内装电子调节器的交流发电机。

③ 无刷交流发电机　即没有电刷和滑环结构的交流发电机。如东风 EQ2102 型越野汽车用 JFW2621 型 28V45A 整体式发电机。

④ 永磁交流发电机　即转子磁极采用永磁材料制成的交流发电机。

(2) 按整流器结构分类

按整流器结构不同，交流发电机可分为以下几类。

① 6 管交流发电机　即整流器由 6 只整流二极管组成三相桥式全波整流电路的交流发电机。如解放 CA1091 型载货汽车用 JF1522A、JF1518、JF1526 型 14V 55A 交流发电机。

② 8 管交流发电机　即整流器总成由 8 只二极管组成的交流发电机。如 JFZ1542 型和 14V45A 型交流发电机。

③ 9 管交流发电机　即整流器总成由 9 只二极管组成的交流发电机。如斯太尔汽车用 JFZ2518A 型 28V 27A 交流发电机。

④ 11 管交流发电机　即整流器总成由 11 只二极管组成的交流发电机。如东风 EQ2102 型越野汽车用 JFW2621 型发电机。

（3）按搭铁形式分类

按磁场绕组的搭铁形式不同，交流发电机可分为以下几类。

①内搭铁型发电机　即磁场绕组的一端经电刷引线直接在发电机端盖上搭铁的称为内搭铁型发电机，如图 7-3(a) 所示。

②外搭铁型发电机　即磁场绕组的两端均与端盖绝缘，其中一端经点火开关接电源，另一端经调节器后搭铁的称为外搭铁型发电机，如图 7-3(b) 所示。目前，大多数汽车采用外搭铁型交流发电机。

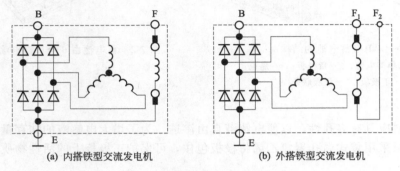

(a) 内搭铁型交流发电机　　(b) 外搭铁型交流发电机

图 7-3　交流发电机的搭铁形式

7.2.4　交流发电机的结构

交流发电机在汽车上使用 40 多年以来，虽然局部结构有所改进，但是基本结构都是由定子、转子、整流器和端盖四部分组成，整体式交流发电机的不同点是在基本结构的基础上增加了电压调节器，且都采用集成电路调节器。整体式交流发电机零部件组成如

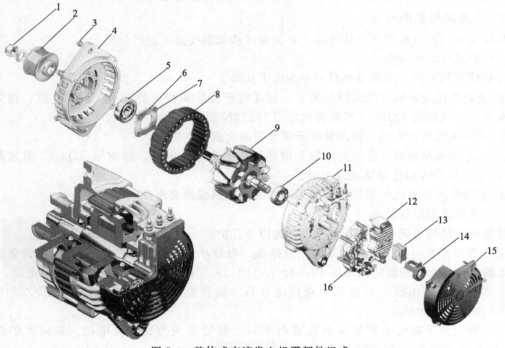

图 7-4　整体式交流发电机零部件组成

1—螺母；2—带轮；3—螺栓；4—前端盖；5、10—轴承；6—轴承挡板；7—沉头螺栓；8—定子；
9—转子；11—后端盖；12—调节器；13—电刷盒；14—护套；15—防尘罩；16—整流器总成

图 7-4 所示。

(1) 转子

转子的作用是产生磁场,它由两块爪极、磁场绕组和滑环等组成。两块爪极(各具有六个鸟嘴形磁极)压装在转子轴上,在两块爪极的空腔内装有磁轭,磁轭上绕有磁场绕组,如图 7-5 所示。

如图 7-6 所示,磁场绕组的两引出线分别焊接在与轴绝缘的两个滑环上,两滑环之间彼

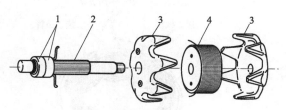

图 7-5 交流发电机转子
1—滑环;2—转子轴;3—爪极;4—磁场绕组

此绝缘,滑环与压装在后端盖上的两个电刷相接触。当两个电刷与直流电源接通时,磁场绕组中便有电流流过,并产生轴向磁通,使一块爪极磁化为 N 极,另一块爪极磁化为 S 极,从而形成六对磁极。

如图 7-7 所示为磁力线穿过的路径(磁路),其磁路为:磁轭→爪极(N 极)→转子与定子间的气隙→定子绕组→转子与定子间的气隙→爪极(S 极)→磁轭。由磁路可见,在设计或维修交流发电机时,必须保证转子相邻异性磁极间的气隙必须大于转子与定子之间的气隙,以使磁力线穿过定子绕组,定子绕组才能切割磁力线而发出电能。磁极做成鸟嘴形可使其磁通密度呈正弦规律分布,从而可使定子绕组产生的交流电动势波形近似于正弦波。

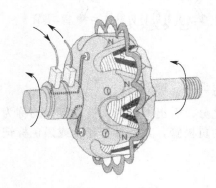

图 7-6 转子的磁场

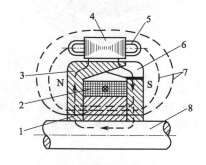

图 7-7 交流发电机的磁路
1—磁轭;2—磁场绕组;3,4—磁极;
5—定子铁芯;6—定子绕组;7—漏磁通;8—轴

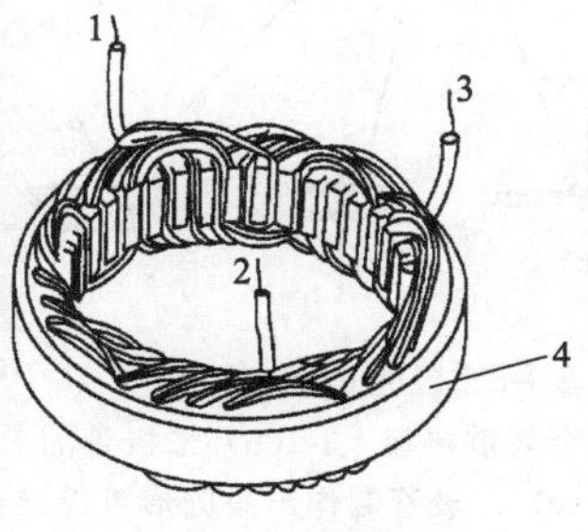

(2) 定子

定子的作用是产生三相交变电动势。它由定子铁芯和定子绕组组成,其结构如图 7-8 所示。定子铁芯由内圆带有凹槽的硅钢片叠成。定子绕组为三相对称绕组,采用高强度漆包线在专用模具上绕制后,再按一定规律嵌入铁芯线槽内。

如图 7-9、图 7-10 所示,嵌装后的三相绕组的连接方法有星形接法(简称 Y 形接法)和三角形接法(简称△接法)。

(3) 整流器

整流器的作用是将三相定子绕组产生的三相交流电变换为直流电。整流器一般由六只硅整流二极管和安装整流管的散热板组成,其结构如图 7-11 所示。

图 7-8 定子总成
1~3—定子绕组的引线;4—定子铁芯

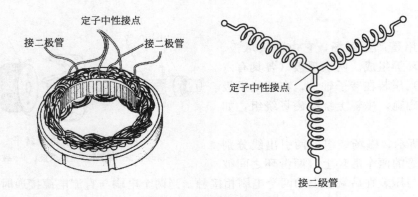

图 7-9　星形接法的定子绕组

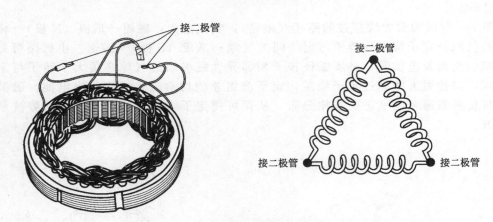

图 7-10　三角形接法的定子绕组

汽车交流发电机用整流二极管有正极管与负极管之分。引出电极为二极管正极的称为正极管，其上标有红色标记；引出电极为二极管负极的称为负极管，其上标有绿色或黑色标记。整流二极管的外形结构如图 7-12 所示。

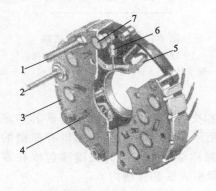

图 7-11　整流器的总成

1—输出端子"B+"；2—输出端子"D+"；
3—正整流板；4—防干扰电容器连接插片；5—电刷架压紧弹片；6—磁场二极管；7—输出整流二极管

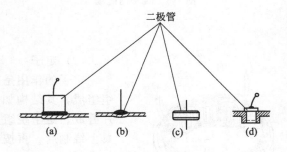

图 7-12　车用二极管的结构

(a) 二极管的外壳焊接在金属散热板上；(b) 二极管的 PN 结烧结在金属散热板上；(c) 二极管制作出扁圆形可焊接在金属散热板上，也可压装在两块金属板之间；(d) 二极管压装在金属散热板的孔中

如图 7-13 所示，安装整流二极管的铝质散热板称为整流板。安装三只正极管的整

流板称为正整流板;安装三只负极管的整流板称为负整流板。有的交流发电机将三只负极管直接压装在发电机的后端盖上。正整流板与负整流板或后端盖之间用绝缘材料隔开,并用螺栓通至后端盖外部,作为发电机的火线接柱"B"("+"或"电枢"接柱)。

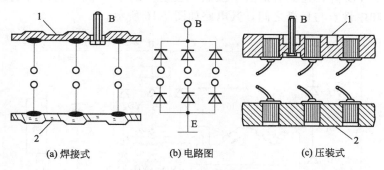

图 7-13 二极管安装示意
1—正整流板;2—负整流板

整流器总成的形状各异,有长方形、马蹄形、半圆形和圆形等,图 7-14 所示为 JF1522A 型交流发电机的整流器总成。

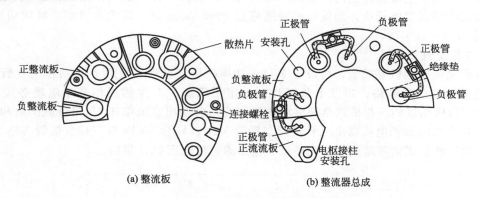

图 7-14 JF1522A 型交流发电机整流器总成

目前整流器总成大多数都装于交流发电机后端盖的外侧,在整流器总成外面再加装一个用薄铝板或薄铁板冲压而成的防护盖。这与整流器总成装于交流发电机后端盖内侧相比具有两大优点:一是便于散热冷却;二是便于维修。

(4) 端盖与电刷组件

交流发电机的前、后端盖均用铝合金压铸或用砂模铸造而成,具有漏磁少、质量轻、散热性能好等优点。在后端盖上装有电刷组件,它由电刷、电刷架及电刷弹簧组成。电刷用铜粉和石墨模压而成,电刷架用玻璃纤维塑料模压而成。电刷安装在电刷架内,借弹簧的压力与滑环保持接触。电刷的功用是将电流引入磁场绕组中,如图 7-15 所示。

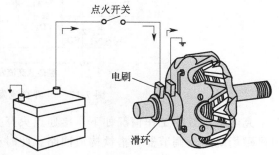

图 7-15 磁场绕组的电路

交流发电机前端装有皮带盘、风扇叶,工作时使发电机内部强行通风散热。后端盖后侧装有薄铝板冲压而成(或尼龙塑料制成)的防护罩,以保护整流器不被损坏。

7.2.5 各种类型交流发电机的特点

(1) 8管交流发电机

具有 8 只二极管。除具有普通交流发电机所具有的 3 只正极管 VD_1、VD_3、VD_5 和 3 只负极管 VD_2、VD_4、VD_6 外，还具有两只中性点二极管 VD_7 和 VD_8，它们分别连接在交流发电机中性点与正极和中性点与负极之间，其电路如图 7-16 所示。

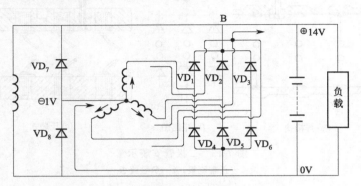

图 7-16　8管交流发电机电路图

中性点二极管能够提高交流发电机的输出功率。试验表明，在不改动交流发电机结构的情况下，加装中性点二极管后，当发电机转速超过 2000r/min 时，其输出功率与额定功率相比，可以提高 11%～15%。

(2) 9管交流发电机

在 6 管交流发电机基础上，增设了 3 只小功率磁场二极管。如图 7-17 所示为 9 管交流发电机充电系统的典型电路。当发电机工作时，定子绕组中产生的三相交流电动势经 VD_1～VD_6 六只二极管组成的三相桥式全波整流电路整流后，输出直流电压 U_B 向负载供电和向蓄电池充电。发电机的磁场电流则由三只磁场二极管 VD_7、VD_8、VD_9 与三只负极管 VD_2、VD_4、VD_6 组成的三相桥式全波整流电路，整流后输出的直流电压 U_{D+} 供给。

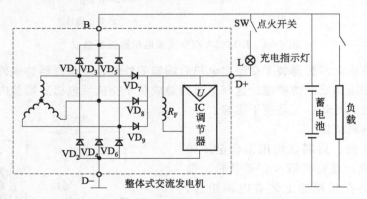

图 7-17　9管交流发电机的充电系统电路

充电指示灯的工作情况如下：接通点火开关，蓄电池电流便经点火开关→充电指示灯→发电机磁场绕组→调节器→搭铁构成回路。此时充电指示灯发亮，指示磁场电流接通并由蓄电池供电。在发动机启动后，随着发电机转速升高，发电机 D+ 端电压随着升高，充电指示灯两端的电位差降低，指示灯亮度减弱。当发电机电压升高到蓄电池充电电压时，发电机 B、D+ 端电位相等，此时充电指示灯两端电位差降低到零，指示灯熄灭，指示发电机已正常工作，磁场电流由发电机自己供给。当发电机转速降低时，D+ 端电位降低，指示灯两端电位差增大，指示灯又发亮,指示蓄电池放电。当发电机高速运转充电系统发生故障而导致发电机不发电时,由于 D+端无电压输出,因此充电指示灯两端电位差增大,指示灯发亮,警告驾驶员应及时停车排除故障。由此可见,9 管交流发电机充电系统可以省去控制充电指示灯的继电器,仅利用充电指示灯既可在停车后发亮警告驾驶员及时断开点火开关(或电源开关)防止磁场绕组长时间通电而烧坏,又可指示发电机的工作情况。

(3) 11 管交流发电机

整流器具有 3 只正极管、3 只负极管、3 只磁场二极管和 2 只中性点二极管的交流发电机称为 11 管交流发电机,具有 8 管与 9 管交流发电机的特点和作用,其充电系统的典型电路如图 7-18 所示。

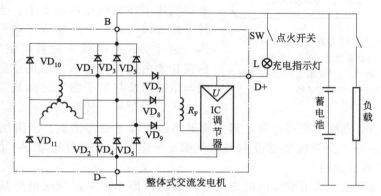

图 7-18　11 管交流发电机的充电系统电路

(4) 无刷交流发动机

普通交流发电机采用了旋转的磁场绕组,因此必须采用电刷和滑环才能将磁场电流引入磁场绕组。长期使用时,由于集电环与电刷的磨损、接触不良,会造成磁场电流不稳定或发电机不发电等故障。对于使用环境条件恶劣的汽车,特别是载货汽车和越野汽车,为了保证发电机可靠运行和减少维修工作,国内外都在致力于研制无刷交流发电机,其显著特点是发电机内部没有电刷和滑环,因此可克服上述缺点。

车用无刷交流发电机分为爪极式无刷交流发电机和永磁式无刷交流发电机两类。目前汽车

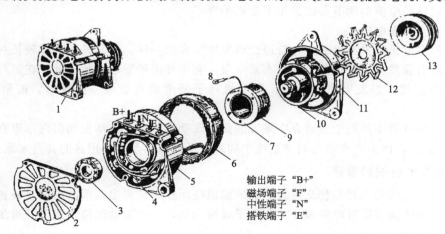

图 7-19　无刷交流发电机外形及零部件组成

1—外形图;2—防护盖;3—后轴承;4—整流二极管;5—磁场绕组托架与后轴承支架;6—定子总成;7—磁轭;8—磁场绕组引线端子;9—磁场绕组;10—爪极;11—前端盖;12—风扇叶片;13—驱动带轮

大多采用爪极式无刷交流发电机。爪极式无刷交流发电机的结构与普通交流发电机大致相同。图 7-19 所示为 JFW14 系列无刷交流发电机的外形及零部件组成。

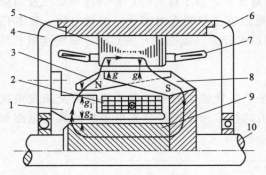

图 7-20　爪极式无刷交流发电机的磁路
1—磁轭托架；2—磁场绕组；3,8—爪形磁极；
4—后端盖；5—定子铁芯；6—前端盖；7—定子绕组；
9—磁轭；10—转子轴

爪极式无刷交流发电机的磁路如图 7-20 所示，其特点是磁场绕组 2 通过一个磁轭托架 1 固定在后端盖 4 上。两个爪极中只有一个爪极 8 直接固定在发电机转子轴上，另一爪极 3 常用的固定方法有两种，一种方法是用非导磁材料焊接（如铜焊焊接）固定在爪极 8 上；另一种方法是用非导磁连接环固定在爪极 8 上。当驱动带轮带动转子轴旋转时，一个爪极就带动另一爪极在定子内一起转动。在爪极 3 的轴向制有一个大圆孔，磁轭托架由此圆孔伸入爪极的空腔内。在磁轭托架与爪极以及与转子磁轭之间均需留出附加间隙 g_1、g_2，以便转子转动。

当磁场绕组中有直流电流通过时，其主磁通路径由转子磁轭出发，经附加间隙 g_2→磁轭托架→附加间隙 g_1→左边爪极的磁极 N→主气隙 g→定子铁芯→主气隙 g→右边爪极的磁极 S→转子磁轭形成闭合回路。

由主磁通路径可见：爪形磁极的磁通是单向通道，即左边爪极的磁极全是 N 极，右边爪极的磁极全是 S 极，或者相反。这样在转子旋转时，磁力线便交替穿过定子铁芯，定子槽中的三相绕组就会感应产生交变电动势，形成三相交流电，经整流器整流后变为直流电供用电设备使用。

爪极式无刷交流发电机的优点是：结构简单、维护工作量少，工作可靠性高，可在潮湿和多尘环境中工作；工作时无火花，减小了无线电干扰。这是因为无刷交流发电机没有集电环和电刷，不存在电刷与滑环接触不良而导致发电不稳或不发电等故障。

爪极式无刷交流发电机的缺点是：两块爪极之间连接的制造工艺较困难；此外，由于主磁通路径中增加了两个附加间隙，因此在输出功率相同的情况下，必须增大通过磁场绕组的电流，这对控制磁场电流的调节器就提出了更高的要求。

（5）带泵交流发电机

带泵交流发电机的发电机部分与普通交流发电机完全一样，只是其转子轴较长并从后端盖中心伸出，然后在发电机后端盖上安装有真空泵，利用伸出的发电机转子轴外花键与真空泵转子的内花键相连接。当发电机旋转时，发电机转子便带动真空泵一同旋转，而形成一个真空源。

带泵交流发电机主要用于没有真空来源的柴油发动机汽车（汽油发动机汽车可直接从进气歧管处取得真空），作为真空助力制动系统中的真空动力源以及其他用途的真空来源。

7.2.6　交流发电机的调节器

交流发电机电压调节器是把交流发电机的输出电压控制在规定范围内的控制装置，简称调节器。汽车采用的调节器有电磁振动式和电子式两大类，电磁振动式调节器已经淘汰，故下面只介绍电子调节器。

（1）调节器的功用

电压调节器的功用就是：在发电机转速变化时，自动调节发电机输出电压，使其保持恒定以防止输出电压过高而损坏用电设备和避免蓄电池过充电。

(2) 电子调节器

电子调节器是利用晶体三极管的开关特性，将晶体三极管串联在发电机磁场电路中，根据发电机输出电压的高低，控制晶体三极管的导通和截止，从而控制发电机的磁场电流，使发电机的输出电压稳定在某一规定的范围之内。

由于汽车交流发电机有内搭铁与外搭铁之分，因此，与之匹配使用的电子调节器也有内搭铁与外搭铁两类。图7-21所示为一外搭铁电子调节器的基本电路原理图，由电压监测电路、信号放大电路及功率放大电路三部分组成。图7-22所示为内搭铁电子调节器的基本电路原理图。

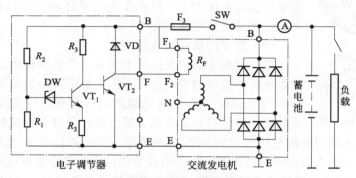

图7-21　外搭铁电子调节器基本电路

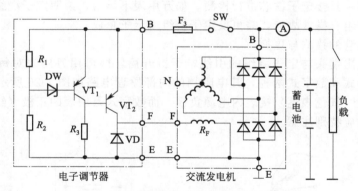

图7-22　内搭铁电子调节器基本电路

7.2.7　交流发电机的检修

(1) 转子的检查与检修

发电机转子的常见故障有：滑环表面脏污、烧蚀，使电刷与滑环之间接触不良，发电机励磁电流断流或减小，造成发电机不发电或发电不良；发电机磁场绕组短路、断路或搭铁，转子不能产生电磁场或磁场减弱，造成发电机不发电或发电不良。

① 磁场绕组的检测　如图7-23所示，用万用表的电阻挡测量转子两个滑环之间的电阻。若阻值符合标准值，说明磁场绕组良好；若阻值为无穷大，说明磁场绕组断路；若阻值小于标准阻值，说明磁场绕组匝间短路。将万用表（或交流

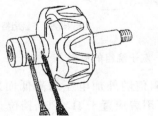

(a) 检测磁场绕组电阻　　(b) 检测磁场绕组搭铁

图7-23　检测磁场绕组电阻

试灯）的两只表笔分别接滑环（任意一个）和转子轴（或爪极）。如万用表不导通（试灯应不发亮），说明磁场绕组与转子轴绝缘良好；如万用表导通（或试灯发亮），说明磁场绕组搭铁。当磁场绕组断路故障发生在端头焊接处时，可用电烙铁重新焊接排除。若断路、短路和搭铁故障无法排除，则需更换转子总成。

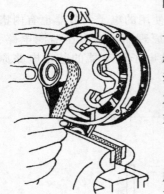

② 转子轴和滑环的检修 交流发电机转子轴的径向摆差可用百分表检测。其摆差不得超过 0.10mm，否则应予校正。滑环的圆柱度不得大于 0.025mm，否则应精车加工修理。滑环表面如有油污、轻微烧蚀，可用"00"号砂布打磨，方法如图 7-24 所示，将发电机固定在虎钳上，用砂布包住滑环的同时转动转子进行打磨；如烧蚀严重，则需精车加工。

(2) 定子的检查与检修

发电机定子的常见故障主要是定子绕组短路、断路或搭铁，造成发电机不发电或发电不良。因为定子绕组的电阻很小，一般仅为 150~800mΩ，所以测量电阻难以检测有无短路故障。定子绕组有

图 7-24 修磨滑环的方法

无短路，最好是在发电机分解之前，通过台架试验检测其输出功率进行判断。检测定子绕组断路故障的方法如图 7-25 所示。检测时，将指针式万用表两只表笔分别接定子绕组的三个引出端子进行检测。如万用表导通，说明定子绕组良好；如万用表不导通（即阻值为无穷大），说明定子绕组有断路故障。如能找到断路部位，可用电烙铁焊接修复；如找不到断路部位，则需更换定子绕组或定子总成。将万用表两只表笔一只接定子绕组的任意一个引出端子，另一只接定子铁芯进行检测。如万用表不导通，说明定子绕组良好；如万用表导通，说明定子绕组有搭铁故障，需更换定子绕组或定子总成。

(3) 整流二极管的检测与更换

当二极管的引出端头与定子绕组的引线端子拆开后，即可用万用表对每只二极管进行检测。万用表有指针式和数字式两种，其电阻挡的内部原理电路如图 7-26 所示，由图可见，指针式万用表的正极（红色表笔）接表内电源负极，而数字式万用表的正极（红色表笔）接表内电源正极。这一点应特别注意。

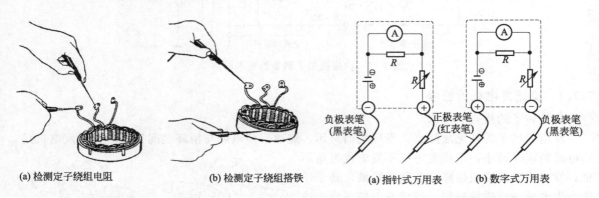

(a) 检测定子绕组电阻　　(b) 检测定子绕组搭铁　　　　(a) 指针式万用表　　(b) 数字式万用表

图 7-25 定子绕组的检测　　　　　　　图 7-26 万用表电阻挡内部电路示意图

由于二极管的阻值随外加电压的高低而发生变化，因此在检测时，指针式万用表应置于 $R \times 1$ 挡，数字式万用表应置于 $\Omega \times 200$ 挡位，否则检测结果就会出现较大偏差。

① 二极管好坏的检测 先将万用表的两只表笔分别接在被测二极管的两极上检测一次，然后交换两表笔的位置再检测一次。若两次测得阻值为一大（10kΩ 以上）一小（8~10Ω），说明该二极管良好；若两次检测阻值均为无穷大，则说明该二极管断路；若两次检测阻值均为

零,则被测二极管短路。

汽车用整流二极管的安装方式有焊接式和压装式两种。对于焊接式(即二极管焊接在整流板上)的整流器,只要有一只二极管短路或断路,该二极管所在的正整流板总成或负整流板总成就需更换新品;对于压装式(即二极管压装在整流板上或后端盖上)的整流器,当二极管短路或断路后,只需更换故障二极管即可。在更换整流板总成或二极管之前,必须首先检测与识别其极性。

② 二极管极性的检测与判别　当二极管或整流板总成上无任何标记时,可用万用表检测判别其极性。

将指针式万用表的正极(红色表笔)接二极管引出电极,负极(黑色表笔)接二极管的另一电极,同时观测万用表读数。对于性能良好的二极管,若阻值大于 $10k\Omega$,则被测二极管为正极管;若阻值为 $8 \sim 10\Omega$,则被测二极管为负极管。如果使用数字式万用表进行检测,则上述检测检测结果正好相反。

(4) 电刷组件的检查

电刷与刷架的常见故障有:电刷过度磨损,电刷架内的弹簧失效,使电刷与滑环的接触压力减小而接触不良,发电机励磁电流减小或断流,造成发电机发电不良或不发电。如图7-27所示,检查电刷的长度,如果电刷外露于电刷架部分小于规定值,则说明电刷已磨损过短,则需更换电刷。检查电刷在电刷架中是否滑动自由,电刷是否具有一定的弹簧压力。若有不良,则需更换电刷弹簧。

7.2.8　电压调节器的检测

当充电系统出现故障,经检查确认发电机工作正常时,应将调节器拆下进行检测。电子调节器的检测分为搭铁形式检测和技术状况检测。

(1) 搭铁形式检测

当不知电子调节器的搭铁形式时,可按图7-28(a)所示线路进行检测,具体方法与步骤如下。

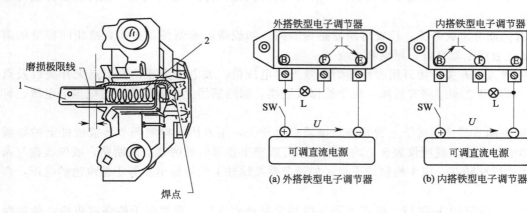

图7-27　电刷及电刷弹簧的检查
1—电刷;2—电刷弹簧

图7-28　电子式调节器检测电路

① 将电源电压 U 调到12V(28V调节器调到24V)。

② 接通开关SW,若小灯泡发亮,则为外搭铁型调节器;若灯不亮,则该调节器为内搭铁型调节器。

(2) 技术状况检测

检测电子调节器技术状况好坏时,外搭铁型调节器按图7-28(a)所示线路连接;内搭铁型调节器按图 7-28(b) 所示线路连接。检测线路接好后，先接通开关 SW，然后由零逐渐调高直流电源电压，此时小灯泡的亮度应随电源升高而增强。

当电压调高到调节电压值（14V 调节器为 14.2V±0.25V，28V 调节器为 28V±0.3V）或略高于调节电压值时，若小灯泡熄灭，则调节器技术状态良好；若小灯泡始终发亮，说明调节器已经损坏，可能是大功率三极管短路或前级驱动电路断路，若装车使用，则磁场电流将始终接通，发电机电压将随转速升高而失控，具有损坏用电设备的危险。

在上述检测过程中，若小灯泡始终熄灭（灯泡未坏），则调节器已损坏，可能是大功率三极管断路或前级驱动电路短路。若装车使用，则磁场电路不能接通。

7.2.9 充电指示灯不亮故障诊断与排除

（1）故障现象

接通点火开关和发动机正常运转时，充电指示灯始终不亮。

（2）故障原因

充电指示灯灯丝断路；熔断器烧断，使指示灯线路不通；指示灯或调节器电源线路导线断路或接头松动；蓄电池极柱上的电缆接头松动；点火开关故障；发电机电刷与滑环接触不良；调节器内部电路故障，如调节器内部电子元件损坏而使大功率三极管不能导通或大功率三极管本身断路。

（3）故障诊断与排除

首先启动发动机并怠速（交流发电机转速 2000r/min 左右）运转，然后用万用表检查发电机充电系统能否充电（发电机输出电压能够超过蓄电池电压）。将充电指示灯不亮分为充电系统能充电与不能充电两种情况分别进行排除。

当接通点火开关时充电指示灯不亮，启动发动机后发电机又能发电（发电机输出电压能够超过蓄电池电压），说明发电机充电系统正常，应检查仪表盘上的充电指示灯是否正常，若灯丝断路，则需更换。

当接通点火开关充电指示灯不亮，且启动发动机后发电机不能发电时，故障排除方法与诊断程序如下：

① 首先断开点火开关，检查熔断器是否断路。如该熔断器断路，必须更换相同容量的熔断器；如仪表熔断器良好，再继续检查。

② 接通点火开关，用万用表检测熔断器上的电压值，如电压为零，说明点火开关以及点火开关与熔断器之间线路有故障，应予检修或更换；如熔断器上的电压等于蓄电池的电压，再继续检查。

③ 拆下调节器接线端子上的导线，接通点火开关，用万用表检测调节器接线柱上的导线电压，如电压为零，说明仪表盘上的充电指示灯或充电指示灯的旁通电阻断路，或仪表盘与调节器之间的线路断路，应予检修或更换；如调节器接线柱上的导线电压等于蓄电池的电压，再继续检查。

④ 检查电刷与电刷弹簧，检查电刷与滑环接触是否良好，否则应予检修或更换；如接触良好，再继续检查。

⑤ 检查调节器有无故障，如有则需更换调节器总成。

⑥ 检查发电机的转子绕组有无短路、断路、搭铁故障，如有则需更换。

7.2.10 电源系统不充电故障诊断与排除

（1）故障现象

发动机启动后，仪表盘上的充电指示灯不熄灭，或是在发动机正常运转过程中，充电指示灯始终亮着，这都说明发电机出现了不充电故障。

(2) 故障原因

发电机磁场绕组短路、断路或搭铁而导致磁场电流减小或不通；定子绕组短路、断路或搭铁故障；整流器故障；电刷磨损过短、电刷弹簧无弹性或电刷在电刷架中卡住，而造成电刷不能与滑环接触或接触不良；调节器故障，如调节器内部电子元件损坏而使大功率三极管不能导通或大功率三极管本身断路；交流发电机的传动带过松，由于传动带打滑，发电机不转或转速过低而不发电，有关连接的线路有故障。

(3) 故障诊断与排除

当充电指示灯常亮时，说明点火开关、熔断器以及充电指示灯技术状态良好。

启动发动机并将其转速逐渐升高，此时用万用表检测发电机"B"端子与发电机壳体间的电压，如万用表指示的电压高于发动机未启动时蓄电池的电压（12V左右），说明发电机发电，发电机"B"端子至蓄电池正极柱之间的线路断路；如电压为零或过低，说明充电系统有故障，应按以下方法继续检查。

① 断开点火开关，检查交流发电机传动带的挠度是否符合规定（5～7mm），挠度过大应予调整；如传动带的挠度正常，则继续检查。

② 拆下调节器接线端子上的导线，接通点火开关，用万用表检测调节器接线柱上的导线电压，如电压为零，充电指示灯发亮，说明仪表盘与调节器之间的线路搭铁，应予检修或更换；如调节器接线柱上的导线电压等于蓄电池的电压，再继续检查。

③ 检查电刷与电刷弹簧，检查电刷与滑环接触是否良好，否则应予检修或更换；如接触良好，再继续检查。

④ 检查调节器有无故障，如有则需更换调节器总成。

⑤ 检测发电机的定子绕组、转子绕组有无短路、断路、搭铁等故障；检测整流器有无故障，如有应予检修或更换。

7.2.11　充电指示灯时亮时灭故障诊断与排除

(1) 故障现象

接通点火开关和发动机正常运转时，充电指示灯时亮时灭。

(2) 故障原因

发电机传动带挠度过大而出现打滑现象；发电机个别整流二极管断路、一相定子绕组连接不良或断路而导致发电机输出功率降低；发电机电刷磨损过多；调节器调节电压过低；相关线路接触不良。

(3) 故障排除

① 检查驱动带的挠度是否符合规定。

② 检查相关线路连接情况，如不正常，则需检修。

③ 拆下调节器和电刷组件总成，并按前述方法检查调节器和电刷组件，如不正常，则需检修或更换。

④ 检修发电机总成。

7.2.12　蓄电池充电不足故障诊断与排除

(1) 故障现象

接通点火开关时充电指示灯能亮，发动机启动后和运转时充电指示灯也能熄灭，但蓄电池会很快出现亏电，并且启动发动机时，启动机运转无力、夜间行车前照灯灯光暗淡。

(2) 故障原因

发电机传动带过松或损坏；发电机输出端子"B"至蓄电池正极柱之间线路断路或导线端子接触不良；发电机电刷磨损过多导致电刷与滑环接触不良；发电机电刷弹簧卡滞或弹力不足

而导致电刷与滑环接触不良；调节器的调节电压过低或其内部电路有故障；发电机转子绕组短路，使磁场变弱而导致发电机输出功率降低；发电机整流器故障或定子绕组有短路、缺相故障而导致发电机输出功率降低；蓄电池使用时间过长、极板硫化、损坏或活性物质脱落；全车线路中有导线搭铁而漏电。

(3) 故障诊断与排除

① 检查蓄电池的技术状态是否良好，如使用时间过长或负载电压低于 9.60V，则需要更换蓄电池。

② 检查传动带的挠度是否符合规定（标准值为 5～7mm）。

③ 检查交流发电机"B"端子至蓄电池之间的线路是否断路或导线端子是否接触不良。

④ 拆下发电机总成，检查电刷组件，如电刷高度过低，则应更换新电刷；如电刷弹簧卡滞或弹力不足，应予更换弹簧。

⑤ 试验检测调节器的调节电压，如调节电压过低（低于 14.2V）或调节器损坏，应予更换新品。

⑥ 如上述检查均良好，则分解检修发电机总成。

⑦ 断开所有电器开关，拆下蓄电池正极电缆端子，并在该端子与蓄电池正极柱之间串接一只电流表，检测全车线路有无漏电现象。如有漏电，可将驾驶室内和发动机罩下的熔断器盒上的熔断器逐一拔下，检查漏电发生在哪一条线路，然后进行排除。

7.3 启动系统的组成与检修

7.3.1 启动系统的组成与电路分析

启动系统主要由启动机、启动继电器和点火启动开关三部分组成。点火启动开关通常简称为点火开关（柴油车又称为钥匙开关）或启动开关。

(1) 普通启动控制电路

如图 7-29 所示为普通启动控制电路，其工作关系为：点火启动开关（控制）→启动继电器（控制）→启动机的电磁开关（控制）→直流电动机（带动）→发动机转动。

(2) 带启动保护的启动控制电路

在启动系统的控制电路中，一般通过增设保护开关或启动保护继电器的措施，达到保护启动系统和增加行车安全的目的。

① 增设保护开关　在启动系统的控制电路中，增设离合器开关或变速器空挡开关。只有在离合器踏板踩下或变速器排挡杆处于空挡时，接通启动开关，启动系统才能工作。如图 7-30 所示为 EQ1118GA 载货车启动系统电路图，其控制电路为两条：一条是由钥匙开关控制；另一条是由副启动开关控制。当驾驶室翻起时，可利用副启动开关启动发动机。为防止启动发动机时发生汽车行走情况，必须将变速操纵杆置于空挡，此时，将钥匙开关置于"ON"位置，按下发动机启动按钮，发动机才可以启动。如变速器处于非空挡位置，由于空挡开关断开状态，发动机也就无法启动。

② 增设启动保护继电器　在启动系统的控制电路中，专门增设启动保护继电器。如图 7-31 所示为斯太尔载货车启动系统电路图，图中 A8 是一启动保护继电器，其功用是：当发动机已启动正常工作时，启动保护继电器 A8 将启动机启动线路断开，如果驾驶员误将钥匙开关再次旋至启动位置时，启动机也不会工作，从而避免了启动机驱动齿轮与飞轮齿圈打齿故障。这对于后置发动机的汽车来说十分重要，因为车身较长，后置发动机是否已被启动往往操作人员不易觉察，从而容易造成误操作。

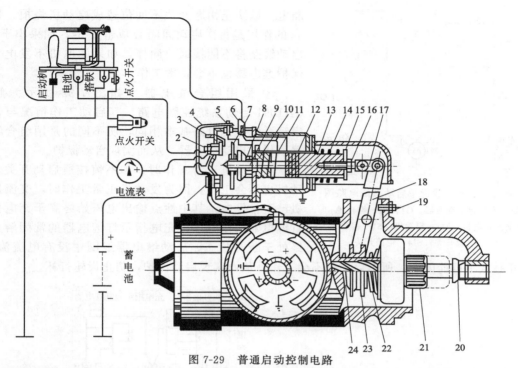

图 7-29 普通启动控制电路

1—启动机"C"端子；2—启动机"30"端子；3—附加电阻短路接线端子；4—导电片；5—吸引线圈接线端子；6—启动机"50"端子；7—触盘；8—触盘弹簧；9—推杆；10—固定铁芯；11—吸引线圈；12—保持线圈；13—活动铁芯；14—复位弹簧；15—调节螺钉；16—锁紧螺母；17—耳环；18—拨叉；19—限位螺钉；20—限位圈；21—驱动齿轮；22—锥形弹簧；23—滑环；24—缓冲弹簧

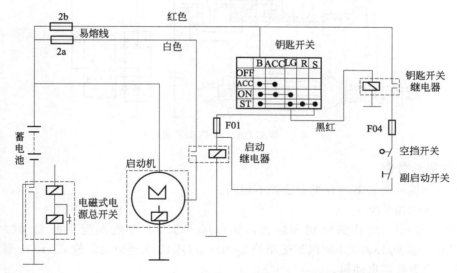

图 7-30 EQ1118GA 载货车启动系统的控制电路

启动保护继电器 A8 是由一组继电器线圈和晶体管集成电路组成的延时截止保护电路。当发动机启动后发电机 G3 的 D+端子输出 28V 电压，到保护继电器 A8 的 D+端子，电子电路将启动控制线路断路，从而起到防止误操作的保护作用。

此外，启动保护继电器 A8 还具有限时与延时作用，继电器 A8 的通电时间为 13s，继电器延时 3s。即钥匙开关旋至启动位置后，继电器 A8 仅使控制线路通电 13s，超过 13s 即自动断电,以防止钥匙开关不回位造成启动机烧损。延时3s的作用是每次启动间隔必须超过3s,如果小于3s,启动线路将不能接通。同样,如果发电机不发电,此保护继电器也不会正常工作。

③ 采用组合继电器 如图7-32所示为解放CA1091启动系统控制电路。其启动工作情况与普通启动系统控制电路基本相同,所不同的是用组合继电器取代了启动继电器,从而实现启动保护。

在发动机正常工作时,如不慎接通启动开关,启动机也不会工作。因为发动机正常工作时,交流发电机已正常发电,其中性点输出电压始终高于充电指示灯继电器动作电压,充电指示灯继电器的常闭触点始终处于断开状态,启动继电器线圈中没有电流流过,

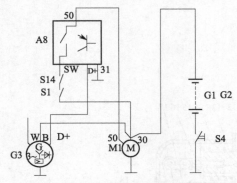

图7-31 斯太尔载货车启动系统电路图
A8—启动保护继电器;G1、G2—蓄电池;
G3—交流发电机;M1—启动机;S1—钥匙开关;
S4—电源开关;S14—空挡开关

其常开触点不可能闭合,所以启动机不会工作,从而实现启动保护,防止齿轮打坏。

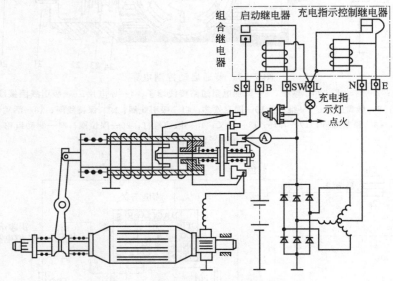

图7-32 解放CA1091启动系统电路

7.3.2 启动机的类型

汽车用启动机种类繁多,分类方法各不相同。

(1) 按总体结构分类

① 普通启动机 无特殊结构和装置,如东风EQ2102型汽车配用的QD2623型24V 4.5kW启动机、东风EQ1090型汽车配用的QD124、QD1212型以及解放CA1091型汽车配用的QD1215型均为普通启动机。

② 减速启动机 传动机构设有减速装置的启动机。电动机可采用高速、小型、低转矩电动机,质量和体积比普通启动机可减小30~35%。缺点是结构和工艺比普通启动机复杂。

③ 永磁启动机 电动机磁极用永磁材料(铁氧体或钕铁硼等)制成,由于取消了磁场绕组,因此结构简化、体积小、质量小。

(2) 按传动机构啮入方式分类

① 强制啮合式 依靠电磁力拉动杠杆机构,拨动驱动齿轮强制啮入飞轮齿圈。工作可靠

性高，现代汽车广泛采用。

② 电枢移动式　依靠磁极磁通的电磁力使电枢产生轴向移动，从而将驱动齿轮啮入飞轮齿圈。结构比较复杂，东欧国家采用较多，如太脱拉 T111、T138，斯柯达 706R 等汽车。

③ 同轴移动式　依靠电磁开关推动电枢轴孔内的啮合推杆，使驱动齿轮啮入飞轮齿圈。如斯太尔 SX1290、奔驰 2026 汽车均采用 QD2645、QD2745 或 KB 型启动机。

7.3.3　启动机的结构

电磁控制式启动机主要由直流电动机、传动装置和控制装置三部分组成。如图 7-33 所示为东风系统大型载货车采用的启动机的结构。

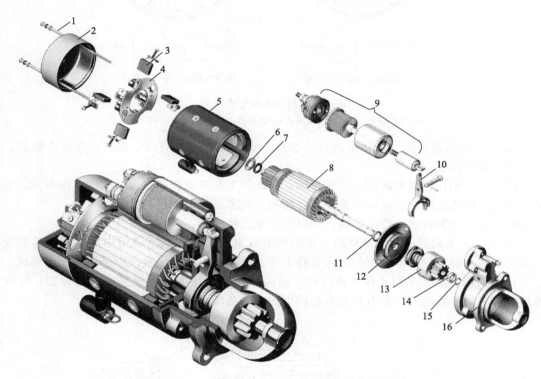

图 7-33　东风系统大型载货车用的启动机的结构
1—螺栓；2—防尘盖；3—电刷；4—电刷架总成；5—磁极和外壳总成；6,7,11—调整垫片；8—电枢总成；9—电磁开关；10—拨叉；12—隔板；13—单向离合器；14—限位圈；15—卡环；16—后端盖

7.3.4　直流电动机结构与原理

（1）直流电动机的结构

直流电动机主要由壳体、磁极、电枢、换向器和电刷组件等部分组成。

① 壳体　壳体由钢管制成，其作用是安装磁极和固定机件。壳体上只有一个接线端子并在内部与磁场绕组的一端相接。

② 磁极　磁极的作用是产生磁场，它由铁芯和磁场线圈组成。

铁芯用低碳钢制成马蹄形，用螺钉固定在电动机壳体的内壁上，磁场线圈套装在铁芯上。为了增大启动机的电磁转矩，一般采用四个磁极，功率超过 7.5kW 的启动机有的采用六个磁极。磁场线圈用矩形裸体铜线绕制。四个磁场线圈的连接方式有两种：一种是四个绕组串联后再与电枢绕组串联，如图 7-34（a）所示；另一种是两个绕组先串联后并联，然后再与电枢绕组串联，如图 7-34（b）所示。无论采用哪一种连接方式，其磁场线圈产生的磁极必须是 N、S 极相间排列。

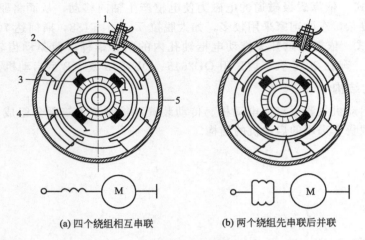

(a) 四个绕组相互串联　　(b) 两个绕组先串联后并联

图 7-34　磁场线圈连接方式

1—"C" 端子；2—磁场线圈；3—正电刷；4—负电刷；5—换向器

③ 电枢　电枢是产生电磁转矩的核心部件，其结构如图 7-35(a) 所示，主要由铁芯、电枢绕组和换向器组成。

电枢铁芯由相互绝缘的硅钢片叠装而成，其圆周上制有安放电枢绕组的槽，用来安放电枢绕组。电枢绕组用矩形截面的裸铜条绕制，绕制形式多采用波绕法。

电枢轴的一端制有螺旋传动键槽，用以和传动机构配合。

④ 换向器　换向器的作用是将通入电刷的直流电流转换为电枢绕组中导体所需的交变电流，以使不同磁极下导体中电流的方向保持不变。换向器由截面呈燕尾形的铜片围合而成，如图 7-35(b) 所示。燕尾形铜片称为换向片，换向片与换向片之间以及换向片与轴套、压环之间均用云母绝缘。换向片一端有焊接电枢绕组线头的凸缘。

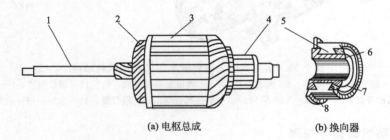

(a) 电枢总成　　(b) 换向器

图 7-35　电枢

1—电枢轴；2—电枢绕组；3—铁芯；4—换向器；5—换向片；6—轴套；7—压环；8—焊线凸缘

⑤ 电刷组件　电刷组件的作用是将电流引入电动机，它由电刷、电刷架和电刷弹簧组成。电刷用铜粉与石墨粉压制而成，启动机电刷的含铜量为 80% 左右，石墨含量为 20% 左右。加入铜粉的目的是减小电阻并增加耐磨性。电刷安装在电刷架内，借弹簧压力紧压在换向器上，电刷弹簧的压力一般为 12~15 N。电刷架一般有四个，固定在启动机的前端盖上，其中有两个电刷架与端盖绝缘，另两个电刷架则与端盖直接铆合而搭铁。

(2) 直流电动机工作原理

直流电动机是将电能转变为机械能的设备，它是根据带电导体在磁场中受电磁力的作用这一原理工作的。其工作原理如图 7-36 所示。

电动机的电枢线圈 abcd 经换向器片 A、B 及电刷与直流电源相接,电枢线圈中的电流方向始终保持为 B→电枢导体→A 方向。电枢导体通电后,在磁极磁场中受电磁力的作用,电磁力的方向可用左手定则判断。线圈的两个有效边受到的电磁力大小相等、方向相反,使线圈 abcd 受到一个绕轴线旋转的转矩作用。换向器的作用就是保证某一磁极下的线圈有效边中电流方向保持不变,使线圈仍能按照原来的受力方向继续旋转。

7.3.5 传动装置

传动装置主要由单向离合器和拨叉组成。单向离合器的作用是单方向传递转矩,即启动发动机时,将电动机的电磁转矩传给发动机曲轴,而当发动机启动后又能自动打滑,不使飞轮齿圈带动启动机电枢旋转,以免损坏启动机。

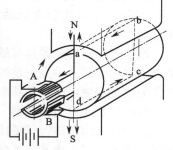

图 7-36 直流电动机工作原理

常用的单向离合器有滚柱式、弹簧式和摩擦片式 3 种形式。虽然各种单向离合器的结构不同,但是其基本工作原理都大同小异。摩擦片式离合器可以传递较大转矩,一般用于功率在 4kW 以上的大功率启动机;滚柱式离合器和弹簧式离合器可一般用于功率在 2kW 以下的小功率启动机。

(1) 滚柱式单向离合器

① 滚柱式单向离合器的结构　如图 7-37 所示。传动导管 3 与外座圈 5 制成一体,外座圈内圆制成"+"字形空腔。驱动齿轮 7 的尾部伸入外座圈的空腔内,将"+"字形空腔分割成 4 个楔形腔室。腔室内放置滚柱 10,在腔室较宽一边的座圈孔内,装有弹簧 8 和弹簧帽 9,平时靠弹簧的张力经弹簧帽将滚柱压向楔形腔室较窄的一端,座圈的外面包有铁皮外壳 6,起密封和保护作用。

传动导管套装在电枢轴上,导管内圆制有内螺旋键槽,与电枢轴上的外螺旋键槽配合而传递动力。整个总成可以做轴向移动和随轴转动。

② 滚柱式单向离合器的工作过程　启动发动机时,在控制装置的作用下,将单向离合器推出,使驱动齿轮与发动机飞轮啮合。电枢轴经传动导管带动外座圈旋转,滚柱在其惯性力和弹簧压力的作用下,移向楔形室较窄的一端,将外座圈和驱动齿轮尾部卡紧成一体,于是驱动齿轮随电枢轴一起转动并带动飞轮旋转,使发动机启动,如图 7-38(a)所示。

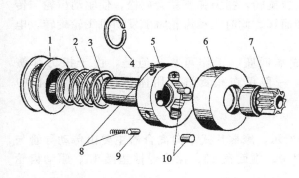

图 7-37 滚柱式单向离合器的结构
1—拨环;2—弹簧;3—传动导管;4—卡簧;5—外座圈;
6—铁皮外壳;7—驱动齿轮;8—滚柱弹簧;
9—弹簧帽;10—滚柱

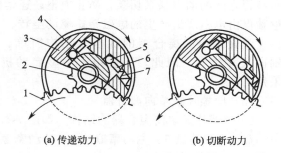

(a) 传递动力　　(b) 切断动力

图 7-38 滚柱式单向离合器工作示意图
1—发动机飞轮;2—驱动齿轮;3—外座圈;4—内座圈;
5—滚柱;6—弹簧帽;7—弹簧

发动机启动后，飞轮由被动变为主动而带动驱动齿轮高速旋转，在驱动齿轮尾部与滚柱之间摩擦力的作用下，使滚柱克服弹簧的张力而移向楔形室较宽的一端，如图 7-38(b)所示，于是滚柱在驱动齿轮尾部与外座圈之间发生滑摩，从而防止电枢轴超速飞散的危险。

滚柱式单向离合器具有结构简单、坚固耐用、工作可靠等优点，故获得广泛应用。但这种离合器在结合时几乎是刚性的，不能承受大的冲击力，特别是在传递较大转矩时容易出现滚柱卡住失效等现象，所以大功率启动机不宜使用。

(2) 弹簧式单向离合器

① 弹簧式单向离合器的结构　解放 CA1092 载货车用 QD1215 型启动机中，就采用了弹簧式单向离合器。弹簧式单向离合器主要由驱动齿轮、扭力弹簧、传动导管、缓冲簧和滑环等部件组成，其结构如图 7-39 所示。

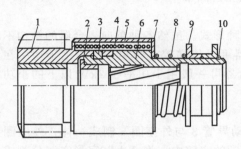

图 7-39　弹簧式单向离合器
1—驱动齿轮；2,7—挡圈；3—月牙形垫圈；
4—扭力弹簧；5—护套；6—传动导管；
8—缓冲弹簧；9—滑环；10—卡环

传动导管内缘制作有内螺旋键槽，套装电枢轴的外螺旋键上。驱动齿轮套装在启动机电枢轴的光轴上。在驱动齿轮与传动导管之间，采用两个月牙形垫圈进行连接，其目的是在驱动齿轮与传动导管之间只能产生相对转动不能产生轴向移动。

扭力弹簧安放在驱动齿轮与传动导管的外缘上。扭力弹簧两端分别箍紧在驱动齿轮尾部与传动导管上。

② 弹簧式单向离合器的工作过程　启动发动机时，电枢轴的电磁转矩通过其外螺旋键和传动导管的内螺旋键槽传递到传动导管。因为扭力弹簧两端分别箍紧在驱动齿轮尾部与传动导管上，所以，当电枢轴的电磁转矩小于发动机的阻力矩时，电磁转矩就会通过传动导管使扭力弹簧张紧，并使驱动齿轮与传导管连成一体，动力便经电枢、电枢轴外螺旋键、传动导管内螺旋键槽、传动导管、扭力弹簧和驱动齿轮传递到发动机飞轮齿圈。当电磁转矩达到或超过发动机阻力矩时，驱动齿轮便带动飞轮旋转，启动发动机。

在启动发动机时，离合器驱动齿轮为主动部件，发动机飞轮为从动部件。当发动机启动后，发动机飞轮转为主动部件，驱动齿轮转为从动部件。由于飞轮齿圈与驱动齿轮之间的传动比较大，因此，发动机飞轮就会带动驱动齿轮高速旋转，扭力弹簧就会放松，使驱动齿轮与传动导管之间的动力联系切断，防止电枢超速运转而坏。此时驱动齿轮将随发动机飞轮旋转，电枢轴仅由电枢绕组产生的电磁转矩驱动空转。

弹簧式单向离合器的优点是结构简单、成本低廉、工作可靠。但是，由于扭力弹簧轴向尺寸较大，因此，不适用于小型启动机，一般仅在载货汽车用体积较大的启动机中采用。

(3) 摩擦片式单向离合器

① 摩擦片式单向离合器的结构　如图 7-40 所示，摩擦片式单向离合器主要由传动导管与主动盘 2、被动盘 5、主动摩擦片 8、被动摩擦片 9、锥面盘 13、保险弹性垫圈 15、驱动齿轮轴套 10 等部件组成。

② 摩擦片式单向离合器的工作过程　如图 7-41 所示，启动发动机时，拨叉推动离合器右移，使离合器驱动齿轮与发动机飞轮齿圈进入啮合。当启动机电枢转动时，电枢轴便通过传动导管带动主动盘和主动摩擦片转动，主动摩擦片与被动摩擦片之间的摩擦力便将电动机动力传递到被动摩擦片和被动盘。

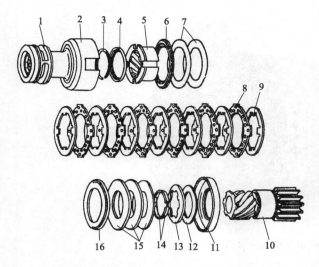 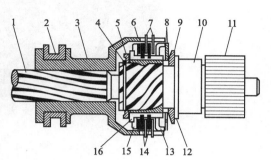

图 7-40 摩擦片式单向离合器的结构
1—拨环；2—传动导管与主动盘；3，14—卡环；
4—锁圈；5—被动盘；6—压盘；7—调整垫圈；8—主动摩擦片；
9—被动摩擦片；10—驱动齿轮轴套；11—后端盖；12—挡圈；
13—锥面盘；15—保险弹性垫圈；
16—承推环

图 7-41 摩擦片式单向离合器装配示意图
1—电枢轴；2—拨环；3—传动导管与主动盘；
4—卡环；5—锁圈；6—调整垫圈；7—主动摩擦片；
8—保险弹性垫圈；9—锥面盘；10—驱动齿轮轴套；
11—驱动齿轮；12—挡圈；13—承推环；
14—被动摩擦片；15—压盘；
16—被动盘

在启动开关刚刚接通时，发动机阻力矩很大，驱动齿轮及轴套并不转动。因此，主、被动摩擦片之间的摩擦力就会使被动盘沿驱动齿轮轴套上的螺旋键转动，并沿轴向右移。因为保险弹性垫圈右侧装有卡环限位，所以，被动盘右移将使主、被动摩擦片之间的正向压力增大，能够传递的摩擦力矩也随之增大。

当摩擦片间传递的摩擦力矩达到或超过发动机阻力矩时，被动盘将停止轴向移动，并随主动盘一起转动，电动机产生的电磁转矩即可通过主、被动摩擦片和驱动齿轮带动发动机飞轮旋转，启动发动机。

发动机启动后，驱动齿轮将被飞轮带动高速旋转，其转速将远远高于电枢转速。此时被动盘在惯性作用下，将在驱动齿轮轴套的螺旋键上沿逆时针方向转动，并沿轴向左移。摩擦片间的压力消失使离合器分离，切断飞轮与电枢之间的动力联系。

在使用过程中，主、被动摩擦片都会磨损，摩擦片厚度就会变薄，被动盘轴向右移量就会减小，摩擦片间的正压力也会减小，从而导致离合器的打滑力矩减小。因此，可以增加调整垫圈进行调整。

7.3.6 同轴移动式启动机

如图 7-42 所示，同轴移动式启动机可以传递较大扭矩，一般装备在大功率柴油发动机汽车上，如斯太尔 SX1290、奔驰 2026 汽车均采用 QD2645、QD2745 或 KB 型启动机。它主要由复励式直流电动机、摩擦片式离合器、电磁式控制装置组成，其结构如图 7-43 所示。启动机的零件如图 7-44 所示。

7.3.7 同轴移动式启动机的结构特点

（1）直流电动机

QD2745 型启动机采用复励式直流电动机，它主要由壳体、磁极、电枢、换向器和电刷组件等部分组成。其结构特点如下。

图 7-42 同轴移动式启动机

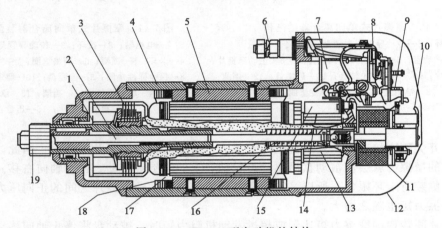

图 7-43 QD2745 型启动机的结构

1—驱动齿轮导向轴；2—啮合推杆；3—摩擦片式离合器；4—外壳；5—磁极；6—接线柱；7—启动继电器；8—锁止臂；9—移动臂；10—解脱凸缘；11—联动继电器；12—防护罩；13—换向器；14—电刷；15—电刷架；16—电枢轴；17—电枢；18—磁场线圈；19—驱动齿轮

① 电机有四个磁极，每个磁极上都有两个磁场线圈：主磁场线圈和副磁场线圈。图 7-45 是 QD2745 型启动机控制电路简图。

主磁场线圈用裸体扁形铜线绕制，导线截面大，以承受大电流。四个主磁场线圈两两串联而后并联，一端连接在下触点 6 上，另一端接在绝缘电刷架上。副磁场线圈用较细的漆包铜线绕制，匝数较多。四个副磁场线圈串联连接，一端接在小触点 5 上，另一端经过双触点 13 的常闭触点接在绝缘电刷架上。

② 电枢轴为空心轴（见图 7-43），中间穿有啮合推杆 2，啮合推杆的一端固装驱动齿轮，另一端与联动继电器 11 的顶杆相接触。当联动继电器通电时，电磁铁的顶杆将推动啮合推杆 2 连同驱动齿轮向后移动，使其与发动机飞轮啮合。

③ 电枢驱动端与离合器的主动鼓制成一体，主动鼓的盖板（亦称离合器盖板）制有驱动端轴承座，盖板螺钉固装在主动鼓上（见图 7-44）。

(2) 控制装置

这种启动机工作时，其电枢不移动。它是靠联动继电器通电，顶杆推动啮合推杆，使驱动齿轮和飞轮啮合的。

第 7 章　电气系统的结构与检修

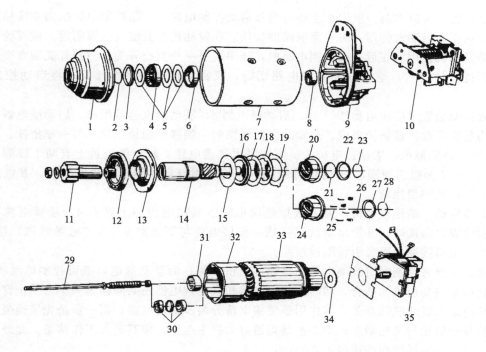

图 7-44　QD2745 型启动机零件

1—后端盖；2—卡簧；3—油封；4，12，31—轴承；5—挡油圈；6，8—轴衬套；7—外壳；9—电刷架；10—启动继电器；11—驱动齿轮；13—离合器盖板；14—导向轴；15，34—垫片；16—碟形垫片；17—调整垫片；18—被动摩擦片；19—主动摩擦片；20，24—被动鼓；21—预紧弹簧圈；22，27—卡簧座圈；23，28—卡簧；25—销；26—预紧弹簧；29—啮合推杆；30—轴衬套；32—主动鼓；33—电枢；35—联动继电器

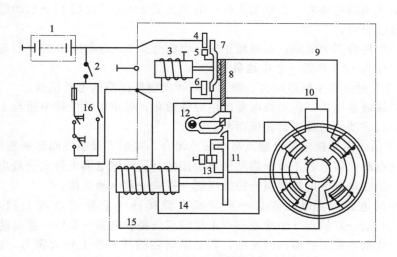

图 7-45　QD2745 型启动机控制电路

1—蓄电池；2—电源开关；3—启动继电器；4—上触点；5—小触点；6—下触点；7—接电桥；8—移动臂；9—副磁场线圈；10—主磁场线圈；11—解脱凸缘；12—锁止臂；13—双触点；14—吸引线圈；15—保持线圈；16—启动按钮

由于驾驶室可以倾翻,所以车上备有两条启动控制电路:一条控制电路的启动按钮装在仪表板上,供正常启动时使用;另一条电路的按钮装在发动机第五缸气门罩附近,供驾驶室倾翻后,启动发动机使用。在后一条控制电路中,还串联了一个空挡开关。空挡开关装在变速器侧盖上,变速器挂挡后,空挡开关便将电路切断,仅在空挡时,空挡开关才将启动控制电路接通。

电磁控制装置主要由启动按钮 16、启动继电器 3、联动继电器等组成。启动继电器和联动继电器均装在启动机前防护罩内。启动继电器线圈的一端接按钮接线柱,另一端搭铁。当按下按钮 16 时,线圈通电,吸动接电桥 7 按工作要求接通电路。联动继电器上有两个线圈,图中(见图 7-45)14 为吸引线圈,15 为保持线圈。保持线圈与启动继电器线圈并联,其电路接通与切断也受启动按钮控制。

吸引线圈的一端连接电桥,另一端接绝缘电刷。当接电桥与上触点 4(接蓄电池)接触时,吸引线圈电路接通,并经电枢绕组搭铁;而接电桥与下触点 6(接主磁场线圈)接触时,主磁场线圈电路接通,而吸引线圈被短路。

启动继电器可控制吸引线圈电路,操纵接电桥开关;而联动继电器既可控制电动机开关,又能直接操纵驱动齿轮的啮合。同时启动继电器和联动继电器还共同操纵一个由锁止臂、移动臂和解脱凸缘组成的联动开关,其作用是使接电桥分两步接通电路;第一步是先接通吸引线圈电路,使驱动齿轮与飞轮啮合;第二步是接通启动机主电路,使其进入工作状态。此外,解脱凸绝还可改变副磁场线圈的连接方式。

7.3.8 同轴移动式启动机的工作情况

(1)未按下启动按钮时,启动系统的工作状态

启动继电器触点与接电桥均保持分离状态,联动继电器线圈电路未接通,驱动齿轮与飞轮处于分离状态,电动机不工作。

(2)按下启动按钮时,启动系统的工作情况

① 按下启动按钮时,启动继电器线圈和联动继电器保持线圈的电路接通(见图 7-45)。

启动继电器线圈的电路为:蓄电池正极→电源开关 2→启动按钮 16→启动继电器 3 磁化线圈→搭铁→蓄电池负极。

联动继电器保持线圈的电路:蓄电池正极→电源开关 2→启动按钮 16→启动机按钮接柱→联动继电器保持线圈 15→搭铁→蓄电池负极。

② 接电桥使上触点和小触点闭合,吸引线圈和副磁场线圈的电路接通。

启动继电器线圈通电后,启动继电器的电磁铁磁化,吸引引铁使接电桥与上触点和小触点闭合,而下触点因移动臂与锁止臂相抵而不能闭合。

如图 7-46 所示,由于接电桥上触点与小触点闭合,接通了吸引线圈和副磁场线圈电路。

吸引线圈的电路:蓄电池正极→启动机电源接柱→启动继电器上触点→接电桥→联动继电器的吸引线圈→绝缘电刷→电枢绕组→搭铁电刷→搭铁→蓄电池负极。

副磁场线圈的电路:蓄电池正极→启动机电源接柱→启动继电器上触点→接电桥→小触点→副磁场线圈→双触点→绝缘电刷→电枢绕组→搭铁电刷→搭铁→蓄电池负极。

此时,保持线圈和吸引线圈同时通电,联动继电器的铁芯产生较大吸力,吸动引铁左移,使顶杆推动与驱动齿轮相连的啮合推杆,克服复位弹簧弹力向左移动。同时,由于电流经过电枢绕组,使电动机缓慢转动,这样就使驱动齿轮在缓慢旋转和后移过程中与发动机飞轮逐渐啮合。

③ 锁止臂将移动臂释放,电动机主电路接通,启动发动机。

如图 7-47 所示,当联动继电器引铁后移终了时,引铁上的解脱凸缘顶起锁止臂将移动臂

释放，使接电桥与下触点接触，电动机主电路接通。此时，驱动齿轮已与飞轮齿圈完全啮合，启动机进入正常运转，启动发动机。

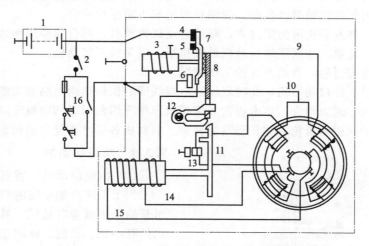

图 7-46　上触点和小触点闭合后吸引线圈和副磁场线圈的电路
1—蓄电池；2—电源开关；3—启动继电器；4—上触点；5—小触点；6—下触点；
7—接电桥；8—移动臂；9—副磁场线圈；10—主磁场线圈；11—解脱凸缘；
12—锁止臂；13—双触点；14—吸引线圈；
15—保持线圈；16—启动按钮

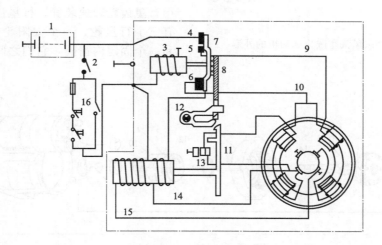

图 7-47　锁止臂将移动臂释放使电动机主电路接通
1—蓄电池；2—电源开关；3—启动继电器；4—上触点；5—小触点；
6—下触点；7—接电桥；8—移动臂；9—副磁场线圈；10—主磁场线圈；
11—解脱凸缘；12—锁止臂；13—双触点；14—吸引线圈；
15—保持线圈；16—启动按钮

主磁场线圈的电路为：蓄电池正极→启动机电源端子"30"→启动继电器上触点→接电桥→下触点→主磁场线圈→正电刷→电枢绕组→负电刷→搭铁→蓄电池负极。

④ 电动机主电路接通时，双触点的搭铁触点闭合，电动机转换为复励式电动机。

在解脱凸缘 11 向左移动将锁止臂 12 向上顶起的同时，还将副磁场线圈电路中的双触点的常闭触点顶开，并使常开触点（搭铁触点）闭合，使副磁绕组直接搭铁，这就使副磁场线圈与电枢形成并联，电动机转换为复励式电动机，从而起限制启动机最大转速的作用。

接电桥移动使下触点闭合时,吸引线圈与主磁场线圈组成并联电路。由于主磁场线圈的阻值远远小于吸引线圈的阻值,因此吸引线圈的电流很小,联动继电器引铁主要由保持线圈通电产生的电磁吸力仍保持在被吸合位置,使驱动齿轮与飞轮保持啮合。

启动过程中,如发动机阻力矩过大,超过启动机负荷时,离合器碟形垫片变形,使主、从动摩擦片出现打滑现象。从而限制启动机最大扭矩,以免损坏启动机。

(3) 放松启动按钮后,启动系统的工作情况

启动后应及时放松启动按钮,此时启动继电器线圈和保持线圈电路被切断。于是启动继电器和联动继电器铁芯磁力消失,接电桥在复位弹簧作用下切断磁场和电枢电路。啮合推杆在复位弹簧作用下,带动驱动齿轮右移,与飞轮分离。启动机各机件恢复原始状态。

7.3.9 减速启动机

(1) 减速启动机的特点

为了提高启动系统的启动性能,目前货车开始采用减速启动机,其与传统启动机相比具有小型、轻便、输出功率大等优点。东风汽车减速启动机的外形如图 7-48 所示。

(2) 减速启动机的结构

减速启动机除具有传统启动机的组成和结构外,又在转子和驱动齿轮间安装减速装置。减速启动机的结构如图 7-49 所示,采用行星齿轮减速装置。行星齿轮减速装置中有三个行星轮、一个太阳轮(电枢轴齿轮)和一个固定内齿圈,它们之间的啮合关系如图 7-50 所示。

图 7-48 东风汽车减速启动机的外形

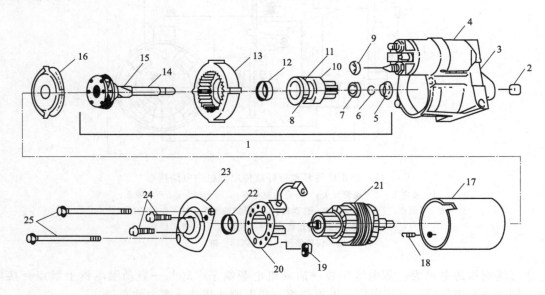

图 7-49 减速启动机的结构

1—启动机驱动轴上的零件;2—驱动端轴承;3—驱动端端盖;4—电磁开关;5—垫片;
6—卡簧;7—止推垫圈;8—拨环;9—螺母;10—驱动齿轮;11—单向离合器;12—衬套;13—内齿圈;
14—驱动轴;15—行星轮支架(输出轴);16—护板;17—外壳和磁极;18—螺钉;19—电刷弹簧;
20—电刷架;21—电枢;22—轴承;23—电刷端端盖;24—电刷架固定螺钉;25—穿心螺栓

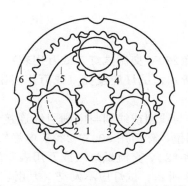

图 7-50 行星齿轮减速装置的啮合关系
1—太阳轮；2~4—行星轮；5—行星齿轮保持架；6—内齿圈

(3) 启动系统工作过程

启动系统的工作原理如图 7-51 所示。

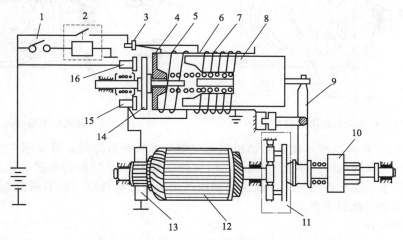

图 7-51 启动机的工作原理
1—点火开关；2—启动继电器；3—接线端子"50"；4—固定铁芯；
5—吸引线圈；6—铜套；7—保持线圈；8—活动铁芯；9—拨叉；
10—单向离合器；11—行星齿轮减速装置；12—电枢；13—电刷；
14—触盘；15—接线端子"C"；16—接线端子"30"

① 启动发动机时，启动系统工作情况。当点火开关转到启动位置时，启动机电磁开关吸引线圈和保持线圈的电路被接通。由于此时两线圈产生的磁通方向相同，因此磁场叠加，在磁力共同作用下，引铁向左移动，并带动拨叉上端向左移动，于是拨叉下端便拨动单向离合器向右移动，使驱动齿轮与发动机飞轮齿环进入啮合。当驱动齿轮与飞轮齿环接近完全啮合时，触盘将电机开关接通，使电动机主电路接通，其电路为：蓄电池正极→启动机"30"端子→电动机开关→正电刷→电枢绕组→负电刷→搭铁→蓄电池负极。

电动机主电路接通时，电动机产生电磁转矩经电枢轴齿轮（太阳轮）→行星齿轮及支架→驱动齿轮轴→滚柱式单向离合器→驱动齿轮→发动机飞轮齿环。当驱动转矩超过发动机阻力矩时，便驱动飞轮旋转，使发动机被启动。

② 发动机启动后，启动系统工作情况。当发动机启动后，放松点火开关，点火开关将自动转回一个角度，启动开关断开。保持线圈电流改道，电动机开关断开，齿轮分离，启动工作结束。

7.3.10 启动机的检修

(1) 磁场绕组的检修

① 磁场绕组断路的检修 将220V交流试灯（或万用表）的两只表笔分别接磁场绕组的引出线端头和正电刷，如图7-52所示，试灯应发亮（或万用表阻值接近于零），如试灯不发亮，说明磁场绕组断路。

断路故障一般是因磁场线圈与线圈或线圈与电刷引线连接部位焊点松脱或连接不良所致。检修时，先用钢丝钳夹紧连接部位，然后用500W 220V电烙铁将连接点焊牢即可。

② 磁场绕组搭铁的检修 将220V交流试灯（或万用表）的两只表笔分别接磁场绕组引出线端头和启动机壳体，如图7-53所示，试灯应不发亮（万用表阻值应为无穷大）。如试灯发亮（或万用表导通），说明磁场绕组绝缘损坏而搭铁，需要检修或更换磁场绕组。

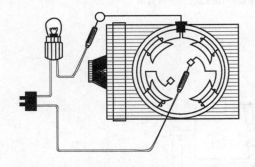

图7-52 磁场绕组断路的检查

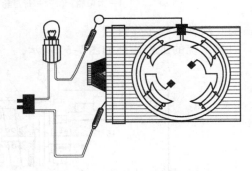

图7-53 磁场绕组搭铁的检查

③ 磁场绕组短路的检修 检查启动机磁场绕组有无短路故障时，可按图7-54所示方法进行。当开关接通时（通电时间不超过10s），用螺丝刀检查每个磁极的电磁吸力是否相同。如某一磁极吸力过小，说明该磁极上的磁场线圈匝间短路。磁场绕组一般不易发生短路，当有短路故障时，则需重新绕制或更换新品。

(2) 电枢的检修

① 电枢绕组搭铁的检修 电枢绕组搭铁故障可用万用表或220V交流试灯进行检查。方法是将万用表（或交流试灯）的两只表笔分别接电枢铁芯与换向片，如图7-55所示，万用表应不导通（试灯应不发亮）。如万用表导通（或试灯发亮），说明电枢绕组搭铁，应予重新绕制或更换电枢。实践证明，启动机电枢绕组搭铁的故障率较高，其原因是绕组与绕组之间或绕组与电枢铁芯之间的绝缘损坏。

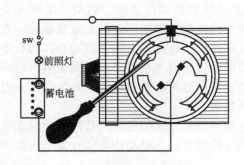

图7-54 磁场绕组短路的检查

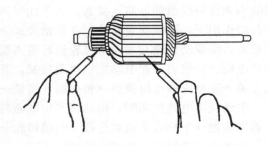

图7-55 电枢绕组搭铁的检查

② 电枢绕组断路的检修 因为电枢绕组导线的截面积较大，所以不易断路。如有断路发生，一般都是端头与换向器片之间的焊点脱焊或虚焊所致。因此，有无断路故障可通过外观检

查判断。发现断路时,可用200W/220V电烙铁焊接修复。

③ 电枢绕组短路的检修　电枢绕组流过电流较大,当绝缘纸烧坏时,就会导致绕组匝间短路。此外,当电刷磨损落下的铜粉将换向片间的凹槽连通时,也会导致绕组短路。检查电枢绕组短路故障需在电枢检验仪上进行。检查时,将电枢放在检验仪的"U"形铁芯上,并在电枢铁芯上部放一块钢片(锯条),如图7-56所示,然后接通检验仪电源,同时缓慢转动电枢一周,钢片应不跳动。如钢片跳动,说明电枢绕组有短路故障。换向器出现短路时,可用钢丝刷清除换向片间的铜粉即可排除。电枢绕组短路时,则需更换电枢总成。

④ 电枢轴弯曲度的检查　用千分表检查电枢轴弯曲度的方法如图7-57所示,其摆差应不大于0.15mm,否则应予校直。

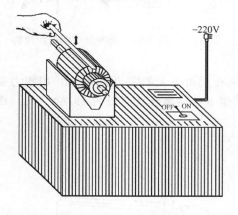

图7-56　电枢绕组短路的检查

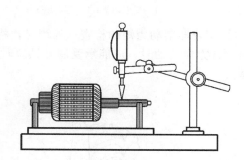

图7-57　检查电枢轴的弯曲度

⑤ 电枢轴颈与铜套的配合　启动机的配合间隙应为0.04~0.09mm。间隙过大应更换铜套,并按标准铰削端盖和支撑板的配合孔。

(3) 电刷组件的检修

① 电刷架的检修　如图7-58所示用万用表测量正负电刷架(两相邻电刷架)之间的电阻,万用表应不导通(即阻值应为无穷大)。如万用表导通(即阻值为零),说明该正电刷架(绝缘电刷架)搭铁,应更换绝缘垫片进行修理。

② 电刷的检修　电刷高度可用钢板尺或游标卡尺测量。电刷的高度应不小于新电刷高度的一半,否则应予更换新电刷。更换电刷时,应对电刷进行磨合,使电刷与换向器的接触面积应在75%以上。

③ 电刷弹簧的检修　用弹簧秤沿弹簧切线方向检测弹簧的压力一般为11.7~14.7N。如压力不足,可逆着弹簧的螺旋方向扳动弹簧来增加弹力,如仍无效,则应更换新品。

(4) 电磁开关的检修

① 弹簧复位功能的检查　如图7-59所示用手先将挂钩及活动铁芯压入电磁开关,然后放松,活动铁芯也能迅速返回复位。如铁芯不能复位或出现卡滞现象,则应更换复位弹簧或电磁开关总成。

② 吸引线圈的检修　用万用表测量电磁开关"50"端子和"C"端子之间的电阻。如阻值为无穷大,说明吸引线圈断路;如阻值过小,说明吸引线圈匝间短路。

③ 保持线圈的检修　用万用表测量电磁开关"50"端子和电磁开关外壳之间的电阻。如阻值为无穷大,说明保持线圈断路;如阻值过小,说明保持线圈匝间短路。

(5) 单向离合器的检修

① 离合器功能的检查　一手握住离合器壳体,一手转动驱动齿轮,如图7-60所示。当一

个方向转动驱动齿轮时,齿轮应被锁止;当另一方向转动齿轮时,应能灵活自如,否则应予更换新品。

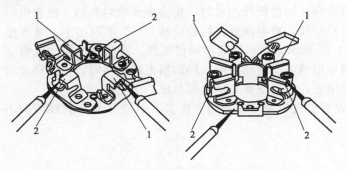 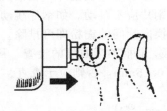

图 7-58 检查电刷架的绝缘
1—负电刷架;2—正电刷架

图 7-59 检查复位弹簧的功能

② 离合器制动力矩的检查 检测时,将离合器夹在虎钳上,如图 7-61 所示,用扭力扳手沿顺时针方向转动时,应能承受制动试验时的最大转矩(单向离合器一般为 29.4N·m)而不打滑。

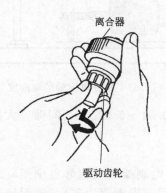 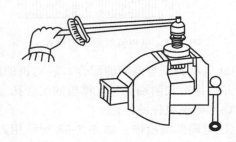

图 7-60 检查离合器单向传力功能

图 7-61 检查离合器制动力矩

7.3.11 接通启动开关启动机不转故障排除

(1) 故障现象

当启动开关接通时,启动机不工作,发动机不运转。

(2) 故障原因

① 蓄电池严重亏电;蓄电池正、负极柱上的电缆接头松动或接触不良。

② 电动机开关触点严重烧蚀或两触点高度调整不当而导致触点表面不在同一平面内,使触盘不能将两个触点接通。

③ 换向器严重烧蚀而导致电刷与换向器接触不良。

④ 电刷弹簧压力过小或电刷在电刷架中卡死。

⑤ 电刷引线断路或绝缘电刷(即正电刷)搭铁。

⑥ 磁场绕组或电枢绕组有断路、短路或搭铁故障。

⑦ 电枢轴的铜衬套磨损过多,使电枢轴偏心而导致电枢铁芯"扫膛"(即电枢铁芯与磁极发生摩擦或碰撞)。

(3) 故障诊断与排除

① 接通汽车前照灯或喇叭,若灯发亮或喇叭响,说明蓄电池存电较足,故障不在蓄电池;

若灯不亮或喇叭不响，说明蓄电池或电源线路有故障，应检查蓄电池搭铁电缆和火线电缆的连接有无松动以及蓄电池存电是否充足。

② 检查启动系统熔断器是否被烧断；若烧断，需更换熔断器。

③ 将点火开关转到启动位置，可用试灯（或万用表）检测启动机"50"端子电压是否正常。如正常，说明启动机内部有断路、短路或搭铁故障，须拆下启动机进一步检修；如不正常，说明端子"50"至蓄电池正极之间线路有故障。

④ 检测启动继电器"启动机"端子电压是否正常。如正常，说明启动继电器与启动机之间的导线断路；如不正常，继续下述检查。

⑤ 检测启动继电器"点火开关"端子电压是否正常。如正常，应检查启动继电器以及启动继电器的电源线和搭铁线；如检测启动继电器"点火开关"端子电压不正常，继续下述检查。

⑥ 检测点火开关的"启动"端子电压是否正常。如正常，说明点火开关与启动继电器之间的导线断路；如不正常，继续下述检查。

⑦ 检测点火开关的"电源"端子电压是否正常。如正常，说明点火开关损坏；如不正常，说明点火开关至蓄电池正极之间线路断路，应检修。

7.4 照明与信号系统的组成与检修

7.4.1 照明系统的组成

照明系统主要由前照灯、雾灯、顶灯、牌照灯、仪表灯、倒车灯、阅读灯等组成。东风天锦载货车部分照明灯的位置如图 7-62 所示。

（1）前照灯

前照灯俗称大灯，其用途是汽车在夜间行驶时，照亮车前的道路及物体，同时还可以利用远、近光变换信号超越前方车辆。前照灯装在汽车前部两侧，一般装四只（称四灯制），外侧两只采用双丝灯泡，内侧两只采用单丝灯泡（远光灯丝），需要远光时，四只灯同时发亮而加强照明。有的汽车装两只（称双灯制），内装双丝灯泡。

（2）雾灯

雾灯是在有雾、下雪、下雨或尘埃弥漫时，有效地照明道路和为来车提供信号的灯具，结构与前照灯相似，采用单丝灯泡，每车一只或两只，安装位置比前照灯稍低，一般离地面约 50cm 左右，射出的光线倾斜度大，光色为黄色（黄色光波较长，透雾性能好）或白色。

图 7-62 东风天锦载货车部分
照明灯的位置
1—前雾灯；2—前组合灯；3—侧反射器；
4—转向照地灯；5—侧转向信号灯；
6—前示廓灯；7—前标志灯

（3）牌照灯

牌照灯由控制停车灯和前照灯电路的开关控制。当其中的一个电路接通，牌照灯即亮，发光为白色。

（4）倒车灯

汽车倒车灯有两个作用，一是向其他驾驶员和行人发出倒车警告（有的还加上倒车蜂鸣器）；二是提供夜间倒车时的照明。汽车倒车灯由倒车灯开关控制，倒车灯开关一般安装在变速器上，挂上倒挡时，此开关接通。

（5）顶灯

顶灯装在车厢或驾驶室内顶部，用于内部照明和车门打开指示。

(6) 仪表灯

仪表灯装在仪表板上，用来照明仪表。

(7) 阅读灯

为便于驾驶员阅读，装有阅读灯。

(8) 其他辅助用灯

为了便于夜间检修，设有工作灯，经插座与电源相接。有的在发动机罩下面还装有发动机罩下灯，其功用与工作灯相同。

7.4.2 汽车信号系统的组成

汽车采用的信号装置分为灯光信号和音响信号两种。灯光信号装置包括各种指示灯和控制装置。指示灯有转向信号灯与指示灯、危急报警信号灯及指示灯、制动信号灯、示宽灯、尾灯、停车灯和门控灯等；音响信号装置包括喇叭、蜂鸣器和语音倒车报警器等。

(1) 转向信号灯

转向信号灯又称为转向灯。转向信号灯的功用是当汽车转弯时，向其他车辆和行人发出明暗交替的闪烁信号，指示汽车向左或向右的行驶方向。汽车的前部、后部及侧面各设有左右两组，一般为四只或六只，受转向灯开关和闪光器控制。

(2) 转向指示灯

转向指示灯的功用是向驾驶员指示汽车转向方向和转向信号灯工作情况。转向指示灯安装在驾驶室仪表盘上，每辆汽车安装1~2只，受转向灯开关和闪光器控制。

(3) 危急报警信号灯与指示灯

在紧急情况下，发出闪光信号用来报警。通常由转向信号灯及指示灯兼任。当打开危急报警开关时，前、后、左、右及两侧转向信号灯和仪表盘上的转向指示灯同时闪烁，向其他车辆和行人发出危急报警信号。仪表盘上的危急报警指示灯同时闪烁。

(4) 制动信号灯

制动信号灯的功用是在汽车制动时，向跟进车辆发出红色信号，提醒跟进车辆驾驶员采取相应措施（减速或躲避），以免发生追尾事故。

制动信号灯受制动灯开关控制。在驾驶员踩下制动踏板的同时，制动灯开关将制动信号灯电路接通而发出红色信号。

(5) 示廓灯

示廓灯是示宽灯与示高灯的统称。其功用是在汽车夜间行驶时，分别指示汽车的宽度和高度。

示宽灯又称为前小灯，安装在汽车前部两侧边缘上。示高灯配装在载货汽车和大客车上，安装在汽车前后左右外侧顶部能够指示车身高度和顶部宽度位置。

(6) 停车灯

停车灯的功用是指示汽车夜间停放的位置。汽车前后各2只，通常将示宽灯兼作停车灯。

(7) 门控灯

门控灯的功用是指示车门的开闭状况。通常将顶灯兼作门控灯。

门控灯受车门轴处的门控开关控制。当车门关闭时，门控开关断开，门控灯熄灭；当车门打开时，门控开关接通，门控灯发亮照明车内空间，以便乘员入座。

(8) 尾灯

尾灯的功用是在夜间行车时，提醒跟进车辆保持一定距离。尾灯安装在汽车尾部左右两侧，受车灯开关控制。

为了外形美观、流线型好，现代汽车普遍都将汽车后部的后转向信号灯、制动灯、倒车灯和尾灯等组合在一起构成组合后灯，而将前照灯、防雾灯和前转向信号灯等组合在一起构成前组合灯。

7.4.3 照明与信号系统电路分析

下面以东风 EQ1118GA 汽车为例，讲述其照明与信号系统的故障诊断与排除方法。

东风 EQ1118GA 汽车照明的电路如图 7-63 所示，主要由灯控开关、远光继电器、近光继电器、变光和超车灯开关、前照灯、各种小灯和雾灯组成。

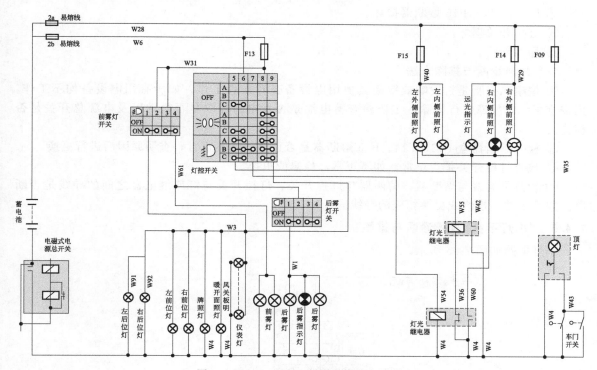

图 7-63　EQ1118GA 照明系统的电路图

如图 7-64 所示，灯控开关、变光和超车灯开关全部安装在右组合开关内，当把右组合开关操纵杆的端头旋钮向前拧动，可以分别点亮下述灯光："0"挡，所有照明灯处于关闭状态；"1"挡，小灯亮（包括示廓灯或位置灯、仪表灯、牌照灯）；"2"挡，前照灯、小灯同时亮。

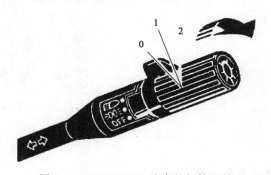

图 7-64　EQ1118GA 汽车的灯控开关

变光及超车灯开关也有三个位置：当组合开关手柄置中间位置"B"时，接通前照灯的近光灯丝；当组合开关手柄置下方位置"A"时，将接通前照灯的远光灯丝。当组合开关手柄向上提起"C"时，接通远光（与灯控开关是否开启无关），起超车示意作用。这一位置不能锁定，释放时其会自动回到中间位置。

7.4.4 "所有照明灯均不亮"故障诊断与排除

（1）故障现象

无论灯控开关处于任何挡位，所有照明灯均不亮。

（2）故障原因

① 全车无电。

② F13、F14、F15 熔断器损坏。

③ 灯控开关损坏。

④ 导线断路。

（3）故障诊断与排除方法

① 按喇叭查听是否发响或接通其他用电设备查看是否工作。如所有用电设备均不工作，则按全车无电故障进行排除，主要检查蓄电池是否亏电、接线是否松动以及电源总开关是否损坏。

② 检查熔断器盒 F13、F14、F15 熔断器是否正常。如不正常，查明原因后进行更换。

③ 检查灯控开关是否正常。如不正常，检修或更换。

④ 检测易熔线与熔断器、熔断器与灯控开关、灯控开关与灯或继电器之间的导线是否断路。如不正常，检修或更换相应的导线。

7.4.5 "小灯不亮"故障诊断与排除

小灯电路如图 7-65 所示。

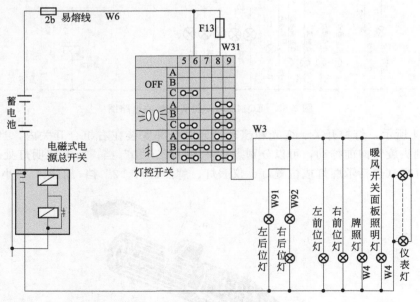

图 7-65　小灯电路

（1）故障现象

灯控开关置于"1"挡，小灯不亮。

（2）故障原因

① F13 熔断器损坏。

② 灯控开关损坏。

③ 灯泡损坏。

④ 导线断路。

(3) 故障诊断与排除方法

① 检查熔断器盒 F13 熔断器是否正常。如不正常，查明原因后进行更换。

② 检测 F13 熔断器的电压是否正常（蓄电池电压 24V 左右）。如不正常，检查 F13 熔断器与 2b 易熔线之间的红色导线（W6）。

③ 检测灯控开关 8 号端子的电压是否正常（蓄电池电压 24V 左右）。如不正常，检查 F13 熔断器与灯控开关之间的绿/蓝色导线（W31）。

④ 将灯控开关置于"1"挡，检测灯控开关 8 号端子与 9 号端子是否导通。如不导通，说明灯控开关损坏，更换灯控开关。

⑤ 检测灯控开关与小灯之间的导线是否断路。如不正常，检修或更换相应的导线。

7.4.6 "前照灯不亮"故障诊断与排除

前照灯电路如图 7-66 所示。

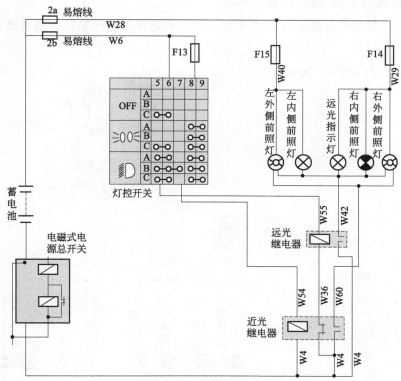

图 7-66 前照灯电路

(1) 故障现象

灯控开关置于"2"挡，前照灯的远近光均不亮。

(2) 故障原因

① F14、F15 熔断器损坏。

② 灯控开关损坏。

③ 远光继电器和近光继电器损坏。

④ 灯泡损坏。

⑤ 导线断路。

(3) 故障诊断与排除方法

① 检查熔断器盒 F14、F15 熔断器是否正常。如不正常，查明原因后进行更换。

② 检测 F14、F15 熔断器的电压是否正常（蓄电池电压 24V 左右）。如不正常，检查 F14、F15 熔断器与 2a 易熔线之间的白色导线（W28）。

③ 检测灯控开关 5 号端子的电压是否正常（蓄电池电压 24V 左右）。如不正常，检查灯控开关与 2b 易熔线之间的红色导线（W6）。

④ 将灯控开关置于"2"挡，当变光开关置于近光挡时，检测灯控开关 6 号端子与 7 号端子是否导通；当变光开关置于远光挡时，检测灯控开关 5 号端子与 6 号端子是否导通。如不导通，说明灯控开关损坏，更换灯控开关。

⑤ 检测远光继电器、近光继电器是否正常断路。如不正常，检修或更换相应的继电器。

⑥ 检查前照灯的灯泡是否损坏。如不正常，更换灯泡。

⑦ 检查灯控开关与继电器、继电器与前照灯、继电器与搭铁之间的线路是否正常。如不正常，检修或更换相应的导线。

7.4.7 "转向信号灯不亮"故障诊断与排除

转向与危急报警信号电路如图 7-67 所示，其中危急报警信号电路不受电磁式电源总开关控制。

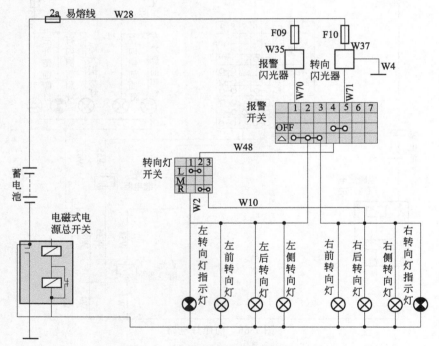

图 7-67 转向与危急报警信号电路

(1) 故障现象

拨动转向开关，转向信号灯和转向指示灯均不亮。

(2) 故障原因

① F10 熔断器损坏。

② 转向闪光器损坏。

③ 危急报警开关损坏。

④ 转向开关损坏。

⑤ 灯泡损坏。
⑥ 导线断路。
（3）故障诊断与排除方法
① 检查熔断器盒 F10 熔断器是否正常。如不正常，查明原因后进行更换。
② 按下危急报警开关，查看转向灯是否闪烁。如闪烁，说明转向信号灯和转向指示灯均正常。
③ 检测转向闪光器绿/红色导线（W37）的电压是否正常（蓄电池电压 24V 左右）。如不正常，检查转向闪光器、F10 熔断器、2a 易熔线之间的导线。
④ 将转向闪光器绿/红色导线（W37）与绿/白色导线（W71）短接，查看转向信号灯和转向指示灯是否点亮。如点亮，说明转向闪光器损坏或转向闪光器黑色搭铁线（W4）不正常；如不点亮，则继续检查。
⑤ 检查危急报警开关是否损坏。如不正常，更换危急报警开关。
⑥ 检查转向开关是否损坏。如不正常，更换转向开关。
⑦ 检查转向闪光器、危急报警开关、转向开关以及转向信号灯和转向指示灯之间的线路是否正常。如不正常，检修或更换相应的导线。
⑧ 检查转向信号灯和转向指示灯的灯泡是否损坏。如不正常，更换灯泡。

7.4.8 "电喇叭不响"故障诊断与排除

电喇叭和气喇叭电路如图 7-68 所示。
（1）故障现象
按下喇叭按钮，电喇叭不响。
（2）故障原因
① F12 熔断器损坏。
② 喇叭继电器损坏。
③ 喇叭转换开关损坏。
④ 电喇叭损坏。
⑤ 喇叭按钮损坏。
⑥ 导线断路。
（3）故障诊断与排除方法
① 检查熔断器盒 F12 熔断器是否正常。如不正常，查明原因后进行更换。
② 按下喇叭按钮，查听喇叭继电器是否发出"咔嗒"声。如无"咔嗒"声，应检查 F12 熔断器电压是否正常；检查喇叭继电器是否正常；检查喇叭按钮、喇叭按钮与喇叭继电器之间的导线、喇叭按钮的搭铁线是否正常，如不正常，进行检修或更换相应部件和导线。

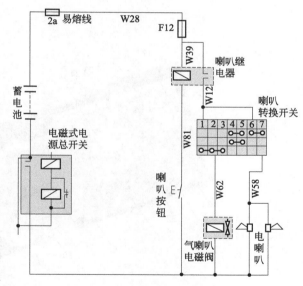

图 7-68 电喇叭和气喇叭电路

③ 喇叭转换开关处于"电喇叭"挡，检测喇叭转换开关 6 号端子与 7 号端子是否导通。如不导通，更换喇叭转换开关。
④ 按下喇叭按钮，检测电喇叭蓝/绿色导线（W58）的电压是否正常（蓄电池电压 24V 左右）。如不正常，检查电喇叭与喇叭转换开关、喇叭转换开关与喇叭继电器之间的导线。
⑤ 检查电喇叭的搭铁线是否正常。如不正常，检修或更换搭铁线。如正常，检修或更换电喇叭。

7.5 仪表与报警系统的组成与检修

7.5.1 货车仪表的组成与特点

（1）仪表盘的组成

汽车仪表由各种指示仪表、指示灯、报警灯等组成。汽车仪表通常都安装在仪表盘上组成一个总成，称为组合仪表盘或组合仪表板。如图 7-69 所示为 EQ2102 载货车组合仪表盘的结构。

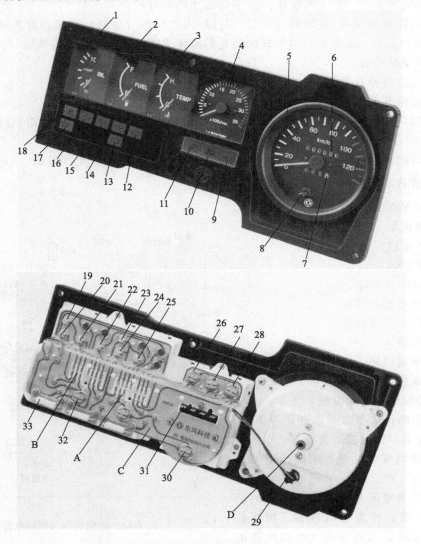

图 7-69　EQ2102N 载货车组合仪表盘的结构

1—机油压力表；2—燃油表；3—水温表；4—发动机转速表；5—车速里程表；6—总里程表；7—单里程表；8—单里程表清零按钮；9—右转向信号指示灯；10—远光指示灯；11—左转向信号指示灯；12—气压过低报警灯；13—充电指示灯；14—机油压力过低报警灯；15—驻车制动指示灯；16—冷却液液面过低及温度过高报警灯；17—空气干燥器加热指示灯；18—排气制动指示灯；19—空气干燥器加热指示灯泡；20—排气制动指示灯泡；21—冷却液指示灯泡；22—驻车制动指示灯泡；23—充电故障指示灯泡；24—机油压力过低报警灯泡；25—气压过低报警灯泡；26—左转向信号灯泡；27—远光指示灯泡；28—右转向信号灯泡；29—车速里程照明灯；30，32—仪表照明灯；31—印刷电路板；33—陶瓷降压电阻；A—插座 A；B—插座 B；C—4 孔插座；D—接车速里程表软轴

(2) 汽车仪表与报警系统的特点

① 汽车仪表与报警系统受点火开关控制。当点火开关接通时,仪表与报警系统与电源接通;当点火开关关闭时,仪表与报警系统与电源断开。

② 当汽车装有电流表时,它串联在蓄电池和发电机之间,如 EQ1090 载货车。当汽车装有电压表时,它并联在电源正负极之间,如 EQ1118 载货车。

③ 汽车仪表一般由指示表和传感器组成。指示表有电热式和电磁式两种,传感器有电热式和可变电阻式两种,其匹配方式如下。

a. 电热式指示表与电热式传感器。指示表与传感器串联,指示表有两个接线端子,一个接线端子通过点火开关和熔断器与蓄电池正极连接;另一个接线端子与传感器的接线端子连接。

b. 电磁式指示表与可变电阻式传感器。指示表有三个接线端子,一个接线端子通过点火开关和熔断器与蓄电池正极连接;另一个接线端子搭铁;第三个接线端子与传感器的接线端子连接。

c. 电热式指示表与可变电阻式传感器。为了防止电源电压波动对指示精度的影响,此种形式指示表与传感器连接一般都安装有仪表稳压器。

④ 报警装置一般由传感器、报警灯(或蜂鸣器)组成。报警灯通常安装在仪表盘上,功率为 1~3W,在灯泡前有滤光片,以使灯泡发黄或红光,滤光片上通常有图形符号。

7.5.2 电控仪表系统的特点

随着新型电子显示器件以及电子技术在汽车上的广泛应用,采用汽车仪表电子化已经成为显示汽车信息的发展潮流。目前东风天锦、天龙、大力神等车型已开始采用电控(电脑控制)仪表系统。电控仪表系统的主要由各种传感器、电控单元 ECU 和各种电子显示器件组成,其中电控单元 ECU 和各种电子显示器件一般集中安装于仪表盘内。东风天锦载货车仪表盘的结构如图 7-70 所示。电控仪表具有如下特点。

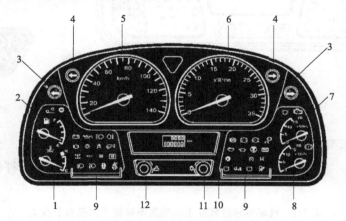

图 7-70 东风天锦载货车仪表盘的结构
1—水温表;2—燃油表;3—挂车转向指示灯(未接);4—转向指示灯;5—车速表;
6—发动机转速表;7—前桥气压表;8—中后桥气压表;9—指示灯与报警灯;
10—显示屏;11—背光亮度调整旋钮;12—里程小计清零旋钮

(1) 采用了步进电机

传统仪表采用电热或电磁方式驱动表头指针,这样不仅指示的精度低,体积大,而且线性度差,采用步进电机完全可以避免这些问题。新一代东风载货车的车速表、转速表、燃油表、水温表、前后桥气压表均采用步进电机驱动。

(2) 采用了发光二极管

传统仪表采用灯泡作为照明灯和报警灯，由于灯丝易挥发，寿命较短。发光二极管靠半导体激发，只需加很低的电压，通过很小的电流，就可以达到很高的亮度，而且其寿命远远超过灯泡。

(3) 采用了 CAN 总线

采用基于 CAN2.0 标准的汽车总线通信技术，与汽车的 VECU（车身电控单元）和 EECU（发动机电控单元）进行数据通信，共享整车的信息资源（包括传感器、汽车运行数据等）。可通过 CAN 总线得到发动机转速、水温信号、机油压力、机油液位、发动机电控系统故障信息、排气制动指示灯、巡航指示灯、停机报警灯、维护指示灯、发动机制动指示灯等信息。

(4) 采用 LCD 液晶屏

除了显示常规信息外，另外液晶屏上还显示统计油耗、故障信息等。目前诊断仪上显示的故障在仪表上都可以显示。这些信息都是从 CAN 总线接收的。

如图 7-71 所示，当任何一个发动机报警灯点亮时，在下方的液晶屏上都会有相应的故障内容显示。

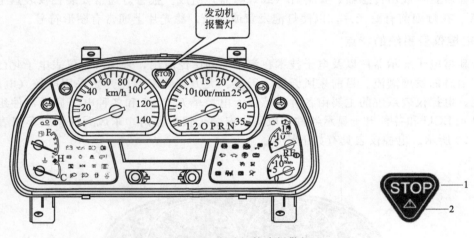

图 7-71 发动机故障报警灯
1—停机报警指示灯；2—维护报警指示灯

7.5.3 报警或指示装置的图形符号

如图 7-72 所示，货车仪表盘上安装了多种报警或指示装置，其图形符号的颜色以及表示的含义见表 7-1。

表 7-1 汽车多种报警或指示装置图形符号的颜色及含义

序号	图形符号	颜色	名 称	含 义
1		红色	水温过高指示灯	表示发动机冷却液温度过高
2		红色	机油压力过低指示灯	表示发动机机油压力过低
3		黄色	PTO 指示灯	发动机动力输出时，指示灯亮
4		红色	驻车制动指示灯	当驻车制动开关闭合时，该指示灯亮

第 7 章 电气系统的结构与检修

续表

序号	图形符号	颜色	名 称	含 义
5		红色	安全带指示灯	驾驶员未系安全带时,该指示灯亮,提示驾驶人员系好安全带
6		红色	空滤阻塞指示灯	当发动机空气滤清器阻塞时,该指示灯亮
7		绿色	低挡指示灯	当变速器处于低挡区时,该指示灯亮
8		黄色	主车 ABS 指示灯	当主车 ABS 系统出现故障时,该指示灯亮
9		黄色	挂车 ABS 指示灯	当挂车 ABS 出现故障时,该指示灯亮
10		黄色	ASR 指示灯	ASR 系统有故障时,该指示灯亮
11		黄色	ECAS 警告灯	当空气悬架的气囊气压小于 6.5bar 时,指示灯闪烁;当气囊不再正常高度时,指示灯常亮
12		红色	ECAS 失效灯	不严重故障,指示灯常亮;严重故障,指示灯闪烁
13		黄色	排气制动指示灯	欧Ⅱ发动机:排气制动开关接通时,指示灯亮; 欧Ⅲ发动机:排气制动功能激活时,指示灯亮
14		黄色	进气预热指示灯	进气预热开关接通时,指示灯亮
15		黄色	燃油预热指示灯	燃油预热塞通电工作时,指示灯亮
16		绿色	空气干燥器指示灯	当空气干燥器加热开关接通时,指示灯亮
17		绿色	巡航指示灯	巡航功能激活时,该指示灯亮
18	STOP	红色	停机报警指示灯	该指示灯亮,表示有重大故障,发动机必须停机
19		黄色	维护报警指示灯	该指示灯亮,表示有小故障,提示驾驶员应进行维修检查
20		黄色	发动机制动指示灯	指示灯亮,发动机压缩制动功能激活
21		红色	充电指示灯	指示灯亮,表示发电机没给蓄电池充电
22		绿色	主车左转向指示灯	正常工作该指示灯正常闪烁;快速闪烁、不闪烁或不亮表示左侧转向灯有故障
23		绿色	主车右转向指示灯	正常工作该指示灯正常闪烁;快速闪烁、不闪烁或不亮表示左侧转向灯有故障
24		绿色	挂车左转向指示灯	没有挂车该指示灯不亮
25		绿色	挂车右转向指示灯	没有挂车该指示灯不亮
26		绿色	高挡指示灯	当变速器处于高挡区时,该指示灯亮
27		红色	水位过低指示灯	发动机副水箱水位低时,指示灯亮
28		黄色	缓速器指示灯	当缓速器工作时,指示灯亮
29		蓝色	远光指示灯	当远光灯通电时,该指示灯亮

续表

序号	图形符号	颜色	名　称	含　义
30		绿色	近光指示灯	当近光灯开关接通时,该指示灯亮
31		绿色	前雾灯指示灯	前雾灯开关接通时,指示灯亮
32		黄色	后雾灯指示灯	当前雾灯开关和后雾灯开关都接通时,指示灯亮
33		红色	灯丝检测指示灯	当后雾灯、后位置灯、制动灯任一灯泡有故障时,指示灯亮
34		黄色	变速器故障指示灯	针对MPT20变速器,当控制系统有故障时,指示灯亮
35		红色	门开报警灯	只要有任意一个车门打开的时候,指示灯亮
36		黄色	浮动桥指示灯	当浮动桥开关接通时,该指示灯亮
37		红色	制动蹄片磨损指示灯	当制动蹄片磨损达到极限时,指示灯亮
38		黄色	轴间差速锁指示灯	轴间差速锁起作用时,指示灯亮
39		黄色	轮间差速锁指示灯	当轮间差速锁起作用时,指示灯亮
40		黄色	取力指示灯	当变速器上的取力电磁阀工作时,该指示灯亮

注意：根据车型不同，指示灯和报警灯有所不同。

图 7-72　汽车仪表盘上多种报警或指示装置的图形符号

7.5.4　仪表和报警装置电路分析

下面以东风 EQ1118GA 汽车为例，讲述其主要仪表和报警装置的故障诊断与排除方法。

东风 EQ1118GA 汽车信息显示系统的电路如图 7-73 所示，主要由仪表和报警装置两部分组成。指示表主要由机油压力表、水温表、燃油表、发动机转速表、车速里程表、电压表及气压表等组成。报警指示灯主要有水位过低/水温过高警报灯、气压过低警报灯、机油压力过低警报灯、驻车制动指示灯、排气制动指示灯、充电指示灯、远光指示灯、转向信号指示灯、进气预热指示灯、空滤阻塞指示灯（选装）等组成。

7.5.5　"所有仪表均无指示"故障诊断与排除

（1）故障现象

钥匙开关置于 ON 挡时，所有仪表均无指示。

第 7 章 电气系统的结构与检修

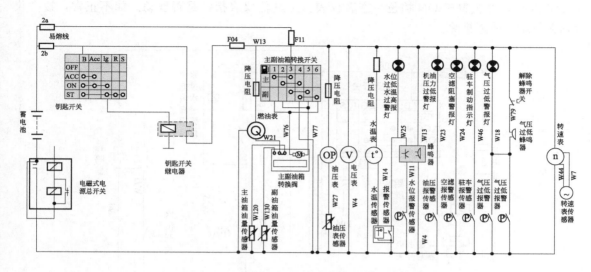

图 7-73　EQ1118GA 仪表与报警系统电路图

（2）故障原因
① 全车无电。
② F04 熔断器损坏。
③ 钥匙开关、钥匙开关继电器损坏。
④ 导线断路。

（3）故障诊断与排除方法
① 按喇叭查听是否发响或接通其他用电设备查看是否工作。如所有用电设备均不工作，则按全车无电故障进行排除，主要检查蓄电池是否亏电、接线是否松动以及电源总开关是否损坏。
② 检查熔断器盒 F04 熔断器是否正常。如不正常，查明原因后进行更换。
③ 将钥匙开关置于 ON 挡，检测 F04 熔断器的电压是否正常（蓄电池电压 24V 左右）。如不正常，检查钥匙开关、钥匙开关继电器及其它们之间的连线。
④ 检测仪表盘接绿色导线（W13）的端子的电压是否正常（24V 左右）。如不正常，检查钥匙开关继电器及其与 F04 熔断器之间的连线。
⑤ 检测仪表盘接黑色导线（W4）的端子的搭铁是否正常。如不正常，检修黑色搭铁线（W4），使其搭铁良好。

7.5.6　"水温表始终指示在 C 刻度下不动"故障诊断与排除

东风 EQ1118GA 水温表由水温指示表和水温传感器组成，其电路如图 7-74 所示。水温传感器和水温过高报警开关制成一体，安装在一缸气缸盖附近。水位过低报警开关安装在水箱上，当水箱内的水位过低时，将点亮水位过低/水温过高报警灯。

（1）故障现象
发动机工作时，水温表始终指示在"C"刻度下不动。

（2）故障原因
① 水温传感器损坏。
② 导线断路。
③ 水温指示表损坏。

（3）故障诊断与排除方法

① 将钥匙开关置于 ON 挡位，查看仪表盘上其他仪表指针是否摆动。如不正常，按"仪表均无指示"故障排除。

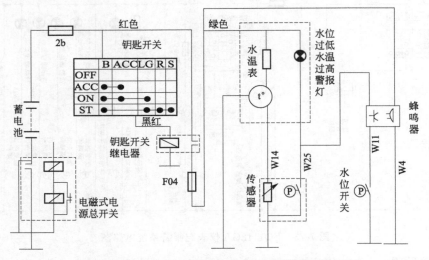

图 7-74　EQ1118GA 汽车的水温表与报警装置的电路

② 拆下发动机水温传感器上的插接器，并将绿/白色导线（W14）瞬间搭铁，查看水温表指针是否向"H"方向摆动。若摆动，说明水温传感器损坏，更换水温传感器。

③ 检查水温传感器与仪表盘之间绿/白色导线（W14）是否断路。如不正常，检修或更换此导线；如正常，说明水温指示表损坏，需更换。

7.5.7　"油压表始终指示在 0 刻度以下不动"故障诊断与排除

东风 EQ1118GA 油压表由油压指示表和油压传感器组成，其电路如图 7-75 所示。油压传感器和油压过低报警开关制成一体，安装在发动机左侧的主油道上。

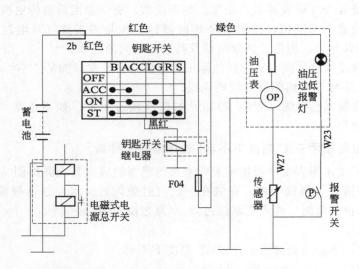

图 7-75　EQ1118GA 汽车的油压表与报警装置的电路

（1）故障现象

发动机工作时，油压表始终指示在"0"刻度以下不动。

（2）故障原因

① 油压传感器损坏。
② 导线搭铁。
③ 油压指示表损坏。

(3) 故障诊断与排除方法

① 将钥匙开关置于 ON 挡位，查看仪表盘上其他仪表指针是否摆动。如不正常，按"仪表均无指示"故障排除。

② 检测发动机润滑系统的机油压力是否正常，如不正常，排除润滑系统故障。

③ 拆下发动机油压传感器上的蓝色导线（W27），查看油压表指针是否向"10"方向摆动。若摆动，说明油压传感器损坏，更换油压传感器。

④ 检查油压传感器与仪表盘之间蓝色导线（W27）是否搭铁。如不正常，检修或更换此导线；如正常，说明油压指示表损坏，需更换。

7.5.8 "发动机转速表无指示"故障诊断与排除

东风 EQ1118GA 汽车发动机转速表的电路如图 7-76 所示，其传感器属于磁感应式，安装在飞轮壳上。

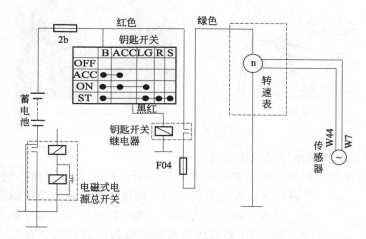

图 7-76 EQ1118GA 汽车的发动机转速表电路

(1) 故障现象

发动机工作时，发动机转速表的指针始终指示在"0"刻度不动。

(2) 故障原因

① 转速传感器损坏。
② 导线损坏。
③ 发动机转速表损坏。

(3) 故障诊断与排除方法

① 将钥匙开关置于 ON 挡位，查看仪表盘上其他仪表指针是否摆动。如不正常，按"仪表均无指示"故障排除。

② 拆下转速传感器的插接器，检测传感器两个接线端子间的电阻值是否正常（1.1kΩ 左右）。若不正常，说明传感器损坏，更换此传感器。安装新的传感器时，首先将传感器拧进，使其端部与飞轮凸齿对正并接触，再将传感器拧回 1/2～3/4 圈后用锁紧螺母锁紧，即可保证传感器的标准间隙。

③ 检查转速传感器与仪表盘之间蓝/黑色导线（W44）、蓝/红色导线（W7）是否正常。如不正常，检修或更换此导线；如正常，说明发动机转速指示表损坏，需更换。

7.6 辅助电器系统的组成与检修

7.6.1 电源总开关

为了保证汽车电气系统的安全,在大重型货车上一般安装了汽车电源总开关,它具有接通或切断蓄电池电路的能力。当汽车停驶时,切断电源总开关可防止蓄电池通过外电路自行漏电;当用电负载电流过大或产生短路故障时,切断电源总开关可防止故障进一步升级,从而保护电器设备和线束。

(1) 机械式电源总开关

STEYR1291、SX2190、EQ1090 和 BEZN1626 等汽车均采用的是机械式电源总开关,它是靠手动来接通或切断蓄电池搭铁电路。机械式电源总开关具有结构简单、工作可靠等特点,其外观如图 7-77 所示。

(a) 闸刀式　　　　　　　　　　(b) 旋转式

图 7-77　机械式电源总开关

(2) 斯太尔货车采用的电磁式电源总开关

如图 7-78 所示为斯太尔货车采用的电磁式电源总开关的电气原理图。它主要由两个电磁线圈和两对触点组成。两个电磁线圈分别为吸引线圈 Z2 和保持线圈 Z1,两者之间属并联关系。两对触点分别为常开触点 P1 和常闭触点 P2,触点 P1 控制的是蓄电池负极线路(搭铁线缆)的接通或切断;触点 P2 控制的是吸引线圈 Z2 线路的接通或切断。电源总开关有 3 个接线端子:30 端子接蓄电池的负极;31 端子接车身大梁(搭铁);86 端子接电源控制开关。

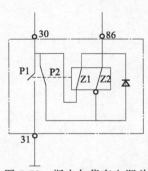

图 7-78　斯太尔货车电源总开关的电气原理图

如图 7-79 所示,斯太尔货车采用的电磁式电源总开关串联在蓄电池搭铁线缆上,控制的是蓄电池负极线路的接通或切断。当接通电源控制开关 S6/29 时,电源总开关内的吸引线圈和保持线圈通电。吸引线圈电路为:蓄电池正极→启动机"30"端子→发电机"B"端子→熔断器→电源控制开关 S6/29→电源总开关继电器"87"端子→电源总开关"86"端子→吸引线圈→常闭触点 P2→电源总开关"30"端子→蓄电池负极。保持线圈电路为:蓄电池正极→启动机"30"端子→发电机"B"端子→熔断器→电源控制开关 S6/29→电源总开关继电器"87"端子→电源总开关"86"端子→保持线圈→电源总开关"30"端子→蓄电池负极。此时在较大电磁力作用下,常开触点 P1 闭合,接通了全车电气系统。当常开触点 P1 闭合时,常闭触点 P2 断开,吸引线圈断电,此后触点 P1 在保持线圈 Z1 的电磁力作用下保持闭合状态,从而减少电源消耗。

触点 P2 张开时必须保证触点 P1 闭合在牢固的位置,即电磁铁必须吸引到位后才能断开。为此在触点 P2 上还有一个调整螺钉,此调整螺钉如果调整不当,可能会使触点 P2 在使用时不能断开或过早断开,从而造成烧损吸引线圈或者是电磁开关吸合不上的故障。

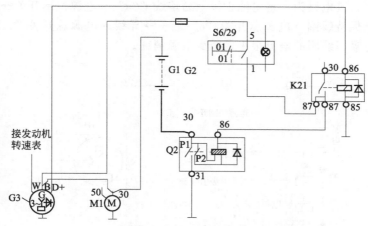

图 7-79 斯太尔货车电源总开关的电路图
G1、G2—蓄电池;G3—发电机;M1—启动机;Q2—电源总开关;
S6/29—电源控制开关;K21—电源总开关继电器

在汽车正常运行中,为了避免误操作电源控制开关造成电源总开关 Q2 断路现象产生,在电源总开关电路中,还设置了一个电源总开关继电器 K21。该继电器的"86"端子与发电机的"D+"直接连接。只要发电机正常发电工作,继电器 K21 线圈就通电工作,其常开触点就闭合,使电源总开关 Q2 的保存线圈 Z1 通过触点和接线端子"30"与电源连接,以确保电源总开关一直保持在闭合的工作状态。当然,如果发电机工作不正常,这一作用就无法得到保证。

(3) 东风货车采用的电磁式电源总开关

东风货车采用的电磁式电源总开关的外观和电气原理图如图 7-80 所示,其组成与新款斯太尔货车的电磁式电源总开关基本相同,也是由两个电磁线圈和两对触点组成。两个电磁线圈分别为吸引线圈和保持线圈,但是两者之间不属并联关系,而属串联关系。两对触点分别为常开触点和常闭触点,常开触点控制的是蓄电池负极线路(搭铁线缆)的接通或切断;常闭触点控制的是保持线圈电路的接通或切断,而非吸引线圈电路的接通或切断。电源总开关有 5 个接线端子:端子 A 接蓄电池的负极;端子 B 接车身大梁(搭铁);端子 c 接电源控制开关;端子 d、端子 e 相互连接,并与转向信号灯/指示灯连接。

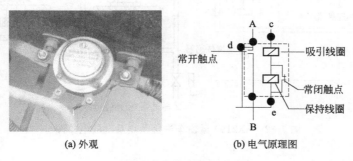

(a) 外观　　(b) 电气原理图

图 7-80 东风货车电源总开关

东风货车采用的电磁式电源总开关的电路连接关系如图 7-81 所示。电源控制开关位于驾驶室内的仪表板上,当电源控制开关接通时,电磁式电源总开关内的吸引线圈通电,其电路为:蓄电池正极→易熔线"2a"→电源控制开关→电源总开关"c"端子→吸引线圈→常闭触点→电源总开关"e"端子→导线→电源总开关"A"端子→蓄电池负极。由于此时通过的电流大，产生磁场强，使常开触点闭合，接通了全车电气系统。当常开触点闭合时，常闭触点张开，保持线圈通电，其电路为：蓄电池正极→易熔线"2a"→电源控制开关→电源总开关"c"端子→吸引线圈→保持线圈→电源总开关"e"端子→导线→电源总开关"A"端子→蓄电池负极。此时，通过吸引线圈的电流很小，减少电源消耗。

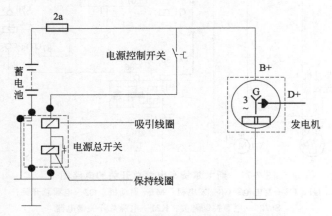

图 7-81　东风货车电源总开关的电路图

7.6.2　火焰式进气预热系统

如图 7-82 所示为 SX2190 货车进气预热系统的电路图，主要由预热控制器 A24、温度传感器（安装在发动机水道上）、电磁阀、电热塞 R4、R5 和预热指示灯等组成。

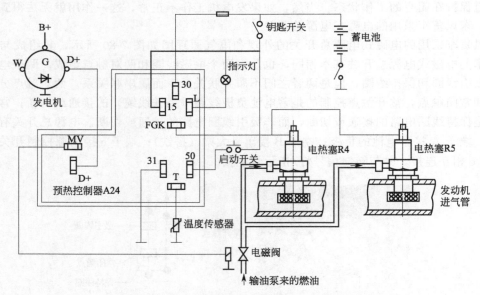

图 7-82　SX2190 运输车进气预热系统的电路图

（1）工作情况

当发动机水温低于规定温度（23℃）时，将钥匙开关旋到"预热"位置时，控制装置将进气管中的加热器 R3、R4 接通，预热指示灯 H2/39 点亮，若干时间后指示灯闪烁提示驾驶人员可以发动，此刻按下启动按钮，预热电磁阀 Y21 打开将燃油喷向加热器点燃达到预热空气的目的。发动机启动后，预热工作持续 1～2min 便会停止工作。

（2）电路分析

斯太尔汽车进气预热系统的电路分为：电源电路、输入信号电路和输出信号电路。

电源电路：预热控制器通过接线端子 30 与蓄电池正极连接，通过接线端子 31 搭铁（与蓄电池负极连接）。

输入信号：预热控制器通过接线端子 15 接收钥匙开关信号，据此信号控制器开始工作；通过接线端子 T 接收温度传感器信号，据此信号控制器判断是否工作，决定电热塞加热的时间；通过接线端子 50 接收启动开关信号，若在 30s 内不启动发动机，电路自动停止工作；通过接线端子 D＋接收发电机输出信号，预热控制器据此信号和温度信号，预热一段时间后，停止电磁阀供电，切断燃油供给。

输出信号（结果）：预热控制器通过接线端子 L 控制预热指示灯各种亮、灭或闪烁状态；通过接线端子 FGK 控制火焰预热电热塞是否通电，并控制导电时间长短；通过接线端子 MV 控制电磁阀导通时机。

(3) 不工作情况分析

若其温度大于 23℃时，预热指示灯不亮，火焰预热电路不工作。

若水温小于 23℃时，电路进入工作状态，预热指示灯点亮，控制器内的继电器触点闭合，开始向电热塞供电，加热的时间依据不同的温度随机设定。当电热塞的发热体达到 850～900℃时，供电转换为断续状态，预热指示灯闪亮，此时启动发动机，电磁阀吸合，接通油路，燃油通过油管进入电热塞经雾化腔雾化后由发热体点燃，形成火炬，加热进气道里的空气，使发动机易于启动；若在 30s 内不启动发动机，电路自动停止工作。

发动机启动运转后，发电机 D＋端子的电压很快上升到 28V，预热控制器接收到信号后电热塞随着不同的温度，预热一段时间后，自动切断油路电磁阀的供电。

若发动机未运转起来，D＋端子在 3s 内无信号，控制器电路中断工作。

如果在电热塞处于加热阶段（未到达炽热温度），启动发动机，控制器电路自动退出工作状态。若要再次进行预热启动发动机，须将钥匙开关断开 5s 之后方可。

(4) 主要特点

该系统属于集中式预热系统，其控制模式比较复杂，工作时间长短与环境温度的高低有直接关系。除电热塞产生热量外，还通过供油装置向其供油，形成火焰，以产生更多热量。

(5) 检测

温度传感器 B8 为负温度系数的热敏电阻，电阻值变化范围：240～12kΩ。燃油电磁阀性能指标：线圈电阻值为（20±0.5）Ω。

7.6.3 PTC 陶瓷式进气预热系统

如图 7-83 所示为 EQ1118GA 汽车进气预热系统的电路图，主要由 PTC 预热器、预热控制器（内装蜂鸣器）、预热开关、预热继电器和预热指示灯（安装在预热开关内）等组成。

(1) 操作步骤

① 拉出预热阻风门手柄，使发动机的阻风门处于关闭状态，以改变进入汽缸空气的通道。

② 接通进气预热开关。此时，进气预热指示灯亮，表明预热系统开始工作。

③ 预热时间为 6min。预热结束后，进气预热指示灯开始闪烁，蜂鸣器鸣叫，表明此时可以启动发动机。

④ 启动成功后应及时关闭预热开关，复位预热风门拉钮，复位时先按下拉钮头部的按钮，再推回拉钮即可。若启动不成功，可重复上述操作步骤。

(2) 电路分析

东风汽车进气预热系统的核心是预热控制器，按预热控制器的电路功能可分为电源电路和控制电路两部分。

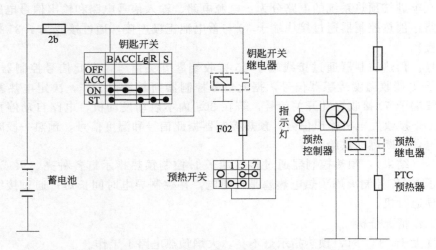

图 7-83 EQ1118GA 汽车进气预热系统的电路图

电源电路：当钥匙开关接通时，钥匙开关继电器触点闭合。此时，只要接通进气预热开关，预热控制器电源电路便接通。其电源电路为：蓄电池正极→"2b"易熔线→钥匙开关继电器触点（此时处闭合状态）→预热开关→预热控制器→搭铁→蓄电池负极。

控制电路：当预热控制器电源电路接通时，预热控制器就开始工作，一是控制进气预热指示灯点亮，二是控制预热继电器的触点闭合，从而接通 PTC 预热器的电路，预热开始，三是发出启动信号。预热控制器从预热开始计时，6min 后，控制进气预热指示灯闪烁，同时控制蜂鸣器鸣叫，这时表明可以启动发动机。

预热控制器断电保护时间为 12min。当预热时间结束驾驶员未着车或着车后未关闭预热器达 12min 时，预热器控制电源电路自动切断，蜂鸣器停止鸣叫，指示灯由闪烁转为常亮，提醒驾驶员关闭预热器开关。

（3）主要特点

该系统结构简单，操作灵敏，检修方便。其缺点是该系统的控制模式比较简单，工作时间长短与环境温度的高低没有关系。只要驾驶员接通进气预热开关，该系统就开始工作。

7.6.4 分缸电热塞式进气预热系统

如图 7-84 所示为 CYQD32Ti 发动机的进气预热系统电路图，主要由电热塞、预热控制器、钥匙开关、预热继电器、水温传感器、车速传感器、溢流电磁阀和预热指示灯等组成。

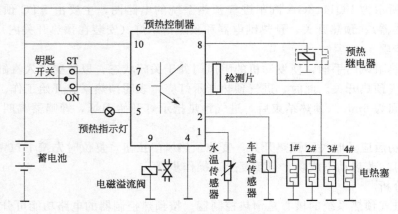

图 7-84 CYQD32Ti 发动机进气预热系统的电路图

(1) 电路分析

分缸电热塞式进气预热系统的电路主要由电源电路、输入信号电路、输出信号电路组成。

电源电路：预热控制器通过接线端子 10 与蓄电池正极连接，通过接线端子 4 搭铁（与蓄电池负极连接）。

输入信号：预热控制器通过接线端子 6 接收钥匙开关 ON 信号，据此信号预热控制器开始工作；通过接线端子 1 接收温度传感器信号，据此信号预热控制器判断是否工作，决定电热塞加热的时间；通过接线端子 7 接收钥匙开关 ST 启动信号，若在 (10±2) s 内不启动发动机，电路自动停止工作。另外，预热控制器通过接线端子 2 接收车速传感器信号。

输出信号（结果）：预热控制器通过接线端子 5 控制预热指示灯各种亮、灭或闪烁状态；通过接线端子 9 控制溢流电磁阀是否通电开启；通过接线端子 8 控制预热继电器是否工作，从而控制电热塞是否通电加热，并通过控制预热继电器工作时间长短，来确定电热塞是否通电加热的时间。

(2) 工作情况

当钥匙开关置于 ON 挡时，如果预热指示灯亮，说明此时发动机中冷却液温度低于预热控制装置设定值 (50±1)℃，系统自动进行预热加温。

预热指示灯点亮时间即前预热时间，约为 7~25s（预热控制器根据冷却液温度确定具体时间），前预热结束后预热指示灯闪亮（闪亮频率为 1.2Hz，慢速闪烁），此时将钥匙由 ON 挡旋转至 ST 挡启动发动机。

如果预热指示灯在闪亮后的 (10±2)s 后仍未启动发动机，预热控制器将自动断开电热塞供电电路，且预热指示灯停止闪。若想再次预热启动，则须将钥匙开关旋转到 OFF 挡 3s 后方可重复上述步骤启动发动机。

在启动发动机后，预热指示灯继续闪亮，则表示电热塞在进行后加热，后加热时间约为 60s 后将自行关闭，预热指示灯停止闪亮。

7.6.5 电动刮水器的组成及结构

如图 7-85 所示，电动刮水器主要由刮水臂总成、刮水器连杆机构、刮水臂和刮水片等组成。

(1) 刮水电动机

刮水电动机按其磁场结构来分，有线绕式和永磁式两种。后者具有体积小、重量轻、结构简单等优点，因此目前在国内外汽车上被广泛采用。一般刮水电动机有高、低两种工作速度。双速永磁直流电动机构造如图 7-86 所示。它是利用三个电刷来改变正负电刷之间串联的线圈数实现变速的。

(2) 减速机构

如图 7-86 所示，减速机构由蜗杆、蜗轮等组成，它和电动机组合安装在一起。其作用是降低电动机的输出转速，并可增大电动机的输出扭矩。

(3) 曲柄摇杆机构

曲柄摇杆机构的作用是将电动机的旋转运动转化为摆杆和刮水片的往复运动。

7.6.6 电动刮水器的电路分析

(1) 双速刮水器的控制

双速刮水器的控制电路如图 7-87 所示。通过控制开关，可实现刮水器的低速运转、高速运转及停机复位等功能。

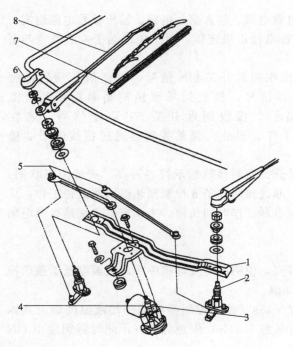

图7-85 电动刮水器的组成
1—刮水器支架；2—刮水臂轴；3—刮水电动机；4—曲柄；
5—摆杆与联动杆；6—刮水臂附件；7—刮水片；8—刮水臂

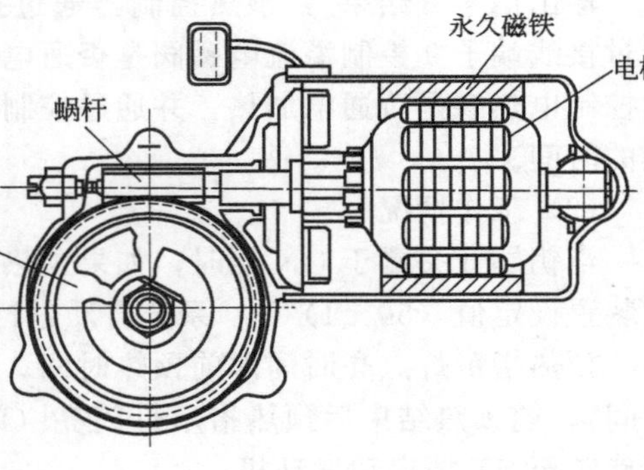

图7-86 双速永磁直流电动机

当电源开关接通，刮水器变速开关12接到"Ⅰ"挡时，电流由蓄电池正极→电源开关2→熔断器3→电刷4→电枢→电刷10→变速开关"Ⅰ"挡搭铁，最后回到负极。这时电枢在永久磁场作用下转动，转速较低。

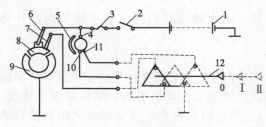

图7-87 双速刮水器控制线路
1—蓄电池；2—电源开关；3—熔断器；
4，10，11—电刷；5—永久磁铁；
6，7—自动复位触片；8，9—自动复位滑片；
12—刮水器变速开关

当变速开关12拉到"Ⅱ"挡位置时，电流由蓄电池正极→电源开关2→熔断器3→电刷4→电枢→电刷11→变速开关"Ⅱ"挡，回到负极。此时由于电刷4与偏置电刷11通电，电机转矩增大，其转速升高。

当变速开关拨到"0"时，如果刮水片没有停到适当位置，此时复位开关触片7与滑片9接触，电流从蓄电池→电源开关→熔断器→电刷4、10→触片7→滑片9→搭铁，电机继续转动。当摇臂摆到应停位置时，触片7与滑片9脱开，同时触片6、7和滑片8接触，使电枢短路，刮水片停到挡风玻璃下缘的适当位置。

(2) 间歇式电动刮水器电路分析

汽车在毛毛细雨或雾天中行驶时，如用前述的刮水器按一般速度进行刮拭，风窗玻璃上的微量水分和灰尘就会形成一个发黏的表面，因此不仅不能将风窗玻璃刮拭干净，相反使玻璃模糊不清，留下污斑，影响了驾驶员的视线。因此有些汽车上加装了电子间歇系统，在遇到上述情况时，开动间歇开关，使刮水器按一定周期停止和刮拭，即每动作一次停止3~6s，这样可使驾驶员获得更好的视野。

刮水系统的间歇功能主要靠间歇控制器来实现，一般由间歇控制器、刮水器开关、洗涤电动机、刮水电动机等组成，如图7-88所示。

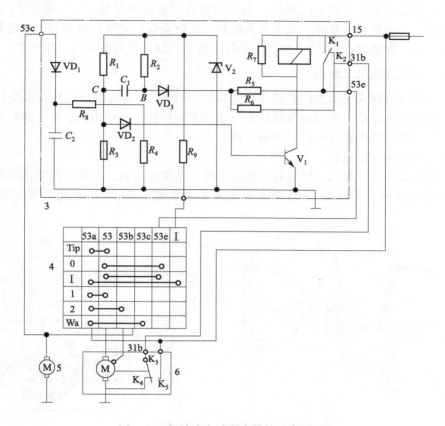

图 7-88　间歇式电动刮水器的工作原理
Tip—点动；0—停；Ⅰ—间歇；1—慢速；2—快速；Wa—洗涤；
3—间歇控制器；4—刮水器开关；5—洗涤电动机；6—刮水器开关

间歇控制器的工作原理为：当刮水器开关置于间歇挡（Ⅰ挡）时，电源便经熔断器，刮水器开关53a端子、刮水器开关内部Ⅰ挡接入间歇控制器的"Ⅰ"端子。

C_1 的充电电路为：蓄电池正极→熔断器→刮水器开关53a→Ⅰ挡→间歇控制器"Ⅰ"端子→R_9→R_2→C_1→VD_2→三极管 V_1 的基极、发射极→搭铁→蓄电池负极。此时 C 点的电位为1.6V，B 点的电位为5.6V，C_1 两端有4V的电位差。

C_1 充电时，其充电电流为三极管提供偏流，使三极管导通，接通了继电器线圈的电路，继电器的常开触点 K_1 闭合、K_2 打开，电流经 K_1、53e、开关内的"Ⅰ"挡、53端进入刮水电动机的电枢，使刮水电动机慢速旋转，刮水器开始工作。

当刮水片往返一次又回到风窗玻璃的最下位置时，刮水电动机也旋转至自动复位时，K_3、K_4 接通，使31b端搭铁，为 C_1 的放电提供了通路。

C_1 放电回路主要有两条。一路经 R_2、R_1 放电；另一条经 VD_3、R_6、31b、电机自动复位触点 K_3、K_4、搭铁、稳压管 V_2、R_1 放电。放电瞬间 B 点电压突然降到2.8V，由于 C_1 原有4V电位差，使 C 点电位降为-1.2V，三极管 V_1 的基极电位翻转为低电平，于是三极管截止，切断了继电器线圈的电路，则其常开触点 K_1 又断开，常闭触点 K_2 又闭合，恢复到自然状态时的31b与53e接通，将电阻 R_5、R_6 并联，加速 C_1 放电，为 C_1 的再充电作准备。

随着 C_1 放电时间的增加，C 点电位逐渐升高，当 C 点电位接近 2V 时，三极管又导通，C_1 又恢复为充电状态。

可见，只要刮水器开关置于间歇挡，电源便接入间歇控制器的"I"端子，C_1 就会不间断地充、放电，三极管就会导通、截止反复翻转，使继电器反复接通与断开，如此形成了间歇刮水的工作状态，刮洗时间为 2～4s，间歇时间为 4～6s，直到断开刮水器开关。

7.6.7 电动车窗的组成及结构

一般电动车窗升降系统由主控开关（主开关）、分控开关（门窗开关）及各个门窗的升降器等组成。玻璃的升降运动可以由驾驶员操纵主控开关控制全车的门窗升降，也可以由各车门上设置的分控开关分别操纵各车门玻璃的升降。

(1) 车窗升降器的组成

一般车窗升降器由电动机、减速器、传动机构及拖架等组成。门窗升降器的传动机构有绳轮式和交叉臂式两种，图 7-89 为绳轮式电动车窗升降器，图 7-90 为交叉臂式电动车窗升降器。

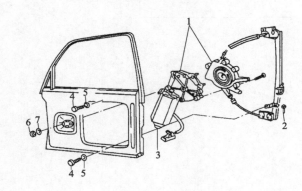 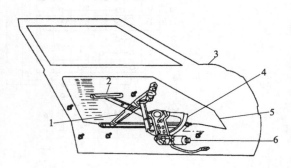

图 7-89　绳轮式电动车窗升降器　　　　　图 7-90　交叉臂式电动车窗升降器
1—升降器总成；2—橡胶缓冲块；3—电动机；　　1—调整杆；2—支架和导轨；3—车门；
4—垫圈；5—六角螺栓；6—六角螺母；　　　　4—驱动齿扇；5—车窗玻璃；6—电动机
7—碟形弹簧垫圈

(2) 各种控制开关

如图 7-91 所示，"主控开关"对全车电动升降车窗系统进行总的操纵，电流是由"主控开关"到各个"分控开关"，为了安全，有些车型在"主控开关"上还设有一个"锁止开关"。当开动"锁止开关"时，便切断各"分控开关"的电路，此时只能用"主控开关"升降各车门窗。有些车型还增加了其他安全措施，只有当点火开关在 RUN 或 ACC 挡时，"分控开关"才能起作用。

(3) 电动机

电动车窗升降系统的电动机，广泛采用的是永磁式电动机，也有一些车型采用双磁场式电动机。

永磁式电动机是通过改变电枢电流的方向，来改变电动机的旋转方向使车窗上升或下降，电动机本身不搭铁，而是到"主控开关"搭铁，见图 7-91。

双磁场式电动机有两个绕向相反的磁场线圈，一个是上升磁场线圈，一个是下降磁场线圈，每次励磁其中一个磁场线圈，电动机的旋转方向是由磁场线圈决定，且电动机本身搭铁，如图 7-92 所示。

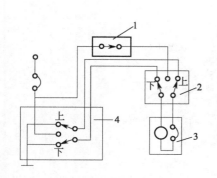 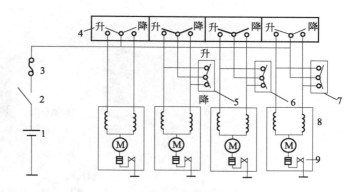

图 7-91 电动车窗的各种开关的控制关系	图 7-92 双磁场式电动机的电动车窗电路图
1—点火开关（或锁止开关）；2—分控开关；3—电动机；4—主控开关	1—蓄电池；2—点火开关；3—熔断器；4—总控制开关；5~7—门开关；8—电动机；9—断电器

（4）断电器

为了防止电动机因超载而烧坏，在电动车窗升降系统的电路中或电动机内，一般要设有一个或多个断电器（又称为断路保护器或过流保护器）。断电器的触点一般是双金属片式结构，当车窗升降系统电路电流过大时，双金属片因温度上升产生翘曲变形而使触点张开，切断电路。当电路断开后，双金属片冷却，变形消失，触点再次闭合，接通电路。

7.7 空调系统的组成与检修

汽车空调系统是对车室内的空气的温度、湿度、流速和清洁度等参数进行调节，使乘员感到舒适；并预防或去除风窗玻璃上的雾、霜和冰雪，保证乘员身体健康和行车安全。空调系统按其功能可分为制冷系统、供暖系统、通风系统、空气净化系统和控制操纵系统五个基本组成部分。

7.7.1 供暖系统

供暖系统是为了冬季取暖和风窗玻璃除霜而设置的。供暖系统一般采用水暖式供热，供暖系统的热源就是发动机的冷却液。供暖系统主要由热交换器、鼓风机、导风管、暖风操纵机构总成等组成。

热交换器与发动机的连接关系如图 7-93 所示。当发动机工作时，冷却液温度逐渐升高，通过水泵的作用，使冷却液在发动机的水套与暖风热交换器之间流动。从发动机流出的冷却液经过进水管进入热交换器，空气在鼓风机作用下通过热交换器，经过热交换后，将热空气送入车内进行取暖和风窗玻璃除霜。通过热交换器的冷却液经回水管被发动机水泵抽回，从而完成一次循环。送风温度则靠风扇速度调节开关和输出空气温度调节开关来调节。

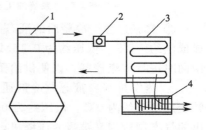

图 7-93 供暖系统工作原理
1—发动机；2—热水阀；3—热交换器；4—鼓风机

7.7.2 制冷系统

（1）制冷系统的组成

如图 7-94 所示，汽车空调制冷系统一般由压缩机、冷凝器、储液干燥器、膨胀阀、蒸发器等组成。各部件之间采用铜管（或铝管）和高压橡胶管连接成一个密闭系统。

（2）制冷系统的工作原理

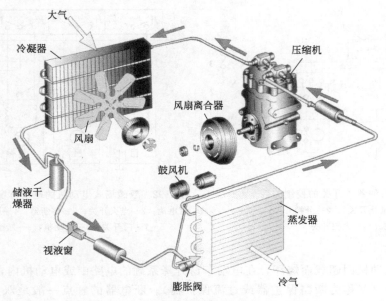

图 7-94 制冷系统的组成

制冷系统的工作原理如图 7-95 所示。制冷系统工作时，制冷剂以不同的状态在这个密闭系统内循环流动，每一循环有四个基本过程。

① 压缩过程　压缩机将蒸发器低压侧温度约为 0℃、气压约 0.15MPa 的低温低压气态制冷剂增压成高温为 70～80℃、高压约 1.5MPa 的气态制冷剂。高压高温的过热制冷剂气体被送往冷凝器冷却降温。

② 冷凝过程　过热气态制冷剂进入冷凝器，散热冷凝为液态制冷剂，使制冷剂的状态发生变化。冷凝过程的后期，制冷剂呈中温，气压为 1.0～1.2MPa 的过冷液体。

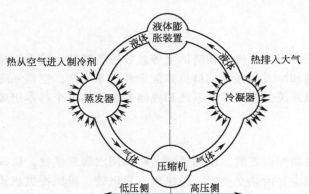

图 7-95 制冷系统的工作原理

③ 膨胀过程　冷凝后的液态制冷剂经过膨胀阀后体积变大，其压力和温度急剧下降，变成低温约-5℃、低压约为 0.15MPa 的湿蒸气，以便进入蒸发器中迅速吸热蒸发。在膨胀过程中同时进行节流控制，以便供给蒸发器所需的制冷剂，从而达到控制温度的目的。

④ 蒸发过程　液态制冷剂通过膨胀阀变为低温低压的湿蒸气，流经蒸发器不断吸热汽化转变成低温约为 0℃、低压约 0.15MPa 的气态制冷剂，吸收车内空气的热量。从蒸发器流出的气态制冷剂又被吸入压缩机，增压后泵入冷凝器冷凝，进行制冷循环。

制冷循环就是利用有限的制冷剂在封闭的制冷系统中，反复地将制冷剂压缩、冷凝、膨胀、蒸发，不断在蒸发器中吸热汽化，在鼓风机的作用下对车内空气进行制冷降温。

在制冷系统关闭的情况下，系统内的制冷剂不再循环，所以压缩机前后管路内的制冷剂压力相等，温度也相等。

7.7.3　过热开关

过热开关是一种温度-压力感应开关，一般安装在压缩机缸体内，其结构如图 7-96 所示。当系统在高温高压状态或是低压低温状态下,此开关保持常开;当系统处在高温低压或是低温高压时,此开关闭合。系统的高温低压状态通常是在缺少制冷时出现的,此时,如果压缩机继续运转,将会因缺少润滑而过热损坏。过热开关其功能是防止制冷系统过热,保护压缩机。

如图7-97所示,过热开关与热力熔断器配合使用。热力熔断器由温度感应熔断丝、绕线式电阻加热器组成。热力熔断器串联于电磁离合器的电路中,电磁离合器的电路为:蓄电池→点火开关→空调开关→环境温度开关→热力熔断器(温度感应熔断丝)→电磁离合器→搭铁→蓄电池。当过热开关闭合时,通向电磁离合器的电流通过热力熔断器中的加热器,使加热器温度升高,直到把熔断器熔化,这样电磁离合器电路中断,压缩机停止运转。

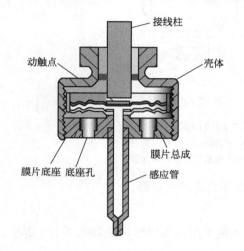

图7-96 过热开关的结构

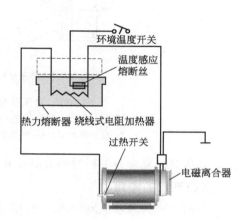

图7-97 过热开关与热力熔断器的电路

当熔断器断路时,一定仔细检查制冷剂是否泄漏。否则接好熔断丝后,很快又会烧断。

7.7.4 压力开关

压力开关又称为制冷系统的压力继电器,安装在制冷系统的高压管路上(一般安装在储液干燥器上),其功用是当制冷系统工作压力异常(过高或过低)时,自动切断电磁离合器线圈电路,使压缩机停止运转或接通冷凝风扇高速挡使冷凝风扇高速运转,从而防止制冷系统压力过高或过低而损坏压缩机和制冷部件。

压力开关分为高压开关、低压开关和高、低压双向复合开关三种。高压开关又分为触点常闭型和触点常开型两种,其结构与外形如图7-98所示。

触点常闭型压力开关的结构如图7-98(a)所示,其常闭触点串联在空调压缩机电磁离合器线圈电路中,当制冷系统压力升高到一定值时,作用在膜片上的制冷剂压力推动推杆使触点断开,切断电磁离合器线圈电路,从而使压缩机停止运转,避免制冷剂压力进一步升高而损坏压缩机或制冷部件。当高压管路的压力恢复正常值时,触点在复位弹簧作用下恢复闭合状态,压缩机又可正常工作。触点常闭型压力开关触点的断开压力和(恢复)闭合压力依车而异,断开压力一般为2.1~3.5MPa,(恢复)闭合压力一般为1.6~1.9MPa。

触点常开型压力开关的功用是当制冷系统压力升高到一定值时,接通冷凝风扇高速挡电路高速运转,增强冷凝器的散热效果,降低制冷剂温度与压力。

低压开关又称为制冷剂泄漏检测开关,其触点为常闭触点,并与空调压缩机电磁离合器线圈电路串联。低压开关的功用是在制冷系统严重缺少制冷剂,导致高压侧压力低于一定值(一般为0.2MPa)时,触点断开切断电磁离合器线圈电路使压缩机无法运转,防止压缩机在没有润滑保障的情况下运转而损坏。因为车用小型压缩机是靠制冷剂将润滑油带入各润滑部位进行润滑。

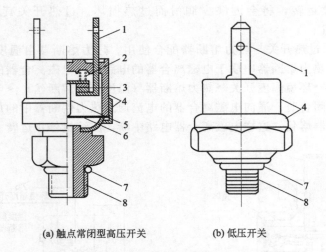

图 7-98　高压开关和低压开关的结构及外形
1—接线端子；2—复位弹簧；3—触点；4—壳体；5—推杆；6—膜片；7—O形密封圈；8—螺纹安装接头（与制冷系统高压管路连接）

高、低压双向复合开关同时具有高压开关和低压开关的双重功能。

7.7.5　空调系统的电路

汽车空调系统的基本电路如图 7-99 所示，柴油载货车空调系统的电路如图 7-100 所示。

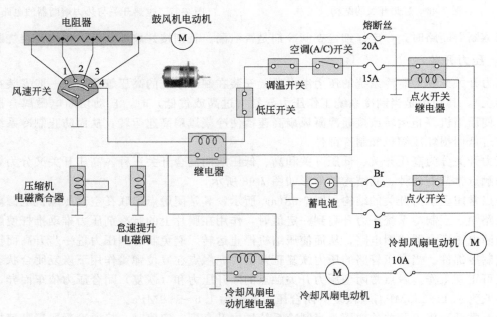

图 7-99　汽车空调系统的基本电路

7.7.6　大中型货车空调系统主要部件的布置形式

货车空调系统主要部件的布置形式分为顶置式和内置式两种类型。如图 7-101 所示为顶置式空调系统布置形式，如图 7-102 所示为内置式空调系统布置形式，如图 7-103 所示为空调工

第 7 章 电气系统的结构与检修

作时空气流动情况。

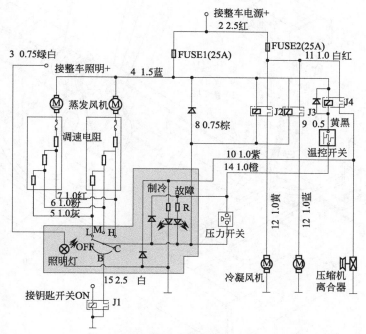

图 7-100 柴油载货车空调系统的电路

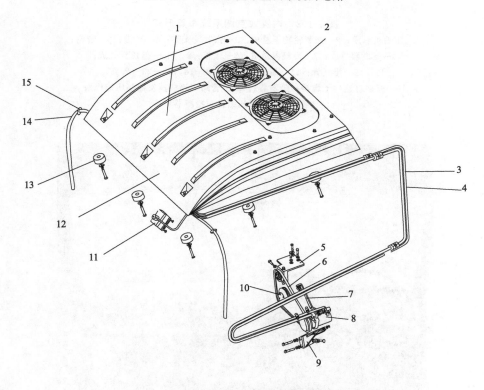

图 7-101 顶置式空调系统布置形式

1—蒸发器区；2—冷凝器区；3—压缩机高管路；4—压缩机低管路；5—张紧轮总成；6—V 带；7—支撑臂；8—压缩机总成；9—压缩机支架总成；10—带轮；11—控制面板（驾驶室内）；12—蒸发器和冷凝器顶置机总成；13—垫块；14—排水管；15—护套

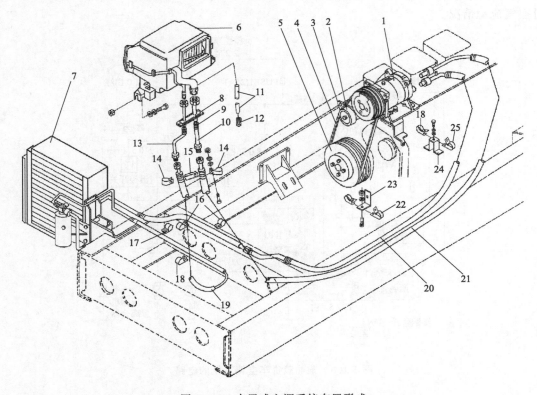

图 7-102 内置式空调系统布置形式

1—压缩机总成；2—张紧轮轮子总成；3—张紧轮支架；4—V 带；5—带轮；
6—蒸发器总成；7—冷凝器总成；8—盖板；9，10—低压管总成；
11，12—排气管；13—高压管总成；14~18，22~25—管夹；
19—管路（连接干燥器和蒸发器）；20—管路（连接蒸发器与压缩机）；
21—管路（连接压缩机与冷凝器）

图 7-103 大中型货车空调工作时的空气流动情况

7.7.7 汽车空调不供暖或暖气不足故障诊断与排除

（1）故障现象

打开汽车空调时，空调不供暖或供应的暖气不足。

（2）故障原因

① 鼓风机损坏。
② 鼓风机继电器、电阻器损坏。
③ 真空驱动器损坏。
④ 热风管道堵塞或漏风。
⑤ 冷却液管堵塞。
⑥ 加热器积垢堵塞。
⑦ 热水开关或真空驱动器失效。

（3）故障诊断与排除

① 查看热风管道是否堵塞或管道是否破裂漏风，视情况予以检修。
② 查看冷却液管是否堵塞并予以排除。
③ 检查加热器是否积垢太多并清理。
④ 用万用表检查继电器、调温电阻器，是否断路、短路并予以排除。
⑤ 检查真空驱动器，如损坏，应更换。
⑥ 用万用表检查鼓风机，查看鼓风机线圈是否断路或短路。如损坏，应检修。
⑦ 检查热水开关或真空驱动器是否失效并检修更换。

7.7.8 汽车空调的调节控制功能失效故障诊断与排除

（1）故障现象

汽车空调的调节控制功能失效。

（2）故障原因

① 熔断器断路或开关接触不良。
② 鼓风机调速电路失效。
③ 操纵开关不灵活。
④ 真空泄漏。

（3）故障诊断与排除

① 首先检查操纵开关是否灵活并调整检修。
② 检查熔断器是否烧坏，检查开关是否接触不良。
③ 检查鼓风机调速电路是否失效并更换调速模块或调速电阻。
④ 检查真空系统管路和驱动器是否泄漏并检修。

7.8 全车线路

7.8.1 汽车电路的组成

为了使汽车的电器设备工作，应按照它们各自的工作特性及相互间的内在联系，用导线和车体把电源、电路保护装置、控制器件及用电设备等装置连接起来，构成能使电流流通的路径，这种路径称为汽车电路。由于汽车上的电路主要是导线连接的，因此汽车电路又称为汽车线路。

（1）电源

汽车上装有两个电源，即蓄电池和发电机。其功能是保证汽车各用电设备在不同情况下都能投入正常工作。

(2) 电路保护装置

电路保护装置主要有熔断器（俗称保险丝）、电路断电器及易熔线等种类，其功能是在电路中起保护作用。当电路中流过超过规定的电流时，切断电路，防止烧坏电路连接导线和用电设备，并把故障限制在最小范围内。

(3) 控制器件

除了传统的各种手动开关、压力开关、温控开关外，现代汽车还大量使用电子控制器件，包括简单的电子模块（如电子式电压调节器等）和微电脑形式的电子控制单元（如发动机电控单元、自动变速器电控单元等）。电子控制器件和传统开关在电路上的主要区别是电子控制器件需要单独的工作电源及需要配用各种形式的传感器。

(4) 用电设备

包括电动机、电磁阀、灯泡、仪表、各种电子控制器件和部分传感器等。

(5) 导线

导线用于将以上各种装置连接起来构成电路。此外，汽车上通常用车体代替部分从用电器返回电源的导线。

7.8.2 汽车电路图的识读过程

电路原理图、布线图和线束图三种形式汽车电路图仅仅是对目前各种汽车电路图从表达方式上的简单归纳。由于各国各汽车厂商电路图绘制的技术标准、文字标注上的差异，使得各国各大汽车厂家在电路图的绘制、连接关系的表达、表示符号和文字标注等方面不尽相同，特别是各种进口汽车（含国产化进口车型）的一些图形符号还很不一致，有时候难以说清楚是布线图还是原理图或线束图。虽然不同汽车电路图的绘制风格各不相同，给识读带来许多不便，但是汽车电气系统的基本工作原理是相通的，因而，识读汽车电路图也不是毫无章法、全无规律的，仍然存在一些通用技巧和经验可以遵循。

(1) 基础入手

从电工电子等基础知识开始学习，掌握直流、交流电路的基础知识。了解蓄电池、启动机、发电机及其调节器、继电器、开关等部件的基本原理，然后掌握电源电路、启动电路、灯光照明电路等单元电路的工作情况。

(2) 寻求共性

汽车电路的组成与特点、各种汽车电路图的绘制方式和特点、汽车电路的连接原则等均属于汽车电路的共性，是识读汽车电路图的基础。以这些共性为指导，了解各种型号的汽车电路，又可以发现更多的共性以及各种车型之间的差异。

(3) 区分差异

各国各汽车厂商汽车电路图图形符号、标注差异较大，画法也不相同，在识读时应注意区分，寻找它们各自电路的特点和相互间的差异。特别对于容易混淆的部分，更应注意区分。

(4) 循序渐进

从识读电源电路、启动电路、点火电路、灯光照明、仪表电路、信号电路、刮水洗涤电路、等传统基础单元电路入手，逐渐识读电子控制电路；这样由简到繁，整理归纳，比较提高。

(5) 举一反三

目前，国内汽车保有量逐年增加，品牌日趋多样，想要识读全所有车型种类的汽车电路图极不现实，也大可不必。许多车型汽车电路原理图，很多部分都是类似或相近的，这样，只要突破一两种车型，举一反三，对照比较，触类旁通。

(6) 化整为零

有的汽车电路图上线条密集交错，易使识读分析出错，有条件的话，可尝试参考有关资料和实物把原车线路图按系统改画成不同的单元电路原理图。对于整车电路图的识读分析，亦可仿照上述方法化整为零，化全车整体图为系统部分图以方便识读。对于各个系统单元电路图同样可以采取各个击破的办法进行识读。例如电子控制系统电路，就可以分成发动机电子控制系统、自动变速器电子控制系统、制动防抱死电子控制系统等电路；发动机电子控制系统又可以分为燃油喷射控制、点火控制、排放控制等不同电路逐一进行阅读分析；同时，还应注意各系统单元电路之间的相互关系和相互影响，以便合零为整。

(7) 先易后难

有些汽车电路图的某些局部电路，或局部电路中的某些部分，可能比较复杂，一时难以看懂，可以暂时不顾及，待其他局部电路都看懂后，再来进一步识读这部分电路。

(8) 寻找资料

由于新的电气设备不断地出现和应用在汽车上，汽车电路图的变化很大，因此，对于看不懂的电路要善于请教有关人员，还要善于查找收集相关资料，注意深入研究典型汽车电路，特别要注意实际工作经验的积累。

熟练掌握汽车专业英语，据此可快速判定一些进口车型电路图中的接线端子上的缩略语的含义，便于全面快捷地理解电器工作原理。这也是目前困扰广大汽车检修人员的一个难题，许多教材、专业书籍中都存在着一些缩略语无明确解释的情况，影响读者识图。

7.8.3 汽车电路原理图的识读方法

汽车电路原理图只表明组成汽车电路的各个电气设备的工作原理，如电流走向、流过电器装置的顺序等，图上的导线只表明各电气设备及其间的相互联系，而不代表实际安装位置。

识读汽车电路原理图的一般步骤如下。

(1) 了解电路原理图整体布局

汽车电路原理图中电气装置的布置顺序从左到右、从上到下：供电电源（特别是蓄电池）在左，用电器在右，各局部电路尽量画在一起；"火线"在上，搭铁线在下；并且在图的上方，有一个说明条框，说明每一部分电路的功能。在局部电路的原理图中，信号输入端（或控制端）在左，信号输出端（或驱动端）在右；"火线"在上，搭铁线在下。

(2) 寻找主干电路

汽车电路以点火开关为中心将全车电路分成几条主干电路，即：30号线、15号线、15A号线、31号线。

① 30号线 30号线又称为蓄电池火线，即从蓄电池正极直接引出或从蓄电池正极引出后通过熔断器盒的导线，也有汽车的蓄电池火线接到启动机"30"接线端子上，再从那里引出导线。

② 15号线 只有点火开关在ON（工作）和ST（启动）挡才有电的导线称为15号线。这些电路主要包括点火电路系统（柴油车为断油电磁阀电路）、发电机的磁场电路、仪表电路等。

③ 15A号线 用于发动机不工作时需要接入的电器，如收放机、点烟器等。点火开关单独设置一挡予以供电，此挡即为点火开关的ACC挡。但发动机运行时收音机等仍需接入与点火仪表指示灯等同时工作，所以点火开关触刀与触点的接触结构要作特殊设计。

④ 31号线 汽车各种电器部件的搭铁线在电路原理图中一般用31号线表示。

(3) 认真读几遍图注

图注说明汽车所有电气设备的名称及其数码代号，通过读图注可初步了解该汽车都装配了哪些电气设备。然后通过电气设备的数码代号在电路图中找出该电气设备，再进一步找出相互联线、控制关系。这样就可以了解汽车电路的特点和构成。

(4) 牢记电器图形符号

汽车电路图是利用电气图形符号来表示其构成和工作原理的。因此必须了解电气图形符号的含义，才能看懂电路图。

(5) 熟记电器部件接线端子的标记符号

为了便于绘制和识读汽车电器电路图，有些电器装置或其接线柱等上面都赋予不同的标志代号。例如，接至电源端接线端子用"B"或"+"表示；接至点火开关的接线端子用"SW"表示；接至启动机的接线端子用"S"表示；接至各种灯具的接线端子用"L"表示；发电机中性点接线端子用"N"表示；发电机磁场接线端子用"F"表示，励磁电压输出端接线端子用"D+"表示；发电机电枢输出端接线端子用"B+"表示等。

另外，任何电路工作都需要电源（蓄电池或发电机），若分析每部分电路都将电源电路画出，显得很繁琐，也没有必要。但又要表示出该电路工作时电源来自何方，为此将各用电设备的供电电源用符号表示。

(6) 要牢记回路原则

任何一个完整的电路都是由电源、开关、用电设备、导线等组成。电流流向必须从电源正极出发，经过熔断丝、开关、导线等到达用电设备，再经过导线（或搭铁）回到电源负极，才能构成回路。这样的电路才是正确的，否则就是读错了或查错了。具体方法可以沿着工作电流的流向，由电源查明用电设备；也可逆着工作电流的方向，由用电设备查向电源。尤其是查寻一些不太熟悉的电路，后者比前者更为方便。

在上述查找过程中，要特别注意以下两点。

① 从电源正极出发，经某用电器（或再经其他用电器），最后又回到同一电源的正极，由于电源的电位差（电压）仅存在于电源的正负极之间，电源的同一电极是等电位的，没有电压。这种"从正到正"的途径是不会产生电流的。

② 在汽车电路中，发电机和蓄电池都是电源，在寻找回路时，不能混为一谈，不能从一个电源的正极出发，经过若干用电设备后，回到另一个电源的负极，这种做法，不会构成一个真正的通路，也不会产生电流。所以必须强调，回路是指从一个电源的正极出发，经过用电器，回到同一电源的负极。

(7) 牢记搭铁极性

我国和世界各国都规定了汽车电器电路为负极搭铁。过去曾经有采用正极搭铁的汽车，但这类车型已很旧，现在已很少见到。

(8) 注意开关在电路中的作用

对多层多挡多接线柱的开关要按层、按挡位、按接线柱逐级分析其各层各挡的功能。有的用电装置受两个以上单挡开关（或继电器）的控制，有的受两个以上多挡开关的控制，其工作状态可能比较复杂，如间歇刮水器电路。当开关接线柱较多时，首先抓住从电源来的一两个接线柱，再逐个分析与其他各接线柱相连的用电装置处于何种挡位，从而找出控制关系。

对于组合开关，在线路图中是画在一起的，而在电路原理图中又按其功能画在各自的局部电路中，遇到这种情况必须仔细研究识读。因此，建议在电路图中的组合开关采用一个数码代号，而各个开关用英文下标加以区别；或者用英文符号代表组合开关，而各个开关用数码下标加以区别。在读电路图和车上查线时又要注意它们只是组合开关中的一部分。

读图时应注意与开关有关的 5 个问题。

① 在开关的许多接线端子中，注意哪些是接直通电源的？哪些是接用电器的？接线端子是否有接线符号？这些符号是否常见？

② 开关共有几个挡位？在每个挡位中，哪些接线端子通电？哪些断电？

③ 蓄电池或发电机的电流是通过什么路径到达这个开关的？中间是否经过别的开关和熔断器？这个开关是手动的还是电控的？

④ 各个开关分别控制哪个用电器？被控用电器的作用和功能是什么？

⑤ 在被控的用电器中，哪些电器处于常通？哪些电路处于短暂接通？哪些应先接通，哪些应后接通？哪些应单独工作？哪些应同时工作？哪些电器允许同时接通？

（9）注意开关、继电器的初始状态

在电路图中，各种开关、继电器都是按初始位置画出的，如按钮未按下，开关未接通，继电器线圈未通电，其触点未闭合（常开触点）或未打开（常闭触点），这种状态称原始状态。但看图时，不能完全按原始状态分析，否则很难理解电路所表达的工作原理，因为大多数用电设备都是通过开关、按钮、继电器触点的变化而改变回路的，进而实现不同的电路功能。所以，必须进行工作状态的分析。例如，刮水器就是通过刮水开关挡位的变化来实现间歇、低速、高速刮水功能的，分析电路时，必须把三种工作状态的电路走通。

（10）注意电器装置在电路图中的布置

在电气系统中，有大量电器装置是驱动部分和被驱动部分采用机械连接的，如各种继电器，还有多层多挡组合开关。这些电器装置在电路图上表示时，应做到使画面既简单、又便于识图，可采用集中表示法或分开表示法。

随着汽车电路日趋复杂，一个电气装置有较多的组成部分（如组合开关），若集中画在一起，则易引起线条往返和交叉线过多，造成识图困难。再如继电器的线圈、触点，有时绘制在一起，也易引起线条往返和交叉线过多，造成识图困难。这时宜采取分开表示法，即把继电器的线圈、触点分别画在不同的电路中，用同一文字符号或数字符号将分开部分联系起来。

（11）注意各局部电路之间的内在联系和相互关系

汽车全车电路基本上由电源电路、充电电路、点火电路、启动电路、照明电路、辅助电器设备电路等单元电路组成。从整车电路来讲，各局部电路除电源电路公用外，其他单元电路都是相对独立的，但它们之间也存在着内在联系和相互影响。如启动发动机时，由于启动机瞬间电流很大，导致蓄电池内阻压降增大，其输出电压降低，因而影响其他电路的正常工作。再如发电机输出电压过高，又会造成分电器白金触点烧蚀、灯泡烧坏等。因此，识图时，不但要熟悉各局部电路的组成、特点、工作过程和电流流经的路径、来龙去脉，而且还要了解各局部电路之间的联系和相互影响。这是掌握汽车电路的一个重要环节，也是实现准确判断和迅速找出故障部位、排除故障的必要条件。

（12）浏览全图框画各个系统

要读懂汽车电路图，首先必须掌握组成电路的各个电器元件的基本功能和电器特性。在大概掌握全图的基本原理的基础上，再把一个个单独的电器系统框出来（或画出来），这样就容易抓住每一部分的主要功能及特性。

在框画各个系统时，应注意既不能漏掉各个系统中的组件，也不能多框画其他系统的组件，一般规律是：各电器系统只有电源和总开关是公共的，其他任何一个系统都应是一个完整的独立的电器回路，即包括电源、开关（保险）、电器（或电子线路）、导线等。并从电源的正极经导线、开关、保险丝至电器后搭铁，最后回到电源负极，否则所框出的系统图就不正确。

7.8.4 汽车线路常见故障

线路常见故障包括断路、短路、漏电以及接线松脱、潮湿及腐蚀等导致的接触不良或绝缘不良等。

断路：电源到负载的电路中某一点中断时，电流不通，导致灯不亮、电动机停转。这种故障被称为断路。断路一般由导线折断、导线连接端松脱或接触不良等原因所造成。

短路：电源正、负极的两根导线直接接通，使电器部件不能工作，导线发热或线路中的熔断器烧断。造成短路的原因有：导线绝缘破坏，并相互接触造成短路，开关、接线盒、灯座等外接线螺钉松脱，造成和线头相碰；接线时不慎，使两线头相碰；导线头碰触金属部分等。

漏电：漏电现象使耗电量增大，电线发热。漏电原因是电气设备绝缘不良、导线破坏、绝缘老化、破裂、受潮等。

7.8.5 基本测量技术

（1）电压的测量

如图 7-104（a）所示。测量时，将万用表置于直流电压挡适当的量程上，将两个测试表笔以并联方式与被测元器件（或电路）相接，同时观察表针的摆动方向。

正向摆动（接法正确），即可读出测量数值；若反向摆动（接法不对），立即交换两个测试棒的接法后再读数。

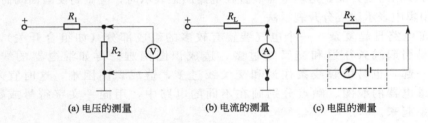

(a) 电压的测量　　(b) 电流的测量　　(c) 电阻的测量

图 7-104　基本电量的测量

（2）电流的测量

如图 7-104（b）所示，将万用表置于直流电流挡合适的量程，并将表以串联的方式与被测电路相接。选择量程时应从大到小试选，否则会损坏表头。

（3）电阻的测量

如图 7-104（c）所示。将万用表置于电阻（Ω）挡，此时表头与表内的电池串联，如图中的虚线框所示。注意：由于测量时表内电池的电压有所变化，所以每一次都需将两个表笔短接进行效零。

7.8.6 汽车电路基本检修方法

（1）导线的检修

当导线损坏需要检修时，必须按照线路图的要求使用正确量具，替代导线的截面积不得小于原导线的规格。如图 7-105 所示，连接断开导线的具体步骤如下。

① 拆下蓄电池的负极电缆。

② 将一个热缩管套在导线一端，热缩管的长度应足以密封维修线段。

③ 将导线端头的绝缘层剥去 2.00cm。

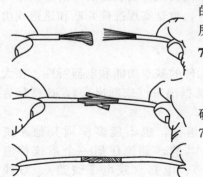

图 7-105　导线的检修

④ 将导线的芯线分开,然后把两根导线扭在一起。
⑤ 将一个热缩管移至维修段,加以热封。
导线检修完毕,必须固定到位,以免损坏导线的绝缘层。

(2) 插接器的检修

在检查线路的电压或导通情况时,不必脱开插接器,只用万用表两表针插入插接器尾部的线孔内进行检查即可。

① 普通插接器的检修　修理中如需要更换导线或取下插接器接线端子,应先把插头、插座分开,用专用工具(或小螺丝刀)插入插头或插座的尾部的线孔内,撬起电线锁紧凸缘,并将电线从后端拉出。安装时,将导线头推入,直至接线端子被锁住为止,然后向后拉动导线,以确认是否锁紧。

② 带锁定楔插接器的检修

a. 如图 7-106 所示,用尖嘴钳直接拔出锁定楔。

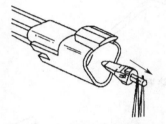 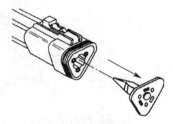

(a) 拔出插孔式连接器的锁定楔　　(b) 拔出插头式连接器的锁定楔

图 7-106　锁定楔的拆卸

b. 如图 7-107 所示,用专用工具将锁片从触针上移开,松开锁片,拉出导线。
c. 如图 7-108 所示,截取 127mm 长的导线及触针,剥去 6mm 绝缘层。

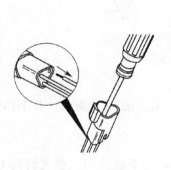 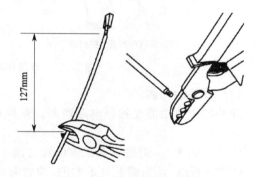

图 7-107　拆下导线　　　　　　图 7-108　截取导线和触针

d. 如图 7-109 所示,把裸线伸入对接式连接器中,用压线钳将导线压紧。
e. 如图 7-110 所示,将热缩管套入导线的维修处,用热风枪加热收缩热缩管。
f. 如图 7-111 所示,将导线和触针重新装入插接器,并把锁定楔安装到位。

7.8.7　各种开关的检测

(1) 开关的形式

汽车上的开关主要有手动开关、压力开关、温控开关等多种形式,其手动开关主要有点火开关、照明灯开关、信号灯开关及各控制面板与驾驶座附近的按键式开关及组合式开关等。

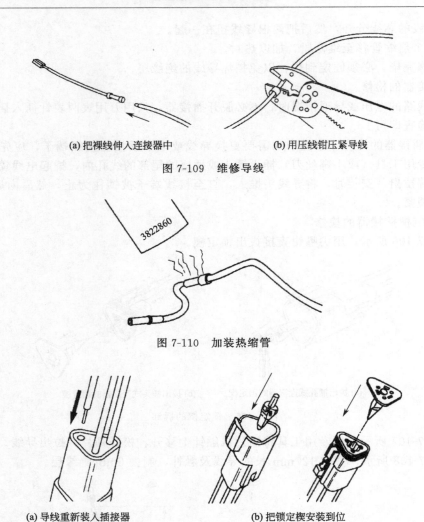

(a) 把裸线伸入连接器中　　(b) 用压线钳压紧导线

图 7-109　维修导线

图 7-110　加装热缩管

(a) 导线重新装入插接器　　(b) 把锁定楔安装到位

图 7-111　将导线和锁定楔重新装入插接器

(2) 开关的功能

开关的主要功能是控制电路通断。东风载货车点火开关如图7-112所示，各个挡位的功能如下：

KEY（钥匙）：钥匙只能在该位置上插入和拔出。

OFF（断路）：当钥匙处于 OFF 位置时整车电源断开，将钥匙从 ON 位置转到 OFF 位置时，发动机停止运转。

ACC（附属部件）：当发动机不运转时，要使用附件（如刮水器）时把钥匙拧到 ACC 位置上，当把钥匙从 ON 拧到 ACC 位置时，发动机停止运转。

ON（接通）：钥匙拧到 ON 位置时，发动机启动后就会正常运转。运行时切勿将钥匙拧到其他位置。

START（启动）：把钥匙拧到 START 位置可启动发动机。手松开后，钥匙就会自动弹回到 ON 的位置。

(3) 开关的检测

点火开关每个挡位与接线端子的导通情况如图 7-113 所示。将开关置于不同的挡位，用万用表电阻挡检测相应接线端子的导通情况，即可判断开关的好坏。

图 7-112 点火开关

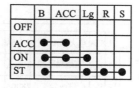

图 7-113 点火开关每个挡位与接线端子的导通情况

7.8.8 汽车用导线的选择

导线截面积主要根据其工作电流大小进行选择。其选择的原则是：长时间工作的电器设备可选用实际载流量60%的导线；短时间工作的用电设备可选用实际载流量60%～100%之间的导线。但是对于一些工作电流很少的电器，为保证导线具有一定的机械强度，汽车电系中所用导线截面积至少不得小于0.5mm²。各种低压导线截面积所允许的负载电流列于表7-2中。

表 7-2 低压导线截面积允许的负载电流值

导线标称截面积/mm²	0.5	0.8	1.0	1.5	2.5	4.0	6.0	10	16	25	35	50
允许电流值/A(60%)	7.5	9.6	11.4	14.4	19.2	25.2	33	45	63	82.8	102	129
允许电流值/A(100%)	12.5	16	19	24	32	42	55	75	105	138	170	215

所谓标称截面积是经过换算而统一规定的线心截面积，不是实际线心的几何面积，也不是各股线心几何面积之和。

由于启动机是短期工作，为了保证启动机正常工作时能发出足够的功率，要求在线路上每100A的电流所产生的电压降，不能超过0.1～0.15V，因此，所用导线截面积较大。

7.8.9 线束的安装与维修

在汽车上，为了安装方便和保护导线不被水、油侵蚀和磨损，汽车导线除高压线和蓄电池导线外，都用绝缘材料如薄聚氯乙烯带缠绕包扎成束，称为线束。

(1) 安装汽车线束时注意事项

① 线束应用卡簧和绊钉固定，以免松动磨坏。

② 线束在拐弯处或有发生相对移动的部件不应拉得太紧。

③ 在穿过洞口和绕过锐角处，应用橡胶、毛毡类垫子或套管保护，使其不被磨损而造成搭铁、短路甚至酿成火灾等危险。

④ 各个接线端子必须连接可靠、接触良好。

(2) 维修线束时应注意的问题

汽车线束在长期的使用过程中，由于水、油的浸蚀以及磨损，容易使其外面的包皮损坏或导线折断，这就需要重新更换导线、包扎线束。

7.8.10 熔断器及继电器盒

汽车一般均设有一个或两个熔断器及继电器盒，汽车电气系统以熔断器及继电器盒为核心进行控制。如图 7-114、图 7-115 所示为东风天锦熔断器及继电器盒。在配电盒上贴有标签，标识各个熔断器或继电器的名称、功用及容量，当产生故障时，便于更换和检修。

注意：图中点火锁又称为点火开关；保险丝又称为熔断器。

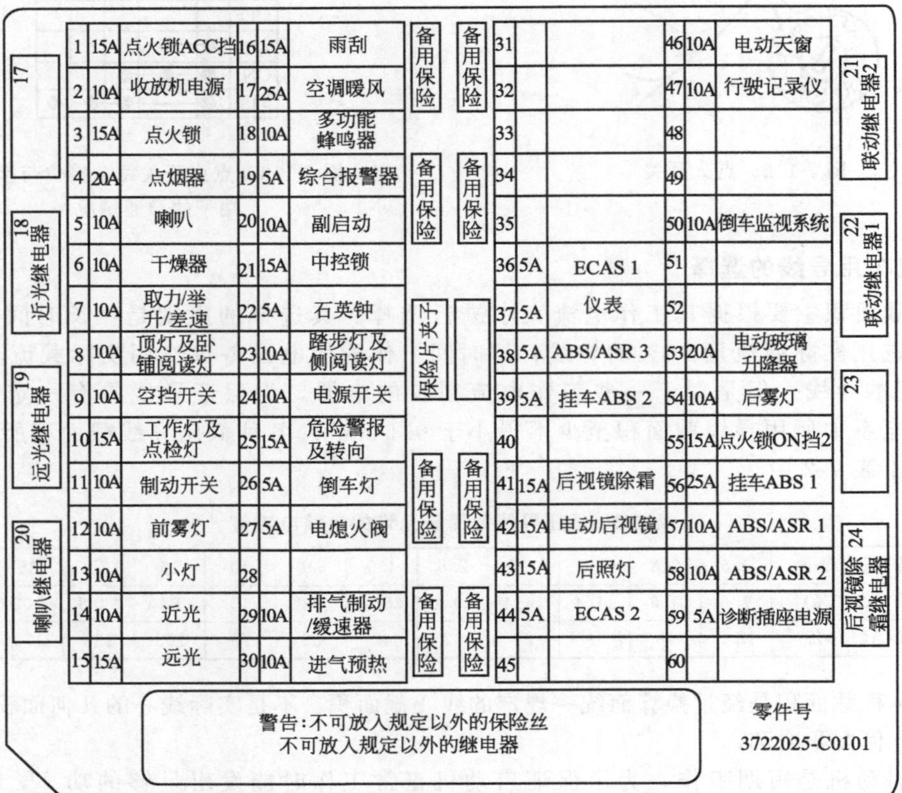

位置		名称	位置		名称		位置		名称	位置		名称	
17	1	15A	点火锁ACC挡	16	15A	雨刮	备用保险	备用保险	31			46	10A	电动天窗	21 联动继电器2
	2	10A	收放机电源	17	25A	空调暖风			32			47	10A	行驶记录仪	
	3	15A	点火锁	18	10A	多功能蜂鸣器			33			48			
	4	20A	点烟器	19	5A	综合报警器			34			49			
18 近光继电器	5	10A	喇叭	20	10A	副启动			35			50	10A	倒车监视系统	22 联动继电器1
	6	10A	干燥器	21	15A	中控锁	保险片夹子		36	5A	ECAS 1	51			
	7	10A	取力/举升/差速	22	5A	石英钟			37	5A	仪表	52			
	8	10A	顶灯及卧铺阅读灯	23	10A	踏步灯及侧阅读灯			38	5A	ABS/ASR 3	53	20A	电动玻璃升降器	
19 远光继电器	9	10A	空挡开关	24	10A	电源开关			39	5A	挂车ABS 2	54	10A	后雾灯	23
	10	15A	工作灯及点检灯	25	15A	危险警报及转向			40			55	15A	点火锁ON挡2	
	11	10A	制动开关	26	5A	倒车灯	备用保险	备用保险	41	15A	后视镜除霜	56	25A	挂车ABS 1	
20 喇叭继电器	12	10A	前雾灯	27	5A	电熄火阀			42	15A	电动后视镜	57	10A	ABS/ASR 1	24 后视镜除雾继电器
	13	10A	小灯	28					43	15A	后照灯	58	10A	ABS/ASR 2	
	14	10A	近光	29	10A	排气制动/缓速器	备用保险	备用保险	44	5A	ECAS 2	59	5A	诊断插座电源	
	15	15A	远光	30	10A	进气预热			45			60			

警告：不可放入规定以外的保险丝
不可放入规定以外的继电器

零件号 3722025-C0101

图 7-114 东风天锦熔断器及继电器盒

位置	名称	适用
1	点火锁ON挡继电器1	
2	点火锁ON挡继电器2	
3	制动灯继电器	
4	ACC挡继电器	
5	喇叭继电器	
6	制动继电器	
7	雨刮继电器	
8	空调继电器	
9	远光继电器	
10	近光继电器	
11	小灯继电器	
12	后雾灯继电器	

警告：不可放入规定以外的继电器。

1	2	3	4
5	6	7	8
9	10	11	12

零件号 3735105-C1100

继电器盒标签

图 7-115 东风天锦继电器盒

第 7 章　电气系统的结构与检修

如图 7-116 所示，熔断器用于对局部电路进行保护。熔断器熔断后，一般用观察法便可发现。对于较隐蔽的故障，可用万用表或试灯进行检查。熔断器更换时，应注意以下几点。

① 熔断器熔断后，必须找到电路故障的真正原因，彻底排除故障隐患。

② 更换熔断器时，应使用原规格的熔断器，不可随意加大熔断器的容量。

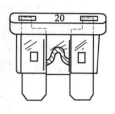

图 7-116　熔断器

③ 在汽车增加用电设备时，不要随意改用容量大的熔断器。对于这种情况，最好另安装熔断器。

④ 熔断器支架与熔断器接触不良会产生发热现象。应注意检查熔断器支架有无脏污和氧化物，如有，则必须用细砂纸打磨光，使其接触良好。

7.8.11　继电器的连接与检测

(1) 继电器的连接

继电器的连接方式有接柱式和插接式两种。接柱式继电器触点容量可做得较大，在东风载货车的启动电路、进气预热电路很常见，一般单独安装。插接式继电器因安装方便、体积较小，一般集中安装在熔断器及继电器盒内。几种插接式继电器的内部结构和接线端子排列方式见表 7-3。

表 7-3　插接式继电器的内部结构和安装示意图

外　形	电　路	接　线　端　子
（图）	86—87 87a / 85—30	87 / 86 87a 85 / 30
（图）	86—87 / 85—30	87 / 86 85 / 30

(2) 继电器的检测

① 检测电阻　可用万用表电阻挡判断继电器的好坏。用万用表 $R\times100\Omega$ 挡检查接线端子 85 脚与 86 脚、30 脚与 87a 脚应导通，而接线端子 30 脚与 87 脚间电阻应为 ∞。如检测结果与上述情况不符，说明继电器有故障。

② 通电检测　如果上述检查无问题，可在接线端子 85 与 86 脚间施加 24V 供电，用万用表检查 30 脚与 87 脚应导通，而接线端子 30 脚与 87a 脚应不通。如检测结果与上述情况不符，或通电后继电器发热，均说明其已损坏。

7.8.12　易熔线的更换

易熔线是一种截面一定的、可长时间通过额定电流的合金导线，用于保护总体线路或较重要电路。当用电设备或线路发生短路或过载时，切断电源电路，以免电源、用电设备和线路损坏。易熔线熔断后必须更换，其具体更换步骤如下。

① 拆下蓄电池的负极电缆。
② 拆下旧易熔线。
③ 在导线侧割断损坏的易熔线接头。
④ 如图 7-117 所示，将原规格新易熔线按要求连接好。

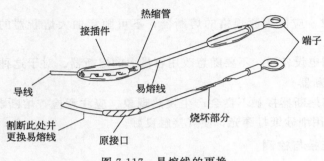

图 7-117 易熔线的更换

第 8 章　汽车电子控制系统的结构与检修

8.1　汽车电子控制系统的组成与分类

　　汽车电子控制系统的功用是提高汽车的整体性能，包括动力性、经济性、安全性、舒适性、操纵性、通过性以及排放性能等。虽然汽车车型不同、挡次不同，采用电子控制系统的功能和多少也不尽相同，但是，汽车电子控制系统基本结构如图 8-1 所示，都是由传感器（传感元件）与开关信号、电控单元 ECU（Electronic Control Unit）和执行器（执行元件）三部分组成，这是电子控制系统的共同特点。

8.1.1　传感器的组成

　　传感器是一种信号转换装置，它可以将非电信号转换成电信号。汽车传感器布置在汽车的不同位置，主要作用是向电控单元 ECU 提供汽车运行的各种工况信息。
　　汽车上有很多传感器，每个传感器一般分属于某个控制系统，如分属于发动机控制系统或底盘控制系统。但有的传感器可能被两个或多个系统共用。如图 8-2 所示，传感器一般由敏感元件、转换元件、转换电路三部分组成。

图 8-1　汽车电子控制系统的基本组成

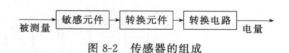

图 8-2　传感器的组成

（1）敏感元件

　　敏感元件指直接感受被测量（一般为非电量），并输出与被测量成确定关系的其他量（一般为电量）的元件。如压力传感器的弹性膜片就是敏感元件，它的作用是将压力转换成膜片的变形。

（2）转换元件

　　转换元件指传感器中能将敏感元件感受或响应的被测量转换成适合于传输的电信号的部分。

（3）转换电路（transduction circuit）

　　转换电路是将上述电路参数转换成电量输出的装置。实际上，有些传感器很简单，仅由一个敏感元件（兼作转换元件）组成，它感受被测量时直接输出电量，如热电偶。有些传感器由敏感元件和转换元件组成，没有转换电路。有些传感器转换元件不止一个，要经过若干次转换。由于传感器的输出信号一般很微弱，因此有信号调制与转化装置对其进行放大、运算调制等。

8.1.2　传感器的分类

　　一种被测参数可用多种不同类型的传感器来测量，而同一种传感器往往也可以测量多种被测参数。传感器常见的分类方法如下。

（1）按能量转换关系分类

　　传感器可以分为主动型和被动型。主动型传感器的能量不需要外部提供工作电源；被动型传感器的能量则需要外部提供工作电源。

(2) 按输入量分类

即按被测量的量来分类，有位移、速度、加速度、角位移、角速度、力、力矩、压力、真空度、温度、电流、气体成分、气体浓度等传感器。

(3) 按传感器工作原理分类

主要有应变式、电容式、电阻式、磁电式（又称为电磁感应式）、霍尔式、压电式、热电式、光敏式、光电式传感器等。

(4) 按输出信号分类

有模拟式和数字式传感器两种。

(5) 按制造工艺分类

传感器可分为集成传感器、薄膜传感器、厚膜传感器、陶瓷传感器等类型。

8.1.3 传感器的信号

汽车上传感器的电子信号可以分为五种类型：直流信号、交流信号、频率调制信号、脉宽调制信号和串行数据信号。

(1) 直流信号

在任何周期里，方向不随时间变化的电压、电流信号属于直流信号。直流信号可以分为恒压直流信号和非恒压直流信号两种。在汽车中产生恒压直流信号的电源装置有蓄电池电压和ECU 输出的传感器参考电压。

(2) 交流信号

大小和方向随时间变化的信号属于交流信号。如图 8-3 所示，磁电式（又称为电磁感应式）传感器的输出信号即为交流信号。

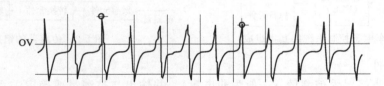

图 8-3 磁电式传感器产生的交流信号波形

(3) 频率调制信号

保持波的幅度恒定而改变频率称为频率调制。如图 8-4 所示，在汽车中产生可变频率信号的传感器主要是光电式传感器和霍尔式传感器。

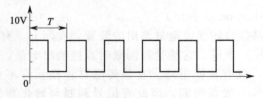

图 8-4 频率调制信号波形

(4) 脉宽调制信号

脉宽调制信号就是经过脉冲宽度调制的信号。如图 8-5 所示，在一个周期内元件持续的工作时间称为脉冲宽度。

在这里，要注意脉冲宽度与占空比的区别，占空比＝脉冲宽度/周期时间。不同占空比波形信号如图 8-6 所示。

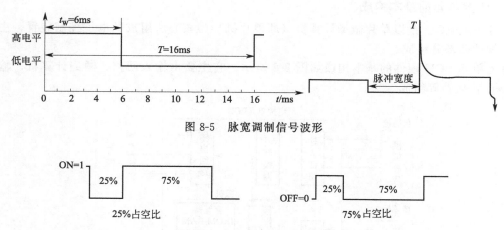

图 8-5 脉宽调制信号波形

图 8-6 不同占空比波形信号

(5) 串行数据（多路）信号

串行数据信号是按时序逐位将组成数据和字符的码元予以传输的信号。串行数据传输，所需通信线少，串行传送的速度低，但传送的距离可以很长，因此串行适用于长距离而速度要求不高的场合。当发动机冷却液温度传感器产生故障时，ECU 输出串行数据信号波形如图 8-7 所示。

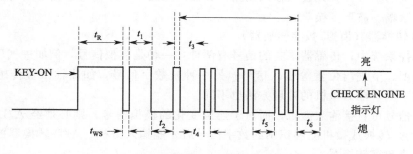

图 8-7 串行数据（多路）信号波形

8.1.4 电控单元的功能

电控单元俗称汽车电脑、计算机或电子控制模块，一般简称为 ECU，不同厂家对电控单元称呼略有差异，如通用汽车公司称其为 ECM；福特汽车公司早期称其为 MCU，后来又称其为 EEC；本田汽车公司称其为 ECM 或 PCM。

电控单元 ECU 是汽车电子控制系统的核心，其主要功能如下。

① 接收传感器或其他装置的输入信号，并将输入信号处理成电脑能够接受的信号，如模拟信号转换成数字信号。

② 给传感器提供参考电压（电源电压），如 2V、5V、9V、12V 或 24V 等。

③ 存储、计算、分析处理信息，存储运行信息和故障信息，分析输入信息并进行相应的计算处理。

④ 输出执行命令，把弱信号变为强信号的执行命令。

⑤ 输出故障信息。

⑥ 完成多种控制功能。如在发动机控制系统中，电控单元 ECU 可完成点火控制、燃油喷射控制、怠速控制、排放控制、进气控制、增压控制等多种功能。

8.1.5 电控单元的基本构成

电控单元 ECU 是以单片微型计算机（即单片机）为核心所组成的电子控制装置，主要由硬件和软件两部分组成。

电控单元 ECU 硬件的基本构成如图 8-8 所示。它主要由输入回路、微型计算机、输出回路、A/D 转换器等组成。

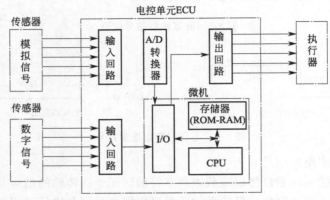

图 8-8　电控单元 ECU 的基本组成

（1）输入回路

从传感器来的信号，首先进入输入回路。在输入回路里，对传感器信号进行预处理，包括检波或滤波、限幅、波形变换等。

（2）A/D 转换器（模拟/数字转换器）

在汽车电控系统中，传感器采集的信号有两种：一种是模拟信号，例如进气压力、进气温度、冷却水温度、节气门位置等输入信号；另一种是数字信号，如曲轴位置传感器的输入信号。信号形态不同，输入微机的处理方法也不同。

对于数字信号可直接输入微机，而对于连续变化的模拟信号，则必须经 A/D 转换器（模拟/数字转换器）转换成微机能够识别的数字信号后才能输入微机。A/D 转换器的功能就是将模拟信号转换成数字转换器。

（3）微型计算机

微型计算机（简称微机）是汽车电子控制系统的神经中枢。它能根据需要，把各种传感器送来的信号用内存的程序和数据进行运算处理，并把运算结果（如喷油信号、点火信号等）送往输出回路。

微机是电子控制单元的核心部件，它主要由中央处理器、存储器（包括只读存储器 ROM 和随机存储器 RAM）和输入/输出口（I/O）等部分组成。

存储器用来存储程序和各种数据，又可分为以下几类。

① 只读存储器（ROM）：用来存放微机的监控程序，即微机本身运行所必需的一些程序。

② 可编程只读存储器（EPROM 或 EEPROM）：用来存储执行装置或其他控制装置动作的控制程序。例如，燃油喷射的控制、点火提前角的控制、怠速控制和自我诊断的程序。

③ 随机存储器（RAM）：用于暂存来自各种传感器的数据，供中央处理器使用，也可存储系统的故障码，随机存储器内的内容在断电后就会消失。

④ 自适应存储器（属于随机存储器的一种）：用于微机的"自我学习"和根据车况变化自动调整相关参数，如"怠速学习"等。

(4) 输出回路

输出回路是微机与执行器之间的中继站，其功用是根据微机发出的指令，控制执行器动作。由于微机输出的控制信号是数字量（如喷油信号、点火信号），电压一般为5V，不能直接驱动执行器，因此需要输出回路进行放大。如果执行器需要模拟量驱动，那么还需要经过数/模（D/A）转换器转换之后，才能控制执行器动作。

软件是相对硬件而言，它主要包括ECU运行所需的各种程序、基本数据以及一些工况修正系数的数据储存等。

8.1.6 执行器的功用与分类

汽车电子控制系统的各种控制功能的实现，都是借助于各自的执行器完成的，因此，根据电控系统具体的控制功能不同，其执行器的数量亦不同。

(1) 执行器的功用

执行器又称为执行元件，是电子控制系统的执行机构。执行器的功用是根据电控单元ECU的指令完成具体的操作动作。

(2) 执行器的分类

执行器分为动作类和非动作类两种，动作类执行器主要有各种电动机和电磁阀等，非动作类执行器主要有灯泡、点火线圈和加热电阻等。电动机分为普通直流电动机和步进电动机两种，电磁阀分为直动式和旋转式两大类。

8.1.7 汽车电子控制系统的分类

汽车电子控制系统种类繁多、形式各异，分类方法也不相同。根据汽车总体结构，汽车电子控制系统可分为发动机电子控制系统、底盘电子控制系统、车身电子控制系统和综合控制系统四大类。

(1) 发动机电子控制系统

发动机采用的电子控制系统主要有：电子控制发动机燃油喷射系统EFI、空燃比反馈控制系统AFC、怠速控制系统ISC、断油控制系统、加速踏板控制系统EAP、微机控制点火系统MCI、发动机爆震控制系统EDCS或DCS、巡航控制系统CCS、第二代车载故障诊断系统OBD-II等。

(2) 汽车底盘电子控制系统

底盘电子控制系统主要有：电子控制自动变速系统ECT、防抱死制动系统ABS、驱动防滑控制系统ASR、电子控制动力转向控制系统EPS、电子控制悬架系统ECS、轮胎气压控制系统TPC等。

(3) 汽车车身电子控制系统

车身电子控制系统主要有：辅助防护安全气囊系统SRS、安全带张紧控制系统STTS、车辆保安系统VESS、中央门锁控制系统CLCS、前照灯控制与清洗系统HAW、刮水器与清洗器控制系统WWCS、座椅调节系统SAMS等。

(4) 汽车综合控制系统

综合控制系统主要有：维修周期显示系统LSID、液面与磨损监控系统FWMS、车载计算机OBC、车载电话CPH、交通控制与通信系统TCIS、信息显示系统IDS、控制器区域网络系统CAN、自动空调系统ACS、车距报警系统PWS等。

8.2 汽车电子控制系统故障诊断检修方法

8.2.1 故障检测诊断的一般程序

电控系统故障检测诊断的一般程序如下。

(1) 客户调查

向用户询问故障发生的时间、症状、条件、过程，是否已检修过，动过什么部位等。进行客户调查时，可让客户认真填写有关故障的项目调查表，此表可作为汽车电子控制系统故障现象的记录，它与检测诊断结果一起构成查找故障源的依据。

(2) 确认故障

在进行故障诊断之前，必须确认故障存在。如果故障得不到确认，问题就得不到解决或不能验证维修工作是否完成。另外，在确认故障的过程中，有可能发现一些未被察觉的故障。

(3) 直观检查

目的是为了在进入更为细致的检测和诊断之前，能消除一些一般性的故障因素。直观检查的内容包括如下项目。

① 检查蓄电池的电压是否正常。
② 检查滤芯及其周围是否有脏物，必要时更换。
③ 检查真空软管是否破裂、老化或挤坏；检查真空软管经过的途径和接头是否恰当。
④ 检查电子控制系统线束的连接状况。
⑤ 检视每个传感器和执行器，是否有明显的损伤。
⑥ 运转发动机（如可以），并检视进排气歧管处是否漏气。
⑦ 对检查发现的故障进行必要的排除。

(4) 深入诊断

可利用车载故障自诊断系统和故障诊断仪读出故障码，确定故障部位。进一步地深入诊断，可利用万用表、示波器等仪器检测线路的通断、传感器信号的正确性等，以判断故障的具体原因。

8.2.2 故障诊断检修的基本方法

在诊断检修故障时，除传统检修方法外，还可采用如下方法。

(1) 比较法

① 换件比较法　将怀疑有故障的元器件用无故障的元器件替换的方法：无故障的元器件可以是备用的新件，也可以是其他同类车上的元器件，或者是将同一台发动机的同样的元器件调换。

② 工作比较法　通过判断系统（或元器件）是否工作，来判定该系统（或元器件）是否损坏。例如：断缸法，通过断开某气缸的喷油器插接器，使该缸不工作，这样来判定该缸是否工作良好。

③ 保护功能法　利用汽车电子控制系统的失效保护功能，把传感器信号断开（钥匙开关关闭的情况下拔开连接插头），让电控系统利用失效保护功能来工作，这样来判定传感器是否异常。

(2) 排除法

电控系统故障可能是有多种原因造成的。因此在排除故障时，可按传统方法，把这些影响因素一一列出来，按步骤、逐步进入问题的实际部位的方法，称为排除法。

(3) 模拟法

有时当车辆送去维修时，故障并不出现，因此必须模拟故障发生时的条件。模拟法应用于对各种传感器、控制器、指示机构、插接器等的判断。实质上就是怀疑电路中某些元器件有故障，进行发生条件模拟验证后诊断故障。

① 车辆振动模拟　某些故障发生在车辆行驶在粗糙路面上或发动机振动时。在这种情况下，应模拟相应情况下的振动，如图8-9所示。

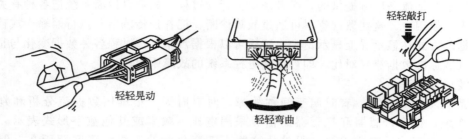

图 8-9　模拟振动

② 热敏感性（温度）模拟　某些故障发生在炎热天气或车辆温度达到一定高度时，在这种情况下，要想确定电器元件是否热敏感，应用电吹风或类似的工具加热该元件，如图 8-10 所示。注意：不要将电器元件加热到 60℃ 以上。

③ 浸水模拟　某些故障只发生在高湿度或雨雪天气，在这种情况下，可以通过浸湿车辆或将车辆驶过清洗机来模拟故障情况。注意：不得将水直接喷在电器元件上。

④ 电负载模拟　某些故障也可能对电负载敏感，在这种情况下，将所有附件（包括空调、收音机、前照灯等）全部打开，然后进行诊断。

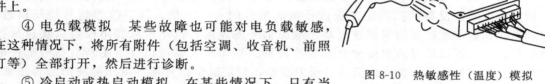

图 8-10　热敏感性（温度）模拟

⑤ 冷启动或热启动模拟　在某些情况下，只有当车辆冷启动时才会发生电器故障，或在车辆短暂熄火后热启动时发生。

(4) 读取故障码法

故障码的读取方法有两种：一种是手工读码法；另一种是利用故障诊断仪来读取故障码。目前维修时绝大多数是利用故障诊断仪来读取故障码。

① 在进行故障码分析时，建议按照以下步骤进行。

a. 首先读取并记录（可打印）所有故障码。

b. 清除所有的故障码。

c. 确认故障码已被清除（在再次读取故障码时，应显示此时无故障码）。

d. 模拟故障产生的条件进行路试以使故障重视。

e. 再读取并记录此时的故障码。

f. 区分间歇性（软）故障码和当前（硬）故障码。

g. 区分与故障症状相关的故障码和无关的故障码。

h. 区分诸多故障码或相关故障码中的主要故障码（它可能是导致其他故障码产生的原因）。

按照上述分析，进一步精确地检查测量故障码所代表的传感器、执行器或控制电脑及相关的电路状态，以便确定故障点发生的准确位置。

② 故障码指示的是 ECU 所控制的电气部分，而无法兼顾（监测）汽车的机械部分。通过解读故障码，大多能正确区别故障可能发生的原因和锁位。有时也会出现判断失误，造成误导。实际上，故障码仅是一个是或否的界定结论，不可能指出故障的具体原因；若欲判定故障部位，还需根据故障现象，进一步分析和检查才能做到。

(5) 读取数据流法

将电控系统的一些主要传感器和执行器正常工作时的参数值（如转速、蓄电池电压、进气压力、喷油时间和冷却液温度等）按不同的要求进行组合，形成数据流或是数据块。

这些标准数据流是厂方提供的，或者是车在行驶过程，故障自诊断系统把各种有关数据资料记录下来。使用中，这些数据资料可通过故障诊断，把各种传感器和执行器输入或输出的瞬时值以数据的方式在显示屏上显示出来，这样可以根据汽车工作过程各种数据变化与正常行驶时的数据（或标准数据流）对比，即可诊断电控系统的故障原因。

（6）波形分析法

电控系统发生的故障，有时属于间歇故障，时有时无，很难用数据流分析和判断。同时在电控系统，很多传感器和执行器的信号采用电压、频率或其他数字形式表示。在汽车运行过程中，由于信号变化很快，很难从这些不断变化的数字中发现问题所在。但用示波器显示的波形却能捕捉到故障中细小的、间断的变化。利用电控系统正常工作时各种传感器信号所描述的波形图与有故障时的波形图相比较，若有异常之处，则表示该信号的控制线路或部件本身出了问题。读取电子部件的信号必须采用示波器，有些解码器也带有示波功能。

故障电路从损坏状态到被修复状态，在汽车示波器上显示的波形几乎总是在它的幅值、频率、形状、脉宽、阵列上发生了变化。示波器用电压随时间变化的图形来反映一个电信号，它显示电信号准确、形象。电子设备的信号有些变化速率非常快，变化周期达到千分之一秒。通常测试设备的扫描速度应该是被测信号的 5~10 倍，许多故障信号是间歇的，时有时无，这就需要仪器的测试速度高于故障信号的速度。汽车示波器不仅可以快速捕捉电路信号，还可以以较慢的速度来显示这些波形。汽车示波器可以显示出所有信号部件电压的波形。知道如何去分析部件信号电压的波形，判定这个信号部件电压的波形是否正常，就可以进一步检查出电路中传感器、执行器以及电路和控制电脑等各部分的故障，也可以进行修理后的结果分析。

8.2.3 自诊断系统的组成

在汽车运行过程中，为了能够及时发现电子控制系统故障，并在发生故障后尽可能使汽车保持基本的运转能力，以便维持汽车行驶到修理厂修理，现代汽车电子控制系统都设置有车载故障诊断系统 OBD（On-Board Diagnostics），简称故障自诊断系统或自诊断系统。汽车电控系统出现故障时，可通过故障自诊断系统来判断故障。

自诊断就是电子控制系统自己诊断系统本身有无故障。在汽车运行过程中，各种电子控制单元 ECU 根据不同传感器和控制开关输入的信号，按照预先设定的控制程序进行数学计算和逻辑判断，并向各种执行器发出相应的控制指令完成不同的控制功能。如果某只传感器或控制开关发生故障，就不能向电控单元 ECU 输送正常信号，汽车性能就会变坏甚至无法运行。如果执行机构发生故障，那么，其监测电路反馈给 ECU 的信号就会出现异常，汽车性能也会变坏甚至无法运行。因此，在使用汽车时，一旦接通点火开关，自诊断电路就会投入工作，实时监测各种传感器、控制开关和执行器的工作状态。一旦发现某只传感器或控制开关信号异常，或执行机构监测电路反馈的信号异常，就会立即采取相应措施。

汽车故障自诊断系统主要由传感器监测电路、执行器监测电路、软件程序、故障诊断通信接口以及各种故障指示灯等组成。传感器与执行器监测电路一般都与各种电控单元设置在同一块印刷电路板上，软件程序存储在各种电控单元内部的专用存储器中。

8.2.4 自诊断系统的工作情况

自诊断系统的功能包括三个方面：一是监测控制系统工作情况，一旦发现某只传感器或执行器参数异常，就立即发出报警信号；二是将故障内容编成代码（称为故障代码）存储在随机存储器 RAM 中，以便维修时调用或供设计参考；三是启用相应的备用功能，使控制系统处于应急状态运行。

(1) 发出报警信号

在电子控制系统运转过程中,当某只传感器、控制开关或执行器发生故障时,电控单元 ECU 将立即接通仪表盘上的故障指示灯电路,使指示灯发亮或闪亮,如图 8-11 所示。目的是提醒驾驶员控制系统出现故障,应立即检修或送修理厂修理,以免故障范围扩大。

各种电子控制系统的故障指示灯均设置在组合仪表盘的透明面膜下面,并在面膜上印制有不同的英文字母或缩写字母或相应的图案。例如,发动机电子控制系统的故障指示灯用检查发动机 "CHECK ENGINE" 或 "ENGINE" 表示,防抱死制动系统用 "ABS" 表示,安全气囊系统用 "SRS" 表示等。

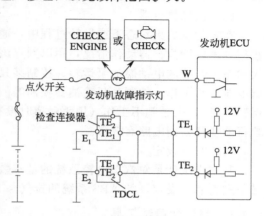

图 8-11 自诊断系统工作电路

(2) 存储故障代码

当自诊断系统发现某只传感器、控制开关或执行器发生故障时,其电控单元 ECU 会将监测到的故障内容以故障代码的形式存储在随机存储器 RAM 中。只要存储器电源不被切断,故障代码就会一直保存在 RAM 中。即使是汽车在运行中偶尔出现一次故障,自诊断电路也会及时检测到并记录下来。

当诊断排除故障或需要了解电子控制系统的运行参数时,使用制造厂商提供的专用故障检测仪或通过特定的操作方法,就可通过故障诊断插座将存储器中的故障代码和有关参数读出,为查找故障部位、了解系统运行情况和改进控制系统的设计提供依据。

(3) 启用备用功能

备用功能又称为失效保护功能。当自诊断系统发现某只传感器、控制开关或执行器发生故障时,其电控单元 ECU 将以预先设定的参数取代故障传感器、控制开关或执行器工作,使控制系统继续维持控制功能,汽车将进入故障应急状态运行并维持基本的行驶能力,以便将汽车行驶到修理厂修理。电子控制系统的这种功能称为备用功能或失效保护功能。

在备用功能工作状态下,汽车的性能将受到不同程度的影响。例如发动机电子控制系统在备用功能工作状态下工作时,只能维持发动机基本运行状态,而不能保持发动机最佳运行状态,某些车型发动机的自诊断系统还将自动切断空调、音响等辅助电气系统电路,以便减小发动机的工作负荷。

8.2.5 自诊断测试内容

(1) 读取故障代码

读取故障代码来诊断电控系统故障是最常用的自诊断测试方法。汽车在使用过程中,只要蓄电池正极柱或负极柱上的电缆端子未曾拆下,ECU 中存储的故障代码就能长期保存。将故障代码从 ECU 中读出,即可知道故障部位或故障原因,为诊断与排除控制系统故障提供可靠依据。读取故障代码的方法有两种:一种是利用故障检测仪读取,另一种是特定的操作方法读取。

(2) 读取数据流

当汽车运行时,利用故障解码仪将车载 ECU 内部的计算结果和控制参数等数值,以数据表和串行输出方式在检测仪屏幕上一一显示出来的过程称为读取数据流,通常称为"数据通信"或"数据传输"。

通过数据传输,各种传感器输出信号电压的瞬时值、ECU内部的计算与判断结果、各执行器的控制信号都能一目了然地显示在检测仪屏幕上。检修人员根据发动机运转状态和传输数据的变化情况,即可判断控制系统工作是否正常,将特定工况下的传输数据与标准数据进行比较,就能准确判断故障类型和故障部位。

(3) 监控执行器

在发动机熄火状态下或运转过程中,通过ECU检测仪向各执行器发出强制驱动或强制停止指令来监测执行器动作情况,用以判定该执行器及其控制电路有无故障。例如:在发动机熄火状态下,控制电动燃油泵运转、控制某只电磁阀或继电器(如冷却风扇继电器、空调压缩机继电器等)工作、控制某只喷油器喷油等。当发出相应的控制指令后,如燃油泵不转(听不到运转声音)、电磁阀不工作(用手触摸时没有振动感)、冷却风扇或空调压缩机不转动,说明该执行器或其控制电路有故障。

(4) 基本设定

基本设定就是对汽车电控系统的基本数据进行设定。某些车型的电控系统维修或保养后,必须进行基本设定,如ABS系统的排气。

8.2.6 自诊断测试工具

当汽车电控系统产生故障时,经常采用"故障检测仪"和"跨接线"通过故障诊断插座进行诊断。

(1) 诊断插座

装备电子控制系统的汽车上都设有故障诊断插座,故障诊断插座(TDCL)的正确名称是故障诊断通信接口(Trouble Diagnostic Communication Link),通常简称为诊断插座。1994年以前各型汽车诊断插座的形状、端子名称各不相同,其安装位置依车而异,一般位于熔断器盒上、仪表盘下方或发动机附近。1994年以后,美国、日本和欧洲的主要汽车制造厂商的电控汽车开始采用第二代车载故障诊断系统(OBD-Ⅱ),OBD-Ⅱ是由美国汽车工程学会(SAE)提出,经环保机构(EPA)认证通过。

如图8-12所示,OBD-Ⅱ诊断插座统一为16端子,安装在驾驶室仪表盘下方。OBD-Ⅱ具有数据传输功能,并规定了两个传输线标准。欧洲统一标准规定数据传输用诊断插座的"7"号和"15"号端子,美国统一标准(SAE-J1850)规定数据传输用诊断插座的"2"号和"10"号端子。

(2) 故障检测仪

故障检测仪又称为故障诊断测试仪、故障诊断仪、ECU检测仪以及故障解码仪等。

目前,常用国外故障检测仪有BOSCH公司的KTS系列测试仪、美国SNAP-ON公司生产的汽车ECU扫描器Scanner、美国CUMMINS公司INSITETM专用故障诊断仪、大众公司汽车配用的V.A.G1552汽车系统诊断仪等。由于不同车型的ECU软件不尽相同,因此ECU检测仪仅限用于指定车型的诊断测试,对其他厂家或公司的车型不能使用。

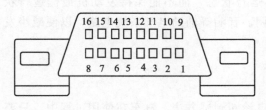

图8-12 OBD-Ⅱ诊断插座

如今国内纷纷推出以中文显示的便携式汽车ECU检测仪,如"金德"、"电眼睛"、"车博士"等。同一种检测仪配备有多种车型的自诊断软件,可对各种品牌和型号的汽车进行诊断测试。由于各种故障检测仪的使用方法各不相同,使用时,必须参考该检测仪的使用说明书进行操作。

（3）跨接线

"跨接线"就是一根普通的或其两端带有夹子的导线，将"跨接线"与诊断插座上相应的端子连接后，接通点火开关即可根据仪表盘上"发动机故障指示灯"的闪烁情况读取故障代码。

8.2.7 传感器检测程序

当汽车电子控制系统产生故障时，通过自诊断测试，指明某传感器有故障或怀疑某传感器有故障时，应用示波器、万用表等对传感器进行测试。测试前要明确测试数据、测试方法和测试条件，具体可参考该车型维修手册。检测传感器时，应该按照以下程序进行。

（1）自诊断测试

利用故障诊断仪确认被怀疑的传感器是否有故障码，并在数据流中加以强化判断。

（2）外部检查

为防止不是因为传感器本身故障而导致的传感器误判，要首先对怀疑的传感器部位进行外部检查，查看传感器的导线和连接的管路是否脱开、传感器是否有脏污、水泡、腐蚀、氧化、接触不良、传感器变形等情况。

（3）线束检测

检测传感器与 ECU 之间的线束有无短路、断路和搭铁故障。

（4）电源电压的检测

为防止传感器由于没有供给电源而导致不能正常工作，应对外部电源进行检查。例如，霍尔式曲轴位置传感器如果没有 12V 或 5V 电压的供给，传感器是不会有信号输出的。

（5）本体检查

主要是外观检查和电阻检查，不用连接外部电路。针对能够进行电阻测量的传感器，如可变电阻式传感器、磁电式（又称为电磁感应式）传感器，可以用万用表的电阻挡直接测量，从而判断传感器是否正常。

（6）输出信号检测

输出信号的检测可以使用万用表的电压挡或电流挡进行，但使用汽车专用万用表对输出信号只是作简单的判断，更精确地判断输出信号可以使用示波器来进行。

① 模拟直流信号　如加速踏板位置传感器，用万用表直流电压量程检测即可满足要求。

② 模拟交流信号　ABS 轮速传感器、磁电式曲轴位置传感器，可以用汽车专用万用表交流电压量程检测即可满足要求。

③ 脉宽调制信号/频率调制信号　虽然可以使用万用表，但结果不够准确，要想看清具体的变化过程，必须使用示波器。

（7）维修与更换

对传感器进行以上检测后，可以基本确定传感器的好坏。更换传感器时，要严格按照操作规程操作，切忌蛮干。要关闭点火开关，且不可带电操作，否则容易损坏其他电子部件。安装时要轻拿轻放。

（8）检验

维修与更换传感器后，要切记用故障诊断仪消除故障码并重新试车，模拟故障出现状况，如果在试车过程中故障现象没有重复出现，检查故障码也没有重新出现，说明判断准确，安装正确，传感器检修操作完成。

8.2.8 电控单元 ECU 的故障类型

依据电控单元 ECU 故障发生的部位可分为：ECU 外围电路故障和 ECU 内部故障。

ECU 外围电路包括电源电路、传感器信号电路和执行器驱动电路。ECU 外围电路故障主要是指 ECU 电源电路故障，一旦电源电路不正常，ECU 便无法正常工作。

ECU 内部故障又可分为：电源电路故障、输出动力模块故障、存储器故障、ECU 进水和受潮故障。

(1) 电源电路故障

由于浪涌电压的存在，许多元器件易出故障，最常见的是出现贴片电容、贴片电阻、贴片二极管甚至某些重要芯片的周边外围保护电路连同印制板上的铜布线一起烧坏，此种情况是最常见的 ECU 故障。

(2) 输出动力模块故障

由于输出动力模块上较大的驱动电流，极易导致功率板发热，这是 ECU 中最易发生故障的部分；某些汽车喷油器不喷油，突然熄火，其终极原因往往是功率驱动电路发生击穿。

(3) 存储器故障

由于在运行过程中浪涌电压的冲击，程序存储器中出现某些字节丢失的现象，导致汽车发动机或其他被控制对象出现运转失常；或者由于事故发生后，EEPROM 中的内容被改写为异常状态，导致系统暂时故障。

如可编程存储器（EPROM 或 EEPROM）出现问题时，可进行更换。更换时，利用写入器（又称为烧录器），先从带有程序的良好芯片中读出程序，然后写入一只同型号的空白芯片，最后将复制芯片装入 ECU。注意有的汽车厂家规定了芯片的复制次数（3～7 次），超过规定的次数便不能使用，也有的厂家通过加密手段使芯片无法复制。

8.2.9 电控单元 ECU 的故障原因

电控单元 ECU 损坏的主要由环境因素、电压超载和不规范的操作等因素造成的。

(1) 环境因素

由于 ECU 安装在汽车上，经常受到热、潮湿、振动、水淋、浪涌电压等环境的影响，易引发 ECU 故障。特别是由于温度突变而引起结露现象，结露后的水会侵蚀电路板；另外，ECU 进水，将造成短路和不可恢复的腐蚀。

(2) 电压超载

通常是因为电磁阀或执行器电路内的短路引起的。如果短路的电磁阀或执行器未被发现和修复就更换 ECU，所造成的超载电压还可能会损坏新换的 ECU。因此，在更换新 ECU 之前，一定要彻底查清原 ECU 损坏的原因。

(3) 不规范的操作

如在拆装过程中未采取静电防护措施，安装 ECU 之前未断开蓄电池电源，用内阻较小的电阻表测量其端子等，这些不规范的操作均易造成 ECU 损坏。

8.2.10 电控单元 ECU 的故障检测程序

当电控单元 ECU 工作不正常时，首先检测 ECU 的外围电路是否正常，然后按照静态检测和动态检测程序进行检测。

(1) 外围电路的检查

在怀疑 ECU 本身有故障之前，应当先检查并确认 ECU 的外围电路特别是电源电路是否正常。电源电路检测方法：通过熔断器与蓄电池正极直接连接的端子称为 ECU 的常电源，通过点火开关或继电器与蓄电池正极连接的端子为 ECU 的条件电源，用万用表检测这些端子的电压，其正常值应为蓄电池电压。另外，还需检测 ECU 的搭铁端子搭铁是否良好。

(2) 静态检测

静态检测是指利用诊断仪对电控系统进行通信功能检测的一种方法。如果通信连接正常，则表明 ECU 供电、搭铁线、芯片组及基本功能正常；如果通信连接失败或无法通信，应改用万用表检查 ECU 的电源电压、基准电压（+5V）与搭铁线等线路。若检查时发现电源电压及搭铁线正常而基准电压过低，则说明 ECU 电源电路存在故障或外电路基准电源线短路；若检查时发现基准电压过高，也说明 ECU 电源电路存在故障或电源地线内部开路。如果静态检测一切正常，则应转向动态数据流检测。

(3) 动态检测

动态检测是指在启动系统处于工作状态时，利用诊断仪读取数据流观察传感器信号是否正确的一种方法。如果丢失某一信号，可通过断开传感器，利用信号模拟器（信号发生器）根据信号性质模拟发送信号（最好将信号传送至 ECU 输入口）再次进行检测。如果检测结果正常，说明是外部线路或传感器本身故障；如果仍然没有数据显示，则应检查接口电路焊接情况。若焊接良好，则是 ECU 发生了输入信号处理电路故障。但若属于输入数据流检测正常而输出功能不良的情况，则可通过静态检测元件功能逐一试验输出功能，同时可用万用表和试灯监测试验结果（万用表接在驱动电路前，试灯接在驱动电路后）。如果万用表监测结果正确而试灯无动作，说明 ECU 驱动电路存在故障（可以更换相同或同类元件）；如果万用表监测结果不正确，则说明 ECU 输出信号处理电路存在故障。

(4) ECU 内部检查

在经过静态检测和动态检测能确认 ECU 基本工作正常后，接下来应进行各项参数的信号分析。如果参数相差甚远或输入信号和输出电路正常而 ECU 工作不正常时，应检查或更换 ECU。

8.2.11 电控单元 ECU 的修理

从原则上讲，电控单元 ECU 只能更换不能修理，对于芯片及程序故障，最好更换同型号 ECU。但有些 ECU 的故障是可以通过更换元器件的方法进行修复的，这类故障主要包括以下几种情况。

(1) 电源故障

ECU 电源故障有两种情况：一是主电源故障，二是基准电压故障（如 5V）。

① 主电源故障　一是保护二极管短路（电池接反后造成），这种故障可以通过去掉或用同一规格的二极管代替的方法解决。二是电源主地线开路（烧断）。这种故障可用焊接及导线连接的方法解决。

② 基准电压故障　如果基准电压过低，应切断外界相关线路，若电压能恢复到 (5 ± 0.1)V，说明外电路传感器负荷过大，此时要逐一查找进行排除；如果基准电压不能达到 (5 ± 0.1)V，则应更换电压调整模块；如果基准电压过高（大于 5V），则应检查电源模块地线及线路板地线（搭铁线），找到具体故障点后，应修复地线或更换模块。

(2) 输出动力模块故障

可找到相对应的动力模块检测其输入及输出信号电压，确认模块损坏后，可更换相同或基本参数相同的模块，如点火模块、空调控制模块、喷油控制模块及风扇控制模块等。

(3) 电容和电阻损坏

有些电容器采用的是电解电容，当 ECU 使用过久后，很容易造成电容器失效，此时可用相同容量耐压 16～25V 的电容进行更换。更换电阻的原则也是如此。

(4) ECU 进水和受潮故障

ECU 在进水或受潮后可进行干燥处理。干燥方法是先用无水乙醇（工业用酒精）进行冲洗，然后再将 ECU 装入一个大密封袋内用真空机（空调用真空机也可以）进行抽真空，保持 24h 干燥后装车试用。

被水浸过的车辆，电路板会出现腐蚀，造成元件引脚断路、粘连或元件损坏，可逐个检查修复或更换元件。

8.2.12 电控单元 ECU 的检测方法

(1) 电控单元直观检查法

修理人员靠视觉去观察电路、元器件等的工作状态,从中发现异常现象,直接找到故障的部位和原因。拿到有问题的 ECU 第一个步骤就是仔细观察,从中可以了解 ECU 的一些基本信息,比如 ECU 型号、应用车型、外部连接端子情况。有些问题在不开盖的情况下就能看出来,比如 ECU 端子因进水而腐蚀,这样通过看,就可找到问题根源,同时看的过程也可以对不同车型所装备的 ECU 有一个很直观的认识。当然,大部分 ECU 的损坏从外表是看不出来的,这个时候就需要开盖检查了。由于比较严重的外部引线短路引起的故障一般多会引起 ECU 内部相关元件烧蚀,因此,这种故障一般是可以直接看到的。

直观检查法的优缺点:

① 此方法简易、方便,能够直接发现故障部位;

② 收效低,这是因为许多故障从元件外表上是不能发现的。

适用范围和注意事项:直观检查法适用于各种故障的基本检查,尤其是对于一些硬性故障,如 ECU 内部引线腐蚀、元件冒烟等故障立竿见影。很多时候直观检查法单独使用效果并不理想,与其他方法配合使用往往会事半功倍。同时,对于直观检查的结果有怀疑时,要及时采用其他检查方法进行核实,不要放过疑点。

(2) 电控单元触摸检查法

触摸检测法应用具有一定的局限性,因其检测过程中,要求 ECU 必须是在工作的状态下进行,可以通过触摸去寻找故障点。在对可疑元件触摸的过程中,感知其温度,再与正常情况下进行比较,以判定其工作是否正常。这其中也包含嗅觉,部分 ECU 因元件表面渡盖的保护胶质材料,可能直接看不到,但是一般打开 ECU 盖板时就可以闻到那种烧蚀的焦糊味。

接触检测法的特点:

① 此方法方便、简单、实用、针对性强,能够直接发现故障部位;

② 有丰富的检查经验,才能获得准确的检查结果。

适用范围和注意事项:

触摸检查法主要适用于发热元件(指一些负载电流较大的器件),如电磁喷油器、各种电磁阀和电动机的驱动元件等。在检查的过程中要注意以下几点:

① 触摸检查法要靠平时维修中积累的经验,也可通过与正常运行的系统相关元件进行比较。

② 进行触摸检查时,由于 ECU 一般处于工作状态,应特别小心,避免手直接触摸到元件的引脚部分,以免引起新的故障,扩大故障范围。同时,因 ECU 在车内的引线一般不是很长,而且多安置在一些较低的位置,检查过程中,ECU 要放置平稳,注意线路板或电子元件与其他部分(尤其是车身底盘金属)保持安全距离,以免线路搭铁,造成不可维修的故障。

(3) 电控单元故障再生检查法

故障再生检查法是有意识地让故障重复发生,并力图使故障的发生、发展、转化过程变得比较缓慢,以便提供充足的观察机会,如次数、时间和过程,在观察中发现影响故障的因素,从而查出故障原因。此方法应与其他方法配合运用。

对于汽车 ECU 来说,有些间歇性的故障是在一些特定的环境下出现的,因此,为了让故障再现,可以采取一些必要的措施。比如,有的故障是在频繁、剧烈的振动情况下出现,这个时候就可以人为地模拟这种环境,拍打、敲击 ECU 壳体,拉动 ECU 连接处的线束插头,当然要掌握一定的力度,不要真的给"打"坏了;再如,有些故障是在高温情况下产生的,这个时候需要打开 ECU 的盖板，可以采用电吹风或热风枪对可疑部位进行加热，以求故障再现。这个过程同样要注意，温度不能调整得太高，风口与 ECU 电路板要保持一定的安全距离，一般 20cm 左右，以免因为温度过高而使半导体元件损坏。

此方法主要适用于一些间歇性出现的问题，即 ECU 时好时坏，对于一直处于"坏"状态的则不起作用。

(4) 电控单元参照检查法

参照检查法是一种利用比较手段来寻找故障部位的检查方法。通常用一个工作正常的 ECU，测量其关键部位参数，包括电压、电阻等。运用移植、比较、借鉴、引申、参照等手段，查出不同之处，找出故障部位和原因。理论上讲，大部分故障都可以采用此方法检测出来，因为只要有标准物，将有故障的系统与之进行仔细对比，必能发现不同之处，找出故障原因。

参照分为实物参照和图纸参照。实物参照即需要找到同型号的车辆，对其两块 ECU 进行工作对比，但实现起来困难较大，没有哪个人会把自己开得好端端的车子让你拆开研究。另一种就是图纸参照，出于技术上的原因，ECU 的原理图一般很难找到，但不是说这样就无法参照了。

当通过检查已经将故障缩小到某一个集成电路中，此时可按其型号查找其技术文档，了解其典型应用电路、各引脚功能。通常典型应用电路与实际应用电路是相同的或十分相近的，这样就可以用典型电路来指导维修。

但实际维修中通常的情况是，ECU 内的元件统一编号，或是为"定制"产品，没有资料可查，这也是一个切实存在的问题。只能注意平时多加收集，参考国外有关网站。加强理论知识学习，善于根据电路连接形式，逆向分析其结构，配合其他方法，进一步深入检测。

(5) 电控单元替换比较检查法

替换比较检查法的基本思路是用一个质量可靠的元器件（或工作正常的电路）去替换一个所怀疑的元器件（或电路），如果替换后工作正常，说明怀疑正确，故障可排除。如果替换代后故障现象不变，也会消除原先的怀疑，可缩小故障范围。

替换比较检查法适用于各种故障，但在有选择的情况下采用，成功率会高得多。在运用替换比较检查法的过程中，要注意以下几点。

① 在个别情况下，一个故障是由两个元件造成的（两个故障点），此时若只替换了其中一个元件则无收效，反而认为被替换的元器件是正常的，容易放过故障点。

② 替换比较检查法通常是一个小范围内用来针对某一个具体元件的检查方法，所以它是在其他方法已基本证实某个元件有问题后才采用。盲目的替换往往会对线路板、元器件造成伤害。

③ 对于集成电路这样的多引脚元件，采用替换比较检查法更要慎重，通常是在有较明确的结论后才进行替换检查。同时，在替换操作过程中，焊接元件要在断电的情况下进行。

(6) 电控单元电压检查法

电压检查法主要是对 ECU 内关键点的电压进行实时测量，以找出故障部位。这些关键点主要是各集成电路的供应电源、线路中连接蓄电池的主电源、受点火开关控制的电源，内部经过集成稳压器或三极管输出的稳压电源。一般来讲，电路中的数字电路、微处理器等均工作在 5V 或更低的工作电压下，24V（或 12V）的蓄电池电压是无法直接加到这些元件的电源引脚上的，必须由稳压电路为其工作提供合适的工作电压。稳压电路在降低电压的同时可滤掉脉冲类干扰信号，以避免对数字电路的工作带来影响。

对于这些关键电路的供应电源来讲，工作期间是固定不变的，但是最好在静态下进行测量（点火开关接通但不启动发动机）。采用数字万用表对 ECU 内的集成电路的供电进行检查，当相关电源电路工作失常时，往往会影响较大面积内的元器件，导致其不能工作。采用此种方法简便易行，除万用表外，不需要什么专用仪器。

(7) 电控单元电阻检查法

电阻检测法是利用万用表的欧姆挡，通过检测线路的通与断、阻值的大与小，以及通过对元器件的检测，来判别故障原因和故障部位。此种方法主要用于元器件和铜布线路的检测。

① 检测元器件　除了常规的电阻、二极管、晶体管等外，一些集成电路也可以采用测其电阻的方法进行检测。对于集成电路来讲，如引脚功能结构相同、外电路结构相似，那么正常情况下，其对搭铁电阻是十分接近的，因此可以使用数字万用表对其进行正、反向（调换表笔方向）测量，然后将测量值进行比较，找出故障点。这种测试方法对于一些找不到芯片资料，而元件外部连线结构形式相同的集成电路来说是一个很好的测量方法。

② 检测铜布线路　铜布线路很长，弯弯曲曲，为了证实其两端焊点是相连的，可用万用表 $R \times 1$ 挡对其两端点进行电阻值的测量，零欧姆说明是铜布线路良好，无穷大说明是铜布线路发生断路故障。

铜布线路开裂、因腐蚀而造成的断路是经常发生的故障。开裂的原因可能是因为受外力的影响而造成的，而 ECU 进水是造成铜布腐蚀断路的主要原因。很多车辆的 ECU 安装于驾驶室的地板下或侧面踢脚板的旁边，在一些特殊情况下，ECU 内很容易进水，如不及时处理，铜布在水气的作用下会逐渐腐蚀，直至故障完全表现。

(8) 电控单元波形检查法

波形检查法是采用汽车专用或通用示波器，对 ECU 的相关引脚或 ECU 内的关键点的波形进行测量，确认其是否正常运行。例如，对于 89C51 来说，石英晶体振荡器输入端正常状态为标准正弦波，其 ALE 端为 1/6 时钟频率的脉冲波。其他微处理器也有类似功能引线。

(9) 电控单元信号注入波形检查法

信号注入法是采用函数发生器（信号发生器）给电路输入信号，在输出端观察执行器的动作情况，或在输出端连接示波器或万用表，根据示波器指示的波形和万用表显示的信号电平大小来判断故障范围。采用该方法一般应对电路的结构有了比较深层次的了解，对相应的功能电路的输入输出信号的正常波形要有所了解，这样在车辆不工作的状态下，人为地模拟相关的信号，才能对车辆相关电路进行故障判断。另外，该方法需要有专门的仪器设备，引线较多操作麻烦，但对于解决一些疑难问题来说，是一个很好的方法。

8.2.13　执行器检测程序

当汽车电子控制系统产生故障时，通过自诊断测试，指明某执行器有故障或怀疑某执行器有故障时，应用示波器、万用表等对执行器进行测试。测试前要明确测试数据、测试方法和测试条件，具体可参考该车型维修手册。检测执行器时，应该按照以下程序进行。

(1) 自诊断测试

利用故障诊断仪确认被怀疑的执行器是否有故障码，并在数据流中加以强化判断。

(2) 外部检查

为防止不是因为执行器本身故障而导致误判，要首先对怀疑的执行器部位进行外部检查，查看执行器的导线和连接的管路是否脱开、执行器是否有脏污、水泡、腐蚀、氧化、接触不良、执行器变形等情况。

(3) 线束检测

检测执行器与 ECU 之间的线束有无短路、断路和搭铁故障。

(4) 电源电压的检测

为防止执行器由于没有供给电源而导致不能正常工作，应对外部电源进行检查。

(5) 本体检查

主要是外观检查和电阻检查，不用连接外部电路。针对能够进行电阻测量的执行器，如电动机、电磁阀等执行器，可以用万用表的电阻挡直接测量，从而判断执行器是否正常。

(6) 控制信号检测

控制信号的检测可以使用万用表的电压挡或电流挡进行，但使用汽车专用万用表对输出信号只是作简单的判断，更精确地判断输出信号可以使用示波器来进行。

(7) 工作状态的检查

按照执行器的工作条件，提供相应的电源电压，查看执行器的工作情况是否正常。

(8) 维修与更换

对执行器进行以上检测后，可以基本确定执行器的好坏。更换执行器时，要严格按照操作规程操作，切忌蛮干。要关闭点火开关，且不可带电操作，否则容易损坏其他电子部件。安装时要轻拿轻放。

(9) 检验

维修与更换执行器后，要切记用故障诊断仪消除故障码并重新试车，模拟故障出现状况，如果在试车过程中故障现象没有重复出现，检查故障码也没有重新出现，说明判断准确，安装正确，执行器检修操作完成。

8.3 高压共轨燃油喷射系统的组成和故障诊断

8.3.1 电控共轨式燃油喷射系统的发展历程

CRDI 是英文 Common Rail Direct Injection 的缩写，意为高压共轨柴油直喷技术，共轨式燃油喷射系统主要的贡献就是将喷射压力的产生和喷射过程彼此完全分开，通过对共轨管内的油压实现精确控制，使高压油管压力大小与发动机的转速基本无关。

博世（BOSCH）公司首家于 1997 年开始批量生产电控共轨燃油喷射系统的乘用车，当时博世和奔驰联合推出共轨技术柴油车，而在当时阿尔法罗密欧也是最早使用高压共轨的乘用车之一。柴油电控共轨燃油喷射系统已开发了三代。

第一代电控共轨燃油喷射系统的高压泵总是保持在最高压力，导致燃油的浪费和很高的燃油温度。第一代电控共轨燃油喷射系统是为商用车设计的，最高喷射压力为 140MPa，乘用车喷射压力为 135MPa。

第二代电控共轨燃油喷射系统可根据发动机需求而改变输出压力，并具有预喷射和后喷射功能。带有控制油量的油泵，喷射压力能达到 160MPa。即使在压力较低的情况下，该系统也可以根据实际状况提供适量的喷油压力，不仅有助于降低燃油消耗，而且还可以降低燃油温度，从而省去燃油冷却装置。预喷射降低了发动机噪声：在主喷射之前百万分之一秒内少量的燃油被喷进了汽缸压燃，预热燃烧室，预热后的汽缸使主喷射后的压燃更加容易，缸内的压力和温度不再是突然地增加，有利于降低燃烧噪声。在膨胀过程中进行后喷射，产生二次燃烧，将缸内温度增加 200~250℃，降低了排气中的碳氢化合物。博世公司的第二代共轨系统产品已经在沃尔沃的 S60、V70D5 及宝马的 230d 等乘用车上试用。

第三代电控共轨燃油喷射系统装有压电式喷油器，简称压电式共轨系统。与电磁阀相比，压电式喷油器具有：没有滞后时间；切换十分迅速而且精确；可重现性非常好；寿命长，工作非常稳定等优点。压电式共轨系统使喷射控制更加精确，预喷和后喷的喷油率曲线范围更为自由。省去了回油管，在结构上更简单。燃油压力可在 20~200MPa 范围内进行弹性调节。最小喷射量可控制在 $0.5mm^3$，减小了烟度和 NO_x 的排放。

8.3.2 电控高压共轨燃油喷射系统的组成

如图 8-13 所示，电子控制高压共轨式燃油喷射系统由电子控制系统和燃油供给系统两部分组成。

(1) 电子控制部分

电子控制部分由电控单元 ECU（或称为电控模块 ECM、发动机电控单元 EECU）、各种传感器和执行器组成。执行器主要有喷油器（电磁阀）、燃油压力控制阀、电加热器等。电子控制系统的功能是 ECU 根据各种传感器的输入信号，由 ECU 经过比较、运算、处理后，计算得出最佳喷油时间和喷油量，向喷油器（电磁阀）发出开启或关闭指令，从而精确控制发动机的工作过程。

(2) 燃油供给部分

如图 8-14 所示，燃油供给系统由燃油箱、柴油滤清器、低压输油泵（由电机驱动或机械驱动）、高压燃油泵、高/低压燃油管、共轨、喷油器和回油管等组成。燃油供给部分又分低压部分和高压部分，低压部分如图 8-15 所示，高压部分如图 8-16 所示。

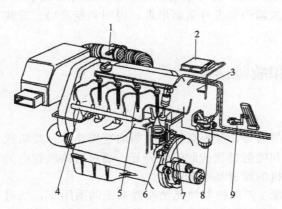

图 8-13 电子控制共轨式燃油喷射系统的基本组成
1—空气流量传感器；2—ECU（电控单元）；3—高压燃油泵；
4—共轨；5—喷油器；6—曲轴位置传感器；
7—冷却液温度传感器；8—柴油滤清器；
9—加速踏板位置传感器

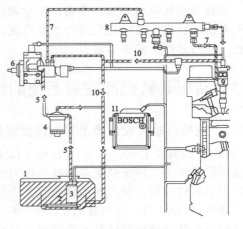

图 8-14 燃油供给系统的组成
1—燃油箱；2—燃油滤清器（粗）；3—低压输油泵；
4—燃油滤清器（细）；5—低压燃油管；6—高压燃油泵；
7—高压燃油管；8—共轨；9—喷油器；
10—回油管；11—ECU

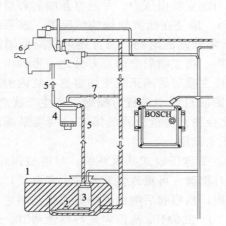

图 8-15 燃油供给系统的低压部分
1—燃油箱；2—燃油滤清器（粗）；3—低压输油泵；
4—燃油滤清器（细）；5—低压燃油管；
6—高压燃油泵低压端；7—回油管；8—ECU

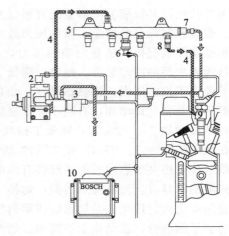

图 8-16 燃油供给系统的高压部分
1—高压燃油泵；2—切断阀；3—燃油压力控制阀（调压阀）；
4—高压燃油管；5—共轨；6—燃油压力传感器；7—限压阀；
8—流量限制阀；9—喷油器；10—ECU

燃油供给系统的工作原理是：低压燃油由低压输油泵从燃油箱中吸出后，经柴油滤清器输送到分配式高压燃油泵。柴油经高压燃油泵加压后输送到共轨中，由限压阀调整压力。喷油器控制阀即电磁阀的开启和关闭，由 ECU 根据各种传感器和开关输入的信号进行控制。

8.3.3 电控高压共轨燃油喷射系统的工作原理

见图 8-15 和图 8-16，燃油从燃油箱中由低压输油泵吸出后，经过油水分离器、燃油滤清器滤清后，被输送到高压燃油泵，这时燃油压力为 0.2MPa。进入高压燃油泵的燃油一部分通过高压燃油泵上的安全阀进入燃油泵的润滑和冷却油路后，流回燃油箱；一部分进入高压燃油泵中，燃油被加压到 135MPa 后被输送到共轨。在共轨上有一个压力传感器和一个压力控制阀（有的安装在高压燃油泵上）。用压力控制阀来调节 ECU 设定的油轨压力。高压柴油从共轨、流量限制阀经高压燃油管进入喷油器。进入喷油器的燃油，一路直接喷入燃烧室，而另一路在喷油期间从针阀导向部分泄出和从控制套筒与柱塞的缝隙处泄漏出的多余燃油一起流回燃油箱。

在电控高压柴油共轨系统中，由各种传感器（如曲轴转速传感器、加速踏板位置传感器、凸轮轴位置传感器、各种温度传感器和压力传感器等）及时检测出发动机的实际运行状态，由 ECU 中的微型计算机根据预置的程序进行运算后，确定适合于该工况下的最佳喷油量、喷油时刻、喷油速率模型参数等。ECM 发出指令，使发动机始终处在最佳工作状态，发动机的动力性、经济性得到有效发挥，并使发动机的排放污染降到最低。

电控高压柴油共轨是指在高压燃油泵、压力传感器和 ECU 组成的闭环控制系统中，喷油压力大小与发动机转速无关的一种供油方式。在系统中，喷射压力的产生和喷射过程是完全彼此分开的。高压燃油泵把燃油输入到共轨，通过对共轨内油压调整实现油压精确控制，使最终高压燃油管内的油压大小与发动机的转速无关。高压共轨供油方式可以大大减小柴油机供油压力随发动机转速的变化，也就减少了传统柴油机的缺陷。ECU 控制喷油器的喷油量，而喷油量大小则仅由共轨中燃油压力和电磁阀开启时间的长短决定。在 ECU 控制系统中，曲轴位置传感器用来测定发动机的转速，凸轮轴位置传感器用来确定发动机的发火顺序。加速踏板位置传感器是一种电位计，它通过电信号告知 ECU 驾驶员对发动机转矩的要求。

进气歧管压力传感器用于检测进气压力，ECU 根据进气压力大小转换成空气质量流量大小，ECU 按空燃比控制喷油量。在废气涡轮增压并带有增压压力调节装置的发动机上，增压压力传感器用于检测增压压力，ECU 根据增压压力的大小，按空燃比控制喷油量。在发动机冷机启动或温度较低时，ECU 可以根据冷却液温度传感器和空气温度传感器的信号对喷油起始点、预喷油量、主喷油量及其他参数进行匹配。ECU 还根据其他传感器和数据传输线（CAN）输入的数值，进行各项综合控制。ECU 控制装置还具有自诊断功能，它随时在对系统的主要部件的工作进行技术诊断，如果某个部件出现了故障，诊断系统会向驾驶员发出警报，并根据情况进行处理，或者使发动机切断燃油供给，或者切换控制模式使车辆继续行驶到修理厂。在电控高压柴油共轨系统中，供油压力与发动机的转速、负荷无关，它是独立控制的。在油轨中的压力传感器检测燃油压力，并与 ECM 设定的目标喷射压力进行比较后进行反馈控制。图 8-17 为 BOSCH 公司高压共轨系统的传感器和燃油系统部件的连接关系。

8.3.4 电控高压共轨燃油喷射系统的控制功能

符合欧Ⅲ以上标准的高压共轨柴油机，其燃油喷射系统的基本任务是根据柴油机输出功率的需要，在柴油机的每循环中，把经过计算后的燃油量，按喷油正时以很高的喷射压力把柴油喷入发动机燃烧室。为此，共轨柴油机燃油喷射系统主要控制功能是喷油量控制、喷油压力控制、喷油速率控制、喷油时间控制和喷射方式控制。

(1) 喷油量控制

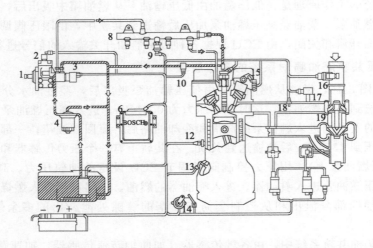

图 8-17　BOSCH 公司高压共轨系统的传感器和燃油系统部件的连接关系
1—VP 分配式高压燃油泵；2—燃油切断阀；3—压力控制阀；4—柴油滤清器；
5—燃油箱（内有输油泵和燃油粗滤器）；6—ECU；7—蓄电池；8—共轨（油轨）；
9—燃油压力传感器；10—燃油温度传感器；11—喷油器；12—冷却液温度传感器；
13—曲轴位置传感器；14—加速踏板位置传感器；15—凸轮轴位置传感器；
16—进气歧管压力传感器；17—增压压力传感器；
18—进气温度传感器；19—涡轮增压器

ECU 根据传感器和开关输入的电信号，计算出喷油量，并与存储在 ECU 中的目标值进行比较，最后确定实际喷油量，ECU 发送驱动信号，使喷油电磁阀开启或关闭，控制喷油器供油开始和供油结束的时刻，从而控制喷油量。喷油量控制的基本内容有基本喷油量、急速喷油量、启动喷油量、不均匀油量补偿，巡航控制喷油量。

① 基本喷油量控制　发动机在不同工况下工作，要求输出不同的转矩，为了获得不同的转矩特性，可以通过控制喷油量实现。发动机的基本喷油量由发动机转速和加速踏板位置决定。

② 急速喷油量控制　在急速工况下，ECU 会执行急速转速自动调节功能，维持目标转速所需要的喷油量。发动机的实际转速和目标转速（由发动机冷却液温度、空调工作状态和负荷等因素）进行比较，决定两者差值求得所必需的喷油量并进行反馈控制。

③ 启动喷油量控制　发动机在不同工况下运转，其加速踏板位置和发动机转速决定着基本喷油量，发动机的冷却液温度等决定补偿喷油量。发动机启动时，实际喷油量由这两部分决定。

④ 不均匀油量补偿控制　发动机工作时，各缸喷油量不均匀会引起燃烧压力不均匀；各缸混合气燃烧差异引起各缸间转速不均匀；曲轴旋转速度变化引起振动等。为了减少转速波动，使运转平稳，必须调节各缸喷油量，使每一气缸所需燃油量精确，必须进行不均匀油量补偿。ECU 负责检测各缸每次做功行程时转速的波动，再与其他所有气缸的平均转速相比较，分别向各缸补偿相应的喷油量。

⑤ 巡航控制喷油量控制　巡航控制就是为了减少驾驶员的疲劳，不需操纵加速踏板而维持恒速行驶的控制过程。当驾驶员接通巡航控制系统的"速度控制开关"时，速度控制系统开始工作。ECU 能够根据行驶阻力变化情况，自动调节油门的开度。油门位置传感器将油门的开度变化输入 ECU，ECU 将控制喷油电磁阀的开启和关闭时间，补偿或减少喷油量，使汽车保持恒速行驶。

（2）喷油时间控制

在共轨发动机中,为实现发动机内的最佳燃烧,ECU根据发动机的运行工况和外部环境条件经常调节喷油时间,即进行最佳喷油时间控制。具体控制方法是,由发动机决定基本喷油时间,同时,还要根据发动机的负荷、冷却液温度、进气温度和压力、燃油温度和压力等对基本喷油时间进行修正,决定目标喷油时间。

(3) 喷油压力控制

在共轨喷射系统中,ECU根据安装在油轨上的压力传感器的电信号,计算出实际喷油压力。并将其值和目标压力值进行比较,然后发出指令控制高压燃油泵,升高压力或降低压力,实行闭环控制,完成最佳喷油压力控制。

喷油压力愈大,喷油能量愈高、喷雾愈细、混合气形成和燃烧愈完全,柴油机的排放性能和动力性、经济性都会得到进一步改善。

高的喷射压力可以明显改善燃油和空气的混合,从而降低排放烟度和可吸入颗粒物的排放量,同时又可缩短着火落后区,使柴油机工作柔和、燃烧噪声小。高压柴油共轨发动机,喷射压力最大可达200MPa以上,大负荷时柴油机的排放烟度可大幅度降低。

(4) 喷油速率控制

喷油规律是影响柴油机排放的主要因素。理想的喷油规律要求喷射初期要缓慢,喷油速率不能太高,目的是减少在滞燃期内的可燃混合气量,降低初期燃烧速率,以降低最高燃烧温度和压力升高率,抑制NO_x生成和降低燃烧噪声。预喷射是实现初期缓慢燃烧的方法。喷射中期采用高喷射压力和高喷油速率,目的是加快燃烧速度,防止生成微粒和提高热效率。主喷射发生在中期,可加快可燃混合气的扩散燃烧速度。喷油后期要求迅速结束喷射,防止在较低的喷油压力和喷油速率下燃油雾化变差,导致燃烧不完全,而使HC和PM(可吸入颗粒物)排放增加。后喷射可有效降低排放物,使未燃烧的可燃物进一步燃烧掉。在共轨柴油机中,进行多次喷射,可使喷油规律优化。

(5) 喷油方式控制

共轨柴油机采用多次喷射,就是将每一工作循环中的喷油过程分成几段进行,每段喷油都是相互独立的,目的是控制燃烧速率。多次喷射包括先导喷射、预喷射、主喷射、后喷射和次后喷射等。在多次喷射过程中,电磁阀执行开启和关闭喷油器的工作,可以实现喷油规律优化。在主喷射之前的预喷射,可以降低燃烧噪声;使预喷射要靠近主喷射,可有效地降低PM排放量。而

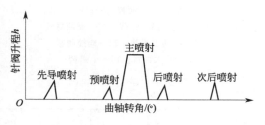

图 8-18 喷油器针阀升程与曲轴转角的关系

后喷射过程,少量燃油随废气排放再燃烧,会使有害颗粒物进一步燃烧掉,更为有效地减少PM的排放量。图8-18为喷油器针阀升程与曲轴转角的关系,表8-1为多次喷射作用效果。

表 8-1 多次喷射作用效果

喷射方式	作用效果
先导喷射	进行预混合燃烧,可降低可吸入颗粒物排放
预喷射	缩短主喷射的着火延迟、降低NO_x和燃烧噪声
后喷射	促进扩散燃烧、降低颗粒物排放
次后喷射	排气温度升高,通过供给还原剂、进行后处理、降低NO_x和燃烧噪声

8.3.5 电磁喷油器

(1) 电磁喷油器的结构

如图8-19(a)所示,当喷油器电磁阀未被触发时,喷油器关闭,泄油孔也关闭,小弹簧将电枢的球阀压向回油节流孔上,在阀控制腔内形成共轨高压。

当电磁阀被触发时,电枢将泄油孔打开,燃油从阀控制腔流到上方的空腔中,并从空腔通过回油通道返回燃油箱,使阀控制腔中的压力降低。阀控制腔中的压力降低,减小了作用在控制柱塞上的力,这时喷油器针阀被打开,喷油器开始喷油,如图8-19(b)所示。

电磁阀一旦断电,不被触发,小弹簧力会使电磁阀电枢下压,阀球就将泄油孔关闭。泄油孔关闭后,燃油从进油孔进入控制腔建立起油压,这个压力与共轨燃油压力相同,该燃油压力作用在控制柱塞端面上。由于燃油压力加上弹簧力大于喷油器腔中的压力,使喷油器针阀关闭。

（2）电磁喷油器的驱动

柴油发动机电控单元ECU可以直接驱动喷油器中的电磁阀。这种驱动能力需要60～90V的瞬间电压和30A以上的瞬间电流。如图8-20所示是用示波器记录的某型6缸柴油发动机ECU的电磁喷油器驱动波形。上面是6+1齿的凸轮信号（即曲轴位置与转速信号），下面是对应的供油信号。

电磁喷油器的响应时间极短。一般从驱动电压产生到实现动作只有1～2ms,甚至不到1ms。为了实现高速电磁喷油器的正常工作且减小功耗,对其驱动电流的波形有特殊的要求,如图8-21所示。

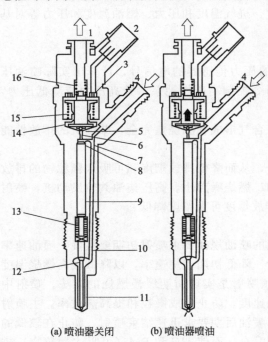

图8-19 电磁喷油器结构
1—回油管；2—接线端子；3—电磁阀；
4—高压燃油进口；5—单向阀；6—泄油孔；
7—进油孔；8—阀控制腔；9—柱塞；
10—油道；11—针阀；12—喷油器腔；
13—喷油器弹簧；14—阀控制室；
15—大弹簧；16—小弹簧

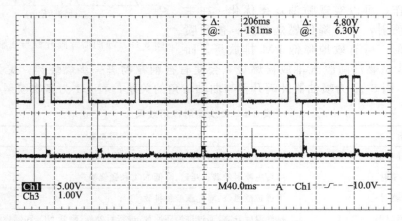

图8-20 ECU的电磁喷油器驱动波形

在图8-21中, I_s 称为阀启动电流, I_a 称为维持电流, t_w 称为喷油器电磁阀的驱动脉宽。对高速喷油器电磁阀做驱动时要求动作迅速完成,这需要较大的瞬态电流（>50A）。当动作完成后，需要维持电磁阀的位置，此时的维持电流 I_a 一般在 10A 以下。当总的驱动脉宽 t_w 达到预定时间时，电流值返回 0。电磁阀会在弹簧的作用下返回原位置。

8.3.6 电控高压共轨燃油喷射系统的实例

康明斯 ISBe 发动机主要应用于国内重型载货车、特种运输车和大型客车上。该发动机为直列 6 缸，具有中冷废气涡轮增压、高压柴油电控共轨式燃油喷射等特点。

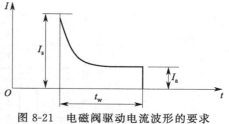

图 8-21 电磁阀驱动电流波形的要求

康明斯 ISBe 发动机高压共轨式燃油喷射系统采用传感器主要有：加速踏板位置传感器、进气歧管压力/温度传感器、燃油压力传感器、燃油温度传感器、曲轴位置传感器、凸轮轴位置传感器、冷却液温度传感器、机油压力/温度传感器、大气压力传感器和车速传感器等，另外可选装冷却液液位传感器、巡航控制开关、燃油含水传感器等。

康明斯 ISBe 发动机电子控制共轨式燃油喷射系统采用主要执行器有：燃油压力控制阀、电磁喷油器、风扇离合器、排气制动电磁阀、燃油加热器、电热塞、EGR 阀等。

电子控制模块 ECM（其他公司又称为电控单元 ECU）是高压柴油电控共轨式燃油喷射系统的核心，它的基本功能是控制发动机的喷油量和喷油正时，将发动机的功率和排放控制在最佳范围。该控制系统利用各种传感器、开关输入的信号，经过处理，并将指令发送到执行器，进行喷油量和喷油正时的最佳控制。如图 8-22 所示，电子控制模块 ECM 通过 3 个插接器（又称为连接器）与各个传感器和执行器相互连接。其控制电路如图 8-23 所示。

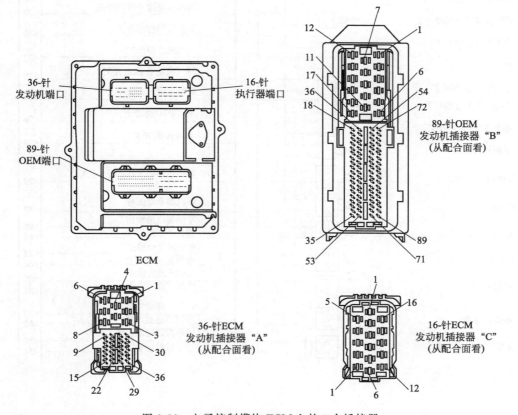

图 8-22 电子控制模块 ECM 上的 3 个插接器

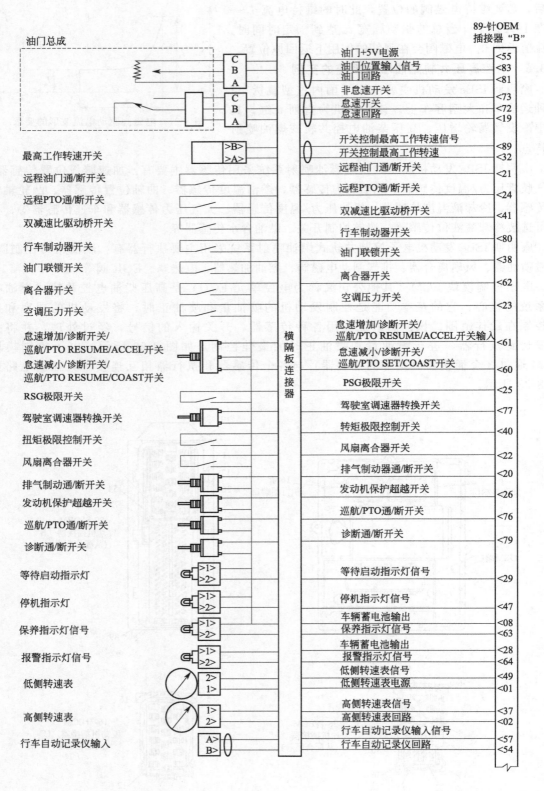

图 8-23

第 8 章 汽车电子控制系统的结构与检修

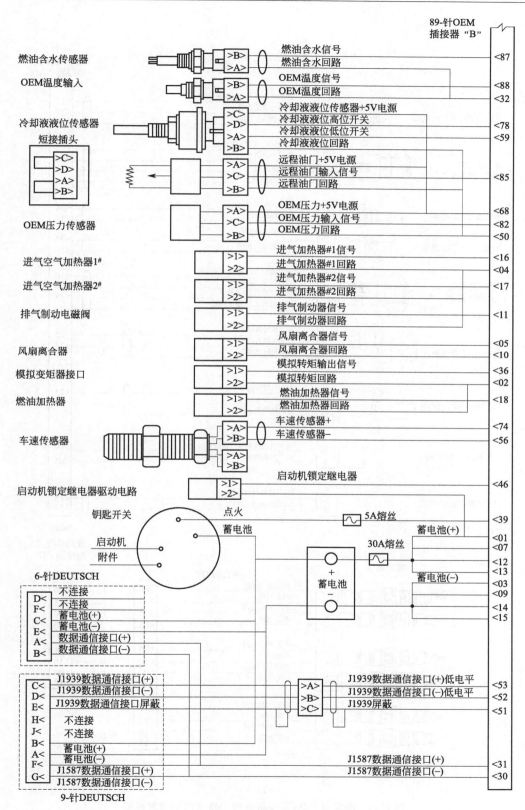

(b)

图 8-23

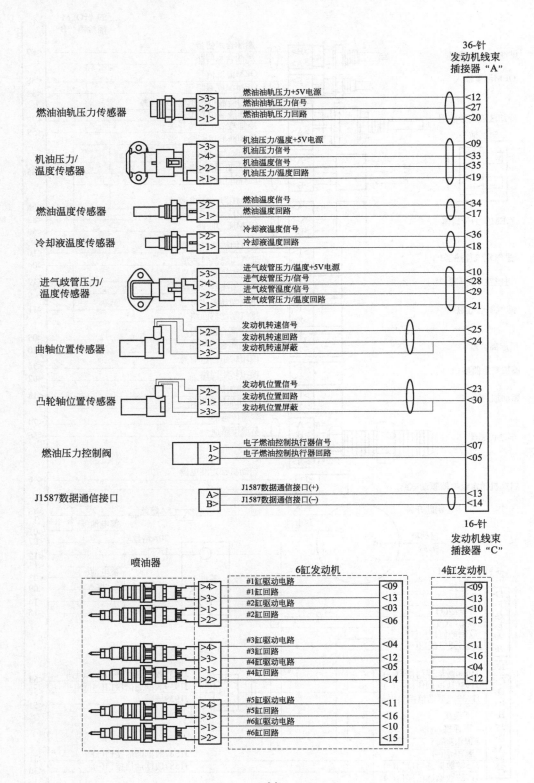

图 8-23 康明斯 ISBe 发动机电控共轨式燃油喷射系统

8.3.7 故障自诊断系统

自诊断就是电子控制共轨式燃油喷射系统自己诊断系统本身有无故障。在汽车运行过程中，ECM 根据不同传感器和控制开关输入的信号，按照预先设定的控制程序进行数学计算和逻辑判断，并向各种执行器发出相应的控制指令完成不同的控制功能。如果某只传感器或控制开关发生故障，就不能向 ECM 输送正常信号，汽车性能就会变坏甚至无法运行。如果执行机构发生故障，那么，其监测电路反馈给 ECU 的信号就会出现异常，汽车性能也会变坏甚至无法运行。因此，在使用汽车时，一旦接通钥匙开关，自诊断系统就会投入工作。

当自诊断系统监测到某只传感器或执行器发生故障时，电子控制模块 ECM 将监测到的故障内容以故障代码的形式存储在随机存储器中。并且依据故障的类型和严重程度，点亮仪表板上不同的故障指示灯。故障指示灯有 "WARMNG" ——报警指示灯、"STOP" ——停机指示灯、"WAI-TO-START" ——等待启动指示灯和 "MAINTE NANCE" ——保养指示灯。

8.3.8 故障显示

当钥匙开关转到 "ON" 位置时，同时诊断开关在 "OFF" 位置时，4 种指示灯（报警、停机、保养和等待启动指示灯）将依次点亮约 2s，然后熄灭，以进行自检。如果黄色 "WARMNG" 指示灯或红色 "STOP" 指示灯点亮，说明系统工作不正常，存储有故障代码。黄色 "WARMNG" 指示灯点亮时，车辆还可以行驶，但需要尽快修理；红色 "STOP" 指示灯点亮，车辆必须尽快、安全停驶，并立即进行检修，以便保护发动机。

8.3.9 故障代码的读取

读取故障代码来诊断电控系统故障是最常用的自诊断测试方法。将故障代码从 ECM 中读出，即可知道故障部位或故障原因，为诊断与排除控制系统故障提供可靠依据。读取故障代码的方法有两种：一种是利用仪表板上故障指示灯读取，另一种利用故障检测仪读取。

(1) 利用仪表板上故障指示灯读取故障代码

① 如图 8-24 所示，将钥匙开关置于转到 "OFF" 挡，诊断开关转到 "ON" 位置后，再将钥匙开关置于转到 "ON" 挡，发动机不运转。如果未记录下现行故障码，红色和黄色指示灯将依次点亮，然后熄灭并且保持熄灭状态。如果记录有现行故障码，两个指示灯都将瞬间点亮，然后开始闪烁出已记录的现行故障码。

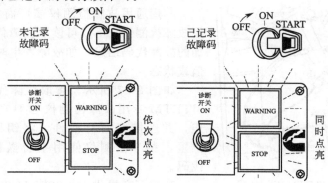

图 8-24 诊断开关转到 "ON" 位置

② 故障代码闪烁顺序。如图 8-25 所示，首先黄色"WARMNG"指示灯点亮，熄灭 1s 或 2s 后，红色"STOP"指示灯开始闪烁已记录的故障代码，各号码间会有 1s 或 2s 的停顿。在红色指示灯闪烁完故障码之后，黄色指示灯再次闪亮。三位数（或四位数）的故障代码将以相同的顺序重复闪烁。

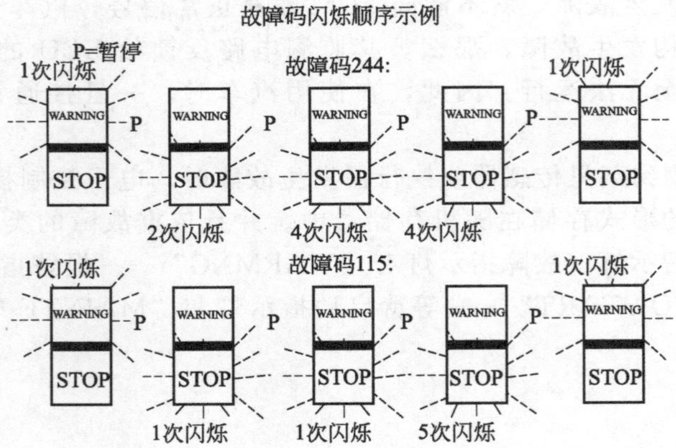

图 8-25 故障代码"244"和"115"闪烁情况

③ 如图 8-26 所示，将巡航控制"SET/RESUME"开关扳到（+）位置，此时会显示下一个故障代码。若将"SET/RESUME"开关扳到（-）位置，便可回到上一个故障代码。如果只记录了一个现行故障代码，则无论将此开关扳到（+）位置还是（-）位置，总是显示同一个故障代码。

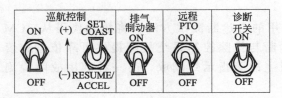
(a) 显示下一个故障代码

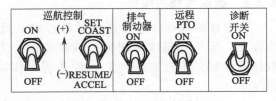
(b) 显示前一个故障代码

图 8-26 巡航控制"SET/RESUME"开关操作方法

故障码诊断完毕，应关闭诊断开关。

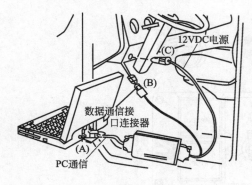

图 8-27 利用 INSITETM 专用故障检测仪读取故障代码

（2）利用故障检测仪读取故障代码

利用通用故障检测仪或厂商提供 INSITETM 专用故障检测仪，不仅可读取故障代码，还可以得到附加的故障代码信息，如故障发生时传感器和开关的数值或状态。

如图 8-27 所示，读取故障代码时，首先将 IN-SITETM 专用故障检测仪与 J1708 数据通信接口相连，并连接好所有部件，将钥匙开关转到"ON"位置，参考检测仪使用手册操作，开始读取故障代码。

利用厂商提供 INSITETM 专用故障检测仪能够显示现行和非现行故障代码。

8.3.10 故障代码的清除

只有经过维修,排除了故障,发动机运转 1min 后,用 INSITETM 专用故障检测仪确认现行故障代码不再起作用,并且已转变成非现行故障码时,才能用 INSITETM 专用故障检测仪清除掉非现行故障和相关故障信息。

8.4 高压共轨燃油喷射系统主要电气部件的检修

8.4.1 加速踏板位置传感器的检修

加速踏板位置传感器的功能是将驾驶员的加速指令传送给 ECM,其结构主要由油门位置传感器和怠速开关组成,安装在驾驶室内驾驶员右脚加速踏板上。当踩下加速踏板时,油门位置传感器将油门位置信号传输给 ECM。加速踏板位置传感器的电路如图 8-28 所示,当传感器产生故障时,ECM 将点亮仪表板上的红色"STOP"指示灯。

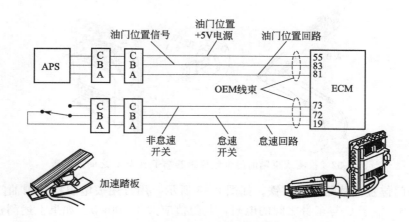

图 8-28 加速踏板位置传感器的电路

(1) 油门位置传感器的检修

油门位置传感器上有 3 个接线端子(见图 8-29),其中接线端子 C 与发动机电控模块 ECM 的接线端子 55 连通,并给该传感器提供 5V 的电源;接线端子 A 与 ECM 的接线端子 81 连通;接线端子 B 与 ECM 的接线端子 83 连通,并将该传感器产生的信号送给发动机电控模块 ECM。

① 检测油门位置传感器的电阻。如图 8-30 所示,拆开油门位置传感器的插接器,将测试线束的 3 针插接器安装到油门位置传感器上。

如图 8-30 所示,用万用表电阻挡检测油门位置传感器端子 A 与端子 C 之间的电阻,其阻值应为 2000~3000Ω(不论加速踏板是否踩下)。

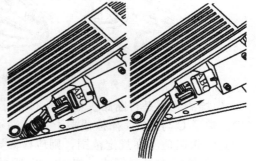

图 8-29 安装油门位置传感器的测试线束

如图 8-31 所示,检测油门位置传感器端子 B 与端子 C 之间的电阻,踩下加速踏板时,其阻值应为 250~1500Ω;释放加速踏板时,其阻值应为 1500~3000Ω。

如果上述测量阻值不在规定范围,则应更换传感器。

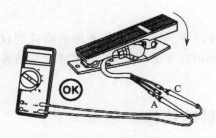 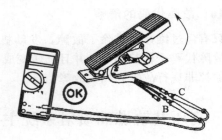

图8-30 检测油门位置传感器端子A与C间的电阻　　图8-31 检测油门位置传感器端子B与C间的电阻

② 检测油门位置传感器的电源电压。拆开油门位置传感器的插接器，将钥匙开关置于转到"ON"挡，发动机不运转。如图8-32所示，用万用表电压挡检测线束侧油门位置传感器端子A与端子C之间的电压，其电压值应为4.75～5.25V。否则应检查传感器与ECM之间的导线或ECM的电源电路。

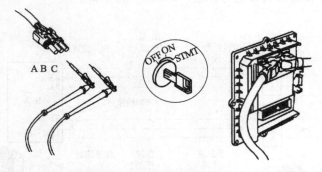

图8-32 检测线束侧油门位置传感器端子A与C之间的电压

③ 检测油门位置传感器是否搭铁。如图8-33所示，用万用表电阻挡检测油门位置传感器端子A、端子B、端子C与车身之间的电阻，其阻值应大于100kΩ。如果上述测量阻值不在规定范围，则应更换传感器。

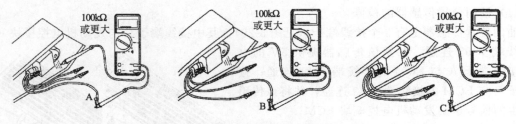

图8-33 检测油门位置传感器是否搭铁

④ 检测线束是否断路。如图8-34所示，用万用表电阻挡检测油门位置传感器端子A、端子B、端子C与ECM插接器端子81、端子83、端子55之间的电阻，其阻值应小于10Ω。如果上述测量阻值不在规定范围，则应检修导线。

⑤ 检测线束是否短路。如图8-35所示，用万用表电阻挡检测ECM插接器端子81、端子83、端子55与其他端子之间的电阻，其阻值应大于100kΩ。如果上述测量阻值不在规定范围，则应检修有关导线。

（2）怠速开关的检修

怠速开关上有3个接线端子（见图8-28），其中接线端子C与发动机电控模块ECM的接线端子73连通；接线端子A与ECM的接线端子19连通；接线端子B与ECM的接线端子72连通。

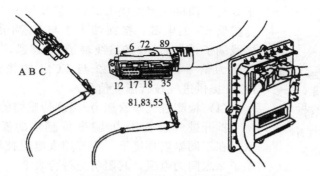

图 8-34 检测油门位置传感器的线束是否断路

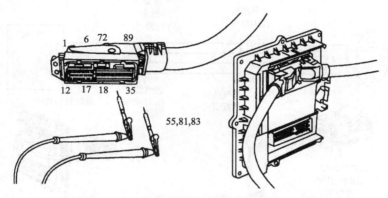

图 8-35 检测油门位置传感器的线束是否短路

① 检查怠速开关导通情况。如图 8-36 所示，拆开怠速开关的插接器，用万用表电阻挡检测怠速开关端子 A 与端子 B 之间的电阻。释放加速踏板时，其阻值应小于 10Ω；踩下加速踏板时，其阻值应大于 $100k\Omega$。如果上述测量阻值不在规定范围，则应更换怠速开关。

② 检查非怠速开关导通情况。如图 8-37 所示，用万用表电阻挡检测非怠速开关端子 A 与 C 之间的电阻。释放加速踏板时，其阻值应小于 10Ω；踩下加速踏板时，其阻值应大于 $100k\Omega$。如果上述测量阻值不在规定范围，则应更换怠速开关。

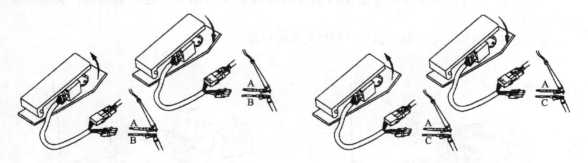

图 8-36 检查怠速开关导通情况　　　　图 8-37 检查非怠速开关导通情况

8.4.2 进气歧管压力/温度传感器的检修

如图 8-38 所示，进气歧管压力/温度传感器安装在发动机的进气歧管内，其功能是监测进气歧管内空气的压力和温度，是 ECM 确定喷油量的重要信号之一。当传感器产生故障时，ECM 将点亮仪表板上的黄色"WARNING"指示灯。

进气歧管压力/温度传感器的电路如图 8-39 所示，传感器上有 4 个接线端子，其中接线端

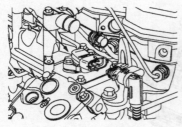

图 8-38 进气歧管压力/温度传感器安装位置

子 3 与发动机电控模块 ECM 的接线端子 10 连通,并给该传感器提供 5V 的电源;接线端子 1 与 ECM 的接线端子 21 连通;接线端子 4 与 ECM 的接线端子 28 连通,给 ECM 提供进气歧管压力信号;接线端子 2 与 ECM 的接线端子 29 连通,给 ECM 提供进气歧管温度信号。

(1) 检测进气歧管压力/温度传感器的电阻

拆开进气歧管压力/温度传感器的插接器,如图 8-40 所示,在不同温度环境下,用万用表电阻挡检测传感器端子 1 与端子 2 之间的电阻,其阻值应符合表 8-2。

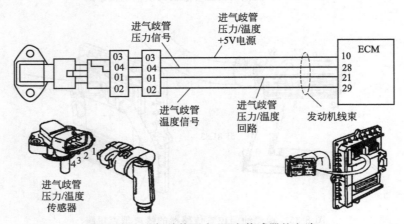

图 8-39 进气歧管压力/温度传感器的电路

表 8-2 进气歧管温度传感器温度与电阻对应关系

温度/℃	电阻值/Ω	温度/℃	电阻值/Ω
0	5000～7000	75	300～450
25	1700～2500	100	150～220
50	700～1000		

如图 8-41 所示,用万用表电阻挡检测传感器端子 3 与端子 4 之间的电阻,其阻值应为 10～100MΩ。

如果上述测量阻值不在规定范围,则应更换传感器。

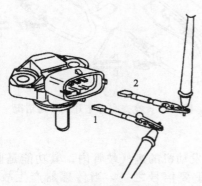

图 8-40 检测进气歧管压力/温度传感器端子 1 与 2 间的电阻

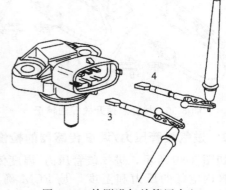

图 8-41 检测进气歧管压力/温度传感器端子 3 与 4 间的电阻

（2）检测进气歧管压力/温度传感器的电源电压

拆开进气歧管压力/温度传感器的插接器，将钥匙开关置于转到"ON"挡，发动机不运转。如图 8-42 所示，用万用表电压挡检测线束侧进气歧管压力/温度传感器端子 3 与端子 1 之间的电压，其电压值应为 4.75～5.25V。否则应检查传感器与 ECM 之间的导线或 ECM 的电源电路。

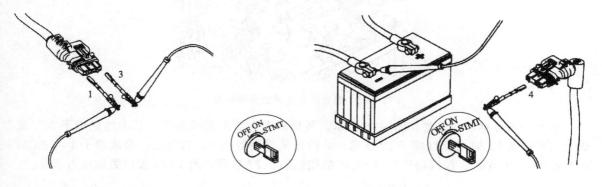

图 8-42　检测线束侧进气歧管压力/
温度传感器端子 3 与 1 之间的电压

图 8-43　检测进气歧管压力/
温度传感器端子的信号电压

（3）检测进气歧管压力/温度传感器的信号电压

拆开进气歧管压力/温度传感器的插接器，将钥匙开关置于转到"ON"挡，发动机不运转。如图 8-43 所示，用万用表电压挡检测线束侧进气歧管压力/温度传感器端子 4 与蓄电池负极之间的电压，其电压值应为 0.1～0.25V。否则应检查传感器与 ECM 之间的导线或 ECM 的电源电路。

（4）检测线束是否断路

如图 8-44 所示，用万用表电阻挡检测进气歧管压力/温度传感器端子 1、端子 2、端子 3、端子 4 与 ECM 插接器端子 21、端子 29、端子 10、端子 28 之间的电阻，其阻值应小于 10Ω。如果上述测量阻值不在规定范围，则应检修导线。

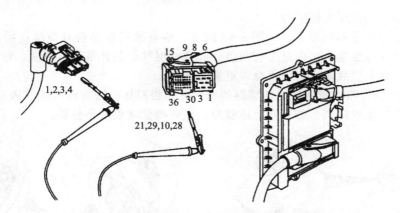

图 8-44　检测进气歧管压力/温度传感器的线束是否断路

8.4.3　燃油压力传感器的检修

如图 8-45 所示，燃油压力传感器安装在发动机的共轨管上，其功能是监测共轨管内燃油的压力，以便 ECM 准确控制喷油量。当传感器产生故障时，ECM 将点亮仪表板上的黄色"WARNING"指示灯。

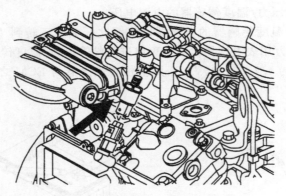

图 8-45 燃油压力传感器安装位置

燃油压力传感器的电路如图 8-46 所示,传感器上有 3 个接线端子,其中接线端子 3 与发动机电控模块 ECM 的接线端子 12 连通,并给该传感器提供 5V 的电源;接线端子 1 与 ECM 的接线端子 30 连通;接线端子 2 与 ECM 的接线端子 27 连通,给 ECM 提供燃油压力信号。

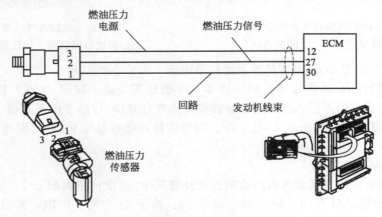

图 8-46 燃油压力传感器的电路

(1) 外观检查燃油压力传感器

拆下燃油压力传感器插接器,如图 8-47 所示,检查插接器是否有裂纹;插接器密封件是否有损坏;触针(接线端子)内是否有灰尘、碎屑或湿气;触针是否有腐蚀、弯曲、断裂、缩进或伸出。如存在上述故障,则应检修或更换传感器。

如图 8-48 所示,检查燃油压力传感器的密封件是否损坏;密封件内部或表面是否有裂纹;传感器端部有无灰尘或碎屑。如存在上述故障,则应检修或更换传感器。

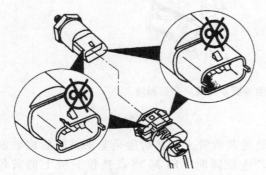

图 8-47 检查燃油压力传感器插接器

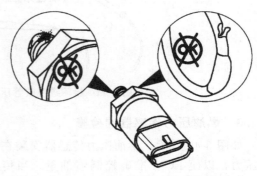

图 8-48 外观检查燃油压力传感器

(2) 检测燃油压力传感器的电源电压

拆开燃油压力传感器的插接器,将钥匙开关置于转到"ON"挡,发动机不运转。如图 8-49 所示,用万用表电压挡检测线束侧燃油压力传感器端子 3 与端子 1 之间的电压,其电压值应为 4.75～5.25V。否则应检查传感器与 ECM 之间的导线或 ECM 的电源电路。

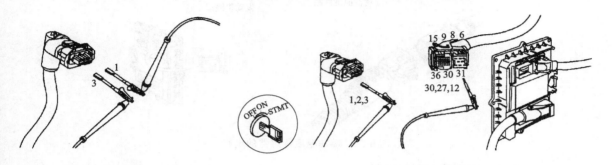

图 8-49　检测线束侧进气歧管压力/温度传感器端子 3 与 1 之间的电压

图 8-50　检测燃油压力传感器的线束是否断路

(3) 检测线束是否断路

如图 8-50 所示,用万用表电阻挡检测燃油压力传感器端子 1、端子 2、端子 3 与 ECM 插接器端子 30、端子 27、端子 12 之间的电阻,其阻值应小于 10Ω。如果上述测量阻值不在规定范围,则应检修导线。

(4) 检测线束是否短路

如图 8-51 所示,用万用表电阻挡检测 ECM 插接器端子 12、端子 27、端子 30 与其他端子之间的电阻,其阻值应大于 100kΩ。如果上述测量阻值不在规定范围,则应检修有关导线。

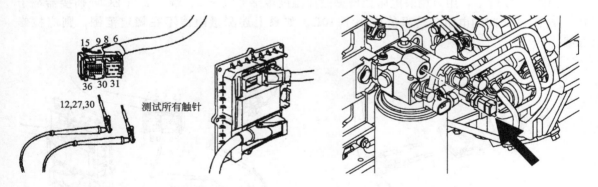

图 8-51　检测燃油压力传感器的线束是否短路

图 8-52　燃油温度传感器安装位置

8.4.4　燃油温度传感器的检修

如图 8-52 所示,燃油温度传感器安装在发动机上燃油滤清器附近,其功能是监测共轨管内燃油的温度,以便 ECM 准确控制喷油量或对发动机进行保护。当传感器产生一般故障时,ECM 将点亮仪表板上的黄色"WARNING"指示灯;当传感器发出过高温度信号时,ECM 将点亮仪表板上的红色"STOP"指示灯。

燃油温度传感器的电路如图 8-53 所示,传感器上有 2 个接线端子,其中接线端子 1 与 ECM 的接线端子 17 连通;接线端子 2 与 ECM 的接线端子 34 连通,给 ECM 提供燃油温度信号。

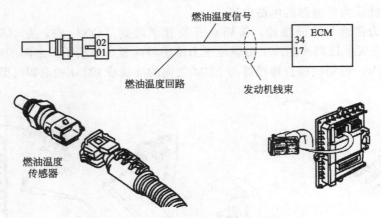

图 8-53 燃油温度传感器的电路

(1) 检查燃油温度传感器的电阻

拆开燃油温度传感器的插接器,如图 8-54 所示,在不同温度环境下,用万用表电阻挡检测传感器端子 1 与端子 2 之间的电阻,其阻值应符合表 8-3。如果上述测量阻值不在规定范围,则应更换传感器。

表 8-3 燃油温度传感器温度与电阻对应关系

温度/℃	电阻值/Ω	温度/℃	电阻值/Ω
0	5000～7000	75	300～450
25	1700～2500	100	150～220
50	700～1000		

(2) 检测线束是否断路

如图 8-55 所示,用万用表电阻挡检测燃油温度传感器端子 1、端子 2 与 ECM 插接器端子 17、端子 34 之间的电阻,其阻值应小于 10Ω。如果上述测量阻值不在规定范围,则应检修导线。

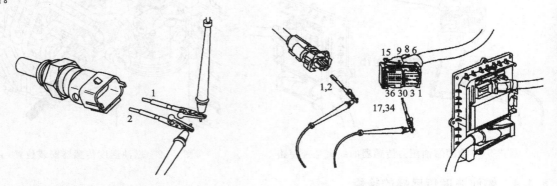

图 8-54 检测燃油温度传感器端子 1 与 2 间的电阻　　图 8-55 检测燃油温度传感器的线束是否断路

(3) 检测线束是否短路

如图 8-56 所示,用万用表电阻挡检测 ECM 插接器端子 17、端子 34 与其他端子之间的电阻,其阻值应大于 100kΩ。如果上述测量阻值不在规定范围,则应检修有关导线。

8.4.5 曲轴位置传感器的检修

如图 8-57 所示,曲轴位置传感器安装在发动机的飞轮壳体上,其功能是监测曲轴转角位移,给 ECM 提供发动机转速和曲轴转角信号,作为喷油正时的主控信号。当传感器产生故障时，ECM 将点亮仪表板上的黄色"WARNING"指示灯。

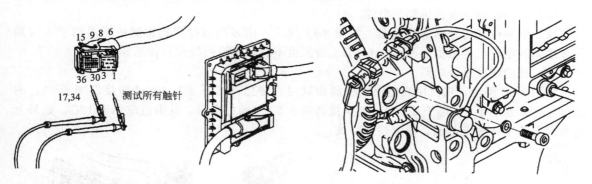

图 8-56　检测燃油温度传感器的线束是否短路　　图 8-57　曲轴位置传感器安装位置

康明斯 ISBe 发动机采用的是磁感应式曲轴位置传感器，其信号转子有 58 个齿和一个缺齿口，缺齿口表示 1 缸、6 缸位于上止点位置。曲轴位置传感器的电路如图 8-58 所示，传感器上有 3 个接线端子，其中接线端子 1 与发动机电控模块 ECM 的接线端子 24 连通；接线端子 2 与 ECM 的接线端子 25 连通；接线端子 3 是一屏蔽线与 ECM 的接线端子 24 连通。

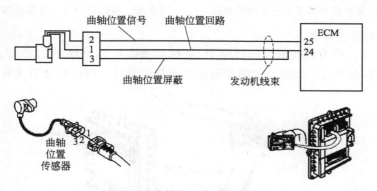

图 8-58　曲轴位置传感器的电路

（1）外观检查曲轴位置传感器

拆下曲轴位置传感器插接器，如图 8-59 所示，检查插接器壳体是否有损坏；插接器密封件是否有损坏；触针（接线端子）内是否有灰尘、碎屑或湿气；触针是否有腐蚀、弯曲、断裂、缩进或伸出。如存在上述故障，则应检修或更换传感器。

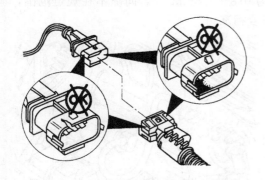 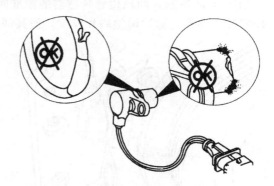

图 8-59　检查曲轴位置传感器插接器　　图 8-60　外观检查曲轴位置传感器

如图 8-60 所示，检查曲轴位置传感器的 O 形圈是否已变形；O 形圈内部或表面是否有裂纹；

与曲轴信号转子相对的一面是否有灰尘、碎屑或损坏。如存在上述故障，则应检修或更换传感器。

（2）检测曲轴位置传感器的电阻

取下曲轴位置传感器的插接器，如图 8-61 所示，用万用表电阻挡检测传感器端子 1 与端子 2 之间的电阻，其阻值应 650～1000Ω。若阻值不符，更换曲轴位置传感器。

（3）检测线束是否断路

如图 8-62 所示，用万用表电阻挡检测曲轴位置传感器端子 2 与 ECM 插接器端子 25；曲轴位置传感器端子 1、端子 3 与 ECM 插接器端子 24 之间的电阻，其阻值应小于 10Ω。如果上述测量阻值不在规定范围，则应检修导线。

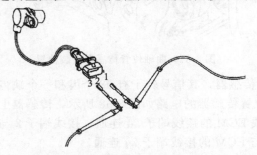
图 8-61 检测曲轴位置传感器端子 1 与 2 间的电阻

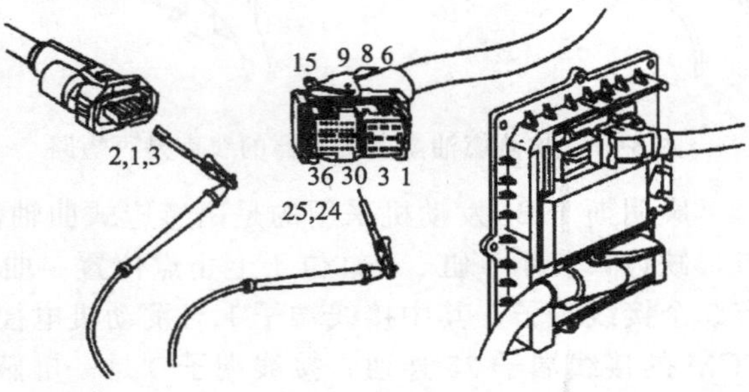

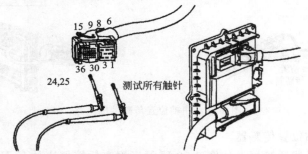
图 8-62 检测曲轴位置传感器的线束是否断路

（4）检测线束是否短路

如图 8-63 所示，用万用表电阻挡检测 ECM 插接器端子 24、端子 25 与其他端子之间的电阻，其阻值应大于 100kΩ。如果上述测量阻值不在规定范围，则应检修有关导线。

图 8-63 检测曲轴位置传感器的线束是否短路

（5）检测传感器的间隙

如图 8-64 所示，曲轴位置传感器的标准间隙为 0.8～1.5mm。若间隙不在规定范围，应重新安装传感器，通过调整垫片厚度，使其间隙符合标准。

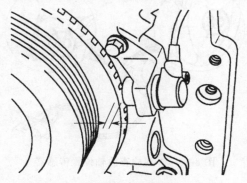
图 8-64 测量曲轴位置传感器的间隙

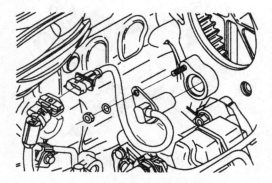
图 8-65 凸轮轴位置传感器安装位置

8.4.6 凸轮轴位置传感器的检修

如图 8-65 所示,凸轮轴位置传感器安装在发动机凸轮轴的前端,其功能是给 ECM 提供发动机曲轴转角基准位置信号(又称为判缸信号),作为喷油正时的主控信号。当传感器产生故障时,ECM 将点亮仪表板上的黄色"WARNING"指示灯。

康明斯 ISBe 发动机采用的是磁感应式凸轮轴位置传感器,其电路如图 8-66 所示,传感器上有 3 个接线端子,其中接线端子 1 与发动机电控模块 ECM 的接线端子 30 连通;接线端子 2 与 ECM 的接线端子 23 连通;接线端子 3 是一屏蔽线与 ECM 的接线端子 30 连通。

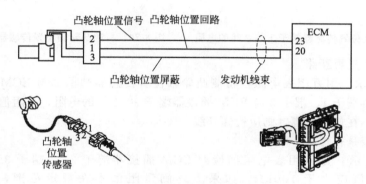

图 8-66 凸轮轴位置传感器的电路

(1) 外观检查凸轮轴位置传感器

拆下凸轮轴位置传感器插接器,如图 8-67 所示,检查插接器壳体是否有损坏;插接器密封件是否有损坏;触针(接线端子)内是否有灰尘、碎屑或湿气;触针是否有腐蚀、弯曲、断裂、缩进或伸出。如存在上述故障,则应检修或更换传感器。

如图 8-68 所示,检查凸轮轴位置传感器的 O 形圈是否已变形;O 形圈内部或表面是否有裂纹;与凸轮轴信号转子相对的一面是否有灰尘、碎屑或损坏。如存在上述故障,则应检修或更换传感器。

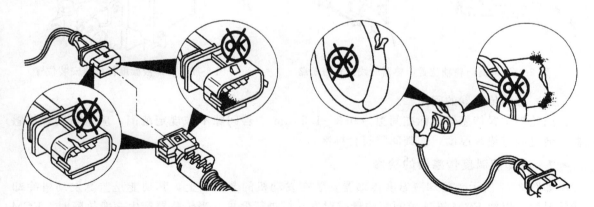

图 8-67 检查凸轮轴位置传感器插接器　　图 8-68 外观检查凸轮轴位置传感器

(2) 检测凸轮轴位置传感器的电阻

取下凸轮轴位置传感器的插接器,如图 8-69 所示,用万用表电阻挡检测传感器端子 1 与端子 2 之间的电阻,其阻值应为 650~1000Ω。若阻值不符,更换凸轮轴位置传感器。

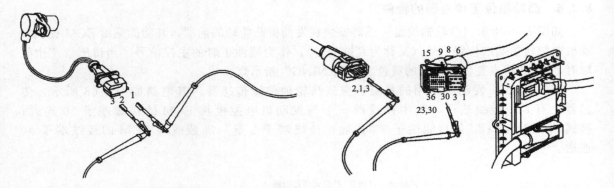

图 8-69　检测凸轮轴位置传感器端子 1 与 2 间的电阻　　图 8-70　检测凸轮轴位置传感器的线束是否断路

（3）检测线束是否断路

如图 8-70 所示，用万用表电阻挡检测凸轮轴位置传感器端子 2 与 ECM 插接器端子 23；凸轮轴位置传感器端子 1、端子 3 与 ECM 插接器端子 30 之间的电阻，其阻值应小于 10Ω。如果上述测量阻值不在规定范围，则应检修导线。

（4）检测线束是否短路

如图 8-71 所示，用万用表电阻挡检测 ECM 插接器端子 23、端子 30 与其他端子之间的电阻，其阻值应大于 100kΩ。如果上述测量阻值不在规定范围，则应检修有关导线。

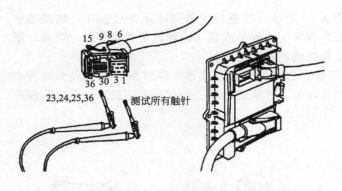
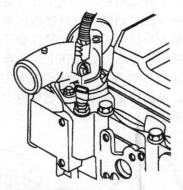

图 8-71　检测凸轮轴位置传感器的线束是否短路　　图 8-72　冷却液温度传感器安装位置

（5）检测传感器的间隙

凸轮轴位置传感器的标准间隙为 0.8～1.5 mm。若间隙不在规定范围，应重新安装传感器，通过调整垫片厚度，使其间隙符合标准。

8.4.7　冷却液温度传感器的检修

如图 8-72 所示，冷却液温度传感器安装在发动机的节温器上，其功能是监测发动机冷却液的温度，以便 ECM 准确控制喷油量或对发动机进行保护。当传感器产生一般故障时，ECM 将点亮仪表板上的黄色"WARNING"指示灯；当传感器发出过高温度信号时，ECM 将点亮仪表板上的红色"STOP"指示灯。

冷却液温度传感器的电路如图 8-73 所示，传感器上有 2 个接线端子，其中接线端子 1 与 ECM 的接线端子 18 连通；接线端子 2 与 ECM 的接线端子 36 连通，给 ECM 提供冷却液温度信号。

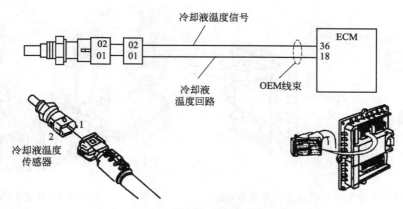

图 8-73 冷却液温度传感器的电路

(1) 检查冷却液温度传感器的电阻

拆开冷却液温度传感器的插接器,如图 8-74 所示,在不同温度环境下,用万用表电阻挡检测传感器端子 1 与端子 2 之间的电阻,其阻值应符合表 8-4。如果上述测量阻值不在规定范围,则应更换传感器。

表 8-4 冷却液温度传感器温度与电阻对应关系

温度/℃	电阻值/Ω	温度/℃	电阻值/Ω
0	5000～7000	75	300～450
25	1700～2500	100	150～220
50	700～1000		

(2) 检测线束是否断路

如图 8-75 所示,用万用表电阻挡检测冷却液温度传感器端子 1、端子 2 与 ECM 插接器端子 18、端子 36 之间的电阻,其阻值应小于 10Ω。如果上述测量阻值不在规定范围,则应检修导线。

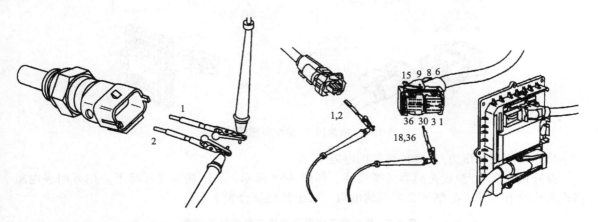

图 8-74 检测冷却液温度传感器端子 1 与 2 间的电阻

图 8-75 检测冷却液温度传感器的线束是否断路

(3) 检测线束是否短路

如图 8-76 所示,用万用表电阻挡检测 ECM 插接器端子 18、端子 36 与其他端子之间的电阻,其阻值应大于 100kΩ。如果上述测量阻值不在规定范围,则应检修有关导线。

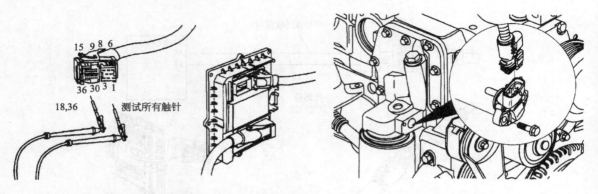

图 8-76 检测冷却液温度传感器的线束是否短路　　图 8-77 机油压力/温度传感器安装位置

8.4.8 机油压力/温度传感器的检修

如图 8-77 所示，机油压力/温度传感器安装在发动机上机油滤清器附近，其功能是监测发动机的机油压力和温度，ECM 将机油压力/温度用于发动机保护系统。当传感器产生故障时，ECM 将点亮仪表板上的黄色"WARNING"指示灯；当传感器输出机油压力过低信号时，ECM 将点亮仪表板上的红色"STOP"指示灯。

机油压力/温度传感器的电路如图 8-78 所示，传感器上有 4 个接线端子，其中接线端子 3 与发动机电控模块 ECM 的接线端子 09 连通，并给该传感器提供 5V 的电源；接线端子 1 与 ECM 的接线端子 19 连通；接线端子 4 与 ECM 的接线端子 33 连通，给 ECM 提供机油压力信号；接线端子 2 与 ECM 的接线端子 35 连通，给 ECM 提供机油温度信号。

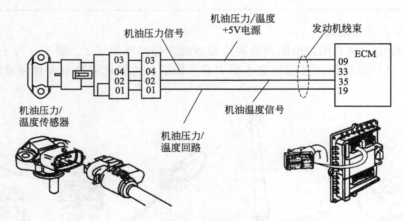

图 8-78 机油压力/温度传感器的电路

（1）检测机油压力/温度传感器的电阻

拆开机油压力/温度传感器的插接器，如图 8-79 所示，在不同温度环境下，用万用表电阻挡检测传感器端子 1 与端子 2 之间的电阻，其阻值应符合表 8-5。

表 8-5　机油温度传感器温度与电阻对应关系

温度/℃	电阻值/Ω	温度/℃	电阻值/Ω
0	5000～7000	75	300～450
25	1700～2500	100	150～220
50	700～1000		

如图 8-80 所示，用万用表电阻挡检测传感器端子 3 与端子 4 之间的电阻，其阻值应为 10～100MΩ。

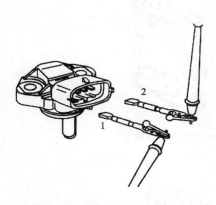

图 8-79　检测机油压力/温度
传感器端子 1 与 2 间的电阻

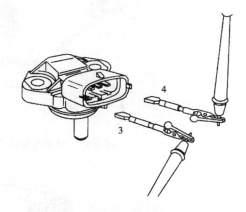

图 8-80　检测机油压力/温度
传感器端子 3 与 4 间的电阻

如果上述测量阻值不在规定范围，则应更换传感器。

（2）检测机油压力/温度传感器的电源电压

拆开机油压力/温度传感器的插接器，将钥匙开关置于转到"ON"挡，发动机不运转。如图 8-81 所示，用万用表电压挡检测线束侧机油压力/温度传感器端子 3 与端子 1 之间的电压，其电压值应为 4.75～5.25V。否则应检查传感器与 ECM 之间的导线或 ECM 的电源电路。

（3）检测机油压力/温度传感器的信号电压

拆开机油压力/温度传感器的插接器，将钥匙开关置于转到"ON"挡，发动机不运转。如图 8-82 所示，用万用表电压挡检测线束侧机油压力/温度传感器端子 4 与蓄电池负极之间的电压，其电压值应为 0.1～0.25V。否则应检查传感器与 ECM 之间的导线或 ECM 的电源电路。

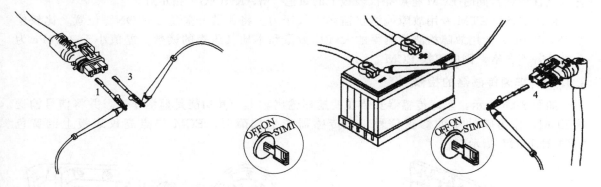

图 8-81　检测线束侧机油压力/
温度传感器端子 3 与 1 之间的电压

图 8-82　检测机油压力/温度
传感器端子的信号电压

（4）检测线束是否断路

如图 8-83 所示，用万用表电阻挡检测机油压力/温度传感器端子 1、端子 2、端子 3、端子 4 与 ECM 插接器端子 19、端子 35、端子 09、端子 33 之间的电阻，其阻值应小于 10Ω。如果上述测量阻值不在规定范围，则应检修导线。

（5）检测线束是否短路

如图 8-84 所示，用万用表电阻挡检测 ECM 插接器端子 19、端子 35、端子 09、端子 33 与其他端子之间的电阻，其阻值应大于 100kΩ。如果上述测量阻值不在规定范围，则应检修有关导线。

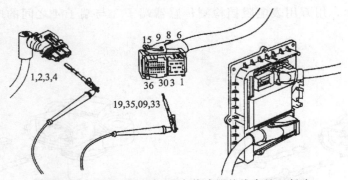

图 8-83 检测机油压力/温度传感器的线束是否断路

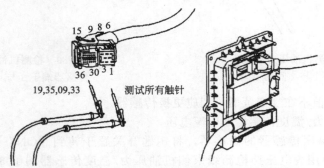

图 8-84 检测机油压力/温度传感器的线束是否短路

8.4.9 大气压力传感器的检修

如图 8-85 所示,大气压力传感器安装在发动机电子控制模块 ECM 上,其功能是监测大气的压力,以便 ECM 对喷油量进行精确控制。当传感器产生故障时,发动机的功率下降,排气管可能冒黑烟,同时 ECM 将点亮仪表板上的黄色"WARNING"指示灯。

使用 INSITETM 专用故障检测仪监测大气压力。将钥匙开关置于"ON"位置,比较使用 INSITETM 专用故障检测仪测得的大气压力值和本地气压表的读数。差值小于 3.4kPa 为合格,若不合格,则应更换 ECM。

8.4.10 车速传感器的检修

如图 8-86 所示,车速传感器安装在变速器输出轴上,其功能是监测车速,并将信号输送给 ECM,作为喷油量的修正信号。当传感器产生故障时,ECM 将点亮仪表板上的黄色"WARNING"指示灯。

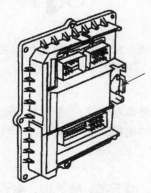 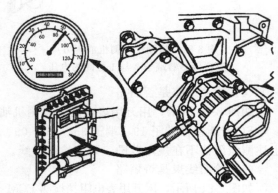

图 8-85 大气压力传感器在 ECM 上的安装位置　　图 8-86 车速传感器安装位置

康明斯 ISBe 发动机采用的是磁感应式车速传感器，有两个线圈，一个接仪表板上的车速表，另一个接 ECM，其电路如图 8-87 所示，传感器与 ECM 通过 2 根导线连通，其中传感器接线端子 A 与发动机电控模块 ECM 的接线端子 74 连通；传感器接线端子 B 与 ECM 的接线端子 56 连通。

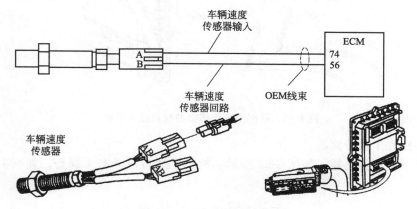

图 8-87 车速传感器的电路

（1）检测车速传感器的电阻

取下车速传感器的插接器，如图 8-88 所示，用万用表电阻挡检测传感器端子 A 与端子 B 之间的电阻，其阻值应为 750~1500Ω。用万用表电阻挡检测传感器端子 A（或端子 B）与车身之间的电阻，其阻值应大于 100kΩ。如果上述测量阻值不在规定范围，则更换车速传感器。

（2）检测线束是否断路

如图 8-89 所示，用万用表电阻挡检测车速传感器端子 A 与 ECM 插接器端子 74，车速传感器端子 B 与 ECM 插接器端子 56 之间的电阻，其阻值应小于 10Ω。如果上述测量阻值不在规定范围，则应检修导线。

（3）检测线束是否短路

如图 8-90 所示，用万用表电阻挡检测 ECM 插接器端子 56、端子 74 与其他端子之间的电阻，其阻值应大于 100kΩ。如果上述测量阻值不在规定范围，则应检修有关导线。

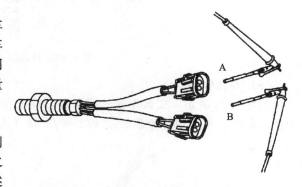

图 8-88 检测车速传感器端子 A 与 B 间的电阻

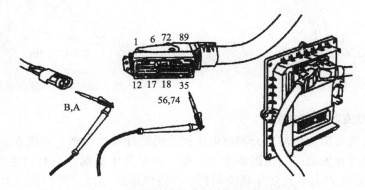

图 8-89 检测车速传感器的线束是否断路

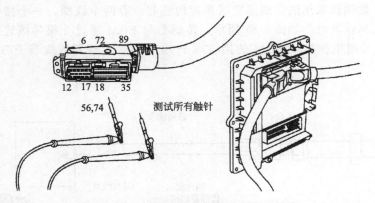

图 8-90 检测车速传感器的线束是否短路

(4) 外观检查车速传感器

从车上拆下车速传感器,如图 8-91 所示,检查车速传感器有无损伤。如有损伤,则应更换传感器。

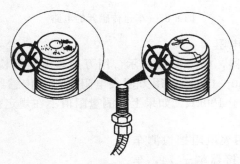

图 8-91 外观检查车速传感器

(5) 安装传感器

如图 8-92 所示,安装车速传感器时,应确保传感器与齿对正,旋转传感器直到与齿接触为止。此时,将车速传感器旋出 1/2～3/4 圈(见图 8-93),即可保证传感器的间隙符合标准。

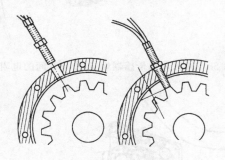

图 8-92 安装车速传感器

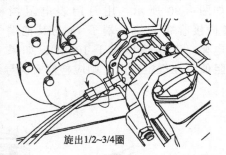

图 8-93 确定车速传感器的间隙

8.4.11 燃油压力控制阀的检修

燃油压力控制阀又称为燃油压力调节电磁阀或燃油计量比例阀。如图 8-94、图 8-95 所示,燃油压力控制阀安装在发动机高压燃油泵上,是一个常开电磁阀,只有当电流通过时才闭合,其电流的大小由 ECM 控制,其功能是控制共轨管内燃油的压力。当燃油压力控制阀产生故障时,发动机将会产生功率下降、熄火或不能启动等故障,此时 ECM 点亮仪表板上的黄色

"WARNING"指示灯。

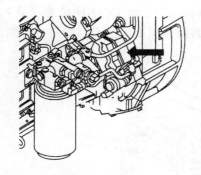

图 8-94　高压燃油泵在发动机上的位置

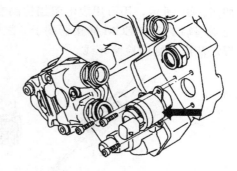

图 8-95　燃油压力控制阀在高压燃油泵上的安装位置

康明斯 ISBe 发动机采用的燃油压力控制阀的电路如图 8-96 所示，燃油压力控制阀与 ECM 通过 2 根导线连通，其中控制阀接线端子 1 与发动机电控模块 ECM 的接线端子 7 连通；控制阀接线端子 2 与 ECM 的接线端子 5 连通。

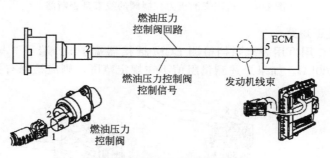

图 8-96　燃油压力控制阀的电路

（1）检查燃油压力控制阀的工作情况

如图 8-97 所示，将钥匙开关置于"ON"位置 5s 后，再将钥匙开关置于"OFF"位置，此时倾听燃油压力控制阀的声音。如能听到"咔嗒"声，说明燃油压力控制阀的工作正常；如听不到"咔嗒"声，说明燃油压力控制阀的工作不正常，需要检修燃油压力控制阀及其电路。

（2）检测燃油压力控制阀的电阻

取下燃油压力控制阀的插接器，如图 8-98 所示，用万用表电阻挡检测燃油压力控制阀端子 1 与端子 2 之间的电阻，其阻值应为 1.0～2.2Ω。用万用表电阻挡检测传感器端子 1（或端子 2）与车身之间的电阻，其阻值应大于 100kΩ。如果上述测量阻值不在规定范围，则更换燃油压力控制阀。

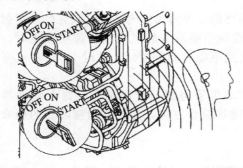

图 8-97　检查燃油压力控制阀的工作情况

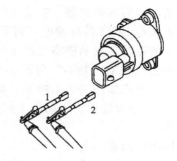

图 8-98　检测燃油压力控制阀端子 1 与 2 间的电阻

(3) 检测线束是否断路

如图 8-99 所示，用万用表电阻挡检测燃油压力控制阀端子 1 与 ECM 插接器端子 7，燃油压力控制阀端子 2 与 ECM 插接器端子 5 之间的电阻，其阻值应小于 10Ω。如果上述测量阻值不在规定范围，则应检修导线。

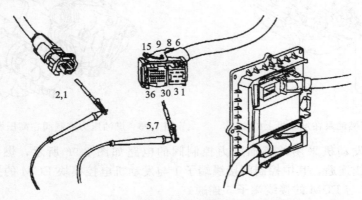

图 8-99 检测燃油压力控制阀的线束是否断路

(4) 检测线束是否短路

如图 8-100 所示，用万用表电阻挡检测 ECM 插接器端子 5、端子 7 与其他端子之间的电阻，其阻值应大于 100kΩ。如果上述测量阻值不在规定范围，则应检修有关导线。

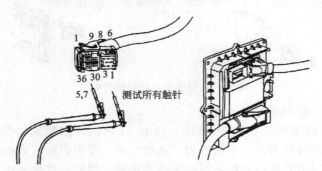

图 8-100 检测燃油压力控制阀的线束是否短路

(5) 检测燃油压力

使用 INSITETM 专用故障检测仪监测燃油压力和燃油压力控制阀的电流，比较是否符合技术规范。如符合其技术规范，更换燃油压力控制阀。

8.4.12 电磁喷油器的检修

电磁喷油器简称喷油器，安装在气缸盖上。喷油器的电磁阀为常闭式，它只在燃油喷射和计量期间由来自 ECM 的脉冲电流打开，ECM 通过控制喷油器来确定喷油量和喷油正时。当喷油器产生故障时，发动机将会产生功率下降、熄火或不能启动等故障，此时 ECM 将点亮仪表板上的黄色"WARNING"指示灯。

喷油器的电路如图 8-101 所示，康明斯 ISBe 发动机采用了 6 个喷油器，每个喷油器与 ECM 通过 2 根导线连通。下面以 1 缸喷油器为例讲述其检修方法，其他缸的喷油器的检修方法与之基本相同。

(1) 检测喷油器的电阻

取下 1 缸和 2 缸的插接器，如图 8-102 所示，用万用表电阻挡检测喷油器端子 3 与端子 4 之间的电阻，即为一缸喷油器电磁线圈的电阻，或直接检测喷油器两个接线端子之间的电阻

（如图8-103所示），其阻值应为0.5Ω左右。如阻值不符合要求，说明喷油器损坏应更换。

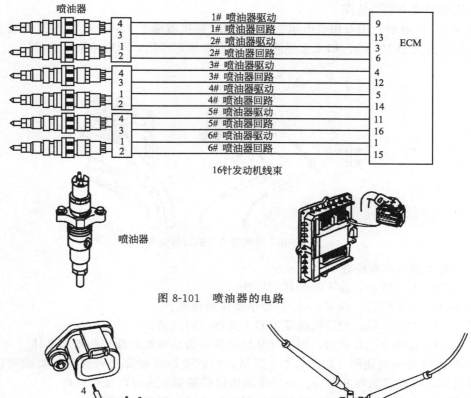

图 8-101 喷油器的电路

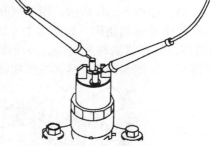

图 8-102 检测喷油器插接器端子3与4的电阻　　图 8-103 检测喷油器的电阻

(2) 检测喷油器是否搭铁

如图8-104所示，用万用表电阻挡检测任何一个接线端子与车身之间的电阻，其阻值应大于100kΩ。如果上述测量阻值不在规定范围，则更换喷油器。

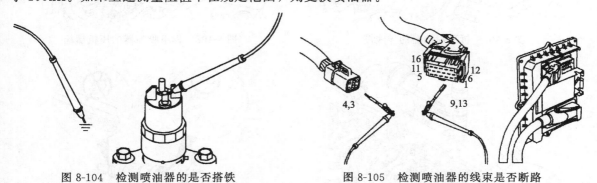

图 8-104 检测喷油器的是否搭铁　　图 8-105 检测喷油器的线束是否断路

(3) 检测线束是否断路

如图8-105所示，用万用表电阻挡检测喷油器插接器端子3与ECM插接器端子13，喷油器插接器端子4与ECM插接器端子9之间的电阻，其阻值应小于10Ω。如果上述测量阻值不在规定范围,则应检修导线。

(4) 检测线束是否短路

如图 8-106 所示,用万用表电阻挡检测 ECM 插接器端子 9、端子 13 与其他端子之间的电阻,其阻值应大于 100kΩ。如果上述测量阻值不在规定范围,则应检修有关导线。

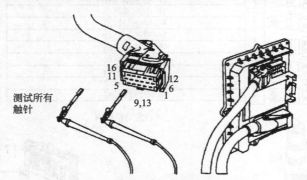

图 8-106 检测喷油器的线束是否短路

(5) 喷油器拆卸和检查

① 如图 8-107 所示,拆下喷油器的导线。
② 如图 8-108 所示,拆下 8mm 的喷油器压板螺栓。
③ 如图 8-109 所示,使用喷油器拆卸工具拆下喷油器。
④ 清洁。如图 8-110 所示,用溶剂和清洁软布清洁喷油器端部和喷油器体。
⑤ 检查能否继续使用。如图 8-111 所示,检查喷油器端部是否存在积炭或腐蚀,接线端子是否损坏。检查喷油器进油口、高压燃油连接件端部和进油口是否损坏。
⑥ 测量。如图 8-112 所示,检测喷油器密封垫圈的厚度,其标准为 3mm。

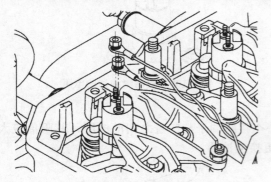

图 8-107 拆下喷油器的导线图

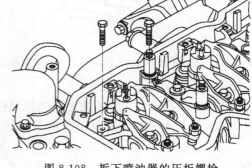

图 8-108 拆下喷油器的压板螺栓

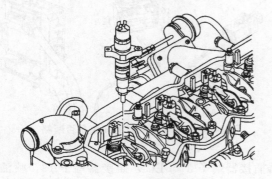

图 8-109 拆下喷油器

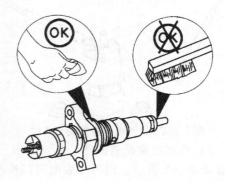

图 8-110 清洁喷油器

第 8 章 汽车电子控制系统的结构与检修

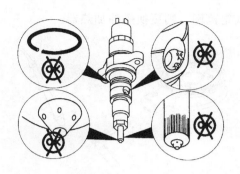

图 8-111 外观检查喷油器

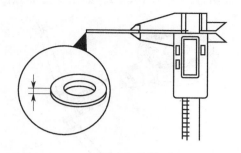

图 8-112 检测喷油器密封垫圈的厚度

8.4.13 燃油加热器的检修

在低温环境下，燃油加热器将燃油预热，以降低燃油黏度，改善发动机冷启动性能。如图 8-113、图 8-114 所示，燃油加热器安装在燃油滤清器上。当燃油加热器产生故障时，ECM 将点亮仪表板上的黄色"WARNING"指示灯。

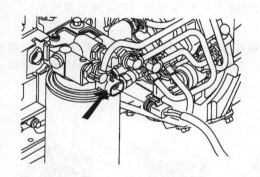

图 8-113 燃油加热器的插接器

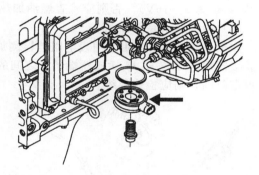

图 8-114 燃油加热器位置

燃油加热器的电路如图 8-115 所示。燃油加热器有 2 个接线端子，其中燃油加热器接线端子 1 与 ECM 的接线端子 18 连通；燃油加热器接线端子 2 与 ECM 的接线端子 2 连通。

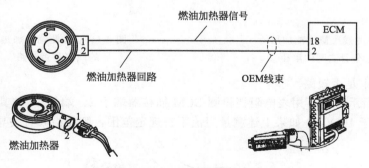

图 8-115 燃油加热器的电路

（1）检测燃油加热器的电阻

取下燃油加热器的插接器，如图 8-116 所示，用万用表电阻挡检测燃油加热器端子 1 与端子 2 之间的电阻，即为加热器加热线圈的电阻，其阻值应为 2.5Ω 左右。如阻值不符合要求，说明加热器损坏应更换。

（2）检测燃油加热器是否搭铁

如图 8-117 所示用万用表电阻挡分别检测燃油加热器接线端子 1 和端子 2 与车身之间的电

阻，其阻值应大于 100kΩ。如果上述测量阻值不在规定范围，则更换燃油加热器。

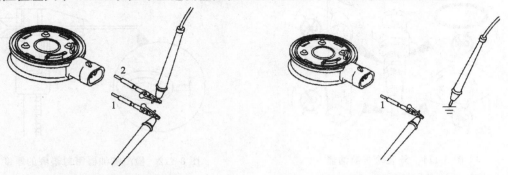

图 8-116　检测燃油加热器的电阻　　　　图 8-117　检测燃油加热器的是否搭铁

（3）检测燃油加热器的电源电压

拆开燃油加热器的插接器，将钥匙开关于转到"ON"挡，发动机不运转。如图 8-118 所示，用万用表电压挡检测线束侧燃油加热器端子 1 与车身之间的电压，其电压值应为 21～27V（12V 系统为 9～15V）。否则应检查燃油加热器与 ECM 之间的导线或 ECM 的电源电路。

（4）检测线束是否断路

如图 8-119 所示，用万用表电阻挡检测加热器插接器端子 1 与 ECM 插接器端子 18，加热器插接器端子 2 与 ECM 插接器端子 2 之间的电阻，其阻值应小于 10Ω。如果上述测量阻值不在规定范围，则应检修导线。

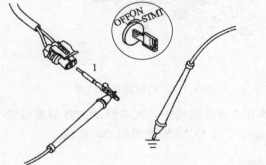 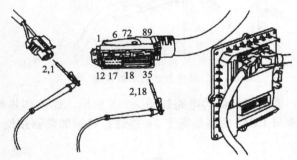

图 8-118　检测线束侧燃油加热　　　　图 8-119　检测燃油加热器
　　　　器端子 1 与车身之间的电压　　　　　　　　的线束是否断路

（5）检测线束是否短路

如图 8-120 所示，用万用表电阻挡检测 ECM 插接器端子 2、端子 18 与其他端子之间的电阻，其阻值应大于 100kΩ。如果上述测量阻值不在规定范围，则应检修有关导线。

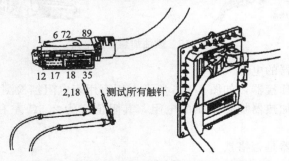

图 8-120　检测燃油加热器的线束是否短路

8.4.14 进气加热器的检修

为改善发动机的低温启动性能，康明斯 ISBe 发动机采用两个进气加热器，安装在进气歧管的进气接头处，由 ECM 分别控制。当加热器产生故障时，ECM 将点亮仪表板上的黄色"WARNING"指示灯。下面以 1 号加热器为例讲述其检修方法。

1 号进气加热器的电路如图 8-121 所示。进气加热器有 2 个接线端子，其中进气加热器接线端子 1 与 ECM 的接线端子 16 连通；进气加热器接线端子 2 与 ECM 的接线端子 4 连通。

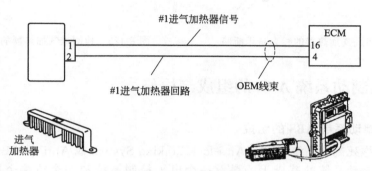

图 8-121 1 号进气加热器的电路

(1) 检测进气加热器的电阻

取下进气加热器的插接器，如图 8-122 所示，用万用表电阻挡检测进气加热器端子 1 与端子 2 之间的电阻，即为加热器加热线圈的电阻，其阻值应为 1.0Ω 左右。如阻值不符合要求，说明加热器损坏应更换。

(2) 检测进气加热器是否搭铁

如图 8-123 所示，用万用表电阻挡分别检测进气加热器接线端子 1 和 2 与车身之间的电阻，其阻值应大于 100kΩ。如果上述测量阻值不在规定范围，则更换进气加热器。

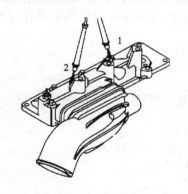

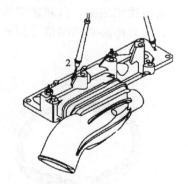

图 8-122 检测进气加热器的电阻　　　　　图 8-123 检测进气加热器的是否搭铁

(3) 检测线束是否断路

如图 8-124 所示，用万用表电阻挡检测加热器插接器端子 1 与 ECM 插接器端子 16，加热器插接器端子 2 与 ECM 插接器端子 4 之间的电阻，其阻值应小于 10Ω。如果上述测量阻值不在规定范围，则应检修导线。

(4) 检测线束是否短路

如图 8-125 所示，用万用表电阻挡检测 ECM 插接器端子 4、端子 16 与其他端子之间的电阻，其阻值应大于 100kΩ。如果上述测量阻值不在规定范围，则应检修有关导线。

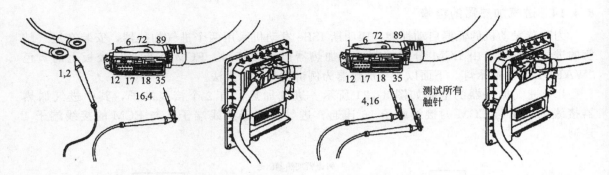

图 8-124　检测进气加热器的线束是否断路　　　图 8-125　检测进气加热器的线束是否短路

8.5　防抱死制动系统 ABS 的组成与检修

8.5.1　防抱死制动系统 ABS 的组成

电子控制防抱死制动系统 ABS（Anti-lock Braking System 或 Anti-skid Braking System 的缩写）是在常规制动系统的基础上，增设一个电子控制系统和一个或多个制动压力调节器构成。

电子控制系统主要由传感器、制动压力调节器、ABS 电控单元（ECU）、ABS 警告灯等装置组成。ABS 采用的传感器有轮速传感器和减速度传感器两种。

（1）车轮速度传感器

车轮速度传感器简称轮速传感器，其功用是检测车轮运动状态。轮速传感器有磁感应式和霍尔效应式两种。目前普遍采用磁感应式，由传感器和齿圈转子组成。传感器为静止部件，安装在车轮附近的静止部件（如转向节、半轴套管、悬架构件等）上，不随车轮转动。如图 8-126 所示，传感器安装在齿圈的上方。它主要由永久磁铁、感应线圈、极轴等组成。永久磁铁的磁通通过齿圈构成回路。齿圈转子为带齿的圆环，安装在与车轮一同转动的部件（如轮毂、半轴等）上。轮速传感器输出信号如图 8-127 所示。

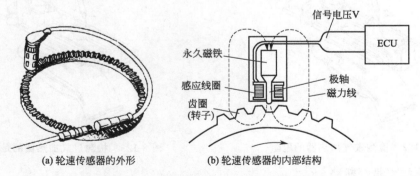

图 8-126　轮速传感器的外形与内部结构

（2）减速度传感器

减速度传感器的功用是：检测汽车的减速度大小，并转换为电信号输入 ABS ECU，以便判别路面状况并采取相应的控制方式。汽车在高附着系数路面上制动时，减速度很大；在低附着系数路面上制动时，减速度很小，ABS ECU 根据减速度传感器信号即可判断路面状况。例如，当判定汽车是在附着系数很小的冰雪路面上行驶时，就会按照低附着系数路面的控制方式进行控制，以提高制动性能。

减速度传感器仅在控制精度较高的 ABS 中采用，其结构形式有光电式、水银式、差动变压器式和半导体式等。安装位置依车而异，有的安装在行李舱内（如丰田赛利卡和佳美），有的安装在发动机舱内。

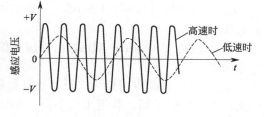

图 8-127　轮速传感器输出的交流电压信号

(3) ABS 电控单元（ECU）

ABS 电控单元（ECU）简称 ABS ECU，是防抱死制动系统（ABS）的控制中枢。其主要功用是接收轮速传感器、减速度传感器信号和各种控制开关信号，根据设定的控制逻辑，通过数学计算和逻辑判断后输出控制指令，控制制动压力调节器调节制动分泵的制动压力。

(4) 制动压力调节器

制动压力调节器又称为液压调节器，是 ABS 的执行器。其功用是接受 ABS ECU 的控制指令，驱动制动压力调节器中的电磁阀动作（液压 ABS 同时还驱动回液泵电动机转动等），使制动压力"升高"、"保持"或"降低"，从而达到自动调节制动压力，实现防抱死制动之目的。

8.5.2　防抱死制动系统（ABS）的特点

电子控制防抱死制动系统（ABS）的功用是：在汽车进行紧急制动和在易打滑路面进行常规制动时，非常迅速而又精确地检测出各车轮的滑移量，通过 ABS 电控单元（ECU）的分析、运算和控制，适时调节制动压力，尽量减小车轮的滑移率，防止车轮抱死，从而获得最佳制动性能（提高方向稳定性、增强转向控制能力、缩短制动距离），减少交通事故。

ABS 的特点如下。

① 保持汽车制动时的方向稳定性，制动不会使车轮抱死，可利用转向盘控制汽车正常行驶，发挥其转向功能以回避障碍物。

② 提高制动性能，利用电子控制技术对路面与轮胎之间的摩擦力实现最佳控制，能够缩短制动距离。

③ 确保汽车的稳定性，既能防止制动时出现车轮抱死又不会出现侧滑现象，使汽车保持稳定的直线行驶状态，减少驾驶员的疲劳强度（特别是紧张情绪）。

④ 减少汽车制动时轮胎的磨损。

⑤ ABS 工作时的汽车时速必须大于 7～10km/h，若小于该时速，ABS 不工作，制动时车轮仍可能被抱死。

ABS 是在原有制动装置基础上增加一套控制装置形成的，其工作也是在常规制动过程的基础上进行的。在制动过程中，当车轮还未趋于抱死时，其制动过程与常规制动过程完全相同。只有当车轮趋于抱死时，ABS 才对制动压力进行调节。因此，当 ABS 发生故障时，如果常规制动装置正常，那么常规制动装置照样具有制动功能。但是，如果常规制动装置发生故障，ABS 将随之失去控制作用。

8.5.3　防抱死制动系统（ABS）的类型

电子控制式 ABS 的种类很多，分类方法简要介绍如下。

(1) 按生产厂家分类

① 博世（Bosch）ABS，由德国博世公司生产，在欧、美、日、韩轿车上采用最多。

② 戴维斯（Teves）ABS，由德国戴维斯公司生产。

③ 德尔科（Delco）ABS，由美国德尔科公司生产，在美国通用、韩国大宇等轿车上采用最多。

④ 本迪克斯（Bendix）ABS，由美国本迪克斯公司生产，在美国克莱斯勒公司生产的汽车上采用最多。

⑤ 威伯科（Wabco）ABS，由德国威伯科（Wabco）公司生产，在载货汽车或大型客车上广泛采用。

以上5种ABS应用最为广泛，而且每种ABS都在不断发展、更新和换代，因此即使同一厂家，生产年代不同，装用车型不同，ABS的形式也可能不一样。还有一些国家的生产厂家也生产其他形式ABS，其中有的是从上述厂技术引进，并在此基础上进行单独开发或合作开发生产，有相当部分ABS属于上述5种的某一变型。

（2）按车轮控制方式分类

电子控制防抱死制动系统控制车轮的方式分为"轴控式"与"轮控式"两种。ABS工作时，制动压力能够独立进行调节的制动管路称为控制通道。每个车轮各占用一个控制通道的称为"轮控式"（单轮控制式或独立控制式）。两个车轮占用同一个控制通道的称为同时控制。当同时控制的两个车轮在同一轴上时，就称为"轴控式"。

轴控式又分为"低选控制（SL）"和"高选控制（SH）"两种。在采用轴控式的ABS中，当左、右车轮行驶在附着系数不同的路面上时，由于左、右车轮与路面之间的附着力不同，因此左、右车轮在制动时抱死的时机就会不同，附着系数小的车轮先抱死，附着系数大的车轮后抱死。如以保证附着系数较小的车轮不发生抱死为原则来调节制动压力，这两个车轮就是按低选原则来进行控制，简称"低选控制（SL）"；如以保证附着系数较大的车轮不发生抱死为原则来调节制动压力，这两个车轮就是按高选原则来进行控制，简称"高选控制（SH）"。

（3）按ABS的工作介质分类

ABS按工作介质不同分为液压ABS与气压ABS两种。液压ABS的工作介质为制动油液，气压ABS的工作介质为空气。

液压ABS按制动压力调节器的形式可分为循环式和可变容积式两种。

① 循环式制动压力调节器 循环式制动压力调节器是在制动总泵与分泵之间串联一电磁阀，直接控制轮缸的制动压力。这种压力调节系统的特点是制动压力油路和ABS控制压力油路相通，如图8-128所示。图中储能器的功用是在"减压"过程中将从轮缸流经电磁阀的制动液暂时储存起来。回油泵也称为再循环泵，其作用是将"减压"过程中从制动轮缸流进储能器的制动液泵回制动总泵。

② 可变容积式制动压力调节器 可变容积式制动压力调节器是在汽车原有制动管路上增加一套液压控制装置，用它控制制动管路中制动液容积的增减，从而控制制动压力的变化。也就是说，可变容积式调节器是电磁阀间接控制制动压力的调节器，如图8-129所示。这种压力调节系统的特点是制动压力油路和ABS控制压力油路是相互隔开的。

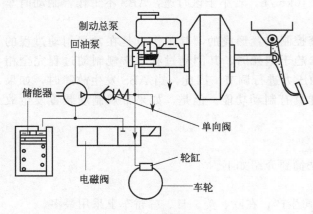

图8-128 循环式制动压力调节器

气压ABS按照传感器和制动压力调节器的数量不同可分为：4S/3M（4个传感器和3制动压力调节器）、4S/4M（4个传感器和4制动压力调节器）、6S/4M（6个传感器和4制动压力调节器）、6S/6M（6个传感器和6制动压力调节器）。

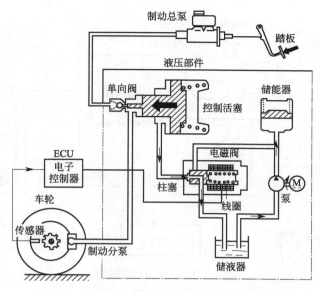

图 8-129 可变容积式制动压力调节器

8.5.4 气压 ABS 与液压 ABS 的区别

气压 ABS 与液压 ABS 均是在常规制动系统的基础上，增设一个电子控制系统。液压 ABS 的组成如图 8-130 所示，气压 ABS 的组成如图 8-131 所示。

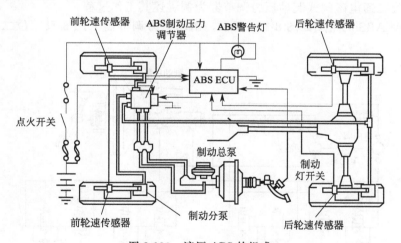

图 8-130 液压 ABS 的组成

（1）共同特点

气压 ABS 与液压 ABS 的工作原理类同。ABS 是在制动过程中通过调节制动轮缸（或制动气室）的制动压力，使作用于车轮的制动力矩受到控制，将车轮的滑移率控制在较为理想的范围（10%～20%）之内，使汽车在制动过程中有较大的纵向和横向附着力，防止车轮被抱死，避免车轮在路面上进行纯粹的滑移，提高汽车在制动过程中的方向稳定性和转向操纵能力，缩短制动距离。

（2）不同之处

① 液压 ABS 的工作介质是制动油液，制动油液需要循环使用，为了防止制动油液消耗，系统中专设油泵对制动油液进行循环控制使用；气压 ABS 的工作介质是空气，因气源充足，不必对其循环使用，可将工作后的压缩空气直接释放掉。因此气压 ABS 比液压 ABS 的结构简

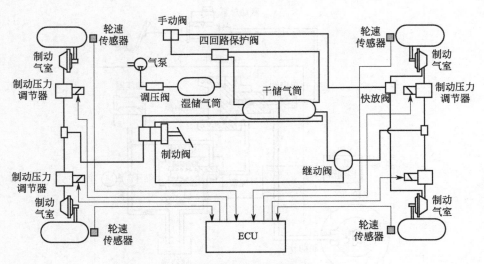

图 8-131 气压 ABS 的组成

单、且故障率少。

② 液压 ABS 一般只有一个制动压力调节器,气压 ABS 采用多个制动压力调节器。

8.5.5 液压 ABS 的工作过程

根据电磁阀的结构不同,制动压力调节器分为二位二通电磁阀式和三位三通电磁阀式两种。下面以二位二通电磁阀式制动压力调节器为例讲述其工作过程。

MK20-Ⅰ型 ABS 的组成如图 8-132 所示,制动压力调节器采用 8 只二位二通电磁阀,其工作过程如下。

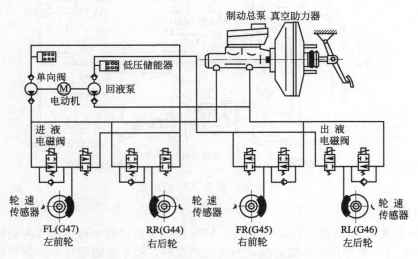

图 8-132 MK20-Ⅰ型 ABS 液压控制系统

(1) 常规制动(ABS 不工作)时制动系统工作情况

汽车正常行驶或常规制动(ABS 未投入工作)时,制动压力调节器的工作状态如图 8-133 所示。在 ABS ECU 控制下,进液阀、降压阀和回液泵电动机均不通电,二位二通电磁阀在回位弹簧弹力作用下,进液阀打开、降压阀关闭。进液阀打开将制动总泵与制动分泵之间的油液管路构成通路;降压阀关闭将制动分泵与储能器之间的油液管路关闭。制动分泵制动液的压力随制动总泵制动液的压力升高而升高。

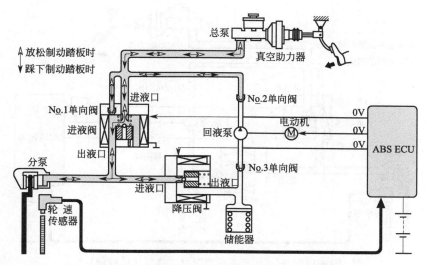

图 8-133　常规制动时 ABS 工作情况（二位二通电磁阀）

在常规制动时，虽然 ABS 没有投入工作，其执行元件（制动压力调节器）处于初始状态（进液阀打开、降压阀关闭、回液泵不转动），但是 ABS 随时都在监测轮速传感器信号，判定是否进入防抱死制动状态。当四个车轮中的任意一个车轮趋于抱死时，制动压力调节器就会根据 ABS ECU 的控制指令，通过调节该车轮制动分泵的制动液压力"保持（保压）"、"降低（降压）"或"升高（升压）"来达到防抱死制动之目的。

（2）制动压力保持（"保压"）时制动系统工作情况

当驾驶员踩下制动踏板的行程过大，使制动分泵的制动力大于车轮与地面之间的附着力时，车轮就会抱死滑移，此时车轮加速度很大，并由轮速传感器将车轮即将抱死的信号输入电控单元 ABS ECU。当 ABS ECU 根据轮速传感器输入信号计算得到的车轮减速度达到设定阈值时，就会控制制动压力调节器进入"保压状态"。

控制"保压"时，ABS ECU 向进液阀（常开电磁阀）和回液泵电动机的驱动模块电路发出高电平控制指令、向降压阀（常闭电磁阀）的驱动模块电路发出低电平控制指令。进液电磁阀驱动模块电路接收到高电平控制指令时，便接通进液阀电磁线圈电流，进液阀活动铁芯产生电磁吸力并克服回位弹簧弹力而移动，常开阀门关闭，从而使制动总泵与制动分泵之间的液压油路切断。降压阀的低电平控制指令使其阀门保持常闭状态。由于进液阀和降压阀均处于关闭状态，制动液在管路中不能流动，如图 8-134 所示，因此制动压力处于"保持"状态。回液泵电动机驱动模块电路接收到 ABS ECU 发出的高电平控制指令时，将使电动机接通 12V 电源，电机运转的目的是将储能器中剩余的制动液泵回制动总泵。

（3）制动压力降低（"降压"）时制动系统工作情况

在制动总泵与制动分泵之间的液压油路切断后，车轮滑移率将逐渐增大，并会超出 ABS 的控制范围（MK20-Ⅰ型 ABS 设定为 15%～30%），因此需要降低制动分泵内制动液的压力（即需要降压），使滑移率减小。"降压"通过将制动分泵内的部分制动液泄到低压储能器和利用电动回液泵将制动液泵回制动总泵来实现。

在 ABS 进入"保压"控制状态后，当 ABS ECU 根据轮速传感器输入信号计算得到的车轮滑移率达到设定阈值时，就会控制制动压力调节器进入"降压状态"。

控制"降压"时，ABS ECU 向进液阀（常开电磁阀）的驱动模块电路发出高电平控制指令，使进液阀阀门保持关闭；向降压阀（常闭电磁阀）驱动模块电路发出一系列脉冲控制信号。当脉冲上升沿到来时，驱动模块电路使降压阀阀门打开，当脉冲下降沿到来时，驱动模块

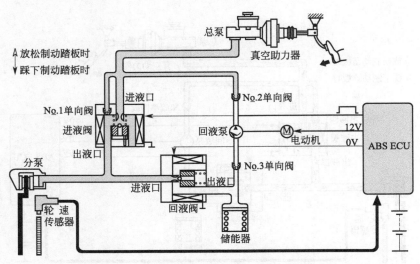

图 8-134 制动保压工作情况（二位二通电磁阀）

电路使降压阀阀门关闭，每个脉冲信号都将使降压阀迅速打开后又迅速关闭，使制动分泵内制动液压力逐渐降低，从而车轮抱死滑移成分减少，滚动成分增加。

当降压阀阀门打开时，制动分泵内的制动液便经降压阀泄放到低压储能器，如图 8-135 所示。与此同时，ABS ECU 还将向回液泵驱动模块电路发出高电平控制指令，使电动机接通 12V 电源运转。制动液流入储能器时，推动活塞并压缩弹簧向下移动，使储能器储液容积增大，暂时存储制动液，可以减小回流制动液的压力波动。当储能器中的制动液达到一定量（储能器容量约为 3.6mL）时，电动回液泵运转便将储能器中的制动液泵回制动总泵，回液通道为：制动分泵→降压阀进液口→降压阀腔室→降压阀出液口→储能器→3 号单向阀→电动回液泵→2 号单向阀→制动总泵。

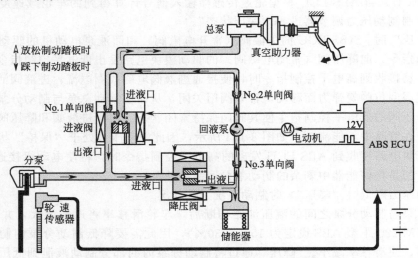

图 8-135 制动降压工作情况（二位二通电磁阀）

随着制动分泵中的制动液流回制动总泵，制动管路中制动液的压力随之降低，从而达到防止车轮抱死滑移之目的。

（4）制动压力升高（"升压"）时制动系统工作情况

"降压"控制使制动分泵内制动液压力降低后，车轮制动力越来越小，车轮加速度越来越大，为了得到最佳制动效果，需要 ABS 进入"升高压力（升压）"状态。

在"降压"控制后，当 ABS ECU 根据轮速传感器信号计算得到的车轮加速度达到设定阈值时，将发出控制指令使降压阀保持常闭状态，将制动分泵与储能器之间的油液管路切断。与此同时，ABS ECU 向进液阀驱动模块电路发出一系列脉冲控制信号使进液阀间歇打开与关闭，当脉冲上升沿到来时，驱动模块电路使阀门常开的进液阀关闭；当脉冲下降沿到来时，驱动模块电路使进液阀阀门打开，将制动总泵与制动分泵之间的管路构成通路，如图 8-136 所示，使制动分泵的压力随制动总泵制动液压力升高而升高，从而进入"升压"状态。

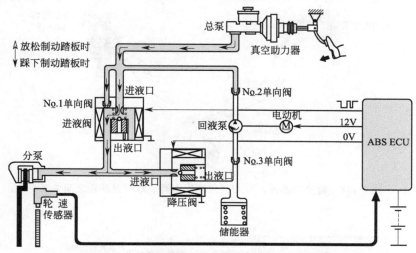

图 8-136 制动升压工作情况（二位二通电磁阀）

进液阀打开时制动液从制动总泵流入制动分泵，制动液通道为：制动总泵→进液阀进液口→进液阀腔室→进液阀出液口→制动分泵。每个脉冲信号都将使进液阀迅速关闭后又迅速打开，使制动分泵内制动液压力逐渐升高，从而增强制动效果。

当驾驶员踩下制动踏板时，ABS 不断循环上述"保压"→"降压"→"升压"过程，从而便将车轮滑移率控制在设定阈值范围内，防止车轮抱死滑移。

8.5.6 气压 ABS 的组成

由于我国目前大部分载货车均采用德国威伯科（Wabco）公司设计的气压 ABS，如东风天锦、东风天龙、北方奔驰、斯太尔等载货车，在此叙述气压 ABS 的组成和后面叙述的故障诊断均以此型号为例。

气压 ABS 的组成如图 8-131 所示。其中，电子控制系统主要由轮速传感器、制动压力调节器、ABS 电控单元（ECU）、ABS 指示灯等装置组成。电子控制系统主要部件的外形如图 8-137 所示，它们之间关系如图 8-138 所示，其控制电路组成如图 8-139 所示。

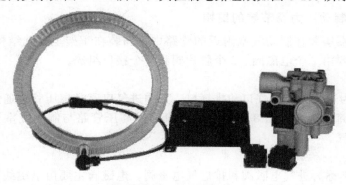

图 8-137 轮速传感器、ECU、制动压力调节器的外形

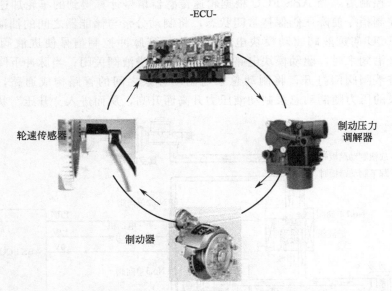

图 8-138 轮速传感器、ECU、制动压力调节器与制动器之间关系

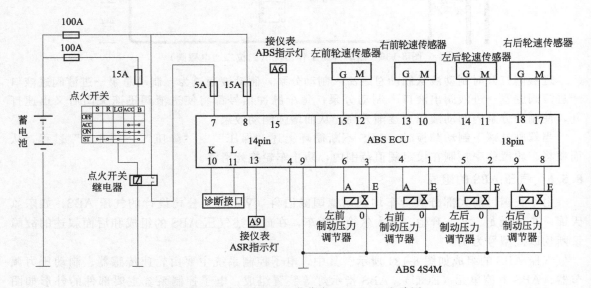

图 8-139 东风 DF1120 载货车 ABS 4SM 电路图

8.5.7 气压 ABS 制动压力调节器的结构

制动压力调节器串装在制动气室附近的管路中,固装在车架上,其结构如图 8-140 所示。制动压力调节器主要由 2 个电磁阀、2 个膜片阀和 3 个接口组成。

(1) 接口

3 个接口分别为进气口、出气口和排气口。其中进气口通过高压管路通过制动阀(后轮经过继动阀)与储气筒连接(见图 8-140);出气口通过高压管路与制动气室连接;排气口内置有消声器,通往大气。

(2) 电磁阀

2 个电磁阀分别称为进气电磁阀和排进气电磁阀。电磁阀主要由电磁线圈、阀芯和弹簧组成,其结构如图 8-141 所示。电磁阀的功用是控制膜片式进气阀和膜片式排气阀的背压。当电磁阀不通电时，阀芯在弹簧力作用下将口 5 关闭，此时口 3 与口 6 导通；当电磁阀通电时，阀芯在电磁力作用下克服弹簧力将口 3 关闭，此时口 5 与口 6 导通。

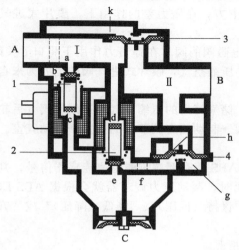

图 8-140　制动压力调节器的结构
1—进气电磁阀；2—排气电磁阀；3—膜片式进气阀；
4—膜片式排气阀；A—进气口；B—出气口；C—排气口

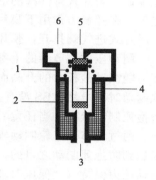

图 8-141　进气电磁阀的结构
1—弹簧；2—电磁线圈；
3，5，6—接口；4—阀芯

（3）膜片阀

2 个膜片阀分别称为膜片式进气阀和膜片式排气阀。在不制动时，膜片式进气阀和膜片式排气阀在各自弹簧力作用下处于关闭状态。

8.5.8　气压 ABS 制动压力调节器的工作过程

单一车轮制动压力调节器的工作情况如图 8-142 所示。

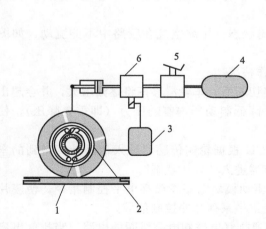

图 8-142　单一车轮制动压力调节器的工作情况
1—传感器；2—齿圈；3—ABS ECU；
4—储气筒；5—制动阀；6—制动压力调节器

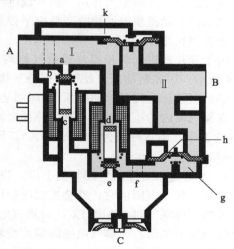

图 8-143　常规制动时 ABS 工作情况

（1）常规制动（ABS 不工作）时制动系统工作情况

汽车常规制动（ABS 未投入工作）时，制动压力调节器的工作状态如图 8-143 所示。在 ABS ECU 控制下，进气电磁阀和排气电磁阀均不通电。各部件工作情况如下。

① 进气电磁阀和膜片式进气阀工作情况　进气电磁阀的阀芯在弹簧力作用下将口 a 关闭，口 b 与口 c 导通，膜片式进气阀的上方通过 k 腔、口 b、口 c 以及排气口 C 与大气导通；压缩空气通过口 A 进入Ⅰ室，并作用于膜片式进气阀的下方，在压力差的作用下，膜片式进气阀打开，压缩空气即进入Ⅱ室。

② 排气电磁阀和膜片式排气阀工作情况　排气电磁阀的阀芯在弹簧力作用下将口 e 关闭，口 d 与 g 腔导通，膜片式排气阀的下方为来自Ⅰ室的压缩空气，膜片式进气阀的上方为来自Ⅱ室的压缩空气，在弹簧力作用下膜片式排气阀关闭。

此时，膜片式进气阀打开，膜片式排气阀关闭。储气筒内的压缩空气经过制动阀（后轮经过继动阀）→制动压力调节器的Ⅰ室→膜片式进气阀→制动压力调节器的Ⅱ室→制动气室。制动气室的压力随制动踏板力的升高而升高。

在常规制动时，虽然 ABS 没有投入工作，但是 ABS 随时都在监测轮速传感器信号，判定是否进入防抱死制动状态。当任意一个车轮趋于抱死时，制动压力调节器就会根据 ABS ECU 的控制指令，通过调节该车轮制动气室的制动压力"保持（保压）"、"降低（降压）"或"升高（升压）"来达到防抱死制动之目的。

(2) 制动压力保持（"保压"）时制动系统工作情况

当驾驶员踩下制动踏板的行程过大，使制动器的制动力大于车轮与地面之间的附着力时，车轮就会抱死滑移，此时车轮加速度很大，并由轮速传感器将车轮即将抱死的信号输入电控单元 ABS ECU。当 ABS ECU 根据轮速传感器输入信号计算得到的车轮减速度达到设定阈值时，就会控制制动压力调节器进入"保压状态"。

控制"保压"时，ABS ECU 向进气电磁阀的驱动模块电路发出高电平控制指令、向排气电磁阀的驱动模块电路发出低电平控制指令。进气电磁阀驱动模块电路接收到高电平控制指令时，便接通进气电磁阀电磁线圈的电路。当进气电磁阀通电时，阀芯在电磁力作用下克服弹簧力将口 a 开启，口 c 关闭，同时口 a 与口 b 导通。膜片式进气阀的上方为来自Ⅰ室的压缩空气，在弹簧力和压缩空气作用下膜片式进气阀关闭。从而使制动气室与Ⅰ室的压缩空气切断。排气电磁阀驱动模块电路接收到低电平控制指令时，使排气电磁阀电路仍不导通，膜片式排气阀处于关闭状态。

由于膜片式进气阀和膜片式排气阀均处于关闭状态，压缩空气在管路中不能流动，如图 8-144 所示，因此制动压力处于"保持"状态。

(3) 制动压力降低（"降压"）时制动系统工作情况

在储气筒内的压缩空气与制动分泵之间的气路切断后，车轮滑移率将逐渐增大，并会超出 ABS 的控制范围（一般为 15%～20%），因此需要降低制动器内制动压力（即需要降压），使滑移率减小。

在 ABS 进入"保压"控制状态后，当 ABS ECU 根据轮速传感器输入信号计算得到的车轮滑移率达到设定阈值时，就会控制制动压力调节器进入"降压状态"。

控制"降压"时，ABS ECU 向进气电磁阀的驱动模块电路发出高电平控制指令，使膜片式进气阀保持关闭；向排气电磁阀驱动模块电路发出一系列脉冲控制信号。

如图 8-145 所示。当脉冲上升沿到来时，便接通排气电磁阀电磁线圈的电路。当排气电磁阀通电时，阀芯在电磁力作用下克服弹簧力将口 e 开启，口 d 关闭，同时 g 腔与口 e 导通。膜片式排气阀的下方通过 g 腔、口 e 以及排气口 C 与大气导通；而膜片式排气阀的上方为来自Ⅱ室的压缩空气，在压力差的作用下，膜片式排气阀打开，制动气室的压缩空气通过Ⅱ室、h 室、f 口以及排气口 C 释放到大气中。当脉冲下降沿到来时，驱动模块电路使排气电磁阀电路不通，膜片式排气阀关闭。每个脉冲信号都将使膜片式排气阀迅速打开后又迅速关闭，使制动分泵内制动液压力逐渐降低，从而车轮抱死滑移成分减少，滚动成分增加。

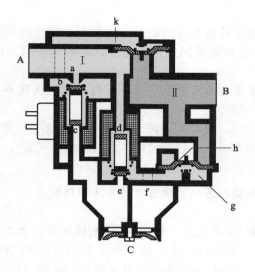 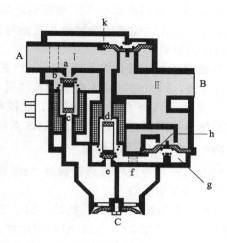

图 8-144 制动保压工作情况　　　图 8-145 制动降压工作情况

随着制动气室中的压缩空气的减少，制动压力随之降低，从而达到防止车轮抱死滑移之目的。

（4）制动压力升高（"升压"）时制动系统工作情况

"降压"控制使制动气室内制动气压降低后，车轮制动力越来越小，车轮加速度越来越大，为了得到最佳制动效果，需要 ABS 进入"升高压力（升压）"状态。

在"降压"控制后，当 ABS ECU 根据轮速传感器信号计算得到的车轮加速度达到设定阈值时，将发出控制指令使排气电磁阀断电，膜片式排气阀保持关闭状态。与此同时，ABS ECU 向进气电磁阀驱动模块电路发出一系列脉冲控制信号使膜片式进气阀间歇打开与关闭，当脉冲上升沿到来时，进气电磁阀导通，膜片式进气阀保持关闭状态。当脉冲下降沿到来时，驱动模块电路使进气电磁阀不导通，膜片式进气阀保持开启状态，使制动气室的压力随制动踏板力的升高而升高，从而进入"升压"状态。

当驾驶员踩下制动踏板时，ABS 不断循环上述"保压"→"降压"→"升压"过程，从而便将车轮滑移率控制在设定阈值范围内，防止车轮抱死滑移。

8.5.9　ABS 检修注意事项

① ABS 与常规制动系统是不可分割的。常规制动系统一旦出现问题，ABS 系统就不能正常工作。因此，要将二者视为一个整体进行维修。当制动系统出现故障时，一般应首先判断出是常规制动系统还是 ABS 系统的故障，不能只把注意力集中到传感器、电子控制器和制动压力调节器上。

② ABS ECU 对过电压、静电压非常敏感，稍有不慎就会损坏 ECU 中的芯片，造成整个 ABS 瘫痪。因此，点火开关处于接通（ON）位置时，不要拆装系统中的电器元件和线束插头。如要拆装系统中的电器元件和线束插头，应先将点火开关关闭。

③ 使用充电机给汽车上的蓄电池充电时，要从车上拆下蓄电池电缆线后再进行充电；另外，不要用启动电源启动发动机。

④ 高温环境容易损坏 ECU。一般 ECU 只能在短时间承受 90℃温度，在对汽车进行烤漆作业时，应视情况将 ECU 从车上拆下。

⑤ 维修轮速传感器要十分细心。拆卸时不要碰撞和敲击传感头，不要用传感器齿环作撬面；防止上面沾染油污或其他脏物，必要时，可涂上一层薄防锈油；传感器间隙调整时应用非

磁性塞尺或纸片。

⑥ 应尽量选用汽车生产厂推荐的轮胎，若要换用其他型号的轮胎，应选用与原车所用轮胎的外径、附着性能和转动惯量相近的轮胎，但不能混用不同规格的轮胎，否则会影响 ABS 系统的控制效果。

⑦ 插接器的连接应可靠无误。ABS 的电气故障大多数并非电子元件失效，而是连接不良或脏污所致，因而应特别注意插接器的接头不能出问题。

⑧ 更换了 ABS 的轮速传感器、电控单元（ECU）、制动压力调节器和电线束以后，或对 ABS 系统进行维修之后，必须对 ABS 系统进行检测调试，达到规定标准之后才能投入运行。

8.5.10　ABS 工作情况判断

ABS 工作是否正常可通过观察 ABS 指示灯指示情况或采用紧急制动方法来判断。

(1) ABS 指示灯

当点火开关处于"ON"挡时，ABS 指示灯点亮 3s 后熄灭，说明 ABS 系统正常。当点火开关处于"ON"挡时，如果 ABS 指示灯一直点亮，可启动汽车，若车速大于 7km/h 时 ABS 指示灯灭，说明 ABS 系统也正常；若车速大于 7km/h 时 ABS 指示灯仍不熄灭，说明 ABS 系统有故障。

说明：在第一次启动车辆或系统经过诊断后，ABS 指示灯要等到车速大于 7km/h 才熄灭（若系统无故障）。从第二次接通点火开关后，ABS 指示灯在车辆静止状态下点亮 3s 后熄灭。

(2) 紧急制动

在宽阔平坦的道路上，在车速大于 40km/h 的情况下，实施紧急制动，然后观察制动痕迹。如果无制动拖痕说明 ABS 起作用，如所有车轮有拖痕或某一车轮有拖痕，同时 ABS 指示灯常亮，说明 ABS 系统不起作用或某一车轮的 ABS 不起作用。出现这种情况，应对车辆的 ABS 系统进行诊断和维修。

8.5.11　气压 ABS 故障诊断方法

WABCDO 为 ABS 系统故障诊断提供了多种可能的诊断方法，如：诊断仪诊断、PC 诊断、便携式诊断仪和闪码诊断。诊断仪和 PC 诊断较适合整车生产厂家的下线检测和较有实力的服务站作为维修判断故障。便携式诊断仪和闪码诊断适合于服务站或用户自我对系统的检查。

WABCO 诊断仪型号为 446 300 320 0，D 型诊断卡号：446 300 732 0。PC 诊断采用笔记本电脑和 446 30 1 620 0 WABCO PC 软件。便携式诊断仪型号为 446 300 410 0。

8.5.12　诊断仪测试方法

(1) 诊断仪的连接

① 将 9 针插头的诊断导线一端插入诊断仪相应接口，另一端与汽车 ABS 诊断接口连接。

② 将点火开关处于"ON"挡，此时诊断仪显示屏会显示"888"，大约 1s 后显示"ABS"。

③ 诊断仪与 ABS 系统连接成功，可进行诊断操作。

(2) 故障诊断

① 在诊断仪与 ABS 系统连接成功后，按下"ERROR"键约 1s。

② 松开"ERROR"键，显示屏会以三位阿拉伯数字显示故障代码。其中，第一位数字表示故障部位；第二位数字表示故障类型；第三位数字表示故障出现的次数。如：411 表示轮子传感器的间隙过大，出现过一次。

③ 首先显示 ABS 的当前故障，显示完毕后出现"old"，此时按下并松开"ERROR"键，随后显示存储故障。

④ 所有故障显示完毕后，显示屏会显示"ABS"。

(3) 清除故障代码

将故障排除后，故障代码仍将存储在 ECU 的存储器中，并不能随故障的排除而自动消除。因此，为了便于以后检修，排除故障之后，应将故障代码清除。

① 按下（大于 0.5s）并松开"CLEAR"键。

② 显示屏会显示屏"Clr"，然后显示"ABS"。

③ 关闭并重新接通点火开关，所有存储故障代码会被删除。

(4) 系统格式化

① 按下并松开"SYSTEM"键。

② 显示屏会显示 ABS 的类型。如："4-3"表示 4S/3M ABS 系统；如："4-4"'表示 4S/4M ABS 系统。

③ 按下并松开"SYSTEM"超过 2s，显示新的系统，系统格式化成功。如果由于某种原因系统不能进行格式化时，可再次按下并松开"SYSTEM"键，显示屏即显示"---"。

8.5.13 闪码诊断方法

闪码诊断是 WABCO BS 一种简单实用的诊断方法，它利用仪表盘上的 ABS 指示灯或 ASR 指示灯进行故障诊断。

(1) 故障诊断方法

① 如图 8-146 所示，在 ECU 通往 ABS 指示灯（或 ASR 指示灯）的导线上加装一个诊断开关。

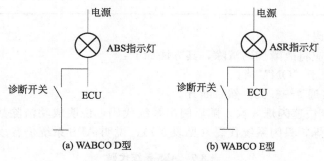

图 8-146 闪码诊断的基本方法

② 将点火开关处于"ON"挡。

③ 将诊断开关接通 1～3s，然后断开；1.5s 后 ABS（或 ASR）指示灯会以不同形式闪烁代表各种故障代码。

④ 每个故障代码以两位数字表示，第一位数字可以闪 1～8 次，第二位数字可以闪 1～6 次，两位数字间隔时间为 1.5s。故障代码之间的时间间隔为 4s。如图 8-147 所示为故障代码"42"表示形式，故障代码的含义见表 8-6。

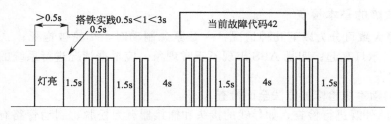

图 8-147 故障代码"42"

⑤ 只要不重复步骤②工作，当前故障码不断反复显示；重复步骤③，将显示下一个故障码。

⑥ 如果当前故障显示完毕，将显示4个最近历史故障代码，然后指示灯熄灭。

表8-6 ABS故障代码的含义

第一位数字		第二位数字	
闪烁次数	故障原因	闪烁次数	故障原因
1	无故障	1	无故障
2	ABS制动压力调节器	1	右前轮
3	太大的传感器间隙	2	左前轮
4	传感器断/短路	3	右后轮
5	传感器信号不稳定	4	左后轮
6	齿圈缺陷	5	第三桥右轮
		6	第三桥左轮
7	系统功能	1	数据接口
		2	ASR阀
		3	第三制动继电器
		4	ABS指示灯
		5	ASR布置
		6	ASR比例阀/差动阀
8	ECU	1	电压过低
		2	电压过高
		3	内部故障
		4	系统布置错误
		5	搭铁故障

(2) 清除故障代码

将故障排除后，应将故障代码清除，其方法如下：

① 将点火开关处于"ON"挡；

② 将诊断开关接通3～6.3s，然后断开。

如果ABS指示灯快速闪烁8次，随后闪出系统代码，说明成功清除故障代码。如果ABS指示灯不出现8次闪烁，只闪系统代码（见表8-7），说明ABS系统仍有故障。

表8-7 ABS系统代码

系统名称	闪烁次数	系统名称	闪烁次数
4S/3M	3	6S/4M	4
4S/4M	2	6S/6M	1

(3) 系统格式化

在某些情况下，系统需要重新确认。此时，可用如下方法：在清除故障代码模式下，系统代码闪过3次后，将诊断开关接通3次，每次大于0.5s，每次之间的间隔时间小于3s，随后会有4次快闪，然后便闪新系统的代码。

8.5.14 ABS故障的基本检查

ABS的故障大致可分为以下几种情况：一是紧急制动时，车轮被抱死；二是制动效果不良；三是ABS指示灯亮起；四是ABS出现不正常现象。应根据情况进行系统的基本检查，其检查内容主要如下：

① 按一般制动系统检修的方法全面检查。

② 对ABS的外观进行检查，如导线的接头和插接器有无松脱、制动管路有无漏损、蓄电池是否亏电等。对这些容易出现的故障且检查方法又很简单的先行检查，确定无异常时，再作

系统检查，对迅速排除故障有利。

③ 遇制动不良故障时，应先区分是 ABS 机械部分（制动器、制动阀、制动管路等）不良还是 ABS 电子控制系统的故障。方法是：拆下 ABS 继电器线束插接器或 ABS 制动压力调节器线束插接器，使 ABS 制动压力调节器电磁阀不能通电工作，让汽车以普通制动器工作方式制动，如果制动不良故障消失，则说明是 ABS 电子控制系统有故障，否则，为 ABS 机械部分的故障。

④ ABS 电子控制系统故障多出现于线束插接器或导线头松脱、车速传感器不良等。应先对这些部件和部位进行检查，而制动压力调节器等故障相对较少，ABS 的控制器（ECU）故障更少，所以一般情况下，不要轻易去拆检 ABS ECU 和制动压力调节器。

⑤ 检查轮速传感器头与齿圈间隙是否符合要求，轮速传感器头与齿圈是否脏污或损坏。

⑥ 检查各管道的接头是否密封良好，是否有受损和腐蚀等现象。

⑦ 举升汽车，或在地沟上检查整个制动设备、ABS 系统组件的状况。

⑧ 确认车轮能自由转动，且制动器的响应良好，还应检查轮轴轴承以及车轮是否发生颤动。

⑨ 在有防备措施情况下，进行路试，做短时间的加速和制动。如不发生问题，可进行 50km/h 或 80km/h 速度下的制动，以检验系统的作用，或模拟各种可能出现故障的情况，以证实故障自诊断系统所储存的内容。

8.5.15 轮速传感器故障的检查与安装

(1) 轮速传感器可能出现的故障

① 轮速传感器感应线圈有短路、断路或接触不良等。

② 轮速传感器齿圈上的齿有缺损或脏污。

③ 轮速传感器信号探头部分安装不牢（松动）或磁极与齿圈之间有脏物。

(2) 车轮车速传感器故障的检查方法

① 直观检查，主要检查传感器有无松动，导线及插接器有无松脱。

② 检测传感器感应线圈的电阻，应在标准范围内（Wabco 公司的 ABS 的阻值为 1100～1250Ω）。如果电阻过大或过小，均说明传感器不良，应更换。

③ 用万用表测量传感器的输出信号电压，在车轮转动时，万用表的电阻挡应该有电压指示，其电压值应随车轮转速的增加而升高。在轮速大于 30r/min 时，传感器信号电压必须大于 0.20VV，最大信号电压与最小信号电压的比值应不大于 2.0，否则 ABS 指示灯会点亮。

④ 用示波器检测传感器的输出信号电压波形，正常的信号电压波形应是均匀稳定的正弦电压波形。如果信号电压无或有缺损，应拆下传感器作进一步检查。

(3) 传感器的安装

如图 8-148 所示，威伯科（Wabco）公司的前轮传感器夹紧套的安装孔位于制动底板或转向节上。如图 8-149 所示，后轮传感器的安装需要一个固定传感器的夹持体，这个夹持体应安装在轴的静止部分并应有足够刚性及稳定性以减小振动的影响。安装时先将衬套涂上润滑脂，装入夹持套直到凸缘接触夹持套，然后将涂润滑脂的传感器推入衬套。传感器的轴向应垂直于齿圈的径向，传感器与齿圈之间的间隙为 0.7mm。

(4) 齿圈的安装

齿圈安装在轮毂上，与轮毂为过盈配合。齿圈的安装有两种方法。

① 加热安装　将齿圈充分加热到 180～200℃，保温 5～10min，安装时不需要施加较大的外力便可完成。

② 压装　用专用工具装在压床上，安装时沿整个环均匀施力。安装后的轴向偏差小于 0.2mm，相邻齿的高度偏差小于 0.04mm。

图 8-148 前轮传感器的安装

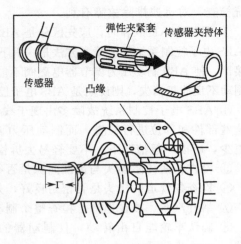
图 8-149 后轮传感器的安装

8.5.16 ABS ECU 的检查

ECU 的故障检查方法如下。

① 检查 ABS 的 ECU 线束插接器有无松动，连接导线有无松脱。

② 检查 ABS 的 ECU 线束插接器各端子的电压值、波形或电阻，如果与标准值不符，与之相连的部件和线路正常，则应更换 ECU 再试。

③ 直接采用替换法检验，即在检查传感器、继电器、电磁阀及其线路均无故障时，会怀疑是否是 ABS 的 ECU 有故障。这时，可以用新的 ECU 替代，如果故障现象消失，怀疑就被证实。

8.5.17 气压 ABS 压力调节器的检查

（1）制动压力调节器的故障

制动压力调节器电磁阀线圈不良；制动压力调节器中的阀有泄漏。

（2）制动压力调节器故障的检查方法

① 检测电磁阀线圈的电阻，其阻值在 $14\sim14.5\Omega$ 之间。如果电阻无穷大或过小等，均说明其电磁阀有故障。

② 加电压试验，将制动压力调节器电磁阀加上其工作电压，看阀能否正常动作。如果不能正常动作，则应更换制动压力调节器。

（3）制动压力调节器的测试

① 将点火开关处于"ON"挡。

② 等 ABS 指示灯熄灭后，可听到 ABS 制动压力调节器的电磁阀的响声。系统配置不同，电磁阀自检的声音不同。例如，对于 4S/4M 基本型将有 6 声自检声：1（右前轮）→2（左后轮）→3（左前轮）→4（右后轮）→1（右前轮）或 2（左后轮）→3（左前轮）或 4（右后轮）。

附 录

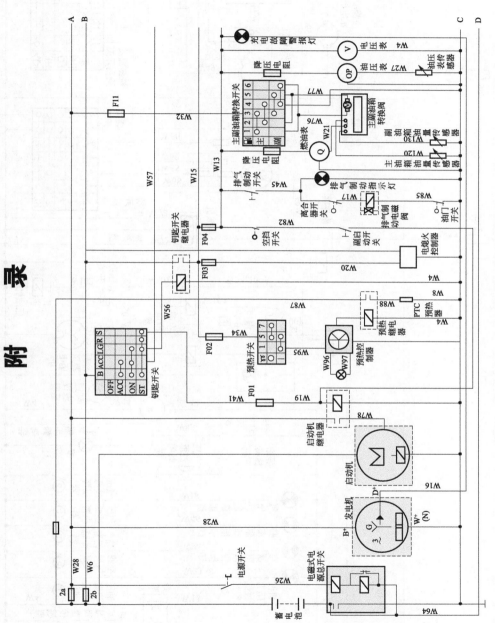

附图 1 东风 EQ1118GA 型载货车电气原理图 (a)

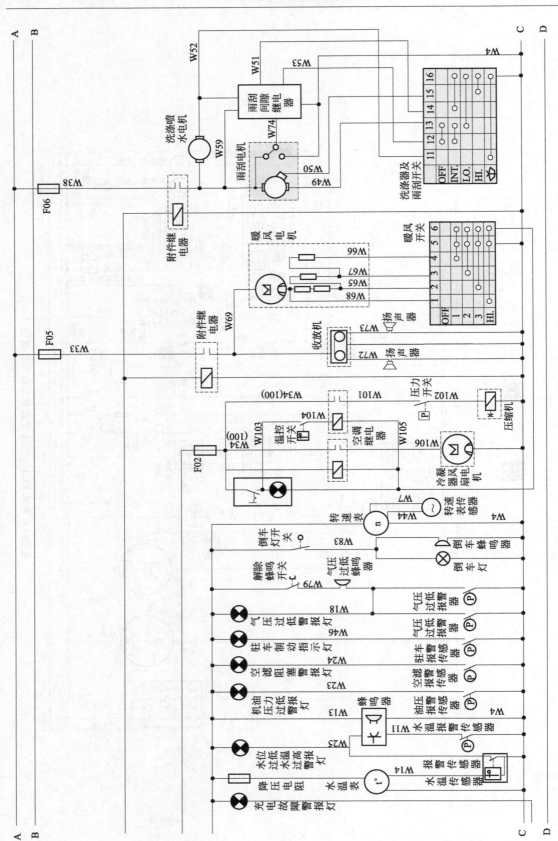

附图 1 东风 EQ1118GA 型载货车电气原理图 (b)

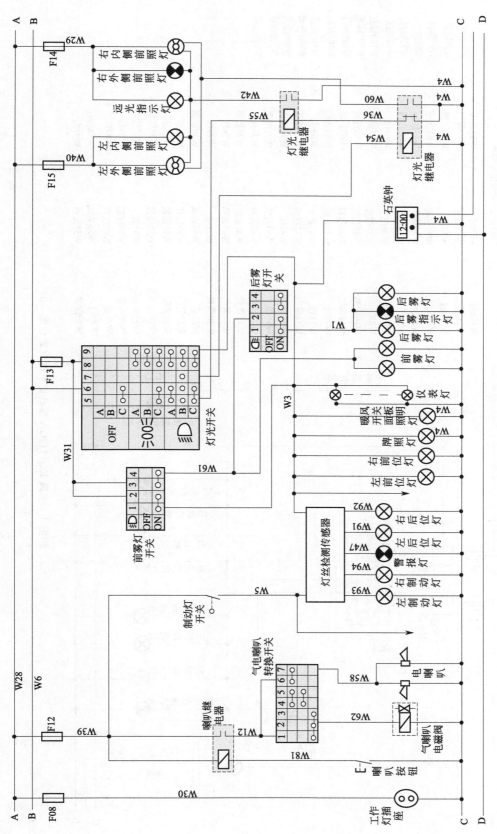

附图 1 东风 EQ1118GA 型载货车电气原理图 (c)

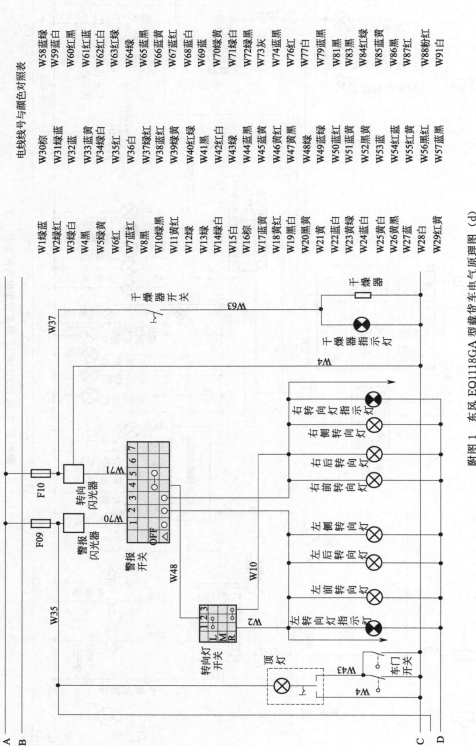

附图 1 东风 EQ1118GA 型载货车电气原理图（d）

附 录

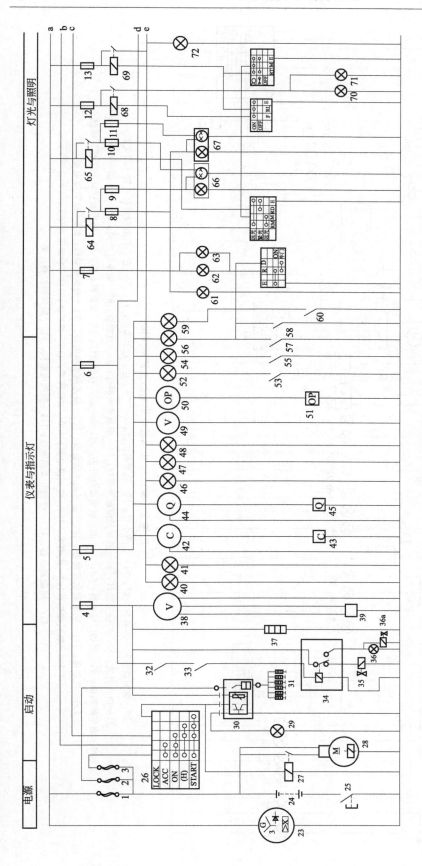

附图2 解放9t柴油载货车电路原理图（a）

1~3—易熔线；4~13—熔断器；23—交流发电机；24—蓄电池；25—电源总开关；26—钥匙开关；27—启动继电器；28—启动电磁阀；29—预热指示灯；30—预热控制器；31—电热塞；32—离合器开关；33—排气制动开关；34—断油/气制动继电器；35—断油电磁阀；36—排气制动照明灯；36a—排气制动电磁阀；37—制动系统空气加热器；38—电子车速里程表；39—里程表传感器；40，41—里程表照明灯；42—冷却液温度表；43—冷却液温度表传感器；44—燃油表；45—燃油表传感器；46~48—仪表照明灯；49—电压表；50—油压表；51—油压表传感器；52—驾驶室翻转指示灯；53—驾驶室翻转开关；54—低油压指示灯；55—低气压报警开关；56—车门指示灯；57，58—左、右车门开关；59—手制动灯开关；60—手制动指示灯；61—远光指示灯；62，63—室内灯；64—远光继电器；65—近光继电器；66，67—左、右组合前照灯；68—雾灯继电器；69—尾灯继电器；70，71—左、右雾灯；72—左前小灯

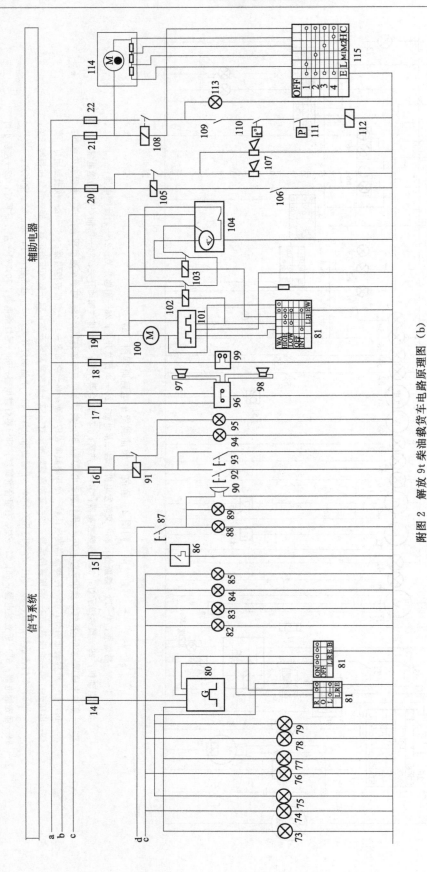

附图 2 解放 9t 柴油载货车电路原理图 (b)

14～22—熔断器；73—左前转向灯；74—右前小灯；75—右前转向灯；76、78—左、右后转向灯；77、79—左、右后示廓灯；80—闪光器；81—组合开关；82、83—牌照灯；84—鼓风控制板照明灯；85—烟灰盒照明灯；86—点烟器；87—倒车灯开关；88、89—倒车灯；90—倒车蜂鸣器；91—制动灯开关；92、93—前、后制动灯；94、95—左、右制动灯；96—收放机；97、98—扬声器；99—工作灯插座；100—洗涤器；101—间歇刮水控制器；102—低速刮水继电器；103—高速刮水继电器；104—刮水电动机；105—喇叭继电器；106—喇叭按钮；107—电喇叭；108—空调开关；109—空调继电器；110—温控器；111—空调压力开关；112—电磁离合器；113—空调开关照明灯；114—鼓风电动机；115—鼓风机控制开关

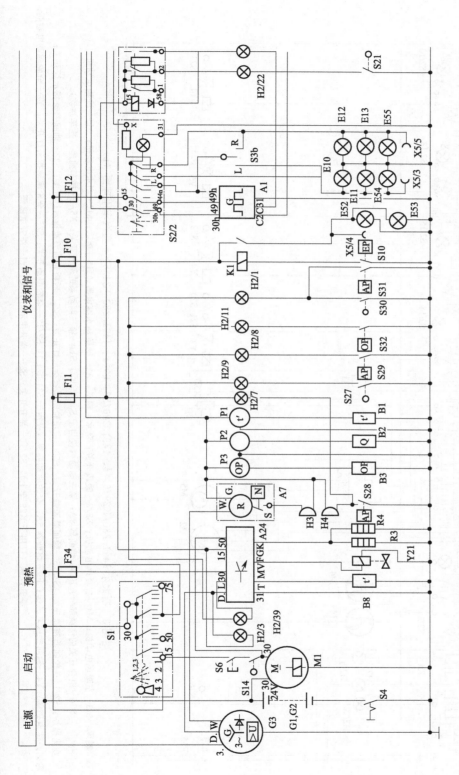

附图 3 斯太尔 1491.280/K29/6×4、1491.280/S34/6×4、1491.280/S34/6×6 型汽车原理图（a）

电源：G1、G2—蓄电池；G3—交流发电机；S4—电源总开关；H2/3—充电指示灯；M1—启动机；S1—启动开关；S6—启动按钮；S14—空档开关；
火焰预热：A24—火焰预热控制装置；B8—温度传感器；H2/39—火焰预热指示灯；R3、R4—加热器；Y21—电磁阀；F34—火焰预热装置用熔断器；仪表：A7—电子转速表；
B1—水温传感器；B2—燃油传感器；B3—油压传感器；H3—超速报警蜂鸣器；H4—低气压报警蜂鸣器；P1—水温表；P2—燃油表；P3—油压表；S28—气压报警开关（在气压
表 P4 内）；信号：H2/1—手制动警告灯；H2/7—低气压警告灯；H2/8—空气滤清器阻塞警告灯；H2/9—驾驶室锁止指示灯；H2/11—油压警告灯；F11—熔断器 5A，驾驶室锁止指示灯、
S29—空气滤清器阻塞开关；S30—手制动指示灯开关；S31—低气压警告灯开关；S32—油压警告灯开关；E12—右前转向信号灯；E13—左前转向信号灯；E54—左组合后灯内的转向信号灯；
A1—闪光器；E10—左前转向信号灯；E11—左前转向信号灯内的转向指示灯；K1—制动灯继电器；S2/2—组合开关转向部分；S10—制动灯开关；H2/22—制动指示灯；
E55—右组合后灯（右转向信号灯）；X5/4—挂车插座（制动灯）；F10—熔断器 5A；F12—熔断器 5A，爬行档指示灯
X5/3—挂车插座（左转向信号灯）；X5/5—挂车插座（右转向信号灯）；X5/4—挂车插座（右转向信号灯）（X5/3、X5/4、X5/5 仅用于 S34 车上）

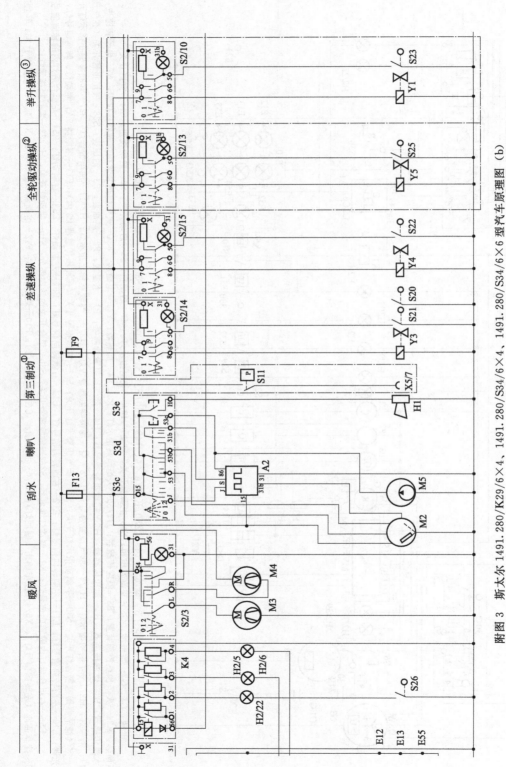

附图 3　斯太尔 1491.280/K29/6×4, 1491.280/S34/6×4, 1491.280/S34/6×6 型汽车原理图 (b)

暖风：M3—左暖风电动机，M4—右暖风电动机，S2/3—暖风开关；刮水：A2—间歇刮水继电器，H1—喇叭，M2—刮水电动机，M5—洗涤电动机；S3d—组合开关的洗涤部分；F13—熔断器 8A；S11—第三制动系的气压开关；X5/7—挂车插座（挂车制动）；第三制动（仅用于 S34 车上）：S11—第三制动；差速操纵：S2/14—轴间差速锁开关，S2/15—轴间差速锁开关，S20—中桥轮间差速指示灯开关，S21—后桥轮间差速指示灯开关，S22—轴间差速指示灯开关，Y3—轴间差速电磁阀，Y4—轴间差速电磁阀；全轮驱动操纵（仅用于 S34 车上）：S2/13—全轮驱动开关，S25—全轮驱动指示灯开关，Y5—全轮驱动电磁阀；举升操纵（仅用于 K29 车上）：S2/10—举升开关，S23—举升指示灯开关，Y1—举升电磁阀

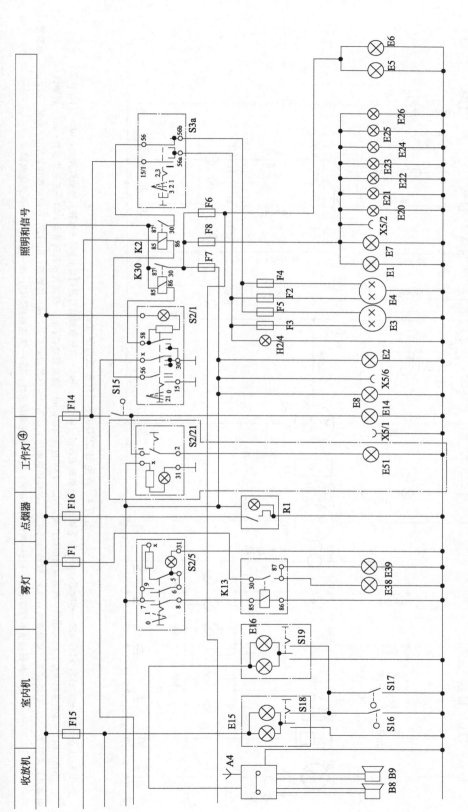

附图 3 斯太尔 1491.280/K29/6×4, 1491.280/S34/6×4, 1491.280/S34/6×6 型汽车原理图 (c)

收放机: A4—收放机; B8—左扬声器; B9—右扬声器; E16—室内照明灯; S19—右室内灯开关 (在右室内灯 E16 内); F15—熔断器 8A; S16—左室内灯; E15—左室内灯; S18—左室内灯开关 (在左室内灯 E15 内); S19—右室内灯开关 (在右室内灯 E16 内); F15—熔断器 8A; 雾灯: E38—左雾灯; E39—右雾灯; K13—雾灯继电器; S2/5—雾灯开关; F1—熔断器 25A; R1—点烟器; F16—熔断器 8A; 工作灯 (仅用于 S34 车上); S2/21—工作灯开关; E51—工作灯; 照明及信号: E1—左组合后灯内的尾灯; E2—右组合后灯内的尾灯; E3—左组合后灯内的前照灯; E4—右组合前灯内的前照灯; E5—左组合前灯内的示宽灯; E6—右组合前灯内的示宽灯; E7—左示宽灯; E8—右示宽灯; E14—倒车灯; E20—车速里程表照明灯; E21—左组合后表照明灯; E22—气压表照明灯; E23—左表照明灯; E24—燃油表照明灯; E25—水温表照明灯; E26—倒车灯; H2/4—远光指示灯; K2—小灯光继电器; K30—灯光继电器; S2/1—车灯开关; S3a—组合开关的变光和超车开关部分; S15—倒车灯开关; X5/1—挂车插座; X5/2—挂车插座 (左后灯); X5/6—挂车插座 (右后灯); F2～F8—熔断器 5A, (X5/1, X5/2, X5/6 仅用于 S34 车上)

注: ①②④仅 S34 车用; ③仅 K29 车用

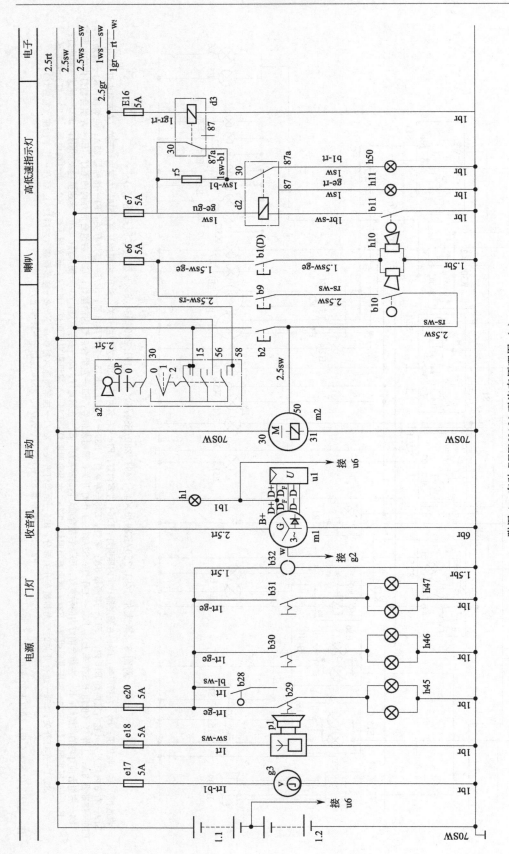

附图 4 奔驰 BEZN2026 型汽车原理图 (a)

1.1, 1.2—蓄电池; e17, e18, e20—熔断器; g3—带电钟的车速里程表; p1—收音机; h45—驾驶室照明灯及门灯; b28—门灯开关; b29—驾驶室照明灯开关; h46, h47—驾驶室照明灯; b30, b31—驾驶室照明灯开关; b32—24V 电源插座; u1—交流发电机调节器; h1—充电指示灯; m2—启动机; a2—电源及灯总开关; b2—启动开关; b9—辅助启动开关 (在发动机本体上); b10—空挡启动开关; e6—熔断器; b1 (D) —喇叭按钮; h10—喇叭; e7, e16—熔断器; d2—高低速指示灯继电器; b11—高速指示开关; h11—低速挡指示灯; h50—高速挡指示灯; r5—电阻; d3—调光继电器

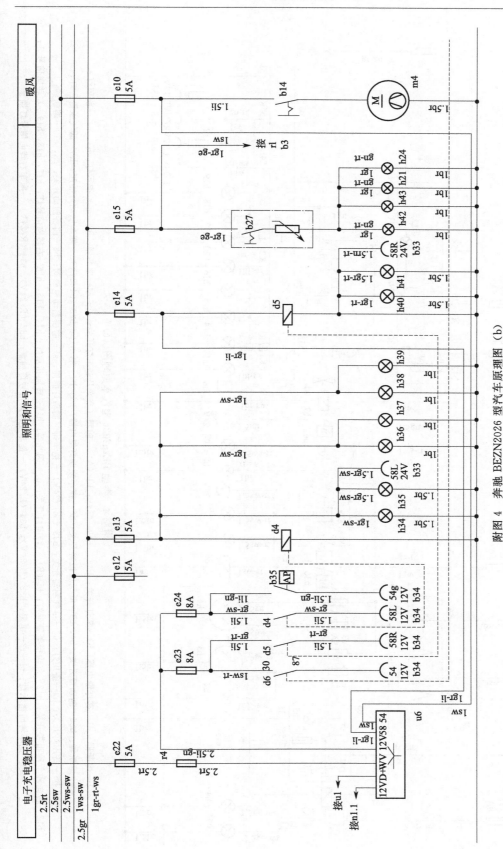

附图 4 奔驰 BEZN2026 型汽车原理图 (b)

e22—熔断器；r4—电阻；u6—电子充电稳压器；e12、e13、e14、e15、e23、e24—熔断器；d6—制动灯继电器触点；d4、d5—12V 尾灯继电器触点；b35—12V 排气制动开关；b34 (54/12V)—制动灯插座；b34 (58L/12V)、b34 (58R/12V)、b34 (54g/12V)—尾灯插座；b34 (54g/12V)—排气制动开关插座；d4—12V 尾灯继电器；h34—左尾灯；h35—左尾灯；b33 (58L/24V)—拖车左尾灯插座；h36—左示高灯；h37—右示高灯；h38—左降照灯；h39—右降照灯；h40—右停车灯；h41—右尾灯；b33 (58R/24V)—拖车右尾灯插座；b27—仪表灯调光电阻器；h42—通风装置及暖风控制装置面板照明灯；h43—暖风开关；b14—熔断器；e10—带电钟的车速里程照明灯；h21—仪表灯；h24—发动机转速表照明灯；m4—暖风电动机

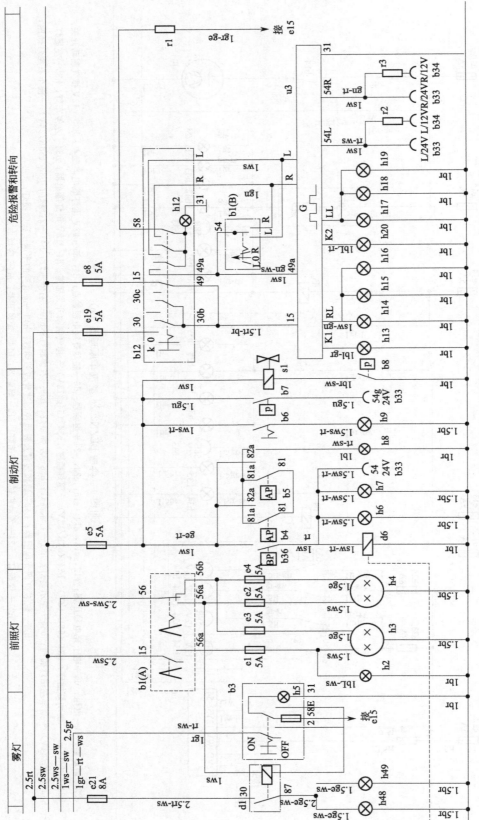

附图 4 奔驰 BEzn2026 型汽车电路原理图（c）

e21—熔断器；d1—雾灯继电器；b3—雾灯开关；h48、h49—雾灯；b1(A)—前照灯变光及超车灯开关；h2—远光指示灯；h3、h4—前照灯；e5—熔断器；b36—制动灯开关；b4、b5—低气压报警开关；d6—拖车制动灯继电器；h6、h7—制动灯；b33 (54/24V)—拖车制动灯插座；h8—低气压警告灯；b6—备用灯开关；b7—排气制动灯开关；b33 (54g/24V)—拖车排气制动灯插座；s1—前桥制动电磁阀；b8—前桥制动开关；e8、e19—熔断器；b12—转向和危险报警开关；h12—危险报警灯；b1(B)—转向灯开关；u3—闪光器；b33 (L/24V)—拖车左转向信号灯插座；b34 (R/24V)—拖车右转向信号灯插座；h20—转向和危险指示灯；r1～r3—电阻；h13—右转向信号灯；h14、h15、h16—右转向信号灯；b33 (R/24V)—拖车右转向信号灯插座；h17、h18、h19—左转向信号灯；b34 (L/24V)—拖车左转向信号灯插座

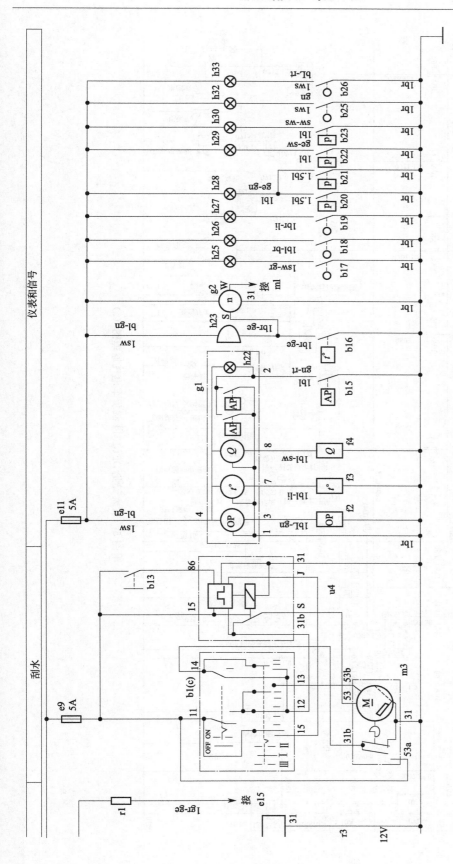

附图 4 奔驰 BEZN2026 型汽车原理图 (d)

356

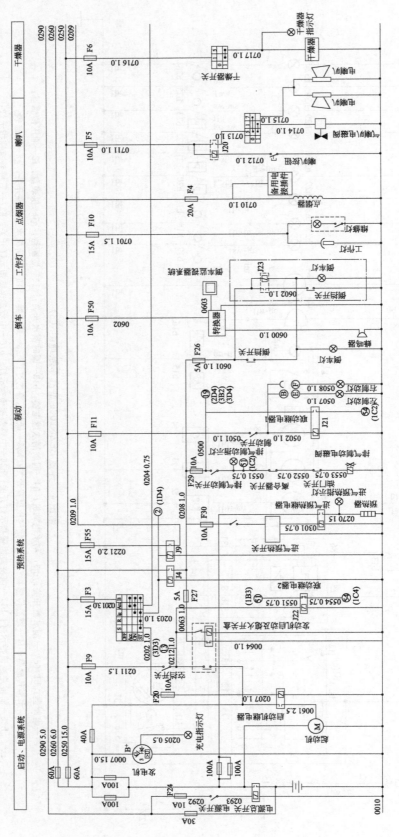

附图 5 东风天龙 DFL1311 载货车电气原理图 (a)

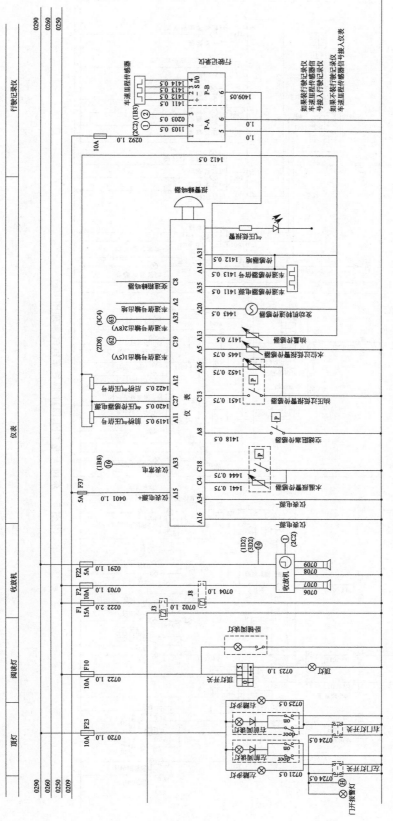

附图 5　东风天龙 DFL1311 载货车电气原理图 (b)

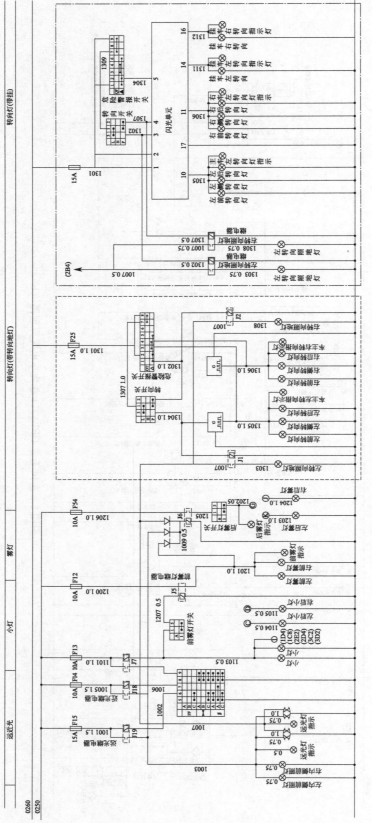

附图 5 东风天龙 DFL1311 载货车电气原理图 (c)

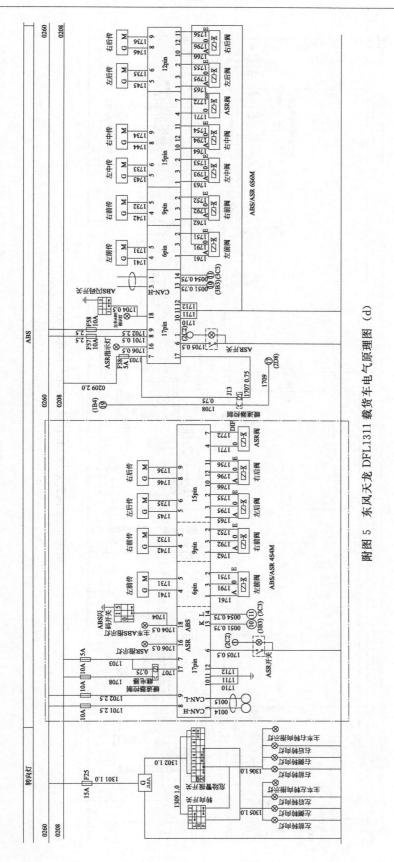

附图 5 东风天龙 DFL1311 载货车电气原理图 (d)

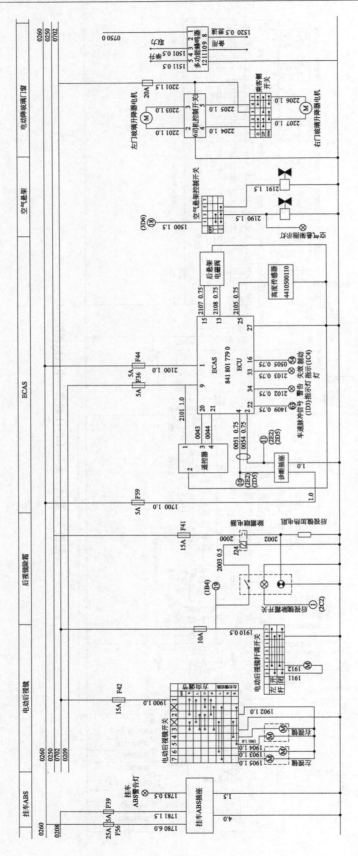

附图 5 东风天龙 DFL1311 载货车电气原理图（e）

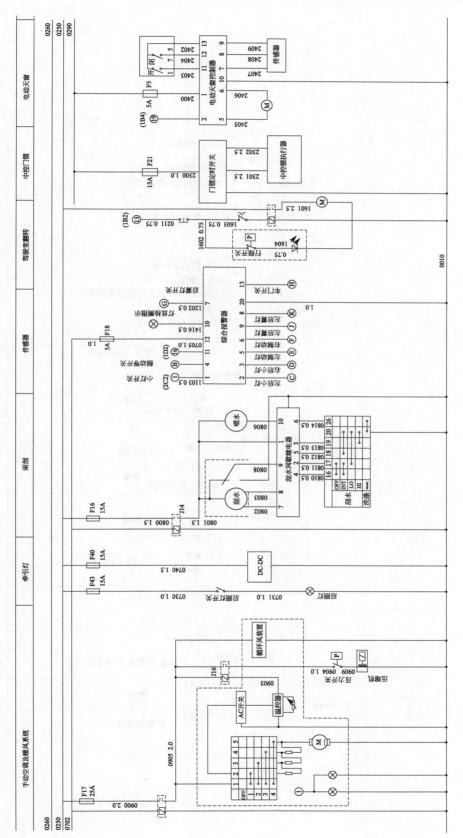

附图 5 东风天龙 DFL1311 载货车电气原理图（f）

362 图解货车结构与维修

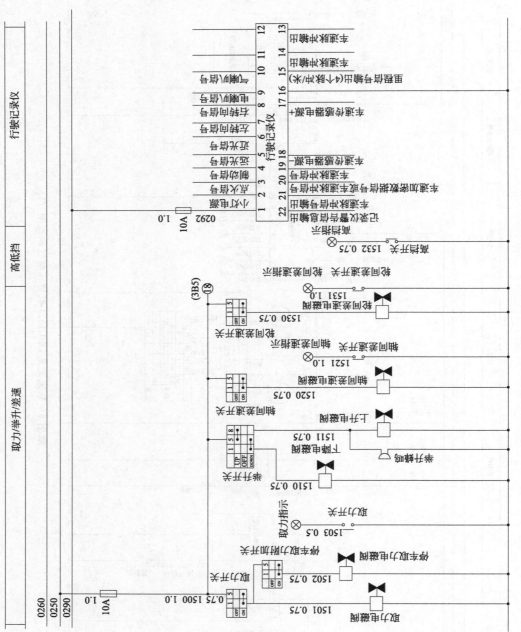

附图 5 东风天龙 DFL1311 载货车电气原理图（g）

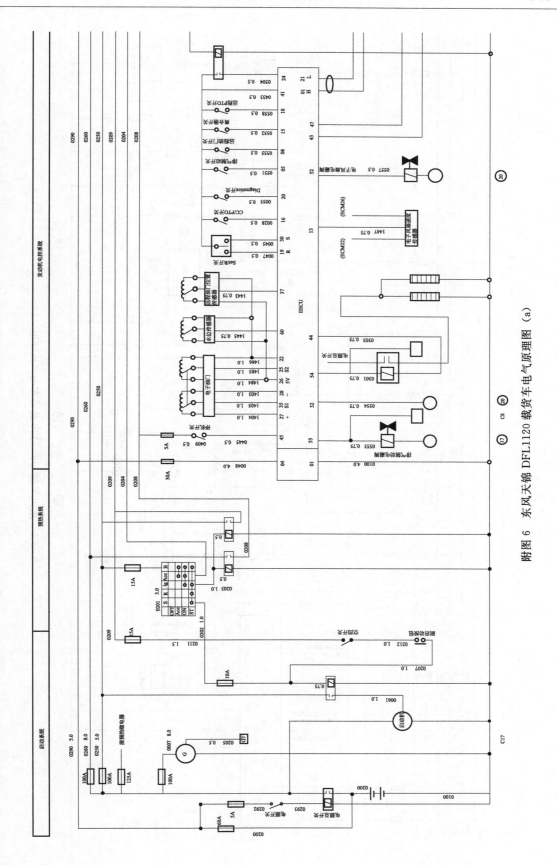

附图 6 东风天锦 DFL1120 载货车电气原理图（a）

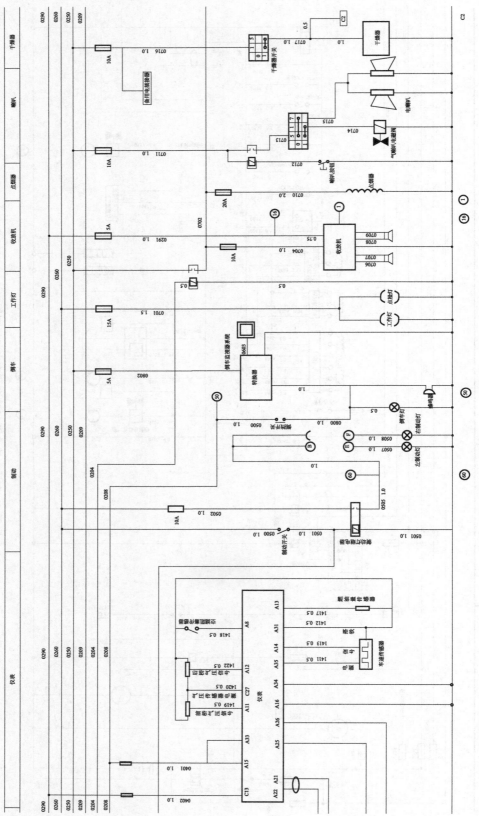

附图6 东风天锦DFL1120载货车电气原理图（b）

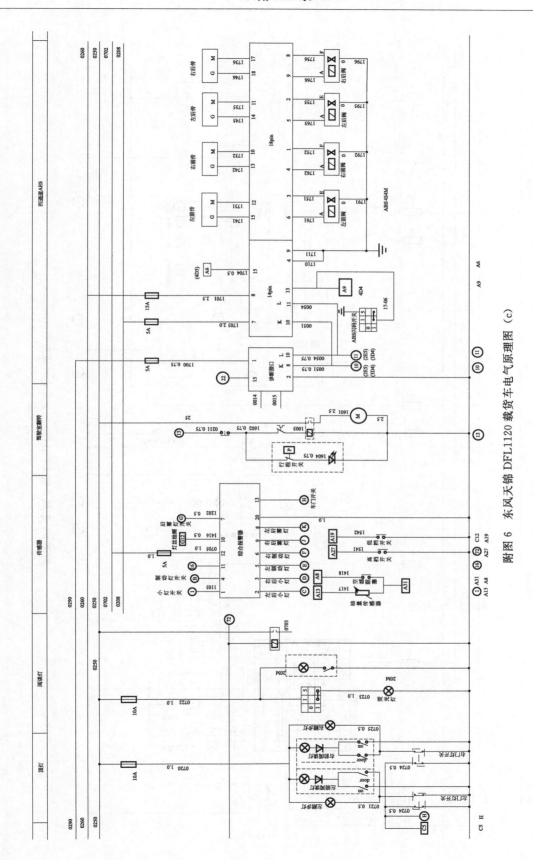

附图 6 东风天锦 DFL1120 载货车电气原理图 (c)

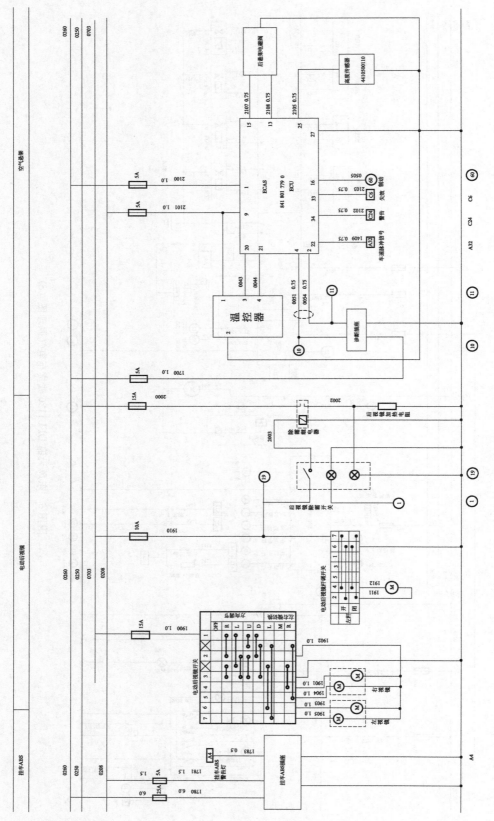

附图 6 东风天锦 DFL1120 载货车电气原理图 (d)

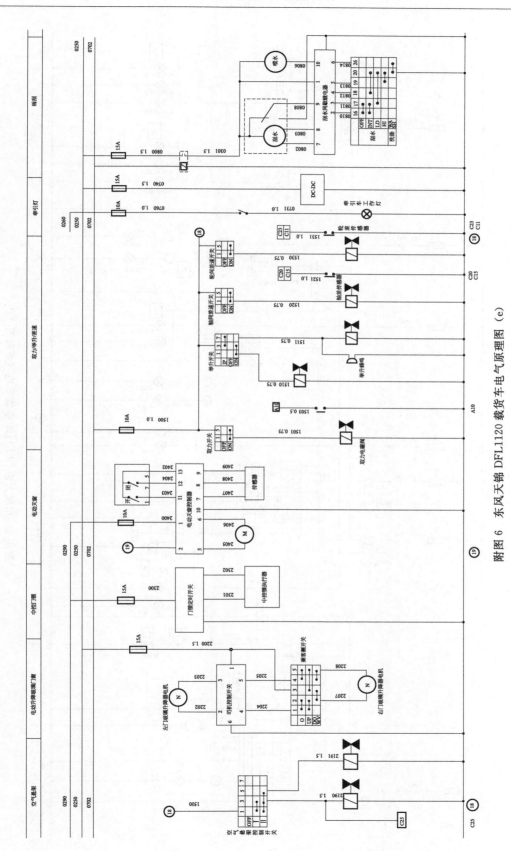

附图 6 东风天锦 DFL1120 载货车电气原理图 (e)

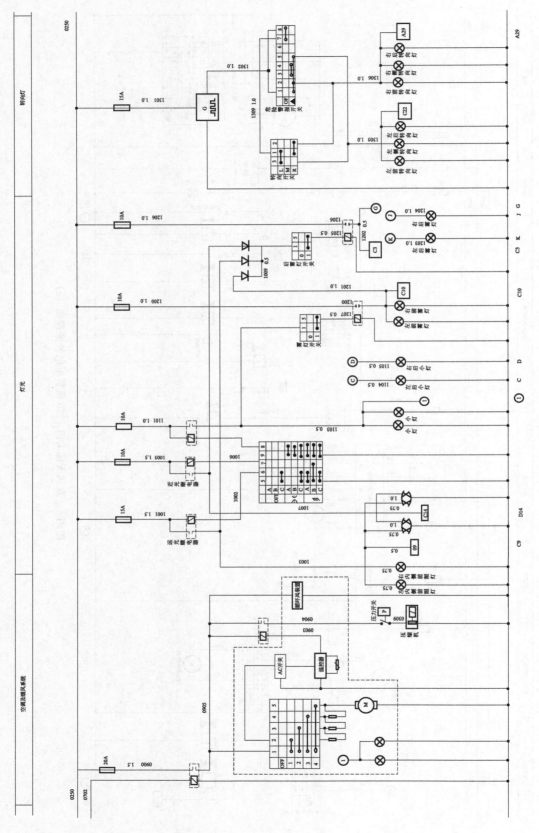

附图6 东风天锦DFL1120载货车电气原理图（f）

参 考 文 献

[1] 邹小明. 汽车底盘构造与维修. 北京：科技出版社，2008.
[2] 常明. 汽车底盘构造. 北京：国防工业出版社，2005.
[3] 李栓成. 汽车底盘构造与维修. 北京：金盾出版社，2007.
[4] 陆涛. 斯太尔重型载货汽车维修手册. 北京：金盾出版社，2009.
[5] 刘学贞. 解放系列柴油汽车结构与维修. 北京：机械工业出版社，2008.
[6] 藏杰，阎岩. 汽车构造（下册）. 北京：机械工业出版社，2007.
[7] 鲁民巧. 汽车构造. 北京：高等教育出版社，2008.
[8] 陈家瑞. 汽车构造（上册）. 第 2 版. 北京：机械工业出版社，2008.
[9] 张金柱. 汽车维修工程. 北京：机械工业出版社，2008.
[10] 王胜旭，王文军. 汽车发动机构造与维修. 北京：北京邮电大学出版社，2010.
[11] 李春明等. 汽车故障诊断方法与维修技术（第 2 版）. 北京：北京理工大学出版社，2009.
[12] 徐石安. 汽车构造——底盘工程. 北京：清华大学出版社，2008.
[13] 陈家瑞. 汽车构造（下册）. 第 4 版. 北京：人民交通出版社，2002.
[14] 司传胜. 汽车故障诊断与维修. 北京：中国电力出版社，2007.
[15] 邓东密，邓杰. 柴油机燃料系统. 北京：机械工业出版社，1996.
[16] [美] B. 霍莱姆比克. 汽车电气与电子系统. 北京：机械工业出版社，2000.
[17] 杨生辉，董宏国. 汽车维修电工手册. 北京：电子工业出版社，2005.
[18] 赵英勋，刘明. 汽车检测与诊断技术. 北京：机械工业出版社，2007.
[19] 董宏国. 汽车电路分析. 北京：北京理工大学出版社，2013.
[20] 栾琪文. 汽车电控柴油机结构原理与维修. 北京：机械工业出版社，2007.
[21] 孙余凯. 新型汽车电子电器原理与故障检修方法. 北京：人民邮电出版社，2002.
[22] 温国标. 汽车电气设备构造与检修. 北京：机械工业出版社，2008.
[23] 周培俊，邵立东. 汽车电气系统. 北京：机械工业出版社，2007.
[24] [英] Steven Daly. 汽车空调与气候控制系统. 北京：机械工业出版社，2009.
[25] 王尚勇，杨青. 柴油机电子控制技术. 北京：机械工业出版社，2006.
[26] 董宏国. 汽车维修电工工作手册. 北京：化学工业出版社，2011.
[27] 董宏国. 大中型货车电气维修图解. 北京：化学工业出版社，2011.
[28] 张国彬，董宏国. 东风系列载货车构造与维修手册. 北京：化学工业出版社，2013.